Kohei Saito

Marx im Anthropozän

Ideen für die postkapitalistische Gesellschaft

Kohei Saito, geboren 1987, ist Associate Professor für Philosophie an der Universität von Tokio. Er promovierte 2016 an der Humboldt-Universität zu Berlin, ist Mitherausgeber der Marx-Engels-Gesamtausgabe und wurde 2018 mit dem Isaac-Deutscher-Preis ausgezeichnet. Saitos »Systemsturz« verkaufte sich in Japan mehr als 500 000 Mal und wurde auch in Deutschland ein großer Erfolg.

Thomas Atzert, geboren 1960, arbeitet und lebt als Übersetzer und Publizist in Offenbach am Main. Er hat u. a. Werke von Michael Hardt / Antonio Negri, Mark Fisher, Gareth Stedman Jones und Eric Hobsbawm ins Deutsche übertragen.

Kohei Saito

Marx im Anthropozän

Ideen für die postkapitalistische Gesellschaft

Aus dem Englischen
von Thomas Atzert

dtv

Von Kohei Saito ist bei dtv außerdem lieferbar:
Systemsturz. Der Sieg der Natur über den Kapitalismus

MIX
Papier | Fördert
gute Waldnutzung
FSC® C019821

Originalausgabe

Deutsche Erstausgabe

Tumblingerstraße 21, 80337 München
produktsicherheit@dtv.de
Diese Übersetzung wird veröffentlicht in Zusammenarbeit
mit Cambridge University Press.

Umschlaggestaltung: dtv / Alexandra Bowien
Gesetzt aus der Minion Pro
Satz: Fotosatz Amann, Memmingen
Druck und Bindung: Druckerei C.H.Beck, Nördlingen
Printed in Germany · ISBN 978-3-423-35256-7

Für Teinosuke Otani
Meinen Lehrer und treuen Freund

Inhalt

Danksagung

Während der Arbeit am vorliegenden Buch seit 2017 habe ich auf verschiedene Weise großzügige Unterstützung von Wissenschaftlern und Freunden aus aller Welt erfahren. Sehr begünstigt wurde meine Auseinandersetzung mit Marx' Schriften durch meine direkte Beteiligung am laufenden Projekt der *Marx-Engels-Gesamtausgabe (MEGA)*. Großen Dank schulde ich meinen Kolleginnen und Kollegen bei der *MEGA* in Berlin, insbesondere Gerald Hubmann, Timm Graßmann, Regina Roth, Claudia Reichel, Jürgen Herres, Rolf Hecker und Carl-Erich Vollgraf.

Profitieren konnte ich zudem von einem in den Jahren 2016/17 gewährten Auslandsforschungsstipendium der Japan Society for the Promotion of Science (JSPS), das mir einen Aufenthalt am Department of Sociology der University of California in Santa Barbara und eine Forschungszusammenarbeit mit Kevin Anderson ermöglichte. Seine Studie *Marx at the Margins* war für mich eine entscheidende Anregung, dieses Buchprojekt in Angriff zu nehmen. In Japan lasen und kommentierten Ryuji Sasaki und Soichiro Sumida das gesamte Manuskript. Beide haben auch dieses Mal dazu beigetragen, die logische Konsistenz und Klarheit des Textes zu verbessern. Darüber hinaus habe ich das Buchprojekt regelmäßig mit meinen engen Kollegen Tomonaga Tairako, Makoto Itoh, Hideto Akashi, Kengo Nakamura und Midori Wakamori diskutiert, die mich stets mit immensem Zuspruch und wichtigen Anregungen unterstützten. Patrick Eiden-Offe, Judith Dellheim und Terrell Carver lasen ebenfalls Teile des Manuskripts und gaben wertvolle Kommentare dazu ab. Andere kommentierten die im Rahmen verschiedener Konferenzen und Lehrveranstaltungen präsentierten Vorträge und Papiere, insbesondere Michael Heinrich, Frieder Otto Wolf, Christian Zeller, Bob Jessop, Babak Amini, Bini Adamczak, Kaan Kangal, Paula Rauhala, Joel Wainwright, Martin Wagner, Yibing Zhang, Ingo Stützle, Michael Löwy, Nick Srnicek, Michael Hardt, Paul Mason, Paul Burkett und John Bellamy Foster.

Während meiner Forschungsarbeit hatte ich glücklicherweise Gelegenheit, an verschiedenen internationalen Konferenzen und Seminaren teilzunehmen. Vorherige Versionen von Teilen des vorliegenden Buches wurden bei Tagungen der Historical Materialism Conference (London), der Japan Society of Political Economy (Tokio) und des Marx-Collegium (Toronto) vorgestellt. Mein tief empfundener Dank gilt Marcello Musto, mit dem mich bei einigen wichtigen Projekten eine enge Zusammenarbeit verbindet. Ich habe an mehreren der bedeutenden internationalen Konferenzen teilgenommen, die er an der York University (2017), am ADRI im indischen Patna (2018) und an der Universität Pisa (2019) organisiert hatte. Diese Konferenzen boten mir Gelegenheit zum Austausch mit anderen Wissenschaftlerinnen und Wissenschaftlern und trugen dazu bei, meine Überlegungen entscheidend weiterzuentwickeln. Die Veröffentlichung dieses Buches ist auch ein Ergebnis der Unterstützung durch das Partnership Development Grant des Social Science and Humanities Research Council of Canada (SSHRC) für das Forschungsvorhaben »The Global History of Karl Marx's *Capital*«, das ebenfalls ein gemeinsames Projekt mit Marcello Musto ist.

Vishwas Satgar und Michelle Williams von der Witts University luden mich im Sommer 2018 freundlicherweise für eine Woche nach Johannesburg ein, um dort drei Vorträge zu halten. Leslie Esther und Alex Colas organisierten im November 2018 meinen Besuch in London, wo ich den Deutscher Memorial Prize für meine Studie *Karl Marx's Ecosocialism* (dt. *Natur gegen Kapital*, Frankfurt am Main / New York: Campus 2016) entgegennehmen sowie verschiedene weitere Vorträge halten konnte. Mein Dank gilt ferner Markus Gabriel und Sebastian Breu, die im Juni 2019 an der Universität Bonn eine internationale Konferenz organisierten, auf der ich das Kapitel über Georg Lukács präsentierte. Sighard Neckel lud mich darüber hinaus zu einer Jahreskonferenz unter dem Titel »Unsustainable Past – Sustainable Future?« an der Universität Hamburg ein, auf der ich die unschätzbare Gelegenheit hatte, die Beziehung zwischen Marx'scher Ökonomiekritik und Degrowth in Zeiten der ökologischen Krise zu diskutieren. Darüber hinaus ist das Buchprojekt in hohem Maße Seongjing Jeong zu Dank verpflichtet, der mich 2018 freundlicherweise einlud, der südkoreanischen sozialwissenschaftlichen Forschungsgruppe »Postcapitalism and the Innovation of Marxism« beizutreten, die vom Bildungsministerium der Republik Korea und der National Research Foundation of Korea finanziert wird. Internationale Forschung mit koreanischen Wissenschaftlern, darunter Sangwon Han, Seung-Wook Baek, Hyun Kang Kim, Vladimir Tichonow und Minzy Koh, trugen dazu bei, den Umfang meines Projekts zu erweitern. Unterstützt wurde die Forschungsarbeit schließlich auch von der Japan Society for the Promotion of Science.

Einige grundlegende Überlegungen gehen auf die Arbeit an meinem Buch *Hitoshinsei no Shihonron* (dt. *Systemsturz. Der Sieg der Natur über den Kapitalismus*, München: dtv, 2023) zurück, das sich in Japan mit einer halben Million verkaufter Exemplare als unerwartet populär erwies. Für den großen Erfolg schulde ich meiner Lektorin Yuka Hattori Dank, die enorm viel Zeit und Energie in das Buch investiert hat. Zum Teil kann die vorliegende Studie als eine gründlichere und stärker wissenschaftlich argumentierende Version jenes Buches betrachtet werden, dessen Klarheit von ihrer redaktionellen Unterstützung herrührt. Natürlich ist das vorliegende Buch keine Übersetzung jenes früheren. Es baut vielmehr auf einer grundlegend anderen Argumentation auf, gestützt auf eine noch sorgfältigere Lektüre des Materials und auf die Rekonstruktion der in den vergangenen Jahren geführten wichtigen Debatten zur Marx'schen Ökologie. Anwesha Rana von Cambridge University Press half mir geduldig, das vorliegende Buch auf den Weg zu bringen, obwohl sich die Abgabe des Manuskripts infolge der weltweiten Pandemie der Jahre 2020–2022 beträchtlich verzögerte. Ich kann nur hoffen, dass mir durch diese Verzögerung mehr Zeit blieb, meine Argumentation zu vertiefen. Mein besonderer Dank gilt Alexander Brown für sein sorgfältiges Korrektorat in der letzten Phase der Buchproduktion. Jacob Blumenfeld hat mich freundlicherweise bei der Übersetzung einiger deutscher Texte ins Englische unterstützt. Alle verbleibenden Fehler sind indes von mir zu verantworten.

Ich danke allen Verlagen und Redaktionen für die Erlaubnis, bei der Abfassung der angegebenen Kapitel auf Material aus den im Folgenden genannten Beiträgen zurückgreifen zu dürfen. Deren Inhalt wurde für das vorliegende Buch grundlegend überarbeitet, erweitert und aktualisiert:

- Kapitel 1: »Marx's Theory of Metabolism in the Age of Global Ecological Crisis«, in: *Historical Materialism*, Bd. 28 (2020), H. 2, S. 3–24.
- Kapitel 2: »Marx and Engels: The Intellectual Relationship Revisited from an Ecological Perspective«, in: Marcello Musto (Hg.), *Marx's Capital after 150 Years. Critique and Alternative to Capitalism*, London: Routledge, 2020, S. 167–183.
- Kapitel 7: »Primitive Accumulation as the Cause of Economic and Ecological Disaster«, in: Marcello Musto (Hg.), *Rethinking Alternatives with Marx. Economy, Ecology and Migration*, Cham: Palgrave Macmillan, 2021, S. 93–112.

Schließlich wäre es mir unmöglich gewesen, das Buch ohne Mao, Lichto und Lisa, meine Familie, abzuschließen. Sie haben das Projekt immer unterstützt und gefördert und mir die Leidenschaft geschenkt, mir in diesen dunklen Zeiten eine bessere Welt vorzustellen.

Siglen

MEGA • Karl Marx, Friedrich Engels: *Gesamtausgabe*, Abteilung I–IV, 122 Bde., Berlin: Dietz Verlag, Akademie Verlag, De Gruyter, 1975 ff.

MEW • Karl Marx, Friedrich Engels: *Werke*, 44 Bde., hg. v. Institut für Marxismus-Leninismus beim ZK der SED / Institut für Geschichte der Arbeiterbewegung / Rosa-Luxemburg-Stiftung, Berlin: Dietz 1956–2018.

Grundrisse • Karl Marx: *Grundrisse der Kritik der politischen Ökonomie* (1857/58), in: *MEW* 42, Berlin: Dietz 1983, S. 15–768.

Resultate • Karl Marx: *Resultate des unmittelbaren Produktionsprozesses* (Ökonomisches Manuskript 1863–1865), in: *Archiv sozialistischer Literatur* 17, Frankfurt am Main: Neue Kritik, 1969.

Kapital I • Karl Marx: *Das Kapital. Kritik der politischen Ökonomie. Erster Band* (^{4}1890), in: *MEW* 23, Berlin: Dietz, 1977.

Kapital II • Karl Marx: *Das Kapital. Kritik der politischen Ökonomie. Zweiter Band* (^{2}1893), in: *MEW* 24, Berlin: Dietz, 1973.

Kapital III • Karl Marx: *Das Kapital. Kritik der politischen Ökonomie. Dritter Band* (1894), in: *MEW* 25, Berlin: Dietz, 1973.

IISG Sig. B 91a • Internationaale Instituut voor Sociale Geschiedenis, Karl Marx – Friedrich Engels Papers, Teil B Exzerpte von Karl Marx, Nr. 91a.

Einleitung

Die Welt steht in Flammen. Wir erleben »das Ende des Endes der Geschichte«.[1] Mit der raschen Zuspitzung der globalen ökologischen Krise in ihren verschiedenen Formen – Klimawandel, Versauerung der Ozeane, Störung des Stickstoffkreislaufs, Wüstenbildung, Bodenerosion, Verlust der biologischen Vielfalt – steuert das von Francis Fukuyama nach dem Zusammenbruch der UdSSR verkündete »Ende der Geschichte«[2] heute auf ein völlig unerwartetes definitives Ende zu, nämlich auf das *Ende der Menschheitsgeschichte*. Tatsächlich hat der Siegeszug der neoliberalen Globalisierung den rasanten Anstieg der durch menschliches Handeln verursachten Umweltbelastung auf der Erde seit dem Ende des Zweiten Weltkriegs – die sogenannte Große Beschleunigung,[3] das Zeitalter, in dem der Anstieg aller sozioökonomischen und Erdsystem-Megatrends sich in einem Hockeyschläger-Diagramm darstellen lässt – nur noch stärker beschleunigt und letztlich die Grundlagen der menschlichen Zivilisation destabilisiert. Pandemie, Krieg und Klimakatastrophe sind alle symptomatisch für ein »Ende der Geschichte«, das Demokratie, Kapitalismus und die ökologischen Systeme in eine chronische Krise stürzt.

Viele Menschen sind sich durchaus der Tatsache bewusst, dass die derzeitige Lebensweise auf eine Katastrophe zusteuert, aber das kapitalistische System bietet keine Alternative zum Moloch der Überproduktion und des Überkonsums. Es gibt auch keinen überzeugenden Grund zu glauben, dies werde bald der Fall sein, da der systemische Zwang des Kapitalismus ihn am Einsatz von fossilen Brennstoffen festhalten lässt, *trotz* ständiger Warnungen vor den Folgen, des Wissens darum und des Widerstands dagegen. Die Einsicht in die Tatsache, dass eine rasche und weitreichende Dekarbonisierung, mit der das 1,5-Grad-Celsius-Ziel des Pariser Abkommens zu erreichen wäre, tiefgreifende Veränderungen in praktisch allen Bereichen der Gesellschaft erfordert, ließ radikalere soziale Bewegungen entstehen, die auf direkte Aktion setzen und fordern, das kapitalistische System zu beseitigen.[4] In diesen Zusammenhang gehört auch, wenn Greta Thunberg in einer Rede das »Märchen vom ewigen Wachstum« anprangert und damit deutlich macht, dass das auf unbegrenzte Akkumulation auf einem begrenzten Planeten abzielende kapitalistische System die Hauptursache für die Klimakatastrophe ist.

Dies ist die neue historische Situation, insbesondere auch für den Marxismus, der nach dem Zusammenbruch des real existierenden Sozialismus als ein »toter Hund« behandelt wurde. Wenn Umweltschützerinnen lernen, die Irrationalität des gegenwärtigen Wirtschaftssystems unmissverständlich als Problem zu benennen, hat der Marxismus die Chance zu einem Revival, falls er dazu beitragen kann, Debatten und soziale Bewegungen zu bereichern, denen er nicht nur eine gründliche Kritik der kapitalistischen Produktionsweise, sondern auch eine konkrete Vision einer postkapitalistischen Gesellschaft bietet. Ein solches Revival hat indes bislang nicht stattgefunden, und es bestehen nach wie vor Zweifel an der Nützlichkeit eines Rückgriffs auf das Marx'sche Erbe im 21. Jahrhundert. Marx' politischer Optimismus, wie er am deutlichsten im *Manifest der Kommunistischen Partei* zum Ausdruck kommt, wurde wiederholt als Beleg seines notorischen und völlig inakzeptablen Produktivismus und Ethnozentrismus angeführt.

Es wäre sicherlich allzu naiv zu glauben, die weitere Entwicklung der Produktivkräfte im »westlichen« Kapitalismus könnte angesichts der globalen ökologischen Krise als emanzipatorischer Motor der Geschichte fungieren. Tatsächlich unterscheidet sich die Situation heute entscheidend von derjenigen im Jahr 1848: Der Kapitalismus ist nicht mehr fortschrittlich. Im Gegenteil zerstört er die allgemeinen Bedingungen von Produktion und Reproduktion und stellt dadurch für menschliches wie für nichtmenschliches Leben gleichermaßen eine ernsthafte existenzielle Bedrohung dar. Kurzum, Marx' Vorstellung vom historischen Fortschritt erscheint hoffnungslos überholt. Wenn es in dieser Situation eine schwache Hoffnung auf ein Revival des Marxismus gibt, so bleibt die wesentliche Voraussetzung dafür, jenes berühmtberüchtigte Großschema des sogenannten historischen Materialismus, das sich um den Widerspruch zwischen Produktivkräften und Produktionsverhältnissen dreht, radikal zu reformulieren. Darum vor allem soll es in diesem Buch gehen, nicht als Abgesang auf die (Menschheits)Geschichte, sondern als Ausblick auf eine andere, klare und helle Zukunft aus einer marxistischen Perspektive, ohne angesichts der globalen ökologischen Krise in Pessimismus und Apokalyptik zu verfallen.

Ein solches Projekt kann das Problem der »Natur« nicht umgehen. Dies umso mehr, als »das Ende des Endes der Geschichte« auch »das Ende des Endes der Natur« in sich birgt. Bill McKibben hat einmal davor gewarnt, dass die Vorstellung von Natur, von der die moderne Welt lange Zeit ausging, für immer verschwunden sei, weil der globale Kapitalismus den gesamten Planeten grundlegend verändert und keine unberührte Natur mehr übrig gelassen habe.[5] Dieser Umstand wird heute allgemein als *Anthropozän* bezeichnet, das Zeitalter, in dem die Menschheit zu einer »bedeutenden geologischen Kraft« mit enormer wissenschaftlicher und technologischer Macht wurde, die in der Lage ist, den gesamten Planeten in einem nie dagewesenen Ausmaß zu verändern.[6]

Die Realität des Anthropozäns ist freilich weit davon entfernt, den Traum der Moderne von der Emanzipation des Menschen durch die Beherrschung der Natur zu verwirklichen. Der Klimawandel, flankiert vom Anstieg des Meeresspiegels, von Waldbränden, Hitzewellen und veränderten Niederschlagsmustern, zeigt, wie das »Ende der Natur« dialektisch in eine »Rückkehr der Natur«[7] umschlägt: Die Erde und ihre Grenzen werden immer stärker dadurch spürbar, dass Menschen die Naturgewalten nicht mehr bändigen können und von ihnen sogar wie von einer eigenständigen und fremden Kraft überwältigt werden. Kurzum, das moderne Bacon'sche Projekt bricht zusammen. Angesichts einer solchen zunehmenden Unbeherrschbarkeit der Natur nehmen sich verschiedene Varianten einer Kritischen Theorie der Natur, darunter der Ökomarxismus, der dringlichen Aufgabe an, das Verhältnis von Menschheit und Natur zu überdenken.[8] Das dominante Narrativ über das Anthropozän basiert indes auf einem *monistischen* Ansatz, der sich durch die Hybridität des Sozialen und des Natürlichen auszeichnet und dem Marxismus *kritisch* gegenübersteht.[9] Im Gegensatz dazu zielt das vorliegende Projekt darauf ab, die Debatte über die Mensch-Natur-Beziehung zu erweitern, und zwar im Rückgriff auf Marx' dualistische Herangehensweise, die auf seiner Theorie des Stoffwechsels aufbaut.

Eine solche theoretische Anstrengung hat heute auch weitreichende praktische Bedeutung. Marx' Methode angemessen zu verstehen, lässt uns den besonderen Beitrag erkennen, den sein Werk in den jüngsten Debatten zum Thema Postkapitalismus leistet. Hier findet sich ein drittes »Ende« der nach dem Kalten Krieg etablierten Orientierungen, nämlich »das Ende des kapitalistischen Realismus«. Mark Fisher beklagte einmal, der »kapitalistische Realismus« – das Gefühl, es sei »einfacher, sich das Ende der Welt vorzustellen als das Ende des Kapitalismus« – schränke unsere politische Vorstellungskraft erheblich ein und unterwerfe uns fortwährend dem Regime des Kapitals.[10] Die gleiche Beschränkung ist bezogen auf die Umwelt erkennbar. So schreibt Slavoj Žižek: »Es ist einfacher, sich eine totale Katastrophe vorzustellen, die allem Leben auf der Erde ein Ende bereitet, als eine reale Veränderung der kapitalistischen Verhältnisse.«[11] Mit der Zuspitzung multipler Krisen von Ökonomie und Demokratie, von Pflege und Umwelt, deren Tendenzen durch die Covid-19-Pandemie und den russisch-ukrainischen Krieg noch verstärkt wurden, mehren sich indes die Rufe nach einem radikalen »Systemwandel«. Dabei befürworten Slavoj Žižek (2020) und Andreas Malm (2020) einen »Kriegskommunismus«, während John Bellamy Foster (2020) und Michael Löwy (2015) für die Idee des »Ökosozialismus« eintreten.[12]

Intensive Diskussionen über das »Leben nach dem Kapitalismus«[13] gibt es darüber hinaus auch außerhalb marxistischer Kreise. Thomas Pikettys (2021) Diktum, dass wir »einen neuen […] Sozialismus brauchen«,[14] ist hier exemplarisch, doch eine stärker ökologische Version desselben Arguments findet sich in Naomi Kleins ausdrücklichem Bekenntnis zur Idee des Ökosozialismus. Sie konstatiert,

> dass der selbsternannte Sozialismus [der Sowjetunion und Venezuelas] nicht von Haus aus grün ist. Dem müs-

> sen wir uns stellen, aber wir können auch darauf verweisen, dass Länder mit einer starken demokratisch-sozialistischen Tradition (wie Dänemark, Schweden und Uruguay) eine Umweltpolitik verfolgen, die zu den visionärsten der Welt gehört. Daraus können wir den Schluss ziehen, dass Sozialismus nicht unbedingt ökologisch ist, aber ein *demokratischer Öko-Sozialismus* – der die Demut besitzt, die Lehren indigener Völker über die Pflichten gegenüber künftigen Generationen und die Verbundenheit zwischen allen Lebensformen zu befolgen – die beste Chance für ein kollektives Überleben der Menschheit bietet.[15]

Angesichts der Tatsache, dass Klein keine Marxistin ist, ist dies eine bemerkenswerte Wendung. Ellen Meiksins Wood erklärte einmal, dass »Themen wie Frieden und Ökologie nicht sonderlich gut dazu geeignet sind, starke antikapitalistische Kräfte hervorzubringen. In gewissem Sinne ist ihre eindeutige *Universalität* das Problem. Sie schaffen keine sozialen Kräfte, weil sie einfach keine spezifische soziale Identität besitzen«.[16] Doch die heutige Situation sieht in Bezug auf Ökologie ganz anders aus als zu jener Zeit, gerade weil die planetarische Krise der Konstituierung einer universellen politischen Subjektivität *gegen* das Kapital eine materielle Grundlage bietet. Und zwar deshalb, weil das Kapital weltweit ein »Umweltproletariat«[17] schafft, dessen Lebensbedingungen durch die Kapitalakkumulation schwerwiegend unterminiert werden.

Angeregt durch solche Ansätze aus jüngerer Zeit, Entwürfe und kreative Ideen für ein freieres, egalitäreres und nachhaltigeres Leben zu entwickeln, greife ich auf die Marx'sche Theorie zurück, um eine vollkommen neue, dem

Anthropozän angemessene marxistische Vision einer Gesellschaft jenseits des Mangels vorzustellen. Eine solche Rückbesinnung auf Marx' ökologische Vision einer postkapitalistischen Gesellschaft zielt darauf ab, die Diskurskonstellation rund um das Anthropozän zu erweitern und das junge geochronologische Konzept über die Geowissenschaften hinaus mit zeitgenössischen Fragestellungen zur politischen Ökonomie, Demokratie und Gerechtigkeit zu verbinden.

Unterstützung erfährt dieses neue ökosozialistische Projekt für das Anthropozän auch durch neuere philologische Entdeckungen, dank erstmals in der *Marx-Engels-Gesamtausgabe* (*MEGA*) publizierter Materialien. Die vierte Abteilung der *MEGA* veröffentlicht Marx' naturwissenschaftliche Notizbücher, und darin erweist sich die Reichweite der Marx'schen ökologischen Interessen als weitaus umfangreicher denn bislang angenommen.[18] Nun wurden diese Notizen selbst von der Forschung zwar recht lange vernachlässigt, doch neuere Studien zeigen, dass Marx mit seinen Untersuchungen in den Bereichen Geologie, Botanik und Agrarchemie die Absicht verfolgte, verschiedene Praktiken von Raub zu analysieren, die eng mit dem Klimawandel, der Erschöpfung von natürlichen Ressourcen (Bodennährstoffen, fossilen Brennstoffen und Wäldern) sowie dem Artensterben verbunden sind, und zwar aufgrund des kapitalistischen Systems der industriellen Produktion.

Ökologische Aspekte der Marx'schen Kritik der politischen Ökonomie sind folgerichtig zu einem der zentralen Felder für eine Wiederbelebung des Marx'schen Erbes im Anthropozän geworden. Insbesondere der Begriff eines »metabolischen Bruchs«, eines Risses im natürlichen und gesellschaftlichen Stoffwechsel hat sich als unverzichtbares theoretisches Werkzeug für eine ökologische Kritik des zeitgenössischen Kapitalismus erwiesen.[19] Durch dieses Konzept wird Marx' Kritik an der zerstörerischen Seite der kapitalistischen Produktion untermauert, da sich zeigen lässt, dass es auf zeitgenössische ökologische Probleme wie globale Erwärmung, Bodenerosion, Aquakultur, Viehwirtschaft oder die Störung des Stickstoffkreislaufs anwendbar ist.[20] Teil I des vorliegenden Buches entwickelt den konzeptuellen Ansatz eines Risses im Stoffwechsel als theoretische und methodische Grundlage der marxistischen politischen Ökologie weiter. Neben Marx und zur Vertiefung der an ihn anschließenden Ökologie beschäftigt sich dieser Teil ferner mit Friedrich Engels, Rosa Luxemburg, Georg Lukács und István Mészáros, insofern ihre Texte dazu beitragen, die theoretische Reichweite des marginalisierten Begriffs »Stoffwechsel« im Marxismus zu erfassen.

Beim vorliegenden Projekt geht es indes nicht nur einfach darum, Marx' Begriff des Stoffwechsels *adäquater* zu verstehen. Die Aufgabe, die marxistische Ökologie ausgehend vom Begriff eines Risses im Stoffwechsel auszuarbeiten, ist auch deshalb interessant, weil sie von praktischer Relevanz ist: Unterschiedliche Herangehensweisen an die ökologische Krise werden darin zu unterschiedlichen Lösungsansätzen führen. In diesem Zusammenhang sind »postmarxistische« Versuche zu erwähnen, die es unter dem Vorzeichen eines philosophischen Monismus unternommen haben, das Verhältnis von Mensch und Natur im Anthropozän *gegen* die Vorstellung eines Risses im Stoffwechsel auszuarbeiten. Die Vertreter der monistischen Sichtweise problematisieren einen »ontologischen Dualismus« im Marxismus[21], von dem behauptet wird, den ontologischen Status von Natur im Anthropozän nicht adäquat zu begreifen. Da der Kapitalismus die Umwelt in ihrer Gesamtheit grundlegend umgestalte, existiere Natur als solche nicht, sondern werde durch die kapitalistische Entwicklung »produziert«. Der Monismus verlangt, den ontologischen Binarismus zu überwinden und ihn durch ein relationales Denken zu ersetzen: Alles ist ein »Hybrid« aus Natur und Gesellschaft. Vor allem Jason W. Moore macht die Vorstellung eines metabolischen Bruchs zum Gegenstand seiner Kritik und wirft ihr vor, in einen kartesianischen Dualismus von »Gesellschaft« und »Natur« zurückzufallen. Stattdessen gelte es, ein relationales Verständnis des Stoffwechsels zwischen Mensch und Natur zu entwickeln.[22]

So allerdings restauriert der Monismus für das Anthropozän abermals den gescheiterten Prometheanismus, indem er letztlich den stetig weiter gehenden Eingriff in die Natur rechtfertigt. Ein in diesem Sinn »geokonstruktivistischer« Ansatz unterstellt, es gebe im Anthropozän bereits ein Übermaß an menschlichen Eingriffen in die Natur, daher sei jeder Versuch, derartige Eingriffe aus Angst vor Umweltzerstörung zu stoppen, unverantwortlich und verhängnisvoll, denn der Prozess sei irreversibel.[23] Einem solchen Ansatz zufolge ist der einzige gangbare Weg eine Art »Sachwaltertum« über die Erde, um den gesamten Planeten neu zu gestalten und so für die Zukunft die Existenz der Menschheit zu sichern, wenn nicht gar ihre Emanzipation zu ermöglichen. Dieses Revival des prometheischen Projekts unterwandert auch marxistische Bemühungen, die Vision einer postkapitalistischen Zukunft zu erneuern.[24] Eine Erwiderung auf verschiedene monistische und prometheische Strömungen im Anthropozän aus dem Blickwinkel des methodologischen Dualismus von Marx findet sich im Teil II des vorliegenden Buches.

Nach dieser kritischen Auseinandersetzung mit den theoretischen Grenzen sowohl monistischer als auch prometheischer Positionen arbeitet Teil III Marx' ökologische Vision einer postkapitalistischen Gesellschaft in nichtproduktivistischer Weise aus. Gestützt auf die neuen Erkenntnisse aus dem in der *MEGA* publizierten Material wird gezeigt, dass der späte Marx nach 1868 durch interdisziplinäre Studien in den Natur-, Geistes- und Sozialwissenschaften an einen theoretischen Wendepunkt – eine *coupure épistémologique* im Sinne Louis Althussers[25] – gelangte. Marx' letztentwickelte Vision des Postkapitalismus in den 1880er Jahren ging über den Ökosozialismus hinaus und lässt sich angemessener als *Degrowth-Kommunismus* bezeichnen. Bislang unbekannt, bietet die Idee des Degrowth-Kommunismus einen wertvollen Ansatz, um den anhaltenden »kapitalistischen Realismus« zu überwinden. Wohl gibt es heute ein wachsendes Interesse an radikalen Positionen, doch reicht es nicht aus, lediglich eine ökosozialistische Kritik des gegenwärtigen Kapitalismus zu entwickeln. Nur im Rückgriff auf Marx' eigene Texte ist es möglich, eine positive Vision einer zukünftigen Gesellschaft für das Anthropozän zu entwerfen. Eine solche radikale Transformation ist notwendigerweise der Neubeginn der Geschichte als das Zeitalter des Degrowth-Kommunismus.

Aber wenn Marx wirklich einen solchen Degrowth-Kommunismus vorgeschlagen hat, warum wurde dann in der Vergangenheit von niemandem darauf hingewiesen, und warum befürwortete der Marxismus einen produktivistischen Sozialismus? Eine einfache Antwort lautet, dass die Marx'sche Ökologie lange Zeit ignoriert wurde. Zunächst ist es daher notwendig, den Moment ihrer Verdrängung zu ermitteln. Die Genealogie der (verdrängten) Marx'schen Ökologie beginnt bei Marx selbst. Ausgehend von den in der *MEGA* veröffentlichten Notizbüchern zur Naturwissenschaft begründet Kapitel 1 Marx' Begriff des Risses im Stoffwechsel und beleuchtet die drei Dimensionen dieses ökologischen Bruchs sowie seiner technologisch vermittelten räumlichen und zeitlichen »Auslagerung« im globalen Maßstab. Vertieft wurde Marx' grundlegende Einsicht in die ständige Expropriation der Natur durch das Kapital als Ursache des Risses im Stoffwechsel durch Rosa Luxemburg in *Die Akkumulation des Kapitals*, einem Werk, das den Hauptwiderspruch des Kapitalismus ausgehend von dessen zerstörerischen Folgen für die Menschen und die Umwelt in nichtkapitalistischen Peripherien thematisiert.

Obwohl sie den Begriff des Stoffwechsels verwendet, formuliert ihn Luxemburg als *Kritik* an der engen Sicht der Kapitalakkumulation bei Marx. Dies legt den Schluss nahe, dass Marx' Begriff des Stoffwechsels bereits zu jener Zeit nicht adäquat verstanden wurde. Ein solches Missverständnis war indes vorgezeichnet, denn viele Schriften von Marx waren damals unveröffentlicht und Luxemburg nicht zugänglich. Das Problem rührt aber auch von Friedrich Engels' Versuch her, den »Marxismus« als System, als Weltanschauung des Proletariats zu etablieren. Um die Deformation von Marx' Stoffwechselbegriff in ihren Ursprüngen nachzuvollziehen, rekonstruiert Kapitel 2 Engels' Rezeption der Marx'schen Stoffwechseltheorie durch einen sorgfältigen Vergleich der redaktionellen Arbeit Engels' am *Kapital* mit den Originalen der ökonomischen Manuskripte von Marx sowie den in der *MEGA* veröffentlichten Notizbüchern beider. Eine solche Untersuchung offenbart subtile, aber entscheidende theoretische Unterschiede zwischen Marx und Engels, insbesondere im Hinblick auf ihren Umgang mit dem Begriff »Stoffwechsel«. Die Unterschiede hinderten Engels, die Marx'sche Theorie des metabolischen Bruchs angemessen zu würdigen, und in der Folge wurde der Begriff des Stoffwechsels im Marxismus marginalisiert.

Diese Marginalisierung zeigt sich deutlich in den 1920er Jahren im Zuge der historischen Herausbildung und Entwicklung des westlichen Marxismus, der sich immer weiter von Marx' Methodik und seinen ursprünglichen Einsichten zum Stoffwechsel entfernte. Die Frage des intellektuellen Verhältnisses zwischen Marx und Engels spielt in diesem Zusammenhang eine maßgebliche Rolle, bestimmt sie doch Grundauffassungen des westlichen Marxismus insgesamt. Bekanntlich trifft dieser eine rigorose Unterscheidung zwischen Marx und Engels, wobei Letzterem vorgeworfen wird, er habe die Dialektik in unzulässiger Weise auf den Bereich der Natur ausgedehnt, was schließlich zum mechanistischen Gesellschaftsbild des sowjetischen orthodoxen Marxismus geführt habe. Trotz der scharfen Kritik an Engels teilt der westliche mit dem sowjetischen Marxismus indes die Grundannahme, über die Natur habe Marx wenig zu sagen gewusst, und vernachlässigt so die Tragweite von dessen Stoffwechselbegriff ebenso wie seine ökologische Kapitalismuskritik.

Georg Lukács, einer der Begründer des westlichen Marxismus, ist, wie Kapitel 3 erörtert, insofern eine Ausnahmeerscheinung, als er dem Stoffwechselbegriff zweifellos Beachtung schenkte. Lukács' in *Geschichte und Klassenbewußtsein* formulierte Kritik am Engels'schen Umgang mit der Natur hatte einen immensen Einfluss auf den westlichen Marxismus, doch letztlich verfolgte Lukács selbst in dieser Frage einen anderen Ansatz, den er 1925/26 in einem unveröffentlichten, *Chvostismus und Dialektik* betitelten Manuskript als Teil einer eigenen Stoffwechseltheorie ausarbeitete. Lange Zeit blieb dieses Manuskript unbekannt, und dementsprechend missverstanden wurden Lukács' Intentionen in *Geschichte und Klassenbewußtsein*; verschiedene theoretische Ungereimtheiten und Ambivalenzen der Schrift trugen ihm wiederholt Kritik ein. Bezieht man jedoch *Chvostismus und Dialektik* ein, so wird deutlich, dass Lukács' Darstellung des Verhältnisses von Mensch und Natur in Kontinuität zu Marx' eigenem methodologischen Dualismus steht, der analytisch zwischen Gesellschaftlichem und Natürlichem unterscheidet. Mit dieser Methodik bietet Lukács' Stoffwechseltheorie einen Ansatz, den »nichtkartesianischen« Dualismus von *Form* und *Stoff* bei Marx im Sinne der Kritik der modernen kapitalistischen Produktion auszuarbeiten. Dennoch wurde diese außergewöhnliche Einsicht vom orthodoxen wie vom westlichen Marxismus gleichermaßen verdrängt, was im gesamten 20. Jahrhundert zur weiteren Marginalisierung der Marx'schen Ökologie führte.

Auch aufgrund eines unzureichenden Verständnisses der dualistischen Methode von Marx steht der Begriff des metabolischen Bruchs in der Kritik. Kapitel 4 setzt sich mit marxistischen Varianten einer monistischen Sichtweise auseinander, wie sie Jason W. Moore mit seinem Begriff »Weltökologie« sowie Neil Smith und Noel Castree mit »Produktion von Natur« vertreten. Ungeachtet der offensichtlichen theoretischen Unterschiede zeigt sich an ihrer monistischen Sicht auf den Kapitalismus, wie ein Missverstehen der Marx'schen Methode problematische Konsequenzen von praktischer Relevanz nach sich zieht.

Wie Kapitel 5 erörtert, führt das mangelnde Verständnis der Marx'schen Methode in jüngerer Zeit auch unter Marxisten zu einem Revival prometheischer Vorstellungen. Ein solcher utopischer Marxismus stützt sich auf Marx' *Grundrisse* und argumentiert, eine auf Informationstechnologie beruhende dritte industrielle Revolution – etwa durch künstliche Intelligenz (KI), gemeinsame Ressourcennutzung (*sharing economy*) und das Internet der Dinge (IdD) – könne in Verbindung mit umfassender Automatisierung die Menschen von der Plackerei der Arbeit befreien und das kapitalistische System der Wertschöpfung obsolet machen. Hinter all der Verherrlichung erträumter Zukunftstechnologien besteht indes der alte Prometheanismus fort. Um diesen endgültig zu überwinden, ist es notwendig, Marx' Begriff der »reellen Subsumtion« aus den 1860er Jahren in den Mittelpunkt zu rücken – also gerade nicht die in den 1850ern geschriebenen *Grundrisse*. Dann wird offenkundig, dass die im *Kapital* formulierte Kritik an den »Produktivkräften des Kapitals« für eine deutliche Verschiebung der Sicht auf den technischen Fortschritt im Kapitalismus steht, insofern Marx zu der Erkenntnis gelangt war, dass die kapitalistische Entwicklung von Technologien *nicht* notwendigerweise eine materielle Grundlage für den Postkapitalismus schafft.

Die Abkehr von der zuvor gehegten naiven Befürwortung der technologischen Entwicklung brachte für Marx jedoch eine Reihe neuer Schwierigkeiten mit sich. Sobald er begonnen hatte, die fortschrittliche Rolle einer zunehmenden Entwicklung der Produktivkräfte im Kapitalismus in Frage zu stellen, war er unweigerlich gezwungen, auch die eigene frühere progressive Geschichtsauffassung zu hinterfragen. Kapitel 6 rekonstruiert diesen Prozess der Selbstkritik beim späten Marx. Nur wenn man seiner theoretischen Krise nachgeht, wird klar, warum er sich gleichzeitig mit den Naturwissenschaften *und* mit vorkapitalistischen Gesellschaften beschäftigen musste, während er versuchte, den zweiten

Band des *Kapitals* fertigzustellen. Durch die intensive Auseinandersetzung mit den genannten theoretischen Feldern vollzog Marx schließlich nach 1868 einen weiteren Paradigmenwechsel. Sein Brief an Vera Sassulitsch aus dem Jahr 1881 muss aus dieser Perspektive neu interpretiert werden, nämlich als Niederschlag einer nichtproduktivistischen und nichteurozentrischen Sicht der zukünftigen Gesellschaft, die als Degrowth-Kommunismus zu bezeichnen wäre.

Eine derartige Schlussfolgerung mag für viele überraschend sein. Niemand hat bisher eine solche Sicht des Marx'schen Postkapitalismus vorgeschlagen. Darüber hinaus standen sich Degrowth-Ökonomie und Marxismus lange Zeit unvereinbar gegenüber. Wenn jedoch der späte Marx die Idee einer stationären Wirtschaft im Interesse einer radikal gleichen und nachhaltigen Gesellschaft akzeptiert, entsteht ein neuer Raum des Dialogs zwischen beiden. Um einen solchen Dialog auf fruchtbare Weise aufzunehmen, greift das letzte Kapitel auf das *Kapital* und andere Schriften zurück, um bestimmte Passagen unter dem Gesichtspunkt des Degrowth-Kommunismus einer erneuten Lektüre zu unterziehen. Mit anderen Worten, Kapitel 7 zielt auf eine Neuinterpretation des *Kapitals* im Versuch, darüber hinauszugehen. Vorgeschlagen wird eine neue Lesart einiger Schlüsselpassagen, die ansonsten als naive Befürwortung eines Produktivismus erscheinen würden. Vor allem der radikale Überfluss des »genossenschaftlichen Reichtums« in der *Kritik des Gothaer Programms* verweist auf eine nichtkonsumistische Lebensweise in einer Ökonomie jenseits des Mangels, die angesichts der globalen ökologischen Krise im Anthropozän eine sichere und gerechte Gesellschaft verwirklicht.

Teil I

Marx' in Vergessenheit geratene ökologische Kritik des Kapitalismus

Kapitel 1

Marx' Stoffwechseltheorie in Zeiten der globalen ökologischen Krise*

Recht lange Zeit wurde Marx' Interesse an ökologischen Fragen selbst von seriösen marxistischen Intellektuellen kaum Beachtung geschenkt. Der Marx'sche Sozialismus galt weithin als »prometheische« – protechnologische und antiökologische – Befürwortung der Herrschaft über die Natur. Dieser Eindruck wurde einerseits noch dadurch verstärkt, dass Marxistinnen und Marxisten der Umweltbewegung ablehnend begegneten, da diese sich in ihren Augen per se gegen die Arbeiterklasse richte und nur Ausdruck der Ideologie einer arrivierten Mittelschicht sei. Andererseits bestärkte die Umweltkatastrophe in der UdSSR – wie sie insbesondere im ökologischen Kollaps des Aralsees und in der Reaktorhavarie von Tschernobyl zutage trat – Umweltaktivisten in der Überzeugung, dass der Sozialismus keine nachhaltige Gesellschaft schaffen kann. Letztendlich entwickelte

* Dieses Kapitel stützt sich auf meinen Beitrag »Marx's Theory of Metabolism in the Age of Global Ecological Crisis«, in: *Historical Materialism* 28 (2), 2020, S. 3–24. Die Veröffentlichung erfolgt mit freundlicher Genehmigung; der Inhalt wurde für das vorliegende Buch stark überarbeitet, erweitert und aktualisiert.

sich daraus in der zweiten Hälfte des 20. Jahrhunderts ein anhaltender Antagonismus von Rot und Grün.

Im 21. Jahrhundert gerät die Situation in Bewegung. Ganz gleich, wie verheerend der real existierende Sozialismus für die Umwelt war, sein Zusammenbruch und der Triumph des Kapitalismus unter dem Vorzeichen einer neoliberalen Globalisierung trugen in den vergangenen Jahrzehnten nur weiter zur Umweltzerstörung bei. Die Ineffizienz konventioneller marktorientierter Lösungen für ökologische Probleme führte schließlich zu einem erneuten Interesse an heterodoxen Ansätzen, einschließlich der Marx'schen Kritik der politischen Ökonomie.[1] Gleichzeitig eröffneten der Zusammenbruch der UdSSR und der schwindende Einfluss der alten Dogmen des orthodoxen Marxismus »einen intellektuellen Horizont und einen Raum der Reflexion, in dem theoretische und konzeptionelle Fragen diskutiert werden konnten, ohne durch parteipolitische Polemik oder spaltende politische Loyalitäten verschlossen zu sein«, so Göran Therborn.[2] Diese Lage, sowohl innerhalb als auch außerhalb des Marxismus, führte in den vergangenen beiden Jahrzehnten zur »Wiederentdeckung« der Marx'schen Ökologie (I).

Es war István Mészáros' Theorie des »gesellschaftlichen Stoffwechsels«, die dieser Wiederentdeckung den Weg ebnete. Durch die Auseinandersetzung mit der Stoffwechseltheorie Mészáros', die er vor allem in den Büchern *Beyond Capital* und *The Necessity of Social Control* entwickelt hat, lässt sich Marx' ökologische Theorie eines »metabolischen Bruchs«, eines »Risses im Stoffwechsel« solider auf ihre Grundlegung in der Kritik der politischen Ökonomie beziehen (II). Eine solche Klärung hilft, drei verschiedene Dimensionen des Risses im Stoffwechsel in Marx' *Kapital* zu unterscheiden (III). Dementsprechend gibt es drei Dimensionen der *Auslagerung* oder Externalisierung jenes Risses, die das Kapital so elastisch und resilient gegenüber ökonomischen und ökologischen Krisen erscheinen lassen. Freilich lösen solche Auslagerungen niemals die tiefen Widersprüche kapitalistischer Akkumulation. Im Gegenteil, sie münden nur in neue Krisen und verschärfen die Widersprüche auf höherer Stufenleiter (IV). Genau dies problematisiert Rosa Luxemburg in ihrer 1913 erschienenen Schrift *Die Akkumulation des Kapitals*, in der sie den Marx'schen Begriff des Stoffwechsels auf die Analyse des ungleichen Tauschs im Kapitalismus im globalen Maßstab anwendet.[3] Trotz ihrer Absicht, mit dem Rekurs auf den Begriff Marx zu *kritisieren*, ist ihr Ansatz tatsächlich mit dem Marx'schen Verständnis des metabolischen Bruchs vereinbar. Ihre Kritik ist diskussionswürdig, zeigt sie doch, wie bereits im beginnenden 20. Jahrhundert eine problematische Rezeption der Marx'schen Stoffwechseltheorie einsetzte, die später dazu führte, dass ihr keine Beachtung geschenkt wurde (V).

I Die Verdrängung der Marx'schen Idee des Ökosozialismus

Seit den 1970er Jahren wurde Marx wiederholt eine naive »prometheische Haltung«[4] vorgeworfen: »Marx' Sicht auf die Welt behielt immer diesen prometheischen Zug, der die menschliche Eroberung der Natur verherrlicht.«[5] Auch selbsterklärte Marxisten räumten diesen Makel ein. Leszek Kołakowski etwa stellt fest, »ein typisches Merkmal von Marx' Prometheanismus ist sein mangelndes Interesse am Natürlichen«.[6] Marx' Kritikern zufolge ignoriere dessen produktivistische Sichtweise das Problem natürlicher Grenzen; stattdessen preise er naiv die freie Verfügung über die Natur: Marx stehe »dem industriellen System der Technologie und dem Projekt menschlicher Naturbeherrschung weitgehend unkritisch gegenüber«.[7] Problematisiert wurde die dem Marx'schen »historischen Materialismus« innewohnende optimistische Annahme, die Entwicklung der Produktivkräfte im Kapitalismus werde ausreichen, der menschlichen Emanzipation eine materielle Grundlage zu schaffen. Aufgrund der im real existierenden Sozialismus eingetretenen Umweltzerstörung sahen sich Umweltschützer legitimiert, eine solche »›produktivistische‹, ›prometheische‹ Geschichtsauffassung« als völlig inakzeptabel anzuprangern.[8] Der Zusammenbruch der UdSSR schließlich verstärkte die kritischen Stimmen gegen die nichtökologische Sichtweise von Marx nur noch.[9]

Selbst heute ist das Bild von Marx' Produktivismus weit verbreitet. Fredric Jameson verweist darauf und spricht von »Marx' eigener leidenschaftlicher Bindung an eine technologische Zukunft ohne Wenn und Aber«.[10] Während Jameson eine solche Bindung eher gutheißt, kritisiert Axel Honneth die Beschränkung des Marxismus, insofern eine der ihm inhärenten Ideen »eine Spielart des technologischen Determinismus« sei, der einen linearen Fortschritt der Produktivkräfte im Dienste der »*Naturbeherrschung*« unterstelle.[11] So gesehen war es unvermeidlich, dass im Marxismus die Frage der Ökologie marginalisiert wurde. Marx' Denken sei es, so Nancy Fraser, »nicht gelungen, systematisch Gender, Ökologie und politische Macht als strukturierende Prinzipien und Achsen der Ungleichheit in kapitalistischen Gesellschaften einzubeziehen – geschweige denn als Einsätze und Voraussetzungen sozialer Kämpfe«.[12] Noch deutlicher formuliert es Sven-Eric Liedman, der zu dem Schluss kommt, Marx sei kein »ökologisch bewusster Mensch im modernen Sinne« gewesen.[13]

Glücklicherweise ist das nicht die ganze Geschichte. Ganz im Gegenteil ist es keineswegs übertrieben festzustellen, dass eine der wichtigsten Entwicklungen in der Marxforschung nach dem Zusammenbruch des real existierenden Sozialismus in Osteuropa die »Wiederentdeckung« von Marx' ökologischer Kapitalismuskritik ist, initiiert von Paul Burkett und John Bellamy Foster in der *Monthly Review* sowie von James O'Connor, Joel Kovel und Michael Löwy in *Capitalism Nature Socialism*.[14] Ungeachtet mancher Spannungen zwischen beiden Zeitschriften aufgrund theoretischer Differenzen, die sich um den Begriff des metabolischen Bruchs respektive die These des »zweiten Widerspruchs des Kapitalismus« drehen, haben beide kritischen Projekte überzeugend dargelegt, dass ein marxistischer Ansatz nützlich ist, um die ökologische Krise als Manifestation systemischer Widersprüche der kapitalistischen Produktionsweise zu verstehen.[15]

Insbesondere Foster und Burkett zeigen deutlich, dass Marx ein »ökologisch bewusster Mensch im modernen Sinne« war. Durch eingehende Untersuchung der Marx'schen Forschung auf naturwissenschaftlichem Gebiet – und insbesondere durch eine detaillierte Auseinandersetzung mit Marx' Rezeption der These vom systematischen *Raubbau* in der Landwirtschaft in Justus von Liebigs *Agriculturchemie* aus dem Jahr 1862 – haben Foster und Burkett die Bedeutung von Marx' Theorie des *Stoffwechsels* herausgestellt.[16] Auf der Grundlage dieses Stoffwechselbegriffs erläutert Foster, dass Marx nicht nur die metabolischen Brüche im Kapitalismus als unvermeidliche Folge einer verhängnisvollen Verzerrung im Verhältnis von Mensch und Natur betrachtete, sondern auch die Notwendigkeit einer qualitativen Umwälzung der gesellschaftlichen Produktion hervorhob, um die tiefe Kluft im allgemeinen Stoffwechsel der Natur zu überwinden.[17] Insofern Ökologie sich als integraler Bestandteil von Marx' Kritik der politischen Ökonomie erweist, erfährt seine Vision einer postkapitalistischen Gesellschaft eine Neuinterpretation als »Ökosozialismus«.[18] Schon bald wurde »Stoffwechsel« als, so Martina Fischer-Kowalski, »neuer Stern am Begriffshimmel« angesehen, da er die Hoffnung weckte, die neue Idee des Ökosozialismus könnte das lange Zeit antagonistische Verhältnis von Rot und Grün überwinden.[19]

Im Rückblick erscheint heute zumindest die Existenz von Marx' Ökologie – ihre Brauchbarkeit und wissenschaftliche Geltung vorerst außer Acht gelassen – so offensichtlich, dass sich fragen lässt, warum sie so lange unbeachtet blieb. An dieser Stelle sei auf einen Grund hingewiesen.[20] Die Nichtbeachtung von Marx' Ökologie hat mit dem unvollendeten Charakter seiner Kritik der politischen Ökonomie zu tun. Bekanntlich hat Marx den zweiten und den dritten Band des *Kapitals* zu Lebzeiten nicht publizieren können. Nach Marx' Tod wurden sie von Engels auf der Grundlage verschiedener Manuskripte, die zu unterschiedlichen Zeiten geschrieben worden waren, bearbeitet und 1885 respektive 1894 veröffentlicht. Ungeachtet dessen betrachteten Marxistinnen und Marxisten Engels' Ausgabe des *Kapitals* ganz selbstverständlich als endgültige Fassung, die tatsächlich Marx' Sichtweise widerspiegele. Übersehen wurde dabei, dass Marx sich vor allem in seinen späten Jahren intensiv mit den Naturwissenschaften beschäftigte und eine große Anzahl von Notizbüchern mit einer Reihe von Exzerpten und Kommentaren hinterließ, die sich Umweltaspekten widmeten. Diese neuen

Forschungen begann Marx zwar nach der Veröffentlichung des ersten Bandes des *Kapitals*, doch publizierte er nach 1868 kaum noch und konnte die Ergebnisse der neuen Studien nirgendwo weiter ausarbeiten. Die ökologischen Erkenntnisse von Marx sind daher lediglich in diesen Notizbüchern zu finden, die bis zu ihrer jüngsten Veröffentlichung weitgehend unbeachtet im Archiv blieben und im Verlauf des gesamten 20. Jahrhunderts nicht publiziert wurden.[21]

In der Tat waren nur wenige Wissenschaftler daran interessiert, diese Notizbücher zu studieren. David Rjazanov, der in den 1920er Jahren das Marx-Engels-Institut in Moskau gegründet hatte und leitender Herausgeber der ersten *Marx-Engels-Gesamtausgabe* (*MEGA*[1]) war, äußerte sich negativ über Marx' in späten Jahren erfolgte Beschäftigung mit den Naturwissenschaften; die Bedeutung der Notizbücher für das Verständnis von Marx' Kritik der politischen Ökonomie wies er daher zurück:

> Wenn er [Marx] um das Jahr 1881–82 seine selbständige geistige Schaffenskraft zum Teil auch eingebüßt hatte, so hat er doch die Fähigkeit zur Forschung nie verloren. Man muß sich bisweilen bei der Durchsicht dieser Hefte die Frage vorlegen, wozu er denn so viel Zeit für seine systematischen, gründlichen Auszüge verschwendete. Denn sich mit 63 Jahren die Mühe zu geben, eine größere geologische Arbeit abschnittsweise auszuziehen, ist eine unverzeihliche Pedanterie.[22]

Eine solche ablehnende Haltung gegenüber dem späten Marx trug nicht gerade wenig dazu bei, Marx' Interesse an ökologischen Fragen weithin zu vernachlässigen. Manche prominente Ökosozialisten argumentieren daher, die Marx'sche Ökologie »extrapoliert das Ökologische bei Marx aus kurzen und vagen Exkursen in Texten, die sich mit anderen Gegenständen als ökologischen Dynamiken befassen«.[23] In der neuen Ausgabe der Werke von Marx und Engels, der »zweiten« *Marx-Engels-Gesamtausgabe* (*MEGA*²) finden sich jedoch jene neuen Materialien veröffentlicht, die dokumentieren, wie Marx in seinen späteren Jahren seine ökologische Kapitalismuskritik entwickelte.[24] Die *MEGA* untermauert die Behauptung einer Gruppe von Ökomarxisten, zu denen auch ich gehöre, dass die Marx'sche Stoffwechseltheorie die tragende Säule seiner ökosozialistischen Kapitalismuskritik ist.

II Die Wiederentdeckung der Marx'schen Ökologie

Einen erheblichen Anteil an einem angemessenen Verständnis des Marx'schen Stoffwechselbegriffs als Grundlage der Kritik der politischen Ökonomie hat retrospektiv betrachtet der ungarische Marxist István Mészáros. So ist es kein Zufall, dass Mészáros bereits in den 1970er Jahren Umweltthemen im Kapitalismus diskutierte. Die Herausstellung der Marx'schen Ökologie in der Studie *Beyond Capital* (1995) schließlich kann als Höhepunkt der langjährigen Auseinandersetzung Mészáros' mit dem Stoffwechselbegriff von Marx gelten.[25]

Seine Vorlesung zur Verleihung des Deutscher Memorial Prize im Jahr 1971 begann Mészáros mit einer Erinnerung an Isaac Deutschers Warnung vor Gefahren wie einem Atomkrieg, die »unsere biologische Existenz bedrohen«.[26] Diesen Mahnruf Deutschers dehnte Mészáros auf eine andere zeitgenössische, für die »gesamte Menschheit« existenzielle Krise aus, nämlich die Umweltzerstörung unter dem Kapitalismus. Eine solche Feststellung war weitsichtig, und Mészáros traf sie sogar noch vor der Veröffentlichung des Berichts *Die Grenzen des Wachstums* durch den Club of Rome im Jahr 1972. Den ökologisch zerstörerischen Charakter der kapitalistischen Entwicklung formuliert er als »Grundwiderspruch« des Kapitalismus:

> [Der] Grundwiderspruch des kapitalistischen Systems der Kontrolle besteht darin, dass es weder »Entwicklung« von Zerstörung noch »Fortschritt« von Verschwendung zu trennen vermag – wie katastrophal die Folgen auch sind. Je mehr Kräfte der Produktivität es freisetzt, desto mehr Kräfte der Zerstörung muss es entfesseln; und je mehr es den Umfang der Produktion ausweitet, desto mehr muss es alles unter Bergen alles erstickenden Abfalls begraben.[27]

Mészáros grenzt sich an dieser Stelle entschieden vom orthodoxen Marxismus seiner Zeit ab, den auszeichnete, dass er die Entwicklung der Produktivkräfte unter dem Kapitalismus auf naive Weise als Motor des Fortschritts in der Menschheitsgeschichte begrüßte. Mészáros hingegen warnt, das verschwenderische und zerstörerische System der Produktion um einer endlosen Kapitalakkumulation willen werde nicht zur Emanzipation des Menschen führen, sondern auf lange Sicht unweigerlich die materiellen Bedingungen für das Prosperieren der Gesellschaft untergraben.

Da die Erde endlich ist, liegt es auf der Hand, dass der Kapitalakkumulation absolute biophysikalische Grenzen gesetzt sind.[28] Trotz des Wissens um diesen Umstand ist das Kapital nicht in der Lage, sich selbst zu beschränken. Im Gegenteil, ständig versucht es, jene Grenzen zu überwinden, und steigert damit nur die eigene Destruktivität Gesellschaft und Natur gegenüber. Hieraus erwächst für Mészáros die »Notwendigkeit gesellschaftlicher Kontrolle«, um im Interesse des menschlichen Überlebens und der Erhaltung der natürlichen Umwelt den verschwenderischen und zerstörerischen Tendenzen der kapitalistischen Entwicklung ein Ende zu bereiten. Eine solche gesellschaftliche Planung der Produktion ist jedoch mit der grundlegenden Logik kapitalistischer Produktion unvereinbar. Mészáros fordert daher eine qualitativ anders geartete Organisation der gesellschaftlichen Produktion durch die frei assoziierten Produzenten.

Fünfzehn Jahre später formuliert Mészáros in seinem Buch *Philosophy, Ideology and Social Science* dieses Problem der zunehmenden Schädigung und Zerstörung der Natur durch das Kapital zum ersten Mal mit Hilfe des Stoffwechselbegriffs und unterstreicht dessen Bedeutung »für jede ernsthafte Theorie der Ökologie«.[29] Das eigentliche Problem liegt seiner Ansicht nach letztlich darin, dass »das Kapital *notwendigerweise* nicht in der Lage ist, eine wirkliche Unterscheidung zwischen dem problemlos Transzendierbaren und dem Absoluten zu treffen, da es – ungeachtet der Konsequenzen – seine eigenen, historisch besonderen Erfordernisse als absolute setzen muss, während es dem blinden Diktat des selbst-expandierenden Tauschwerts folgt«.[30] Insofern das Kapital historische Notwendigkeit mit »Naturnotwendigkeit« verwechselt, kann es die wahre Bedeutung einer solchen Naturnotwendigkeit nicht erkennen, die durch die *elementaren* Erfordernisse der Produktion bestimmt ist, welche wiederum durch den allgemeinen Stoffwechsel der Natur begrenzt sind. Das Kapital verhält sich stattdessen so, als wären selbst diese absoluten natürlichen Grenzen transzendierbar – und mögen einige auch tatsächlich mit Hilfe von Wissenschaft und Technik transzendierbar sein, so doch ganz offensichtlich nicht alle –, und zielt darauf ab, sie sich im Namen der weiteren Verwertung des Werts zu unterwerfen, was zur »zunehmenden Schädigung und schließlich Zerstörung der Natur« führt.[31] Da das Kapital keine absoluten Grenzen anerkennen kann, ist die »bewusste *Anerkennung* der bestehenden Schranken« als Bedingung der allgemeinen Entwicklung des Individuums ein revolutionärer Akt. Diese antiprometheanische Einsicht in die Grenzen des Wachstums markiert einen wichtigen Schritt zur Verbindung von Umweltbewegung und Sozialismus.

Mit *Beyond Capital* schließlich verändert Mészáros die gesamte diskursive Konstellation rund um die Marx'sche Ökologie, indem er den Stoffwechselbegriff viel systematischer ausarbeitet.[32] Den Fokus legt er dabei auf Marx' Begriff des »gesellschaftlichen Stoffwechsels«, um die kapitalistische Produktionsweise als historisch einzigartige und in ihrem Ausmaß beispiellose Art der (Re-)Organisation des übergeschichtlichen Stoffwechsels zwischen Mensch und Natur zu analysieren. Bewusst hebt er diesen Begriff hervor und formuliert damit eine Antithese gegen die enge Fokussierung des traditionellen Marxismus auf die Mehrwerttheorie als »Enthüllung« über die Ausbeutung der Arbeiterklasse im Kapitalismus. Mészáros' Absicht ist es, die theoretische Reichweite der Kritik am Kapitalismus zu erweitern und *über die* Fabrik *hinaus* zu treiben. Tatsächlich ist für Marx gesellschaftlicher Stoffwechsel als Prozess durch einen Fluss von Waren und Geld charakterisiert: »Das Produkt einer nützlichen Arbeitsweise ersetzt das der andren.« (*Kapital I*, 119). Anknüpfend an diese Feststellung plädiert Mészáros für einen viel umfassenderen und integraleren Ansatz im Hinblick auf die historische Dynamik der gesellschaftlichen Produktion und Reproduktion im Kapitalismus.

Nun ist der Begriff des Stoffwechsels für Marx im *Kapital* von ganz grundlegender Bedeutung, obgleich seine Tragweite immer noch häufig unterschätzt wird. So definiert Marx »Arbeit«, die grundlegendste Kategorie des Marxismus, in Bezug auf den Stoffwechsel zwischen Mensch und Natur: »Die Arbeit ist zunächst ein Prozeß zwischen Mensch und Natur, ein Prozeß, worin der Mensch seinen Stoffwechsel mit der Natur durch seine eigne Tat vermittelt, regelt und kontrolliert« (*Kapital I*, 192). Dieser Stoffwechselprozess ist zunächst ein natürlich-ökologischer Prozess, der allen historischen Epochen gemeinsam ist, weil Menschen nicht leben können, ohne die Natur durch ihre eigene Tätigkeit zu bearbeiten: Der Arbeitsprozess ist, so Marx, »allgemeine Bedingung des Stoffwechsels zwischen Mensch und Natur, ewige Naturbedingung des menschlichen Lebens und daher unabhängig von jeder Form dieses Lebens, vielmehr allen seinen Gesellschaftsformen gleich gemeinsam« (*Kapital I*, 198). Diesem »allgemeinen Stoffwechsel der Natur« (*MEW* 43, 59) kann sich der Mensch niemals entziehen. Das bedeutet zugleich, dass Menschen niemals *ex nihilo* produzieren können, sondern stets nur *ex materia*. Nahrung, Kleidung, Wohnung und selbst die meisten der High-Tech-Güter, durch die heute die Wirtschaft »dematerialisiert« wird, erfordern Energie und natürliche Ressourcen, und zwar ausnahmslos. In diesem Sinne ist der Stoffwechsel des Menschen mit der Natur eine »Naturnotwendigkeit«, die niemals auszusetzen ist. Deshalb schreibt Marx, die Arbeit wirke auf »ein materielles Substrat«, das ohne menschliches Zutun existiere, und menschliche Arbeit könne »nur die Formen der Stoffe ändern« (*Kapital I*, 57).[33]

Darüber hinaus ist der Mensch von der Natur abhängig. Sowohl die Arbeit als auch die Natur spielen, wie Marx hervorhebt, im Arbeitsprozess eine wesentliche Rolle: »Arbeit ist also nicht die einzige Quelle der von ihr produzierten Gebrauchswerte, des stofflichen Reichtums. Die Arbeit ist sein Vater, wie William Petty sagt, und die Erde seine Mutter« (*Kapital I*, 58).[34] Menschen können die Natur bearbeiten, nutzen und zerstören, doch ihre Aktivitäten sind durch Naturgesetze und diverse biophysikalische Mechanismen des allgemeinen Stoffwechsels der Natur beschränkt. Nach Mészáros stellt diese ständige Interaktion die »primäre« Ebene des allgemeinen Stoffwechselprozesses zwischen Mensch und Natur dar, »ohne den die Menschheit selbst in der idealsten Gesellschaftsform nicht überleben könnte«.[35]

Auf einer konkreteren Ebene unterscheiden sich die genauen Modalitäten, wie Menschen den Stoffwechsel mit ihrer Umwelt vollziehen, erheblich, je nach den gegebenen objektiven natürlichen Bedingungen wie Klima, Standort, Verfügbarkeit und Zugänglichkeit von Ressourcen und Energie. Diese Dimensionen der elementaren Ebene des Stoffwechsels haben mit dem natürlichen Substrat zu tun, das als »historisches Absolutum« als solches bestehen bleibt: »Denn wie sehr dieses natürliche Substrat auch durch die fortschreitende Entwicklung der menschlichen Produktivität im Zuge der historischen Herausbildung ›neuer Bedürfnisse‹ und der entsprechenden Erweiterung der Bedingungen zu ihrer Befriedigung modifiziert werden kann (und tatsächlich muss), so bleibt es doch letztlich immer fest von der Natur selbst umschrieben.«[36] Ähnlich argumentiert Kate Soper und verweist auf »jene materiellen Strukturen und Prozesse, die unabhängig von menschlicher Aktivität sind (in dem Sinne, dass sie kein vom Menschen geschaffenes Produkt sind), und deren Kräfte und kausale Mächte die notwendigen Bedingungen jeder menschlichen Praxis sind und die möglichen Formen bestimmen, die diese annehmen kann«.[37] Die objektive Existenz der Natur unabhängig vom Menschen kennzeichnet die Grundeinsicht des Materialismus.

Menschen sind jedoch durch die gegebene Umwelt nicht einfach nur eingeschränkt. Sie sind in der Lage, ihre Interaktion mit ihr zu reflektieren. Sie können Werkzeuge entwickeln, um effizienter zu produzieren, sie können die Qualität von Produkten verbessern, neue Materialien entdecken und sogar völlig neue Gegenstände erfinden, ganz nach ihren Bedürfnissen. Das ist im Vergleich zu anderen Lebewesen der einzigartige Charakter menschlicher Arbeit. Während sich die Produktivkräfte auf diese Weise historisch entwickeln, verändern sich auch die objektiven Bedingungen der Produktion im Laufe der Menschheitsgeschichte stark. Dessen ungeachtet bleibt jene grundlegende materielle Bedingung durchweg bestehen und lässt sich auch nicht beseitigen. Die Formbarkeit der Natur negiert nicht ihre Eigenschaft als natürliches Substrat der Arbeit. Wenn der Mensch dieses natürliche Substrat ignoriert, führt diese Verletzung der Naturgesetze zu einer Vielzahl ökologischer Widersprüche wie Umweltverschmutzung, Ressourcenknappheit und -erschöpfung.

Gleichzeitig warnt Marx davor, eine solch allgemeine Beschreibung des Arbeitsprozesses könne in die banale Feststellung münden, der Mensch sei ein Teil der Natur und müsse mit dieser leben. Während der unaufhörliche Stoffwechsel eine transhistorische Überlebensbedingung sei, die so lange gelte, wie Menschen auf der Erde lebten und arbeiteten, verkomme, wie Marx hervorhebt, die Art und Weise, wie »die allgemeinen Bedingungen aller Produktion abgehandelt werden«, zu »flachen Tautologien«, die »nichts […] als die wesentlichen Momente aller Produktion angeben«

(*Grundrisse*, 22). Das Besondere der ökonomischen Analyse von Marx ist indes die Erkenntnis, dass Arbeit immer unter ganz bestimmten gesellschaftlichen Verhältnissen verrichtet wird. Mészáros fasst diesen Punkt als Notwendigkeit sozialer Vermittlung des menschlichen Stoffwechsels mit der Natur zusammen: »Es gibt kein Entrinnen vor dem Imperativ, grundlegende strukturelle Beziehungen zu etablieren, durch die sich die lebenswichtigen Funktionen der primären Vermittlung aufrechterhalten lassen, damit die Menschheit zu überleben vermag.«[38] Aus diesem Imperativ entsteht im Verlauf der Menschheitsgeschichte eine gesellschaftliche Gliederung, vermittelt durch Kommunikation, Kooperation, Normen, Institutionen und Recht. Der Stoffwechsel zwischen Mensch und Natur ist unter diesem Blickwinkel gleichzeitig ein gesellschaftlich-geschichtlicher Prozess, dessen konkrete Form je nach den strukturellen Beziehungen, die zu verschiedenen Zeiten und an verschiedenen Orten existieren, erheblich variiert. Sie bilden das, was Mészáros als »Vermittlungen zweiter Ordnung historisch besonderer Systeme der gesellschaftlichen Reproduktion« anspricht.[39]

Die historische Besonderheit dieser Vermittlungen zweiter Ordnung im Kapitalismus wird unmittelbar deutlich, wenn wir sie mit denen in nichtkapitalistischen Gesellschaften vergleichen. Marx stellt die neuzeitliche kapitalistische Produktion derjenigen der antiken Gesellschaft gegenüber:

> Der Reichtum erscheint [in der Antike] nicht als Zweck der Produktion [...]. Die Untersuchung ist immer, welche Weise des Eigentums die besten Staatsbürger schafft. [...] So erscheint die alte Anschauung, wo der Mensch, in welcher bornierten nationalen, religiösen, politischen Bestimmung auch immer als Zweck der Produktion er-

scheint, sehr erhaben zu sein gegen die moderne Welt, wo die Produktion als Zweck des Menschen und der Reichtum als Zweck der Produktion erscheint. (*Grundrisse*, 395)

Das vorrangige Ziel der kapitalistischen Produktion ist vor allem anderen die Verwertung des Kapitals. Der Kapitalismus ist von der unstillbaren Gier nach Profit getrieben und steigert die Produktionsleistung ständig. In vorkapitalistischen Gesellschaften hingegen wurde um der Befriedigung konkreter Bedürfnisse willen produziert, und das Ziel der Produktion waren dementsprechend an die Befriedigung begrenzter Bedürfnisse gebundene nützliche Dinge, Gebrauchswerte.

Mit der Durchsetzung der Kapitallogik, um der maximalen Verwertung und der grenzenlosen Expansion des Kapitals willen zu produzieren, entsteht eine historisch spezifische Vermittlung zweiter Ordnung durch die Entwicklung des Weltmarkts, von Technologien, Transport- und Kreditsystemen sowie künstlichen Bedürfnissen. Das Kapital transformiert und reorganisiert die gesamte Welt, wie Mészáros darlegt:

Jede einzelne der primären Formen [des Stoffwechsels zwischen Mensch und Natur] wird bis beinahe zur Unkenntlichkeit verändert, um den Notwendigkeiten immer weiterer Ausdehnung eines auf Warenfetisch und Entfremdung gründenden Systems der Kontrolle über den gesellschaftlichen Stoffwechsel zu entsprechen, das absolut alles dem Imperativ der Kapitalakkumulation unterordnen muss.[40]

Da dieser Prozess keine absolute Grenze kennt, wirkt das Kapital »totalisierend«, indem es alle produktiven Funktionen von Mensch und Natur beständig ausdehnt und dem Imperativ der Kapitalakkumulation unterordnet. Diese »kapitalistisch institutionalisierten Vermittlungen zweiter Ordnung« wie im Fall von Lohnarbeit, Warentausch und Privateigentum sind jedoch »entfremdete Vermittlungen«. Gekennzeichnet sind sie wohlgemerkt nicht nur durch die Entfremdung der Arbeit, sondern auch durch die »Entfremdung der Natur«.[41]

Seit seiner Vorlesung zur Verleihung des Deutscher Memorial Prize im Jahr 1971 ist Mészáros davon überzeugt, dass die Organisation des gesellschaftlichen Stoffwechsels durch das Kapital, mit seinen Vermittlungen zweiter Ordnung, mit den übergeschichtlichen materiellen Eigenschaften des Stoffwechsels zwischen Mensch und Natur auf der primären Ebene unvereinbar ist und auf lange Sicht zu ihrer zunehmenden Schädigung und endgültigen Zerstörung führen wird. Um diesen Punkt hervorzuheben, spricht Mészáros von einer »absoluten Grenze« der Natur, die das Kapital nicht überwinden kann. Sie existiert unabhängig vom Kapital, doch das Kapital kann das Nichtidentische der Natur nicht anerkennen und versucht ständig, jenes Absolute zu relativieren, um durch eine Totalisierung seines Regimes selbst zum Absoluten zu werden. Die Unterwerfung von Naturkreisläufen, die der Entstehung kapitalistischer Kreisläufe vorausgingen und unabhängig davon existieren, stört und zerstört jedoch letztlich den allgemeinen Stoffwechsel der Natur. Im Auftreten der ökologischen Krise schließlich zeigt sich ein grundsätzliches Problem der kapitalistischen sekundären Vermittlung, bedingt durch die asymmetrische Beziehung zwischen Gesellschaft und Natur – dass nämlich die Natur als materielles Substrat ohne Menschen existieren kann, aber nicht umgekehrt.

Das Kapital ist heute nicht mehr produktiv, sondern zerstörerisch und bedroht die menschliche Existenz. Dies ist der Punkt, an dem die »Grenzen des Kapitals« erkennbar werden:

> Die Grenzen des Kapitals sind nicht mehr nur als materielle Hindernisse zu begreifen, die einer weiteren Steigerung der Produktivität und des gesellschaftlichen Reichtums im Weg stehen und daher als Entwicklungsbremsen wirken, sondern müssen als unmittelbare Herausforderung für das Überleben der Menschheit selbst verstanden werden. Und auch in einem anderen Sinn können sich die Grenzen des Kapitals gegen es selbst als übermächtige Kontrollinstanz des gesellschaftlichen Stoffwechsels wenden [… und zwar dann,] wenn das Kapital nicht mehr in der Lage ist, mit welchen Mitteln auch immer, die Bedingungen seiner zerstörerischen Selbstreproduktion zu sichern, und es dadurch den Zusammenbruch des gesamten gesellschaftlichen Stoffwechsels verursacht.[42]

Da das Kapital nicht aufhören kann zu expandieren, verstärken sich seine destruktiven Kräfte immer weiter. Mészáros fügt an, dass »sich das Kapitalsystem als Modus gesellschaftlicher metabolischer Reproduktion in der absteigenden Phase seiner historischen Entwicklung befindet, also lediglich im kapitalistischen, aber in keinerlei anderem Sinne fortgeschritten ist und sich daher nur auf immer zerstörerischere und damit letztlich auch selbstzerstörerische Weise erhalten kann«.[43] Die Entwicklung des Kapitalismus kann nicht mehr als »Entwicklung« gelten, da inadäquate Mechanismen der gesellschaftlichen Kontrolle letztlich das schiere

Überleben der Menschheit bedrohen. Damit grenzt Mészáros sich von Positionen des orthodoxen Marxismus ab, insofern er explizit feststellt, der der kapitalistischen Entwicklung der Produktivkräfte innewohnende Raubbau bringe keinen zum Sozialismus führenden Fortschritt mit sich.

Inspiration bezog Mészáros vermutlich von Lukács' Stoffwechseltheorie und dessen hegelianischer Diskussion der »Identität von Identität und Nichtidentität«.[44] Sowohl Lukács als auch Mészáros haben erkannt, dass die Gesellschaft ein Teil des allgemeinen Stoffwechsels der Natur ist, da dieser alles umgreift und jeder Art menschlicher Tätigkeit die materielle Grundlage bietet – ohne ein Gehirn könnten Menschen nicht einmal denken –, doch zugleich bringt die Gesellschaft tatsächlich auch neue gesellschaftlich-geschichtlich emergente Eigenschaften und Gesetzmäßigkeiten hervor, die ohne Menschen nicht existierten. Doch auch solche eindeutig sozialen Eigenschaften sind nicht völlig unabhängig von der übrigen Natur. Diese dialektische Beziehung zwischen dem Sozialen und dem Natürlichen macht die komplexe Dynamik der sozialen und natürlichen Stoffwechselprozesse aus, die mit mechanischen oder sozialkonstruktivistischen Ansätzen nicht adäquat zu erfassen ist.

III Drei Dimensionen des Risses im Stoffwechsel

Mészáros' Vermächtnis, seine Theorie des Stoffwechsels, wurde später von Foster und Burkett aufgegriffen, die Marx' Verwendung des Stoffwechselbegriffs in verschiedenen Texten sorgfältig untersucht und den Schlüsselbegriff des »metabolischen Bruchs« entwickelt haben.[45] Die Grundthese ist relativ einfach: Der Stoffwechsel, die metabolische

Interaktion des Menschen mit der übrigen Natur, bildet die Grundlage des Lebens, aber die kapitalistische Art und Weise, die Interaktionen von Menschen mit ihren Ökosystemen zu organisieren, schafft in diesen Prozessen unausweichlich eine tiefe Kluft und bedroht sowohl Menschen als auch andere Lebewesen. Heute gibt es eine Reihe von Ansätzen, Brüche im Stoffwechsel in Bezug auf die Meeresökologie (Stefano Longo), den Klimawandel (Naomi Klein, Brett Clark, Richard York, Del Weston), die Störung des Stickstoffkreislaufs (Philip Mancus) und die Bodenerosion (Hannah Holleman) zu analysieren. Diese Studien bestätigen die Gültigkeit und Fruchtbarkeit von Marx' Theorie über den Riss im Stoffwechsel.

Gleichwohl ist es bedauerlich, dass Marx den Begriff eines Risses im Stoffwechsel im *Kapital* nicht im Detail ausgearbeitet hat. Nur an einer Stelle warnt er vor einem »unheilbaren Riß« im gesellschaftlichen und natürlichen Stoffwechsel (*Kapital III*, 821). Diesen Umstand nehmen Kritiker – ungeachtet Fosters sorgfältiger Analyse der Schriften von Marx und der weitergehenden Verwendung des Begriffs im Zusammenhang verschiedener zeitgenössischer ökologischer Fragestellungen durch andere Wissenschaftlerinnen und Wissenschaftler – zum Anlass für die Behauptung, »die Implikationen von Fosters These für das zeitgenössische Denken bleiben vage und die Schlussfolgerungen atavistisch«.[46] Andere wenden ein, die »Grünfärbung« von Marx' Kapitalismuskritik sei eine übertriebene Übertragung »unserer« Anliegen auf einen typischen Denker des 19. Jahrhunderts, wobei die vorhandenen Schwächen und Grenzen der Marx'schen Theorie verzerrt und übergangen würden.[47] Indes lohnt es sich, auf diese Kritiken einzugehen, bieten sie doch eine gute Gelegenheit, Marx' Begriff des Risses im Stoffwechsel und dessen systematischen Charakter gleich zu

Beginn des vorliegenden Buches zu klären. Selbst wenn der Begriff des Risses in Marx' Schriften nur »sporadisch« vorkommen mag, ist die Stoffwechseltheorie durchaus profund und solide. In der Tat gibt es gute Gründe anzunehmen, dass Marx das Konzept des Risses im Stoffwechsel detaillierter ausgearbeitet hätte, wenn er in der Lage gewesen wäre, das *Kapital* fertigzustellen.[48] Ich werde zeigen, dass es drei Dimensionen des metabolischen Bruchs gibt, die sich als technologische, räumliche und zeitliche ansprechen lassen.

Im Kapitalismus nimmt der transhistorische »Arbeitsprozess« eine neue Form an, er wird, wie im ersten Band des *Kapitals* erläutert, »Verwertungsprozess« und die biophysikalischen Stoffwechselvorgänge zwischen Mensch und Natur werden im Interesse der Verwertung des Kapitals grundlegend umgestaltet und reorganisiert. Dreh- und Angelpunkt dieser tiefgreifenden Transformation ist ein besonderer Aspekt der Arbeit, nämlich »abstrakte Arbeit«, der das kapitalistische Alleinstellungsmerkmal zukommt, die einzige Quelle von »Mehrwert« zu sein. Ausgerichtet an der Verwertungslogik des Kapitals werden nicht nur Funktionsabläufe der Natur, sondern auch verschiedene Aspekte der konkreten Arbeit im Arbeitsprozess nachdrücklich abstrahiert, um sie dem Primat des (Mehr-)Werts unterzuordnen. Der Wert als Vergegenständlichung abstrakter Arbeit ist nichts anderes als die Verausgabung menschlicher Arbeitskraft im Allgemeinen. Wenn Wert zum organisierenden Prinzip des Stoffwechsels zwischen Mensch und Natur wird, kann dies die Komplexität der biophysikalischen Stoffwechselprozesse zwischen beiden nicht in vollem Umfang widerspiegeln. Selbst konkrete Arbeit und natürliche Umwelt werden als Externalitäten in Anspruch genommen, um mehr Wert zu extrahieren. Eine solche an der Mehrwertproduktion orientierte Transformation der materiellen Welt hat, wie Marx konstatiert, zerstörerische Folgen für Mensch *und* Natur: »Dieselbe blinde Raubgier, die in dem einen Fall die Erde erschöpft, hatte in dem andren die Lebenskraft der Nation an der Wurzel ergriffen.« (*Kapital I*, 253) Ausgehend von dieser Stoffwechseltheorie problematisiert Marx konsequent die kapitalistische Verschwendung zweier grundlegender Produktionsfaktoren: der »Arbeitskraft« und der »Naturkräfte«. Die Entfremdung von Arbeit und Natur bedingen einander. Mit anderen Worten: Das Kapital beutet nicht nur die Arbeitskraft aus, sondern subsumiert die gesamte Welt, wobei es auf den »Raum (Umfang)« und die »Zeit (Geschwindigkeit)« maßgeblich einwirkt. Mit seiner ständig expandierenden und sich beschleunigenden Ökonomie verursacht das Kapital raumzeitliche Veränderungen in einem noch nie dagewesenen Ausmaß.

Nach Marx tritt der Riss im Stoffwechsel mithin auf drei verschiedenen Ebenen und in drei Formen auf. Erstens und ganz grundlegend ist der Riss die materielle Unterbrechung zyklischer Prozesse im natürlichen Stoffwechsel unter dem Kapitalregime. Marx' Lieblingsbeispiel ist die Erschöpfung des Bodens durch die moderne Landwirtschaft. Die industrielle, auf großen Flächen betriebene Landwirtschaft ist darauf bedacht, dass Pflanzen möglichst schnell möglichst viele Nährstoffe aus dem Boden aufnehmen, um sie an Kunden in Großstädten, und auch jenseits der Landesgrenzen, verkaufen zu können. Es waren Justus von Liebigs Schrift *Die Chemie in ihrer Anwendung auf Agricultur und Physiologie* (oder kurz: *Agriculturchemie*) in der 7. Auflage aus dem Jahr 1862 und dessen Stoffwechseltheorie, die Marx dazu veranlassten, eine Analyse des systematischen Raubbaus in der Landwirtschaft ins *Kapital* aufzunehmen.[49]

Wie der deutsche Chemiker in seinem bahnbrechenden Buch warnt, sind anorganische Stoffe wie Phosphor und Pottasche für das Pflanzenwachstum unentbehrlich, in ihrer Verfügbarkeit jedoch begrenzt, da sie im Boden nur in geringen Mengen natürlich vorkommen und die Verwitterungsvorgänge, durch die solche Stoffe unter Einwirkungen aus der Atmosphäre und von Regenwasser dispergieren, recht lange dauern. Liebig hebt daher hervor, wie wichtig es ist, als Grundprinzip einer »rationellen Landwirtschaft« das »Gesetz des Ersatzes« anzuerkennen, das die Rückführung einer ausreichenden Menge der von den Pflanzen aufgenommenen Mineralien in den genutzten Boden verlangt, wenn die Landwirtschaft die Bodenfruchtbarkeit erhalten und eine langfristige Rentabilität sichern will. Diese Notwendigkeit des Ersatzes gilt als »primäre Vermittlung«, die *alle* Gesellschaften zu respektieren haben, wo und wann auch immer sie bestehen.

Scharf ins Gericht geht Liebig mit dem modernen landwirtschaftlichen Raubbau, da dieser nur auf kurzfristige Gewinnmaximierung abziele und darauf hinwirke, die Pflanzen möglichst viele Bodennährstoffe aufnehmen zu lassen, ohne diese wieder zu ersetzen. Der Wettbewerb auf dem Markt treibe die Agrikultur zur Bewirtschaftung großer Flächen, wodurch die Bodennutzung intensiviert werde, ohne dass ausreichend Verantwortung und Sorgfalt walteten. Infolgedessen habe die moderne kapitalistische Landwirtschaft eine gefährliche Störung im Stoffwechselkreislauf der Bodennährstoffe verursacht. Um die Gefahr zu unterstreichen, warnt Liebig sogar vor dem möglichen Zusammenbruch der europäischen Zivilisation aufgrund der Erschöpfung der Böden. Beeindruckt von der Lektüre der *Agriculturchemie* lobt Marx im *Kapital* die »unsterblichen

Verdienste Liebigs«, weil dieser die »Entwicklung der negativen Seite der modernen Agrikultur« aufgezeigt habe, und führt aus:

> Mit dem stets wachsenden Übergewicht der städtischen Bevölkerung [... stört] die kapitalistische Produktion [...] den Stoffwechsel zwischen Mensch und Erde, d.h. die Rückkehr der vom Menschen in der Form von Nahrungs- und Kleidungsmitteln vernutzten Bodenbestandteile zum Boden, also die ewige Naturbedingung dauernder Bodenfruchtbarkeit. Sie zerstört damit zugleich die physische Gesundheit der Stadtarbeiter und das geistige Leben der Landarbeiter. [...] Und jeder Fortschritt der kapitalistischen Agrikultur ist nicht nur ein Fortschritt in der Kunst, den Arbeiter, sondern zugleich in der Kunst, den Boden zu berauben, jeder Fortschritt in Steigerung seiner Fruchtbarkeit für eine gegebne Zeitfrist zugleich ein Fortschritt im Ruin der dauernden Quellen dieser Fruchtbarkeit. [...] Die kapitalistische Produktion entwickelt daher nur die Technik und Kombination des gesellschaftlichen Produktionsprozesses, indem sie zugleich die Springquellen alles Reichtums untergräbt: die Erde und den Arbeiter. (*Kapital I*, 528–530)

Marx formuliert hier das Problem der Bodenerschöpfung als einen durch die kapitalistische Produktion geschaffenen Widerspruch im Stoffwechsel zwischen Mensch und Natur. Da Wert diesen Stoffwechsel nicht umfassend abzubilden vermag und die kapitalistische Produktion der unendlichen Akkumulation von Wert Vorrang einräumt, stößt die Verwirklichung einer nachhaltigen Produktion im Kapitalismus auf unüberwindbare Hindernisse.

Diese grundlegende Ebene des Risses im Stoffwechsel in

Form einer Unterbrechung der stofflichen Kreisläufe kann nicht auftreten, ohne dass zwei weitere Dimensionen sie ergänzen und verstärken. Die zweite Dimension des Risses im Stoffwechsel ist die *räumliche*. Marx' im *Kapital* geäußerte Wertschätzung für Liebig gründet auch darauf, dass die *Agriculturchemie* eine naturwissenschaftliche Fundierung für Marx' eigene, früh formulierte kritische Analyse der gesellschaftlichen Arbeitsteilung liefert, die er in der *Deutschen Ideologie* als »Gegensatz zwischen Stadt und Land« begreift (*MEW* 3, 50). Liebig wiederum beklagt, die Nährstoffe in den landwirtschaftlichen Produkten, die in die modernen Großstädte gingen, würden, nachdem die arbeitenden Massen sie verzehrt hätten, nicht wieder in die genutzten Böden zurückgeführt; stattdessen gelangten sie durch die Toiletten als Abwässer in die Flüsse, was die Tendenz zur Bodenerschöpfung nur noch verstärke.

Eine solche antagonistische räumliche Beziehung zwischen Stadt und Land – man kann sie als »räumlichen Riss« bezeichnen – beruht auf dem gewaltsamen Prozess der sogenannten ursprünglichen Akkumulation, der mit der Entvölkerung des Landes und dem massiven Wachstum der in den Großstädten konzentrierten Arbeiterbevölkerung einherging. Erforderlich wird hierdurch nicht nur der Transport landwirtschaftlicher Produkte über weite Entfernungen, auch die Nachfrage danach in den Großstädten steigt erheblich. Die Folge ist ein kontinuierlicher Anbau ohne Brachliegen der Böden in einer auf großen Flächen betriebenen Landwirtschaft, eine Tendenz, die durch die Wettbewerbssituation auf dem Markt noch intensiviert wird. Mit anderen Worten: Der Raubbau in der Landwirtschaft existiert nicht ohne die der kapitalistischen Produktion eigene gesellschaftliche Arbeitsteilung, die auf einer Konzentration der Arbeiterklasse in den Großstädten sowie der damit einhergehenden Notwendigkeit beruht, ständig Lebensmittel vom Land in die Stadt zu transportieren.

Ein solcher räumlicher Riss bedeutet auch eine Konzentration von Abfällen in der Stadt, was die Lebensbedingungen dort verschlechtert:

> Mit der kapitalistischen Produktionsweise erweitert sich die Benutzung der Exkremente der Produktion und Konsumtion. Unter erstern verstehn wir die Abfälle der Industrie und Agrikultur, unter letztern teils die Exkremente, die aus dem natürlichen Stoffwechsel des Menschen hervorgehn, teils die Form, worin die Verbrauchsgegenstände nach ihrem Verbrauch übrigbleiben. (*Kapital III*, 110)[50]

Zu Marx' Zeiten lag über dem Stadtgebiet von London ein durch Exkremente verursachter fauliger Geruch, Cholera war weit verbreitet. Das Problem einer zunehmenden Umweltbelastung, sowohl im Hinblick auf die Lebensbedingungen der Arbeiterklasse in der Stadt als auch auf die Erschöpfung der Böden auf dem Land, einhergehend mit dem Elend der bäuerlichen Bevölkerung, ist eine typische Folge der antagonistischen räumlichen Separation innerhalb eines kapitalistischen Landes. Diese dehnt sich im Laufe der kapitalistischen Entwicklung immer weiter aus und bewirkt gar einen »unheilbaren Riss« im Stoffwechsel zwischen Mensch und Natur im globalen Maßstab. Auch diesen Widerspruch problematisiert Marx unter Bezugnahme auf Liebig:

> [S]o producirt das grosse Grundeigenthum […] Bedingungen, die einen unheilbaren Riß hervorbringen in dem Zusammenhang des gesellschaftlichen und natürlichen,

> durch die Naturgesetze des Bodens, vorgeschriebnen Stoffwechsels, in Folge wovon die Bodenkraft verwüstet und durch den Handel diese Verwüstung weit über die Grenzen des eignen Lands hinaus getragen wird. (*Liebig.*) (*MEGA* II / 4.2, 752–753)

Dieser räumliche Riss vertieft sich mit der Expansion des Kapitalismus weiter, auch wenn die Herausbildung des Weltmarktes gleichzeitig eine Gegentendenz schafft, wie gleich erläutert wird.

Andreas Malm untersucht in seinem Buch *Fossil Capital* ein weiteres Beispiel, auf welche Weise das Kapital von dieser antagonistischen räumlichen Organisation profitiert.[51] Seine Arbeit rekonstruiert den historischen Übergang von Wassermühlen zu mit Kohle befeuerten Dampfmaschinen. Nun ist Flusswasser im Überfluss vorhanden und kostenlos. Kurz gesagt, Wasser ist eine vollkommen nachhaltige und unentgeltliche Energiequelle. Dies ist eine offensichtliche, aber wichtige Tatsache, wenn man die vorherrschende »malthusianische« Erklärung für die Entwicklung neuer Technologien bedenkt. Einer solchen Art von Erklärung zufolge führt die zunehmende Verknappung von Ressourcen und ihre entsprechende Verteuerung im Wettlauf um Wirtschaftswachstum zur Entdeckung oder Erfindung anderer, billigerer Ersatzstoffe. Malm weist diesen Mythos zurück, denn die Verdrängung der kostenlosen und reichlich vorhandenen Wasserkraft und ihre Ersetzung durch die Dampfmaschine, die vom massiven Einsatz teurer Kohle abhängig ist, lässt sich so nicht verstehen.

Um den historischen Übergang zu fossilen Brennstoffen zu erklären, ist es notwendig, so Malm, die gesellschaftliche Dimension, die Vermittlung zweiter Ordnung durch »Kapital« einzubeziehen. Wie Malm ausführt, war der Beweggrund für die Nutzung fossiler Brennstoffe von Anfang an nicht die Suche nach substituierenden, kostengünstigen Energiequellen, sondern deren Charakter als *fossiles Kapital*. Die natürlichen Eigenschaften der Kohle, einer Energiequelle, die sich im Gegensatz zum Flusswasser transportieren und monopolisieren ließ, erwiesen sich für die Entwicklung der kapitalistischen Produktion als von ganz besonderer gesellschaftlicher Bedeutung. Flusswasser ist ortsgebunden, und Wasserkraft bedarf einer kommunalen Verwaltung. Dank der Kohle war das Kapital in der Lage, solche physischen Beschränkungen zu überwinden und Standorte in der Nähe von Flüssen zu verlassen, wo Arbeiter häufig widerständiger auftraten, da Arbeitskräfte dort relativ rar waren. Mit der Kohle war es dem Kapital möglich, neue Fabriken in Großstädten zu errichten, wo eine größere Zahl von Arbeitskräften ganz dringend Jobs brauchte. Im Grunde hat sich so mit der Erfindung der Dampfmaschine das Kräfteverhältnis zwischen Kapital und Arbeit radikal verändert. Dieser Wandel verstärkte indes auch das antagonistische Verhältnis von Zentrum und Peripherie und verschlechterte sowohl die Lebensbedingungen der Arbeitskräfte in den Städten als auch die natürliche Umwelt auf dem Land.[52]

Die dritte Dimension des Risses im Stoffwechsel ist die *zeitliche*. Die Langsamkeit der Bildung von Bodennährstoffen und fossilen Brennstoffen einerseits und die Beschleunigungsdynamik der Kapitalzirkulation andererseits machen deutlich, dass zwischen der Zeit der Natur und der Zeit des Kapitals ein Riss entsteht. Das Kapital versucht ständig, seine Umschlagszeiten zu verkürzen und in einer gegebenen Zeit seine Verwertung zu maximieren – die Verkürzung der Umschlagszeiten ist ein probates Mittel, um die Menge des

Profits angesichts einer sinkenden Profitrate zu erhöhen.[53] Begleitet wird dieser Prozess von steigender Nachfrage nach zirkulierendem Kapital in Form von billigen und im Überfluss vorhandenen Roh- und Hilfsstoffen (*Kapital III*, 115–120). Darüber hinaus revolutioniert das Kapital ständig den Produktionsprozess und entwickelt Produktivkräfte mit einer im Vergleich zu vorkapitalistischen Gesellschaften nie dagewesenen Geschwindigkeit. Die Produktivkraft kann sich mit der Einführung neuer Maschinen verdoppeln oder verdreifachen, aber die Natur kann die Vorgänge bei der Bildung von Phosphor oder fossilen Brennstoffen nicht verändern, sodass »es nahe lag, dass die Produktivität in der Produktion von Rohstoffen tendenziell nicht so schnell steigen würde wie die Produktivität im Allgemeinen (und dementsprechend auch der wachsende Bedarf an Rohstoffen)«.[54] Diese Tendenz ist niemals vollständig auszusetzen, da die Naturkreisläufe unabhängig von den Anforderungen des Kapitals existieren. Das Kapital vermag ohne die Natur nicht zu produzieren, doch zugleich wünscht es sich, sie möge verschwinden.

Da die Natur nicht mit der Beschleunigung des Kapitals mithalten kann, entsteht eine gravierende Diskrepanz zwischen zwei Arten der Zeit, die für die Natur und das Kapital jeweils eigentümlich sind. Marx rekurriert auf das folgende Beispiel, die exzessive Rodung von Wäldern im Kapitalismus:

> Die lange Produktionszeit (die einen relativ nur geringen Umfang der Arbeitszeit einschließt), daher die Länge ihrer Umschlagsperioden, macht die Waldzucht zu einem ungünstigen Privat- und daher kapitalistischen Betriebszweig, welcher letztre wesentlich Privatbetrieb ist, auch

> wenn statt des einzelnen Kapitalisten der assoziierte Kapitalist auftritt. Die Entwicklung der Kultur und Industrie überhaupt hat sich von jeher so tätig in der Zerstörung der Waldungen gezeigt, daß dagegen alles, was sie umgekehrt zu deren Erhaltung und Produktion getan hat, eine vollständig verschwindende Größe ist. (*Kapital II*, 246–247)

Ein analoges Problem ergibt sich, vergleicht man die langen Zeiträume, die das natürliche Entstehen fossiler Brennstoffe benötigt, und die steigende Nachfrage des Kapitals danach. Zu Zeiten von Marx, lange bevor die Diskussion um ein Ölfördermaximum (*peak oil*) entbrannte, beschäftigte – vor dem Hintergrund des Wettbewerbs der britischen mit der US-amerikanischen Wirtschaft – die mögliche Erschöpfung der britischen Kohlevorkommen eine besorgte Öffentlichkeit.[55]

Tatsächlich stehen die drei Dimensionen des Risses im Stoffwechsel in enger Wechselbeziehung zueinander und verstärken sich gegenseitig. Durch Transporttechnologien wie Telekommunikationsmedien, Schienen- und Flugverkehr kommt es zu einer »Raum-Zeit-Verdichtung«, die darauf angelegt ist, durch Beschleunigung die räumliche und zeitliche Entfernung zugunsten einer kürzeren Umschlagszeit des Kapitals aufzuheben.[56] Die gesellschaftliche Konstruktion von Zeit und Raum durch das Kapital verfügt über eine große objektive Kraft, mit der die kapitalistische Vermittlung zweiter Ordnung das Verhältnis zwischen Mensch und Natur radikal verändert. Letztlich verstärkt diese durch die Kapitallogik vorgegebene Reorganisation die beträchtliche Spannung zwischen gesellschaftlichem und natürlichem Stoffwechsel. Marx begnügte sich indes nicht einfach damit, das tatsächliche Vorhandensein solcher Risse zu konstatieren, sondern war stark daran interessiert, wie sie in der Natur entstehen und wie es zu ihrer disproportionalen räumlichen und zeitlichen (Neu-)Verteilung kommt. Aus diesem Grund beschäftigt sich Marx in seinen späten Jahren intensiv mit den Naturwissenschaften, um die historische Dynamik der Kapitalakkumulation und ihre ökologischen Folgen zu verstehen.

IV Drei Dimensionen der Auslagerung des Risses im Stoffwechsel

Der Widerspruch der kapitalistischen Akkumulation infolge des Raubbaus besteht darin, dass der Anstieg der gesellschaftlichen Produktivkraft mit einem Rückgang der Naturkraft einhergeht. Marx stellt fest:

> Es ist möglich, daß die Zunahme der gesellschaftlichen Produktivkraft in der Agrikultur die Abnahme der Naturkraft nur kompensiert oder nicht einmal kompensiert – diese Kompensation kann immer nur für eine Zeit wirken –, so daß dort trotz der technischen Entwicklung das Produkt nicht verwohlfeilert, sondern nur eine noch größre Verteurung desselben verhindert wird. (*Kapital III*, 775)

Für das Kapital ist es daher unerlässlich, sich einen dauerhaften Zugang zu billigen Ressourcen, Energie und Nahrungsmitteln zu sichern.[57] Dies ist, wie Marx in den *Grundrissen* darlegt, dem Kapital ein Antrieb, »ein System der allgemeinen Exploitation der natürlichen und menschlichen Eigenschaften« und »ein System der allgemeinen Nützlichkeit« (*Grundrisse*, 323) zu errichten:

> Also Explorieren der ganzen Natur, um neue nützliche Eigenschaften der Dinge zu entdecken; universeller Austausch der Produkte aller fremden Klimate und Länder; neue Zubereitungen (künstliche) der Naturgegenstände, wodurch ihnen neue Gebrauchswerte gegeben werden. [...] Die Exploration der Erde nach allen Seiten sowohl um neue brauchbare Gegenstände zu entdecken wie neue Gebrauchseigenschaften der alten; wie neue Eigenschaften derselben als Rohstoffe etc. (Ebd., 322)

Das Kapital strebt auf diese Weise nach Universalität, doch dieses Streben begleitet zugleich die Universalisierung des ihm innewohnenden Widerspruchs.

Die »Exploration der Erde« und die Erfindung neuer Technologien kann den Riss im Stoffwechsel nicht beheben. Im Kapitalismus bleibt er »unheilbar«. Der Grund hierfür ist, dass das Kapital zwar versucht, Risse zu kitten und Kluften zu überwinden, doch dabei die ihm eigenen absoluten Grenzen nicht anerkennt, denn das ist ihm unmöglich. Stattdessen ist es bemüht, das Absolute einfach zu relativieren. Darum geht es Marx, wenn er schreibt: »Jede Grenze erscheint als zu überwindende Schranke.« (Ebd., 321)[58] Das Kapital erfindet ständig neue Technologien, entwickelt Transportmittel, erkundet neue Gebrauchswerte und erweitert Märkte, um natürliche Grenzen zu überwinden. So »verlagert« es die Risse im Stoffwechsel permanent auf andere gesellschaftliche Gruppen und anderswo lebende Bevölkerungen, nicht nur, um Zeit zu gewinnen, sondern auch, um die negativen Auswirkungen in den Zentren durch die hierarchisierte Einbeziehung der Peripherien zu minimieren.[59] »Auslagerung« beschreibt eine typische *Reaktion* des Kapitals auf die von ihm selbst verursachte ökonomische und ökologische Krise: »Denn nur der reaktive und retroaktive Umgang mit Symptomen und Auswirkungen ist mit der fortdauernden Herrschaft des Kapitals als *causa sui* vereinbar.«[60] Durch Auslagerung des Risses im Stoffwechsel lässt sich das Problem jedoch nicht lösen, solange der unersättliche Prozess der Akkumulation nicht zum Stillstand kommt. Marx erklärt daher: »Die *wahre Schranke* der kapitalistischen Produktion ist *das Kapital selbst*« (*Kapital III*, 260; Hervorh. im Orig.).

Entsprechend den drei Dimensionen, die den Riss im Stoffwechsel kennzeichnen, lassen sich auch drei Dimensionen der Auslagerung unterscheiden. Da gibt es erstens die *technologische Auslagerung*. Zwar warnte Liebig vor einem Zusammenbruch der europäischen Zivilisation durch den landwirtschaftlichen Raubbau im 19. Jahrhundert, doch offenkundig ist seine düstere Prognose nicht eingetreten. Zu verdanken ist dies insbesondere Fritz Haber und Carl Bosch, die 1906 das nach ihnen benannte Haber-Bosch-Verfahren entwickelten: Es ermöglicht die industrielle Massenproduktion von Ammoniak (Nitrogenhydrid: NH_3) durch Bindung von atmosphärischem Stickstoff und damit auch die Herstellung von Kunstdünger, um die Fruchtbarkeit von Böden zu erhalten. Historisch gesehen konnte dank dieser Erfindung das Problem weitgehend gelöst werden, dass es aufgrund eines Mangels an anorganischen Stoffen zu einer Erschöpfung von Böden kommt. Dennoch hat das Haber-Bosch-Verfahren den Riss nicht kurieren können, sondern hat ihn nur verlagert und dabei andere Probleme von größerem Ausmaß geschaffen.

Die Herstellung von NH_3 nutzt in großen Mengen Erdgas als Quelle für den benötigten Wasserstoff (H_2). Mit anderen Worten: Eine weitere nur begrenzt verfügbare Ressource wird vergeudet, um Ammoniak, das Mittel gegen die Erschöpfung von Böden, zu produzieren. Die Ammoniaksynthese ist außerdem recht energieintensiv und setzt zugleich sehr viel Kohlendioxid (CO_2) frei. (Die Produktionsverfahren sind verantwortlich für ein Prozent der weltweiten Kohlenstoffemissionen.) Ferner hat ein übermäßiger Einsatz von Kunstdünger zur Folge, dass dieser in Gewässer ausgespült wird, was Eutrophierung und Algenwachstum nach sich zieht; gleichzeitig wird das Wasser durch Stickoxide belastet. Die starke Abhängigkeit von chemischen Düngemitteln stört zudem die Bodenökologie und führt zu Bodenerosion, geringer Wasser- und Nährstoffspeicherfähigkeit und einer erhöhten Anfälligkeit für Krankheiten und Insekten.[61] Somit werden häufigere Bewässerung und noch mehr Dünger, der Einsatz von Pestiziden sowie von leistungsfähigerer Technologie notwendig. Diese Art industrieller Landwirtschaft verbraucht nicht nur Wasser, sondern auch Erdölprodukte in großen Mengen, was sie zu einem wichtigen Mitverursacher des Klimawandels macht.[62] Wie Vandana Shiva betont, hat sich der räuberische Charakter der Landwirtschaft seit Liebigs Zeiten nicht verändert: »Überall auf der Welt stehen heute Gesellschaften am Rande des Zusammenbruchs, weil die Böden erodieren und sie zunehmend zerstört, vergiftet, unter Beton begraben und allen Lebens beraubt werden.«[63]

Während die Erschöpfung von Böden durch Raubbau noch auf bestimmte Stücke Land beschränkt bleibt, gelangen Agrochemikalien durch den Wasserkreislauf in die Umwelt und stören das normale Funktionieren der Ökosysteme. Gestützt auf neue Technologien gehen mit der Auslagerung der Stoffwechselstörung zudem sogenannte Externalisierungseffekte einher. Die Bodenfruchtbarkeit wird künstlich aufrechterhalten oder sogar gestärkt, die negativen Nebenwirkungen hingegen schlagen für das Kapital nicht zu Buche. Solche Externalisierungen sind auch ein wirksames Mittel, um die Verantwortung von Unternehmen für Umweltprobleme zu verschleiern, da es schwierig wird, eine direkte Verursachung nachzuweisen. Selbst wenn die Verantwortung zu klären ist und die entsprechenden Kosten daraufhin wieder internalisiert werden, bleibt eine vollständige Erholung der Umwelt häufig aus. Gleichzeitig eröffnen sich dem Kapital in solchen Störungen neue Geschäftsmöglichkeiten, insofern sie Gelegenheit bieten, mehr Produkte wie Kunstdünger und Pestizide an landwirtschaftliche Betriebe zu verkaufen. Mit anderen Worten: Die Biosysteme der Natur sind nicht nur Hindernisse oder Schranken für das Kapital, sondern ihre zunehmende Schädigung schafft neue Quellen des Profits. Das Kapital nutzt die Natur als, mit den Worten Jack Kloppenburgs, »Vehikel für die Akkumulation«.[64]

In Anlehnung an Kloppenburgs Überlegungen haben William Boyd, Scott Prudham und Rachel Schurman die Marx'schen Begriffe der »formellen« und »reellen Subsumtion unter das Kapital« auf die Natur ausgedehnt.[65] Marx zufolge unterwirft die »formelle Subsumtion« der Arbeit unter das Kapital die Arbeitskräfte lediglich dem Kommando des Kapitals, ohne dabei ihre Arbeitsweise zu verändern (das heißt, es wird »absoluter Mehrwert« produziert), während die »reelle Subsumtion« der Arbeit die gesamte Produktionsweise zugunsten der Kapitalakkumulation reorganisiert, durch die Gestalt der Kooperation und Arbeitsteilung ebenso wie durch Mechanisierung (es geht also um die Produktion »relativen Mehrwerts«). In ähnlicher Weise bezeichnet die »formelle Subsumtion der Natur« die einfache

Ausbeutung natürlicher Prozesse zum Zwecke der Warenproduktion in naturbasierten Industrien, ohne dass das Kapital technologisch in natürliche Kreisläufe und Vorgänge eingreift (beispielsweise durch die Erschließung neuer Fördergebiete, durch den Einsatz von Maschinen oder die Entwicklung von Konservierungsmethoden). Im Gegensatz dazu zielt die »reelle Subsumtion der Natur« darauf ab, auf Technologien gestützt biologische Vorgänge zu manipulieren und die Natur »(neu) zu gestalten, damit sie härter, schneller und besser arbeitet«.[66] Die reelle Subsumtion der Natur verändert den natürlichen Stoffwechselkreislauf grundlegend. Beispiele hierfür bieten Wachstumshormone, synthetische Düngemittel, Pestizide sowie neue biotechnologische Verfahren, gentechnisch veränderte Organismen (GVO) oder biomedizinische Implantate. Dem Kapital bietet sich auf diese Weise Gelegenheit, inmitten des im Stoffwechsel klaffenden Risses neue Märkte zu erschließen. In der Folge geraten kleine wie große landwirtschaftliche Betriebe immer stärker in die Abhängigkeit von Produkten wie Saatgut, Düngemitteln und Pestiziden aus dem Angebot agroindustrieller Großkonzerne. Die reelle Subsumtion der Natur beraubt die Bäuerinnen und Bauern ihres traditionellen Wissens sowie ihrer Autonomie und Unabhängigkeit im Produktionsprozess. Im Übrigen führt eine solche Kommodifizierung zur Kapitalkonzentration im Bereich der landwirtschaftlichen Produktion, weil die Industrialisierung von Arbeitsabläufen und Produktionsmitteln das Kapitalminimum erhöht, das nötig ist, um die Produktion auf dem Niveau des gesellschaftlichen Durchschnitts fortzusetzen (*Kapital III*, 261).

Letzten Endes ist der Riss im Stoffwechsel nicht vollständig zu beheben, solange der allgemeine Stoffwechsel der

Natur nicht auf eine *qualitativ* andere Weise durch die freie Assoziation der Produzierenden vermittelt wird. Im Kapitalismus bleibt es daher fortwährend notwendig, den Riss zu verlagern, was zugleich immer neue Probleme mit sich bringt. Dieser Widerspruch wird noch deutlicher erkennbar, betrachtet man die zweite Art der Auslagerung, nämlich die *räumliche*, die den Antagonismus von Stadt und Land auf die globale Ebene hebt, mit dem globalen Norden als Nutznießer. Die räumliche Auslagerung des Risses schafft Externalisierungseffekte durch das geografische Verschieben ökologischer Lasten auf anderswo lebende gesellschaftliche Gruppen und Bevölkerungen. Die Problematik wird von Marx im Zusammenhang mit der im 19. Jahrhundert erkennbaren Bodenerschöpfung in den kapitalistischen Kernländern erörtert. An der Küste Perus gab es kleine Eilande, die aus den Exkrementen von Seevögeln, sogenanntem Guano, bestanden, die sich über viele Jahre dort angesammelt hatten und zu »Guano-Inseln« geworden waren. In Quechua, der Sprache der indigenen Bevölkerung der Anden, steht »Guano« für die Vogelexkremente, die man traditionell als landwirtschaftlichen Dünger verwendete. Tatsächlich ist Guano sehr reich an Mineralien wie Phosphat und Stickstoff. Es war Alexander von Humboldt, der während einer Forschungsreise nach Peru im Jahr 1802 auf die indigene Verwendung von Guano stieß. Er untersuchte die Wirksamkeit von Guano und ließ ihn auf europäischen Böden testen. Guano erwies sich als überaus effektiv, und als ein hervorragender natürlicher Dünger fand er in weiten Teilen Europas und in den Vereinigten Staaten große Verbreitung.[67]

Diese räumliche Auslagerung trug dazu bei, dass sich in einem gegebenen Territorium landwirtschaftliche Produktion und Nährstoffkreisläufe sukzessive entkoppelten. Der massive Import von Guano ermöglichte eine exponentielle Urbanisierung in den kapitalistischen Zentren. In dem Maße, wie die natürlichen Produktionsbedingungen aus dem Alltag verschwanden, entwickelte sich auch in der Arbeiterklasse ein Naturverständnis, das dem der Kapitalisten und Großgrundbesitzer nahekam: die Vorstellung, die Natur sei ein Speicher, der den Menschen zur freien Ausbeutung der Ressourcen zur Verfügung stehe. Über die Herausbildung eines solchen neuen Common Sense in der englischen Bevölkerung, zugunsten des eigenen Wohlstands die Produktionsbedingungen anderswohin zu verlagern, schreibt Marx:

> Es ist also hauptsächlich und wesentlich […], daß die Agrikultur die Bedingungen ihrer eigenen Produktion nicht mehr in sich, naturwüchsig vorfindet, sondern daß diese als selbständige Industrie außer ihr existiert – und mit ihrem außer ihr Bestehn ist auch der ganze verwickelte Zusammenhang, worin diese fremde Industrie existiert, hereingezogen in den Kreis der Produktionsbedingungen des Ackerbaus […]. Dieses Wegziehn des naturwüchsigen Bodens unter dem Boden jeder Industrie und Verlegen ihrer Produktionsbedingungen außerhalb derselben in einen allgemeinen Zusammenhang – darum die Verwandlung dessen, was überflüssig erschien, in Notwendiges, geschichtlich erzeugte Notwendigkeit – ist die Tendenz des Kapitals. Die allgemeine Grundlage aller Industrien wird der allgemeine Austausch selbst, der Weltmarkt und daher das Ganze der Tätigkeiten, Verkehrs, Bedürfnisse etc., woraus er besteht. (*Grundrisse*, 433–434)

Im Laufe der kapitalistischen Entwicklung wird das, was früher als »Luxus« galt – also das, was keine »Naturnotwendigkeit« darstellte –, zu einer »Notwendigkeit« (ebd., 434). Diese Veränderung der Bedürfnisse betrifft auch die Arbeiterklasse. Die Externalisierung der materiellen Produktionsbedingungen brachte die Arbeiterklasse im globalen Norden in die Situation, an der Ausbeutung anderer, im globalen Süden, zu partizipieren und jene neuen Luxusbedürfnisse selbst zu übernehmen. Auf diese Weise breitete sich die »imperiale Lebensweise« der kapitalistischen Zentren in der gesamten Gesellschaft aus.[68] Indem sie die ökologischen Brüche ständig auslagert und sie für das kapitalistische Zentrum unsichtbar werden lässt, erscheint die heutige kapitalistische Gesellschaftsordnung für eine Vielzahl von gesellschaftlichen Gruppen im globalen Norden attraktiv und angenehm. Erleichtert wird so ein allgemeiner gesellschaftlicher Konsens, während die tatsächlichen Kosten anderen gesellschaftlichen Gruppen im globalen Süden auferlegt werden.

Im 19. Jahrhundert wurde Guano »notwendig«, um die Bodenfruchtbarkeit in Europa zu erhalten. Millionen Tonnen Guano wurden abgebaut und in einem fort nach Europa verschifft, was zu einer raschen Erschöpfung der Ressourcen führte. Der Extraktivismus ging einher mit der brutalen Unterdrückung der indigenen Bevölkerung und einer gnadenlosen Ausbeutung Tausender chinesischer »Kulis« unter grausamen Arbeitsbedingungen. Die Erschöpfung des Guano führte schließlich im Kampf um die verbliebenen Reserven des Rohstoffs zum Guanokrieg (1865/66) sowie zum Salpeterkrieg (1879–84). Ein solches Vorgehen, die Widersprüche in einer nur für den globalen Norden vorteilhaften Weise aufzulösen, mündet, wie Clark und Foster feststellen, in einem »ökologischen Imperialismus«.[69] Obgleich ein solcher ökologischer Imperialismus die Kluft an die Peripherie auslagert und die drohende Eruption im Zentrum unsichtbar werden lässt, vertieft sich der Riss im Stoffwechsel auf globaler Ebene durch den Fernhandel, und der Nährstoffkreislauf wird noch heftiger gestört.

Der ökologische Imperialismus geht mit einem »ökologisch ungleichen Tausch« von fossilen Energieträgern und Rohstoffen einher.[70] Seine Dimensionen lassen sich nicht vollständig am ungleichen Tausch im Bereich der Wertschöpfung ablesen, dennoch ist er im Prozess der Kapitalakkumulation unerlässlich. Im Zentrum wird mehr Reichtum akkumuliert und der Wohlstand steigt, während die Peripherie unterentwickelt bleibt oder gar noch mehr verarmt. Die negativen Folgen des ökologischen Bruchs – wie menschliche Opfer, die Erschöpfung von Ressourcen und Umweltschäden – treten überproportional häufig in jenen Peripherien auf, aus denen ständig Rohstoffe abgezogen und ins kapitalistische Zentrum transportiert werden.[71] Die räumliche Verlagerung steht so für eine Art, die gesamte Welt zu organisieren, die treffend als kapitalistisches Weltsystem zu bezeichnen ist.[72]

Die dritte Dimension der Auslagerung des Risses im Stoffwechsel ist die *zeitliche Aufschiebung*. Die Diskrepanz zwischen der Zeit der Natur und der des Kapitals führt nicht sofort in eine ökologische Katastrophe, da die Natur *über eine gewisse* »Elastizität« verfügt. Natürliche Grenzen sind nicht statisch, sondern in hohem Maße beeinflussbar.[73] Die Klimakrise ist ein exemplarischer Fall dieser Art Auslagerung. Die massiven CO_2-Emissionen aufgrund der exzessiven Nutzung fossiler Brennstoffe gehören zu den offensichtlichen Ursachen des Klimawandels, doch der Ausstoß von Treibhausgasen zeigt sich nicht sofort als Klimakatastrophe. Das Kapital nutzt die durch diese Zeitverzögerung eröffnete Möglichkeit, aus vorangegangenen Investitionen in Bohrungen und Pipelines einen höheren Profit zu erzielen. Da das Kapital die Interessen heutiger Shareholder widerspiegelt, nicht aber die künftiger Generationen, werden die Kosten auf Letztere abgewälzt. Sie leiden dadurch unter Folgen, für die sie nicht verantwortlich sind. Marx beschreibt eine solche für die kapitalistische Entwicklung typische Haltung mit den Worten »Après moi le déluge!« (*Kapital I*, 285) – »nach mir die Sintflut«.

Die durch ein zeitliches Aufschieben bedingte Verzögerung der Folgen weckt auch die Hoffnung, es sei möglich, neue epochemachende Technologien zu erfinden, um die ökologische Krise in der Zukunft bekämpfen zu können. Tatsächlich könnte man meinen, es sei besser, weiterhin auf Wirtschaftswachstum zu setzen, das technologische Entwicklung verspricht, als darauf, überstürzt und umfassend Kohlendioxidemissionen zu reduzieren und damit der gesamten Wirtschaft zu schaden.[74] Doch selbst wenn neue Technologien entwickelt werden, die »negative Emissionen« – also das Entziehen von CO_2 aus der Atmosphäre – ermöglichen, wie beispielsweise die CO_2-Abscheidung und -Speicherung (*carbon capture and storage* – CCS), wird es lange dauern, bis sie sich in der Gesellschaft durchsetzen und überkommene Technologien ersetzen. In der Zwischenzeit wird sich die Umweltkrise aufgrund unserer anhaltenden Untätigkeit weiter verschärfen. Im Ergebnis könnte dies die erwarteten positiven Effekte der neuen Technologie zunichte machen. Barry Commoner stellte bereits in den 1970er Jahren im Hinblick auf Wasch- und Reinigungsmittel fest, »[i]n jedem Fall erhöhte die neue Technologie die Umweltbelastung, die von dem jeweiligen Wirtschaftsgut ausging«.[75] Dieselbe Logik gilt auch hier. Technologische Lösungen klingen nicht zuletzt deshalb attraktiv, weil sie von uns nicht verlangen, unseren derzeitigen Lebensstil zu verändern. In diesem Fall dient die Hoffnung auf neue Technologien als Ideologie, um die weitere Nutzung fossiler Brennstoffe zu legitimieren, indem der Widerspruch zeitlich in die Zukunft aufgeschoben wird. Vor einem solchen technokratischen Optimismus warnte schon Mészáros: »Und schließlich ist die Behauptung, ›Wissenschaft und Technologie können auf lange Sicht alle unsere Probleme lösen‹, viel schlimmer als der Glaube an Hexerei«.[76]

V Rosa Luxemburgs in Vergessenheit geratene Stoffwechseltheorie

Wie die Geschichte des Kapitalismus zeigt, verfügt das Kapital über ganz erstaunliche »elastische Potenzen« (*Kapital I*, 636), den Riss im Stoffwechsel auszulagern. Bill McKibben beschrieb die historische Dynamik von Kapitalismus und ökologischer Katastrophe einmal folgendermaßen: »Die verringerte Verfügbarkeit fossiler Brennstoffe ist nicht die einzige Grenze, mit der wir konfrontiert sind. In der Tat ist sie nicht einmal die wichtigste. Noch bevor uns das Öl ausgeht, geht uns der Planet aus.«[77] Das liegt nicht nur daran, dass das Kapital inmitten der ökologischen Krise immer wieder neue Gelegenheiten für eine »Klimawandel-Schockdoktrin«[78] zu finden vermag, sondern auch daran, dass es die negativen Folgen immer wieder auf die Senke im globalen Süden auslagert und externalisiert. Auf diese Weise leidet der globale Süden unter doppelt negativen Folgen. Nach dem mit dem ökologischen Imperialismus einhergehenden Raubbau an Natur und Arbeitskraft ist man dort als Erstes mit den realen Auswirkungen der ökologischen Krise konfrontiert. Wie Stephan Lessenich feststellt, wird der kapitalistische Slogan »Nach uns die Sintflut!« in Zeiten der globalen ökologischen Krise, wenn es nicht mehr möglich ist, Zeit vor der Sintflut zu kaufen, zu einem »Neben uns die Sintflut!« – seien das nun Starkregen und Überschwemmungen oder aber Flüchtlingsströme und Zuwanderungswellen.[79] Dies ist die Essenz der im wohlhabenden globalen Norden vorherrschenden »Externalisierungsgesellschaft«.

In der marxistischen Tradition war es Rosa Luxemburg, die den Versuch unternahm, den Begriff des Stoffwechsels auszuarbeiten, um das ungleiche Verhältnis zwischen kapitalistischen Zentren und nichtkapitalistischen Peripherien als die wesentliche Voraussetzung für die Kapitalakkumulation zu erfassen. In ihrer Schrift *Die Akkumulation des Kapitals* kritisiert Luxemburg die zerstörerischen Auswirkungen der kapitalistischen Entwicklung auf nichtkapitalistische Gesellschaften und vertritt die These, der Kapitalismus habe seine Ursprünge ganz grundlegend in einem nichtkapitalistischen Umfeld. Der Kapitalismus sei, mit anderen Worten, von seinen Anfängen an von einem ungleichen Tausch abhängig, der dem Zentrum, neben natürlichen Ressourcen, billige Lohnarbeit und oft sogar die *kostenlose* Arbeitskraft von Sklaven sichere.

Anzumerken bleibt, dass Luxemburg ihre These *gegen* Marx' Theorie der Kapitalreproduktion im zweiten Band des *Kapitals* entwickelt, weil Marx ihrer Meinung nach den englischen Kapitalismus so behandelt, als wäre er ein unabhängiges und autarkes Gebilde, in dem sich das Kapital reproduzieren kann, ohne dass die tiefe Abhängigkeit von der Ausbeutung nichtkapitalistischer Gesellschaften ausreichend zu berücksichtigen wäre:

> Das Marxsche Schema der erweiterten Reproduktion entspricht somit nicht den Bedingungen der Akkumulation, solange diese fortschreitet; sie läßt sich nicht in die festen Wechselbeziehungen und Abhängigkeiten zwischen den beiden großen Abteilungen der gesellschaftlichen Produktion [...] bannen, die das Schema formuliert. Die Akkumulation ist nicht bloß ein inneres Verhältnis zwischen den Zweigen der kapitalistischen Wirtschaft, sondern vor allem ein Verhältnis zwischen Kapital und dem nichtkapitalistischen Milieu, in dem jeder der beiden großen Zweige der Produktion den Akkumulationsprozeß zum Teil auf eigene Faust unabhängig vom anderen durchmachen kann, wobei sich die Bewegung beider wieder auf Schritt und Tritt kreuzt und ineinander verschlingt.[80]

Bei der weiteren Beschreibung dieses Prozesses ungleichen Transfers von Arbeitskraft und natürlichen Ressourcen aus der Peripherie ins Zentrum greift Luxemburg Marx' Begriff des Stoffwechsels auf, dabei jedoch vor allem angelehnt an dessen Verwendung als »gesellschaftlicher Stoffwechsel« im *Kapital*:

> Wenn der Kapitalismus also von nichtkapitalistischen Formationen lebt, so lebt er, genauer gesprochen, von dem Ruin dieser Formationen, und wenn er des nichtkapitalistischen Milieus zur Akkumulation unbedingt bedarf, so braucht er es als Nährboden, auf dessen Kosten, durch dessen Aufsaugung die Akkumulation sich vollzieht. Historisch aufgefaßt, *ist die Kapitalakkumulation ein Prozeß des Stoffwechsels, der sich zwischen der kapitalistischen und den vorkapitalistischen Produktions-*

> *weisen vollzieht.* Ohne sie kann die Akkumulation des Kapitals nicht vor sich gehen, die Akkumulation besteht aber, von dieser Seite genommen, im Zernagen und im Assimilieren jener. Die Kapitalakkumulation kann demnach sowenig ohne die nichtkapitalistischen Formationen existieren, wie jene neben ihr zu existieren vermögen. Nur im ständigen fortschreitenden Zerbröckeln jener sind die Daseinsbedingungen der Kapitalakkumulation gegeben.[81]

Luxemburgs Verwendung des Begriffs »Stoffwechsel« deutet darauf hin, dass sie das Entstehen eines gravierenden Risses im Stoffwechsel auf internationaler Ebene tatsächlich erfasst. Bei einem solch gewalttätigen Akkumulationsprozess geht es im Kern nicht nur um Werttransfer durch ungleichen Tausch von Wert oder die massive Ausbeutung von Arbeiterinnen und Arbeitern. Im Grunde handelt es sich vielmehr um einen Prozess, der Arbeitskraft, Energie und Ressourcen durch ökologisch ungleichen Tausch enteignet.[82] Dabei wird die von bestimmten Gruppen, von Sklaven, Indigenen und Frauen geleistete Arbeit als »kostenloses Geschenk« an das Kapital ausgebeutet. Diese Ausbeutung und Enteignung aus nichtkapitalistischen Milieus zu beenden, ist das Kapital nicht fähig, sondern verstärkt beides sogar noch, da der ungleiche Transfer konstitutiv für die kapitalistische Produktion ist: »Zur produktiven Verwendung des realisierten Mehrwerts ist erforderlich, daß das Kapital fortschreitend immer mehr den gesamten Erdball zur Verfügung hat, um in seinen Produktionsmitteln quantitativ und qualitativ unumschränkte Auswahl zu haben.«[83]

Luxemburg sieht eine absolute Grenze des Kapitals in dessen Abhängigkeit von einer solchen Art ungleichen Tauschs mit dem globalen Süden. Der Kapitalismus ist bestrebt, sich zu universalisieren, kann es aber nicht, solange er im Wesentlichen von einem nichtkapitalistischen Zusammenhang abhängig ist. Doch würde er tatsächlich universell, müsste er zusammenbrechen, denn die Erschöpfung von Externalität wäre für die Externalisierungsgesellschaft fatal:

> Der Kapitalismus ist die erste Wirtschaftsform mit propagandistischer Kraft, eine Form, die die Tendenz hat, sich auf dem Erdrund auszubreiten und alle anderen Wirtschaftsformen zu verdrängen, die keine andere neben sich duldet. Er ist aber zugleich die erste, die allein, ohne andere Wirtschaftsformen als ihr Milieu und ihren Nährboden, nicht zu existieren vermag, die also gleichzeitig mit der Tendenz, zur Weltform zu werden, an der inneren Unfähigkeit zerschellt, eine Weltform der Produktion zu sein.[84]

Das Kapital ist zur Expansion bestimmt und kann daher keine Regulierung dulden, die diese Tendenz behindert, was aber auf lange Sicht nur dessen eigenen Widerspruch verstärkt.

In gewissem Sinn stellt das Anthropozän eine Situation dar, in der das Vorhandensein von Externalität als Voraussetzung der Kapitalakkumulation erschöpft ist. Der Wettbewerb um Raub und Externalisierung intensiviert sich mit der rasanten Entwicklung der BRICS-Staaten. Es geht dabei nicht einfach nur darum, dass »Billige Natur« nicht mehr verfügbar wäre. In dem Maße, in dem Möglichkeiten der Externalisierung schwinden, wird der lange verborgene Riss im Stoffwechsel auch im globalen Norden zunehmend sichtbar, wenn die Klimakrise sich in Hitzewellen, Waldbränden und Supertaifunen bemerkbar macht. In Anbetracht dieser Situation stellt Immanuel Wallerstein fest, dass die »Normalität der Externalisierung […] zu einer Kindheitserinnerung verblasst« sei.[85] Das kapitalistische System befinde sich in einer Endkrise, so hebt er hervor, und nähere sich nun einer »Bifurkation«, an der es darum gehe, das alte System durch ein neues zu ersetzen, wobei die »Frage der ökologischen Zerstörung […] ein zentraler Schauplatz der Debatte« sei.[86] Heute zeigt sich immer deutlicher, dass die imperiale Lebensweise nicht zu verallgemeinern ist, doch diese Situation ist für den Kapitalismus fatal. Der Widerspruch des Kapitalismus im Anthropozän zwingt die Menschen dazu, die Legitimität und Effektivität der kapitalistischen gesellschaftlichen Kontrolle zu überdenken, da sie gravierend in die »elementaren Imperative eines bloßen Überlebens« eingreift.[87]

Luxemburg verfolgte die Absicht, Marx' Theorie der ursprünglichen Akkumulation zu erweitern, formulierte dabei allerdings ihre Stoffwechseltheorie *gegen* Marx, da der ihrer Meinung nach ausschließlich den westlichen Kapitalismus im Blick hatte. Eine Passage im Kapitel über die ursprüngliche Akkumulation im ersten Band des *Kapitals* nimmt indes eindeutig Bezug auf Zerstörungsprozesse in der Peripherie des Kapitalismus als wesentliche Bestandteile bei dessen Herausbildung:

> Die Entdeckung der Gold- und Silberländer in Amerika, die Ausrottung, Versklavung und Vergrabung der eingebornen Bevölkerung in die Bergwerke, die beginnende Eroberung und Ausplünderung von Ostindien, die Verwandlung von Afrika in ein Geheg zur Handelsjagd auf Schwarzhäute bezeichnen die Morgenröte der kapitalistischen Produktionsära. Diese idyllischen Prozesse sind Hauptmomente der ursprünglichen Akkumulation. (*Kapital I*, 779)

Gewiss, das ist nur eine kurze Passage, und so übt Luxemburg trotz ihrer Kenntnis dieser Textstelle Kritik an Marx: »Dies alles aber wohlgemerkt nur unter dem Gesichtswinkel der sogenannten ›primitiven Akkumulation‹. Die angegebenen Prozesse illustrieren bei Marx nur die Genesis, die Geburtsstunde des Kapitals, sie bezeichnen die Geburtswehen bei dem Heraustreten der kapitalistischen Produktionsweise aus dem Schoße der feudalen Gesellschaft.«[88] Mit anderen Worten behandelte Marx den Kapitalismus als ein sich selbst genügendes System, sobald dieses als solches etabliert ist. Wie Kapitel 6 des vorliegenden Buches erörtert, hat Marx jedoch nach der Veröffentlichung des ersten Bandes des *Kapitals* im Jahr 1867 kritisch über diesen Punkt nachgedacht und sich intensiv mit vorkapitalistischen und nichtwestlichen Gesellschaften beschäftigt. In der Folge korrigierte er sein Verständnis des Kapitalismus und begann ab den 1870er Jahren, einen vollkommen anderen Weg zum Kommunismus für wahrscheinlich zu halten.

Marx war indes nicht in der Lage, die neuen Überlegungen zu Lebzeiten zu vertiefen – abgesehen von einem kurzen Hinweis zu dieser Frage in der gemeinsam mit Engels verfassten Vorrede zur russischen Ausgabe des *Manifests der Kommunistischen Partei*. In diesem Sinne hatte Luxemburg seinerzeit sicherlich recht, wenn sie Marx' Theorie der Kapitalakkumulation wegen ihrer engen Ausrichtung auf den westlichen Kapitalismus kritisierte. Obwohl ihr Begriff des Stoffwechsels die theoretischen Möglichkeiten, die bereits im *Kapital* angelegt waren, hätte weiterentwickeln und bereichern können, führte ihre Kritik an Marx zu hitzigen Debatten in der Zweiten Internationale, die eine weitere Ausarbeitung der Marx'schen Stoffwechseltheorie in der Folgezeit behinderten. Es gab jedoch auch einen tieferen theoretischen Grund für die Marginalisierung des Stoffwechselbegriffs in der Geschichte des Marxismus. Die Neigung, diesen Begriff – und damit auch die Frage nach Marx' ökologischer Kritik des Kapitalismus – an den Rand zu drängen, lässt sich schon in der Zeit *vor* der Zweiten Internationale feststellen. Die Ursprünge dieser Tendenz sind auf Engels zurückzuführen.[89] Er muss von Marx' ernsthafter Auseinandersetzung mit Fragen der Naturwissenschaft und mit nichtwestlichen Gesellschaften gewusst haben, aber er hat diesen Punkt nicht hervorgehoben. Hier zeigt sich eine gewisse Spannung zwischen seinen Vorstellungen und Marx' Stoffwechseltheorie. Es ist daher notwendig, das intellektuelle Verhältnis von Marx und Engels aus einer ökologischen Perspektive neu zu untersuchen, um zu verstehen, warum Marx' Begriff des Stoffwechsels so lange marginalisiert blieb.

Kapitel 2

Das intellektuelle Verhältnis von Marx und Engels aus ökologischer Perspektive neu betrachtet*

Wie im vorherigen Kapitel dargelegt, wurde Marx von verschiedenen Seiten immer wieder des Prometheanismus bezichtigt, und auch selbsterklärte Marxisten sind zu dem Schluss gekommen, sein Produktivismus sei mit einer Umweltperspektive unvereinbar. Mit der sich verschärfenden ökologischen Krise im Zuge der neoliberalen Globalisierung ist die Notwendigkeit, die zerstörerischen Auswirkungen des Kapitalismus auf die Ökosysteme kritisch zu untersuchen, jedoch sehr viel dringlicher geworden. Nachdem in diesem Zusammenhang Marx' Ökologie wiederentdeckt

* Dieses Kapitel stützt sich auf meinen Beitrag »Das intellektuelle Verhältnis von Marx und Engels aus ökologischer Perspektive: Eine Neubewertung«, übers. von Utku Mogultay u. Lisa Jeschke, in: Thomas Sablowski, Judith Dellheim, Alex Demirović, Katharina Pühl, Ingar Solty (Hg.): *Auf den Schultern von Karl Marx*, Münster: Westfälisches Dampfboot, 2021, S. 125–139. Die Veröffentlichung erfolgt mit freundlicher Genehmigung; für das vorliegende Buch wurde der Inhalt stark überarbeitet, erweitert und aktualisiert.

wurde, greifen heute verschiedene ökosozialistische Intellektuelle auf den Begriff eines metabolischen Bruchs zurück, um die mit der kapitalistischen Produktion einhergehende Umweltzerstörung zu analysieren. Die Ökologie ist daher zu einem der wichtigsten Gebiete geworden, auf denen das Vermächtnis von Marx' *Kapital* im 21. Jahrhundert zur Geltung kommen kann. Einige Marxisten lehnen es indes nach wie vor ab, das Potential der Ökologie von Marx anzuerkennen und verwerfen sie als »apokalyptisch«.[1] Vor allem der westliche Marxismus im weitesten Sinne steht Marx' ökosozialistischem Projekt als Alternative zum Kapitalismus oft ablehnend gegenüber. So behauptet etwa Slavoj Žižek in einem in dem Sammelband *Examined Life* veröffentlichten Interview mit einer ironischen Anspielung auf Marx' berühmtes Diktum, Ökologie sei »das neue Opium für die Massen«.[2] Und auch Alain Badiou gelangt zu genau demselben Urteil.[3]

Einer der Gründe für diese Ablehnung der Marx'schen Ökologie lässt sich auf eine alte Frage zurückführen, bei der es um das »intellektuelle Verhältnis« von Marx und Engels geht, also um die Übereinstimmung und die Unterschiede zwischen diesen beiden Begründern des Sozialismus.[4] Bekanntlich betrachtete der westliche Marxismus, angefangen mit Georg Lukács, die Naturwissenschaft als Engels' Domäne, was sich in Theodor W. Adornos Bemerkung widerspiegelt, dass Marx' »Begriff ›Natur‹, an dem die Produktivität sich vollzieht, seinerseits unerörtert bleibt, genauso wie in dem berühmten Ausdruck ›Stoffwechsel mit der Natur‹«.[5] Da der westliche Marxismus Marx' umfangreiche naturwissenschaftliche Forschung vernachlässigt und den entscheidenden Begriff »Stoffwechsel« nur marginal wahrgenommen hat, steht diese Denkrichtung nun, angesichts des Anthropozäns, vor einem Dilemma. Eine marxistische Kritik der zunehmenden Umweltzerstörung zu entwickeln, würde voraussetzen, die frühere einseitige Interpretation der Marx'schen Gesellschaftstheorie einzugestehen. Um die eigene theoretische Konsistenz zu verteidigen, bleibt westlichen Marxisten daher nur die Möglichkeit, Marx' Ökologie zu leugnen.

Einen – verglichen mit Adorno, Žižek und Badiou – ergiebigeren Ansatz, das intellektuelle Verhältnis von Marx und Engels zu betrachten, entwickeln John Bellamy Foster und Paul Burkett.[6] Sie widmen sich nicht nur Marx' Auseinandersetzung mit der Naturwissenschaft, sondern bedienen sich auch seines methodischen Gerüsts, um heutige Umweltprobleme zu analysieren, und zeigen so die Aktualität und Relevanz von Marx' Ökologie.

In der Ausformulierung ihrer ökologischen Kapitalismuskritik gehen Foster und Burkett davon aus, dass die Ansichten von Marx und Engels zur Ökologie *keine* signifikanten Unterschiede aufweisen. So argumentiert etwa Burkett:

> Was substanzielle Unterschiede zwischen Marx und Engels angeht, so glaube ich, dass dieses Problem oft überschätzt wurde – manchmal sogar erheblich [...]. Im Verlauf meiner Arbeit *konnte ich keinen einzigen signifikanten Unterschied finden*, wie Marx und Engels Naturverhältnisse materialistisch und auf Klassenverhältnisse bezogen diskutierten, und das ist hier der entscheidende Punkt.[7]

Unbestreitbar haben Foster und Burkett sehr überzeugend aufgezeigt, welche Bedeutung der materialistisch begründeten Ökologie von Marx (und Engels) als einem integralen Bestandteil der umfassenderen Kritik der politischen Ökonomie zukommt; zudem haben sie sich mit Umweltökonomie auseinandergesetzt, um den besonderen Beitrag der Marx'schen Ökonomie zur politischen Ökologie zu unterstreichen.[8] Ungeachtet dieser großen Verdienste bleibt die Frage, ob die zwischen Marx und Engels auf dem Gebiet der politischen Ökonomie bestehenden theoretischen Unterschiede – deren Existenz auch Foster und Burkett nicht unbedingt bestreiten[9] – nicht auch zu unterschiedlichen Auffassungen in Fragen der Ökologie führten.

Dieses Kapitel verfolgt gegenüber früherer Literatur einen »synthetischen« Ansatz. Der Fokus liegt auf Marx' naturwissenschaftlicher Forschung, die im westlichen Marxismus unbeachtet blieb, um so die zwischen Marx und Engels in ihrer ökologischen Kapitalismuskritik bestehenden *Unterschiede* aufzuzeigen, die von Foster und Burkett übergangen werden. Ausgehend von der Zusammenarbeit zwischen Marx und Engels sowie ihren offensichtlichen Gemeinsamkeiten setzt die folgende Analyse das *Kapital* in Bezug zu neu erschienenen, in der *Marx-Engels-Gesamtausgabe (MEGA)* veröffentlichten Materialien, die bislang in der Literatur unberücksichtigt blieben.[10] Abschnitt I wird aufweisen, dass es zu der intellektuellen Arbeitsteilung zwischen Marx und Engels eine Vorgeschichte gibt. Beide zeigten, wie deutlich werden wird, ein ausgeprägtes Interesse an Naturwissenschaften, wenn auch aus sehr unterschiedlichen Gründen. Ablesbar ist dies an Engels' Kritik an Liebigs Stoffwechseltheorie, die ihn hinderte, die rasanten methodischen Fortschritte von Marx in den 1860er Jahren, deren Dreh- und Angelpunkt gerade der Liebig'sche Begriff des Stoffwechsels war, in vollem Umfang zu würdigen (II). Indem er ebendiesen Stoffwechselbegriff kritisierte, trug Engels in der Folge dazu bei, die Marx'sche Ökologie unsichtbar zu machen

(III). Genealogisch betrachtet erwies sich auch das von Engels verfolgte einflussreiche Projekt einer Dialektik der Natur als Moment einer Marginalisierung der Marx'schen Stoffwechseltheorie. Doch gerade diese verdrängte Methode der Kritik der politischen Ökonomie zeigt die theoretische Richtung an, Marx' unvollendetes Projekt des *Kapitals* im Anthropozän fortzuführen (IV).

I Intellektuelle Arbeitsteilung?

Wie im vorangegangenen Kapitel dargelegt, wurde Marx' Ökologie lange Zeit ignoriert. Ein Grund für die Vernachlässigung seines ökologischen Vermächtnisses war der unvollendete Charakter des *Kapitals*. Bis zur jüngsten Veröffentlichung in der *Marx-Engels-Gesamtausgabe (MEGA)* wussten nicht einmal Wissenschaftler von der Existenz der Manuskripte und Notizbücher, die von Staub bedeckt in zwei Archiven lagen, dem Russischen staatlichen Archiv für Sozial- und Politikgeschichte (RGASPI) in Moskau und dem Internationalen Institut für Sozialgeschichte (IISG) in Amsterdam. Ein weiterer Faktor, der dazu beitrug, Marx' ökologische Kapitalismuskritik im 20. Jahrhundert zu marginalisieren, findet sich indes innerhalb der marxistischen Tradition. Denn geschuldet ist diese Nichtbeachtung auch dem sogenannten traditionellen Marxismus, der Marx' historischen Materialismus als ein abgeschlossenes dialektisches System betrachtete, das die Arbeiterklasse in die Lage versetzen sollte, die Wahrheit des Universums zu begreifen, und zwar in einem sowohl die menschliche Geschichte als auch die Natur umfassenden Sinn. Die Etablierung eines solch ungeheuren ideologischen Apparats erschien geboten, um die Massen der Arbeiterinnen und Arbeiter für den Marxismus zu mobilisieren, auch gegen andere, als Konkurrenten auftretende Sozialisten wie Eugen Dühring und Ferdinand Lassalle. Der traditionelle Marxismus unternahm mit anderen Worten den Versuch, der sozialistischen Bewegung eine proletarische »Weltanschauung« zu bieten, als Identifikationsmöglichkeit und Mittel der Mobilisierung.[11] Ein solcher Versuch verzerrte jedoch zwangsläufig Marx' ursprüngliches Projekt, und zwar in verschiedener Hinsicht.[12]

Der traditionelle Marxismus schenkte Marx' ökonomischen Manuskripten kaum und seinen Notizbüchern noch viel weniger Beachtung, da man befürchtete, andernfalls eingestehen zu müssen, dass diese Materialien den unabgeschlossenen Charakter des *Kapitals* bezeugten. Stattdessen beschränkte man sich lieber auf die von Engels besorgte Ausgabe des *Kapitals* als theoretische Grundlegung des Marx'schen Systems der Kritik der politischen Ökonomie, das die Ausbeutung der Arbeiterklasse offenlegt und die Notwendigkeit der Wirtschaftskrise sowie die Unvermeidlichkeit der sozialistischen Revolution aufzeigt. Zwar hatte Marx in seinen veröffentlichten Schriften so gut wie nichts über den ontologischen Status der Natur zu sagen, wie der traditionelle Marxismus einräumen musste, doch griff man hier der Einfachheit halber auf Engels' *Dialektik der Natur* und seinen *Anti-Dühring* zurück, um die materialistische Theorie auf das gesamte Universum auszuweiten. Die Unterstellung einer engen intellektuellen Zusammenarbeit von Marx und Engels verwischte die Unterschiede zwischen beiden.

Doch ergeben sich daraus naheliegende Probleme. Der traditionelle Marxismus kann nicht leugnen, dass Marx keine systematische Darstellung der Dialektik der Natur ausgearbeitet hat. Das Gesamtsystem des dialektischen Materialismus ist in Marx' eigenen Schriften nicht vorhanden. Ein solches System galt es durch die redaktionelle Bearbeitung von Manuskripten, das Hinzufügen von Anmerkungen zu Texten von Marx und sogar das *Weglassen* von Unpassendem sorgfältig zu rekonstruieren. Man wählte mit Bedacht aus, was veröffentlicht werden sollte und was nicht, weil man befürchtete, dass die unveröffentlichten Schriften den unvollständigen Charakter des Marx'schen Systems offenbaren oder aber neue Aspekte aufzeigen könnten, die mit der eigenen Weltanschauung unvereinbar wären.[13] Das Unvereinbare wurde als randständig behandelt oder gar unterschlagen. Die für die Arbeit am *Kapital* verfassten ökonomischen Manuskripte von Marx wurden indes letzten Endes vollständig im Jahr 2012 in der *MEGA* veröffentlicht.[14] Ausgehend von dieser Veröffentlichung wird das vorliegende Kapitel die Bedeutung der Manuskripte und Notizbücher, und insbesondere der naturwissenschaftlichen Notizen, aufzeigen.

Eine wichtige Rolle in dieser Geschichte als Begründer des traditionellen Marxismus spielt Engels, insofern er den Marxismus als gesellschaftliche und politische Weltanschauung der Arbeiterklasse und -bewegung etablierte. Er unterstrich den systematischen und vollständigen Charakter von Marx' *Kapital* sowie dessen Überlegenheit gegenüber dem einflussreichen Werk Eugen Dührings, um in der Zeit der Sozialistengesetze unter Otto von Bismarck innerhalb der Sozialdemokratischen Partei die Hegemonie zu erlangen.[15] Bekanntlich war es Engels, der Marx' Manuskripte bearbeitete und sie als zweiten und dritten Band des *Kapitals* veröffentlichte. Außerdem publizierte er verschiedene Bücher, Broschüren und Artikel von Marx nach dessen Tod neu. Dabei fügte er oft neue Vorworte und Einleitungen hinzu, griff bisweilen auch auf von Marx verfasste Originaltexte zurück und änderte sie ab. Das meistgelesene Buch zum Marxismus war, wie Terrell Carver hervorhebt, nicht Marx' *Kapital*, sondern *Die Entwicklung des Sozialismus von der Utopie zur Wissenschaft* von Engels.[16] Es ist keineswegs übertrieben festzustellen, dass es »Engels war, der den Kern der Tradition begründete«[17] und den Entwicklungsweg des Marxismus im 20. Jahrhundert prägte. Sowohl die Spitzen der Zweiten Internationale als auch jene, die in der Russischen Revolution erstmals erfolgreich die Staatsmacht eroberten, waren stark von Engels' Ansichten über Geschichte, Staat und Revolution beeinflusst. Was diese »traditionellen Marxisten« für das hielten, »was jeder wahrhaft über Marx weiß«, war in Wirklichkeit nichts anderes als »ein Konstrukt des älteren Engels«.[18] Ungeachtet der im Marxismus-Leninismus hartnäckig wiederholten Behauptung, der wissenschaftliche Sozialismus sei das gemeinsame Projekt von Marx und Engels, wobei Marx »Engels' Vorstellungen voll und ganz teilte«[19], lehnen Carver und andere, die ihm darin beipflichten, den dialektischen Materialismus, die allmächtige Weltanschauung des traditionellen Marxismus, entschieden ab und stellen das Verhältnis von Marx und Engels sogar als »Marx contra Engels« dar.[20] Marxisten seien vom »Engelsismus« hintergangen worden, der letztlich für den Terror des Stalinismus die Verantwortung trage.[21]

Besonders nachdrücklich werden die Unterschiede zwischen Marx und Engels im westlichen Marxismus hervorgehoben. Die Kategorie selbst wird Maurice Merleau-Ponty[22] zugeschrieben, doch die Grundlagen dieser Strömung im Marxismus gehen auf die 1920er Jahre zurück, insbesondere auf Georg Lukács' Schrift *Geschichte und Klassenbewußt-*

sein.[23] Obgleich »westlicher Marxismus« eine recht weit gefasste Einteilung ist, die einen sehr heterogenen Kreis so bezeichneter Personen und Positionen umfasst, ist eines der wichtigsten Themen der gegen den Stalinismus gerichtete Versuch, eine differenzierte Gesellschaftstheorie zu entwickeln, ohne in eine mechanistische Weltsicht zu verfallen.[24] Der westliche Marxismus versuchte in gewisser Weise, Marx' Philosophie und Gesellschaftstheorie zu retten, indem er die Naturdialektik von Engels kritisierte und Dialektik rigoros auf Fragen der Gesellschaft beschränkte. Nikita Chruschtschows Geheimrede und der russische Einmarsch in Ungarn 1956 waren für westliche Marxisten gleichermaßen Anlässe, die Gültigkeit des traditionellen Marxismus in Frage zu stellen; mit einem Rekurs auf Hegel wollte man dem »dialektischen Materialismus« des sowjetischen Marxismus entgegentreten. Als den für den Irrweg verantwortlichen Begründer dieser problematischen, auf ökonomischem Determinismus und Szientismus beruhenden Weltanschauung identifizierte man Engels. Denn hätte dieser recht und eine eigenständige, objektive Dialektik in der Natur existierte, wäre es möglich, durch naturwissenschaftliche Forschung zunächst eine dialektische Methode auszuarbeiten und zu formulieren, um sie sodann auf die Analyse der menschlichen Gesellschaft zu übertragen. Ein solches Vorgehen führte jedoch zu einem mechanistischen und positivistischen Verständnis von Gesellschaft, das mit Marx' dialektischer Analyse des Kapitalismus unvereinbar wäre. Der westliche Marxismus betrachtete die Naturwissenschaften als Engels' Domäne und grenzte dementsprechend diesen Bereich vollständig von Marx' dialektischer Philosophie der Gesellschaft ab.

Eine solche Abgrenzung führte unausweichlich, schreibt

Perry Anderson, zu »einer grundlegenden Verschiebung des Gravitationszentrums des europäischen Marxismus hin zur Philosophie«.[25] Louis Althusser etwa kritisiert Engels' »positivistische Einstellung«, welche die Philosophie verschwinden lasse.[26] In seinem Versuch, die Marx'sche Dialektik wiederzubeleben, prangert auch Jean-Paul Sartre den Materialismus von Engels als Absurdität an: »Wir waren stets der Meinung, daß eine so fruchtbare Arbeitshypothese wie der historische Materialismus keineswegs zu seiner Begründung eine solche Absurdität, wie es der metaphysische Materialismus ist, nötig gehabt hat.«[27] Lucio Colletti unterstreicht die intellektuelle Arbeitsteilung zwischen Marx und Engels und kommt gar zu dem Schluss, die Ansichten beider zeichneten sich durch »zwei grundlegend unterschiedene Betrachtungsweisen« aus.[28] Zum entscheidenden Problem wird das Verhältnis von Natur und Dialektik. So bezweifelt Alfred Schmidt in seiner Studie über den Marx'schen Naturbegriff, »ob der auf abstrakte Materie reduzierten Natur dialektische Bestimmungen wie ›Totalität‹, ›Widerspruch‹, ›Produktivität‹, ›immanente Negation‹ überhaupt zugesprochen werden können«, ohne in »dogmatische Metaphysik« zurückzufallen.[29] Auf diese Weise verbannte der westliche Marxismus Engels und seine mechanistische Naturdialektik aus den eigenen Analysen, doch gleichzeitig sonderte man damit auch die Bereiche Natur und Naturwissenschaft vollständig von Marx' Sozialphilosophie ab.

Eine solche Positionierung war für den westlichen Marxismus unvermeidlich, galt es doch zu verhindern, die Marx'sche Gesellschaftstheorie in den kruden Materialismus des sowjetischen Marxismus abgleiten zu lassen. Doch die »Divergenzthese« war in gewissem Sinne »mehr durch Ideologie motiviert, als dass ein Nachweis erbracht wurde«.[30]

Tatsächlich zahlte der westliche Marxismus einen hohen Preis. Er war nicht in der Lage, das Problem der Ökologie in die Analyse miteinzubeziehen, da in diesem Bereich die Natur zwangsläufig eine zentrale Rolle spielt. Der stark philosophisch geprägte Ansatz ist daher nicht in der Lage, wirksam auf die ökologische Krise im Anthropozän zu reagieren.[31]

So vernachlässigten sowohl der traditionelle Marxismus als auch der westliche Marxismus im Verlauf des gesamten 20. Jahrhundert die Bedeutung der von Marx betriebenen eingehenden Auseinandersetzung mit den Naturwissenschaften. Freilich gibt es neben Foster und Burkett noch weitere Vertreter des traditionellen Marxismus, die Marx' ausgeprägtes Interesse an den Naturwissenschaften würdigen und dafür plädieren, die zwischen Marx und Engels bestehende Übereinstimmung anzuerkennen, ohne einer positivistischen Weltsicht zu verfallen.[32] Herausgestellt werden in diesem Zusammenhang die folgenden Punkte: Marx schrieb ein ganzes Kapitel des *Anti-Dühring* und überarbeitete Engels' Manuskript, das er als »sehr wichtig« bezeichnete;[33] auch er selbst verwendete den Ausdruck »wissenschaftlicher Sozialismus«;[34] und, ganz entscheidend, Marx war wie Engels von der Naturdialektik überzeugt, als er im *Kapital* über den Umschlag von Quantität in Qualität schrieb.[35] Alvin Gouldner resümiert: »Mehr als das zu behaupten, würde Engels allerdings zum Sündenbock für den ›wissenschaftlichen Marxismus‹ erklären; ihn radikal von Marx zu unterscheiden ist hingegen [...] historisch zweifelhaft und ungerecht.«[36] Kaan Kangal schließlich hält fest, das Vorhandensein von »Differenzen« sei für jede Zusammenarbeit an einem Vorhaben natürlich und impliziere keinesfalls sofort einen »Bruch«, vielmehr hätten, so sein Resümee, Marx und Engels »eine gemeinsame Weltanschauung« besessen.[37]

Wenn der westliche Marxismus, ungeachtet des Anspruchs, Marx' Philosophie authentisch zu interpretieren, dessen Interesse an den Naturwissenschaften leugnet, so ist das widersinnig. Marx beschreibt, dabei Hegel folgend, einige Naturphänomene als Erscheinungsformen einer objektiven Dialektik der Natur. Dies ist nur ein Beispiel für die vielen Aspekte, bei denen sich Marx und Engels einig waren. Diese Tatsache zu leugnen, wäre absurd. Dennoch bedeutet das nicht gleich, dass sie ein und dasselbe Vorhaben arbeitsteilig verfolgt hätten. Da sie letztlich zwei unterschiedliche Menschen mit unterschiedlichen Interessen waren, lässt sich natürlich davon ausgehen, dass es erhebliche Meinungsverschiedenheiten gab, auch wenn sie viele ihrer Ansichten teilten. Auch wenn es unfair ist, Engels »als bequemen Prügelknaben«[38] zum Sündenbock zu machen, sollte man die theoretischen Unterschiede zwischen Marx und Engels nicht auslöschen. So wie Marx' Verständnis von politischer Ökonomie sich trotz der langjährigen Zusammenarbeit nicht mit dem von Engels gleichsetzen lässt, bleibt auch die Möglichkeit von Meinungsverschiedenheiten immer bestehen, selbst wenn beide gleichzeitig am selben Thema arbeiteten und *selbst wenn sie meinten, dieselben Interessen zu verfolgen.*[39] Hier bietet die *MEGA* neues Material, um beider intellektuelles Verhältnis und ihre Arbeitsteilung genauer zu untersuchen.

Ausgerechnet Engels selbst hatte übrigens die intellektuelle Arbeitsteilung zwischen Marx und sich betont, was ihn zum Zeugen für die Glaubwürdigkeit des vom westlichen Marxismus Behaupteten machte. Im Vorwort zur zweiten Auflage des *Anti-Dühring*, nach dem Tod von Marx veröffentlicht, schreibt Engels: »Marx war ein gründlicher Mathematiker, aber die Naturwissenschaften konnten wir nur stückweise, sprungweise, sporadisch verfolgen.« Später habe er dann über diesen blinden Fleck nachgedacht: »Als ich daher durch Rückzug aus dem kaufmännischen Geschäft und Umzug nach London die Zeit dazu gewann, machte ich, soweit es mir möglich, eine vollständige mathematische und naturwissenschaftliche ›Mauserung‹, wie Liebig es nennt, durch« (*MEW* 20, 10 f.). Tatsächlich zeugen der *Anti-Dühring* ebenso wie die *Dialektik der Natur* von Engels' ernsthafter Beschäftigung mit den zeitgenössischen Entwicklungen in der Physik, Chemie und Biologie. Diese seine Arbeiten hatten in der Folge großen Einfluss auf die Herausbildung der Weltanschauung des traditionellen Marxismus. Aufgrund von Engels' Autorität, die er als Marx' engster Weggefährte genoss, war es für spätere Generationen von Marxisten selbstverständlich vorauszusetzen, dass zwischen den beiden eine intellektuelle Arbeitsteilung bestand. Eine solche Annahme legt den Schluss nahe, Marx habe gerade deshalb nicht viel über die Natur zu sagen, weil Engels mit der Weiterentwicklung der Dialektik der Natur betraut war. Seine *Dialektik der Natur* und der *Anti-Dühring* wurden zu Schlüsselwerken, auf die man sich bezog, um Marx' dialektischen Materialismus auf den Bereich der Natur zu übertragen. So wurde der »Marxismus« von Engels »erfunden«.

Allerdings enthielt er seiner Leserschaft im erwähnten, 1885 verfassten Vorwort zur zweiten Auflage des *Anti-Dühring* ein wichtiges Detail vor. Als Herausgeber des *Kapitals* war er zu jener Zeit damit beschäftigt, die Manuskripte und Notizbücher von Marx zu ordnen, muss also gewusst haben, dass auch Marx sich intensiv mit den Naturwissenschaften auseinandergesetzt hatte, insbesondere in seinen späten Jahren, als er am Manuskript des *Kapitals* arbeitete. Tatsächlich diskutierten Marx und Engels häufig über verschiedene naturwissenschaftliche Fragen. Einige ihrer engen Freunde, wie Carl Schorlemmer, Samuel Moore und Roland Daniels, waren Fachleute auf naturwissenschaftlichem Gebiet und hatten Marx und Engels durch ihre Verbindung zur Wissenschaftsgemeinde intellektuell zur Beschäftigung mit Chemie, Physiologie und Biologie angeregt.[40] Engels ließ diesen Umstand jedoch unerwähnt und erklärte lediglich, Marx habe die rasante Entwicklung der Naturwissenschaften »nur stückweise, sprungweise, sporadisch« verfolgt.

Zweifellos teilten Marx und Engels also das Interesse an Naturwissenschaften, doch anfänglich war Engels in seiner Beschäftigung damit weiter fortgeschritten. So berichtet Marx in einem Brief an Engels vom 4. Juli 1864, dass dieser ihn zur Lektüre von Carpenters *Physiologie* sowie von Spurzheims *Anatomie des Nervensystems* angeregt habe, und bekennt, »dass ich immer in Deinen Fußtapfen nachfolge« (*MEW* 30, 418). Nachdem Marx jedoch 1865 die siebte Auflage von Justus von Liebigs *Agriculturchemie* gelesen hatte, begann er, sich intensiver mit Naturwissenschaften zu beschäftigen.[41] Nach 1868 erweiterte sich seine Lektüreliste rasch und umfasste Titel aus verschiedenen naturwissenschaftlichen Disziplinen wie Chemie, Geologie, Mineralogie, Physiologie und Botanik. Schon bald schloss er zu Engels auf, der sich indes ebenfalls weiter mit diesen Themen beschäftigte. Marx blieb dabei alten Gewohnheiten treu, wenn er sich mit neuen Inhalten befasste, und hinterließ, vor allem aus seinen letzten Lebensjahren, eine große Anzahl von Notizbüchern zur Naturwissenschaft. Tatsächlich füllte er ein Drittel seiner Notizbücher in den letzten 15 Jahren seines Lebens, die Hälfte davon enthält Exzerpte zur naturwissenschaftlichen Forschungsliteratur.

Am 19. Dezember 1882 war es an Engels einzuräumen, dass

Marx mit dem, was sich heute als Problem der zunehmenden Entropie aufgrund des Verbrauchs fossiler Brennstoffe bezeichnen ließe, besser vertraut war:

> [D]er arbeitende Mensch [ist] nicht nur ein Fixierer *gegenwärtiger*, sondern ein noch viel größerer Verschwender *vergangner* Sonnenwärme [...]. Was wir in Verschleuderung von Energievorräten, Kohlen, Erze, Wälder usw. leisten, *kennst Du besser als ich*. (*MEW* 35, 134; Hervorh. K. S.)

Engels' Bemerkung weist darauf hin, wie stark sich das ökologische Interesse von Marx nach 1865 entwickelte. Dieser befasste sich ganz unmittelbar mit der »Verschleuderung« der natürlichen Ressourcen, wobei er sich auf Erkenntnisse der Geologie und Mineralogie stützte.[42] In seine sorgfältige Lektüre bezog er Bücher von Geologen wie James F. W. Johnston und Joseph Beete Jukes ein, las aber auch Zeitungen und Artikel, die sich mit Ökonomie und Ökologie befassten. Seine Aufmerksamkeit galt etwa der Mechanisierung des Kohlebergbaus, deren Auswirkungen auf die Arbeiter und die Umwelt er aufmerksam untersuchte. In einem Brief an Jenny vom 6. Juni 1881 erwähnt er eine in den Vereinigten Staaten neu erfundene »Kohlenschrämmaschine«, verweist darauf, wie diese Erfindung sich auf die Arbeit der Bergleute auswirken werde, und sieht sogar eine Bedrohung von »John Bulls industrieller Überlegenheit« voraus (*MEW* 35, 195). Doch obwohl Engels all das wusste, erwähnt er im Vorwort zum *Anti-Dühring* diesen Punkt *nicht* und behauptet stattdessen einfach, seine Dialektik der Natur sei eine Anwendung der dialektischen Methode, die Marx »begründet und entwickelt« (*MEW* 20, 9) habe.

Hierin liegt eine Merkwürdigkeit. Engels erklärt im gleichen Vorwort mit Nachdruck, die im *Anti-Dühring* entwickelten Gedanken stünden völlig im Einklang mit denen von Marx, er habe ihm »das ganze Manuskript vor dem Druck vorgelesen« (ebd.) und Marx stimme voll und ganz mit ihm überein. Allerdings ist Engels' Bemerkung nicht unbedingt glaubwürdig, da der »Beleg« erst nach Marx' Tod angeführt wurde.[43] Gänzlich unerwähnt lässt Engels jedoch Marx' intensive Beschäftigung mit den Naturwissenschaften. Ein solches Schweigen ist recht bemerkenswert, schließlich hätten Marx' naturwissenschaftliche Notizbücher einen noch eindrucksvolleren »Beleg« abgegeben, dass die Dialektik der Natur auch von ihm selbst als ein kollaboratives Projekt unterstützt wurde. Da die Notizbücher zu jener Zeit noch unveröffentlicht waren, hätte Engels einfach erklären können, Marx habe, inspiriert von seinem großen theoretischen Unterfangen, ebenfalls ein starkes Interesse an der Erforschung der Dialektik der Natur gehabt. Doch Engels erwähnt das Vorhandensein der Notizen mit keinem Wort, und sie blieben während des gesamten 20. Jahrhunderts unveröffentlicht. Man ist an dieser Stelle geneigt, Engels' ungewöhnliches Schweigen symptomatisch zu interpretieren: *Stillschweigend gab er damit zu, dass Marx' Interesse an Naturwissenschaften anders geartet war als sein eigenes.* Der ehrliche Engels vermied daher (unbewusst), auf Marx' intensive Beschäftigung mit den Naturwissenschaften hinzuweisen, und betonte stattdessen lediglich ihre intellektuelle Arbeitsteilung. Wenn dies zutrifft, worin besteht dann der grundlegende Unterschied zwischen beiden?

II Marx als Autor und Engels als Herausgeber des *Kapitals*

Seit die Veröffentlichung der Notizbücher von Marx in der *MEGA* gezeigt hat, dass sich Marx und Engels *beide* mit Naturwissenschaften befasst hatten, ist die vom westlichen Marxismus vertretene Auffassung, die theoretische Reichweite der dialektischen Analyse von Marx sei einseitig auf die Sphäre der Gesellschaft begrenzt, hinfällig. Die Behauptung, die Kritik der politischen Ökonomie müsse sich mit der Analyse der Gesellschaft begnügen, hat ihre Glaubwürdigkeit verloren, weil Marx sie durch die Untersuchung der Art und Weise, wie der Stoffwechsel zwischen Mensch *und* Natur im Dienst der Kapitalakkumulation transformiert und reorganisiert wird, entschieden erweitert hat. Insofern ist es nicht möglich, Marx und Engels völlig voneinander zu trennen. Dennoch bedeutet dies nicht unbedingt, dass beide bei ihren naturwissenschaftlichen Studien dieselben Interessen verfolgten.[44] Das Thema gilt es noch genauer zu untersuchen.[45]

Bedauerlicherweise verstarb Marx im Jahr 1883, ohne das *Kapital* fertiggestellt und seine eingehende Beschäftigung mit den Naturwissenschaften zu einem Abschluss gebracht zu haben. Engels musste die Aufgabe übernehmen, den zweiten und den dritten Band des *Kapitals* zu redigieren. Diese Arbeit bedeutete eine gewaltige Anstrengung, denn schließlich hatte Marx nur eine Reihe unvollendeter und fragmentarischer Manuskripte hinterlassen, die in ihrer ursprünglichen Form überhaupt nicht zur Veröffentlichung geeignet waren. Der zweite Band umfasst acht Manuskripte, die zwischen 1864 und 1881 verfasst wurden, was bedeutet, dass sie bezogen auf ihre theoretische Ausgereiftheit nicht auf derselben Stufe stehen. Der Hauptteil des Manuskripts für den dritten Band des *Kapitals* stammt aus den Jahren 1864/65 (entstand also vor der Veröffentlichung des ersten Bandes im Jahr 1867), weshalb Marx nicht in der Lage war, das später Entwickelte in das Manuskript einzuarbeiten, mit Ausnahme einiger fragmentarischer Berechnungen zur Mehrwertrate und zum Profit.[46]

Engels tat natürlich sein Bestes, doch war es ihm kaum möglich, Marx' Absichten und Zielen in jeder Hinsicht nachzukommen und dies in seine redaktionelle Arbeit am *Kapital* einfließen zu lassen. Zwangsläufig traten daher Unterscheide zwischen Marx als Autor und Engels als Herausgeber des *Kapitals* zutage.[47] Teinosuke Otani zufolge findet sich der erste Grund für die Fehlinterpretation von Marx' tatsächlichen Intentionen in dem Umstand, dass der schon betagte Engels das Manuskript Oskar Eisengarten diktierte, damit dieser eine Niederschrift als Arbeitskopie anfertigte.[48] Engels verwendete sodann diese Kopie als Grundlage für seine redaktionelle Arbeit.[49] In der Folge übersah er die Unterteilung, die Marx in seinem Manuskript vorgenommen hatte, sowie verschiedene Markierungen darin. Marx hatte sein Manuskript in zwei Teile gegliedert, einen, der den eigentlichen Text des dritten Bandes enthielt, und einen anderen, in dem Notizen zu relevanten Inhalten festgehalten waren, die hauptsächlich als Fußnoten verwendet werden sollten. Engels behandelte letztere Aufzeichnungen jedoch fälschlicherweise ebenfalls als Teil des Haupttextes, sodass die logische Linie der Argumentation im Manuskript durch die Textredaktion teilweise nicht mehr zu erkennen war. Das wäre nicht passiert, hätte Engels dafür auf das Originalmanuskript zurückgegriffen.

Der zweite Grund für die redaktionellen Fehlgriffe ist, dass das Wissen, das Engels über das »Fünfte Kapitel« des dritten Bandes besaß, aus sporadischen Äußerungen von Marx im privaten Briefwechsel beider stammte, sodass Engels natürlich den Gegenstand und Charakter der Marx'schen Untersuchung in besagtem Kapitel bereits zu kennen meinte.[50] Betrachtet man das Originalmanuskript, so wird deutlich, dass das Thema des gesamten Kapitels das zinstragende Kapital ist, Engels aber überzeugt war, der Gegenstand müsse »Bank« und »Kredit« sein.[51] Um den Inhalt des »Fünften Kapitels« mit seinem eigenen Verständnis in Einklang zu bringen, nahm er an verschiedenen von Marx formulierten Textpassagen Änderungen vor. Der tatsächliche Charakter des »Fünften Kapitels« in Marx' Manuskript blieb aufgrund solcher Voreingenommenheit in Teil 5 der von Engels besorgten Ausgabe unsichtbar.

In Anbetracht der Unterschiede im jeweiligen Verständnis von politischer Ökonomie dürften auch bezogen auf Ökologie deutliche Unterschiede zwischen Marx und Engels existiert haben. Tatsächlich bestand, als Engels in der Vorrede zum *Anti-Dühring* die naturwissenschaftlichen Notizbücher von Marx nicht erwähnte, zwischen beiden eine subtile Meinungsverschiedenheit über den Begriff des Stoffwechsels. Erkennbar ist diese Unstimmigkeit in dem von Engels' herausgegebenen dritten Band des *Kapitals*, wenn Marx auf Liebigs Kritik des Raubbaus in der Landwirtschaft zu sprechen kommt, um die Irrationalität der kapitalistischen Produktion aufzuzeigen. Mit Sicherheit hat Engels die Bedeutung von Liebigs Kritik des Raubbaus als grundlegend für Marx' ökologische Kritik des Kapitalismus erkannt. So bezieht er sich beispielsweise in der Artikelserie »Zur Wohnungsfrage« ebenso wie Marx auf Liebig und weist auf den

»Gegensatz zwischen Stadt und Land« hin. Er plädiert zudem dafür »eine innige Verbindung der industriellen mit der ackerbauenden Produktion« wiederherzustellen (*MEW* 18, 280). Dies ist im Grunde eine Fortschreibung dessen, was Marx und Engels im *Manifest der Kommunistischen Partei* als »Vereinigung des Betriebs von Ackerbau und Industrie« (*MEW* 4, 481) forderten. Bei der Redaktionsarbeit am dritten Band des *Kapitals* ergänzte Engels nun die von Marx verfasste Beschreibung des Raubbaus in der Landwirtschaft durch konkrete Beispiele. So fügte er beispielsweise die folgende Passage ein, um Marx' Intention – die Kritik an der Verschwendung von Bodennährstoffen durch Wasserklosetts in Großstädten – deutlicher herauszustellen: »[I]n London z. B. weiß sie [die kapitalistische Wirtschaft] mit dem Dünger von 4 ½ Millionen Menschen nichts Beßres anzufangen, als ihn mit ungeheuren Kosten zur Verpestung der Themse zu gebrauchen« (*MEW* 25, 110). An dieser Stelle lässt sich deutlich die intellektuelle *Zusammenarbeit* von Marx und Engels erkennen, gestützt auf Liebigs »Gesetz des Ersatzes«.

Anders sieht es jedoch aus, wenn es um den Begriff des Stoffwechsels geht. Engels dürfte bewusst gewesen sein, dass Marx das Problem der Erschöpfung der Böden ausgehend von Liebigs Theorie des Stoffwechsels und der Störung desselben durch das System des Raubbaus in der modernen Landwirtschaft diskutierte. Einen Hinweis darauf liefert, dass Engels eine Passage im dritten Band des *Kapitals*, die Bezug auf den Stoffwechselbegriff nimmt, absichtlich änderte. Im ursprünglichen Manuskript schreibt Marx:

> [S]o producirt das grosse Grundeigenthum [...] Bedingungen, die einen unheilbaren Riß hervorbringen in dem Zusammenhang des gesellschaftlichen und natürlichen,

> durch die Naturgesetze des Bodens, vorgeschriebnen Stoffwechsels, in Folge wovon die Bodenkraft verwüstet und durch den Handel diese Verwüstung weit über die Grenzen des eignen Lands hinaus getragen wird. (*Liebig.*) (*MEGA* II/4.2, 752 f.)

Marx unterstreicht, unter Berufung auf Liebig, die Gefahr einer schwerwiegenden globalen Störung in den wechselseitig voneinander abhängigen Prozessen des »gesellschaftlichen Stoffwechsels« (mit einer am Profit orientierten kapitalistischen Produktion, Zirkulation und Konsumtion) und des durch die Naturgesetze vorgeschriebenen »natürlichen Stoffwechsels« (von Pflanzenwachstum und Bodenökologie). Die Problematik entsteht durch die Vermittlung zweiter Ordnung des allgemeinen Stoffwechsels der Natur, der unabhängig vom Menschen existiert. Die besondere Art, wie der Stoffwechsel des Kapitals organisiert ist, nämlich auf die eigene kontinuierliche Verwertung auf immer höherer Stufenleiter abzielend, ist unvereinbar mit den Gesetzen der Natur, deren Existenz dem Kapital vorausgeht. Verschärft wird das Problem durch den internationalen Handel, weil damit die Schwierigkeiten zunehmen, Liebigs Gesetz des Ersatzes gerecht zu werden. Marx formuliert in der zitierten Passage deutlich das Spannungsverhältnis zwischen den kapitalistischen ökonomischen Formbestimmungen und den stofflichen Eigenschaften der natürlichen materiellen Welt. Im konzeptionellen und methodischen Gerüst des vom Begriff des metabolischen Bruchs ausgehenden Ansatzes spielt diese Passage eine zentrale Rolle.[52]

Engels jedoch änderte den ersten Satz im von ihm herausgegebenen dritten Band des *Kapitals* wie folgt ab: »[D]as große Grundeigentum […] erzeugt dadurch Bedingungen, die einen unheilbaren Riß hervorrufen in dem Zusammenhang des gesellschaftlichen und durch die Naturgesetze des Lebens vorgeschriebnen Stoffwechsels« (MEW 25, 821). Der Ausdruck »natürlicher Stoffwechsel« wird nun weggelassen und »Boden« durch »Leben« ersetzt.[53] Doch gerade das Wegkürzen der Formulierung »natürlicher Stoffwechsel« ist unglücklich, denn ihr Fortfall verdunkelt die Entgegensetzung von gesellschaftlichem und natürlichem Stoffwechsel, die für Marx' Methode, Vermittlungen des Stoffwechsels erster und zweiter Ordnung zu unterscheiden, eine Schlüsselrolle spielt.[54] Gordon Weltys These, »Engels und Marx stimmen in ihren Vorstellungen über die Methode der politischen Ökonomie überein«, gilt es von daher zu hinterfragen.[55] Diese Passage scheint vielmehr auf einen tiefgreifenden methodischen Unterschied zwischen beiden hinzuweisen. Gewiss gibt es eine Reihe von Fällen, in denen Engels Formulierungen von Marx abändern musste, wenn diese unklar, missverständlich oder fehlerhaft waren. In der genannten Passage ist Marx' Intention jedoch nicht nur klar, sondern es handelt sich auch um eine Schlüsselstelle für seine Theorie eines Risses im Stoffwechsel. Was bedeutet also die redaktionelle Änderung von Engels?

An dieser Stelle mag es zunächst hilfreich sein, sich einen kurzen Überblick über die Dialektik der Natur bei Engels zu verschaffen. Nach eigener Aussage hat er den *Anti-Dühring* in der Absicht geschrieben, die Gesetze der Natur und der Geschichte zu erfassen und sie vor allem »aus dieser [von Hegel entwickelten] mystischen Form herauszuschälen und in ihrer ganzen Einfachheit und Allgemeingültigkeit klar zur Bewußtheit zu bringen« (*MEW* 20, 11). Gegenüber der idealistischen objektiven Dialektik Hegels nimmt Engels für seine Dialektik der Natur in Anspruch, sie sei eine *materia-*

listische, die Hegels Irrtum vermeide, »die dialektischen Gesetze in die Natur hineinzukonstruieren« (ebd., 12). Das sollte in seinen Augen gerade nicht geschehen, sondern es gelte, jene Dialektik der Natur »in ihr aufzufinden und aus ihr zu entwickeln« (ebd.). Engels' Projekt zielt mit anderen Worten darauf ab, die tatsächlichen Entwicklungsgesetze der Natur zu erfassen, wie sie in der Natur »objektiv und unabhängig« vom Sein und Handeln von Menschen existieren.[56] Es ist eine ontologische Untersuchung, insofern sie die Bewegungsgesetze der Natur, die durch die Geschichte hindurch stattfindenden Metamorphosen und Evolutionen dialektisch entwickelt.[57] Diese ontologische Wendung genießt indes unter Marxisten, die Marx' Kritik der politischen Ökonomie gegen Engels' Szientismus abzugrenzen bestrebt sind, recht wenig Ansehen. So konstatiert Carver, Engels' Untersuchung spiegle, anders als die von Marx, die ontologische Dichotomie von »Materie« und »Bewusstsein« wider, wie sie in der neuzeitlichen Naturwissenschaft zu finden sei.[58] Ähnlich argumentiert Shlomo Avineri, wenn er behauptet, »Engels' Materialismus, der auf den mechanistischen Traditionen des achtzehnten Jahrhunderts basiert, unterscheidet sich deutlich vom Grundtenor des Marx'schen Denkens«.[59]

Obgleich die Naturgesetze objektiv existieren, hat ihr Begreifen einen großen praktischen Nutzen für die Menschheit.[60] Engels' Dialektik der Natur ist daher mit der praktischen Forderung verknüpft, »Freiheit« durch die »Herrschaft« und »Kontrolle« über die äußere Natur zu verwirklichen. Dementsprechend bedeutet der Aufbau des Sozialismus als freie Gesellschaft in Engels' Augen, dass die Menschen »bewußte, wirkliche Herren der Natur« werden, und er betont:

> Die objektiven, fremden Mächte, die bisher die Geschichte beherrschten, treten unter die Kontrolle der Menschen selbst. Erst von da an werden die Menschen ihre Geschichte mit vollem Bewußtsein selbst machen, erst von da an werden die von ihnen in Bewegung gesetzten gesellschaftlichen Ursachen vorwiegend und in stets steigendem Maße auch die von ihnen gewollten Wirkungen haben. Es ist der Sprung der Menschheit aus dem Reiche der Notwendigkeit in das Reich der Freiheit. (*MEW* 20, 264)

In der *Dialektik der Natur* schreibt er,

> daß unsre ganze Herrschaft über sie [die Natur] darin besteht, im Vorzug vor allen andern Geschöpfen ihre Gesetze erkennen und richtig anwenden zu können. Und in der Tat lernen wir mit jedem Tag ihre Gesetze richtiger verstehn und […] werden wir mehr und mehr in den Stand gesetzt, auch die entfernteren natürlichen Nachwirkungen wenigstens unsrer gewöhnlichsten Produktionshandlungen kennen und damit beherrschen zu lernen. (Ebd., 453)

Engels zufolge ist es nicht nur die Aufhebung der verdinglichten, vom menschlichen Bewusstsein und Verhalten unabhängigen Herrschaft des Kapitals, sondern auch die vollständige Aneignung der objektiven Naturgesetze, die der Menschheit endlich den Sprung in das »Reich der Freiheit« ermöglicht.

Indes war Engels nicht der Meinung, das Erkennen der Naturgesetze erlaube dem Menschen, die Natur willkürlich zu manipulieren. Er plädiert nicht naiv dafür, die Produktivkräfte zu maximieren, um die absolute Herrschaft über die

Natur zu erlangen. In der *Dialektik der Natur* warnt er sogar ausdrücklich vor der »Rache« der Natur:

> Schmeicheln wir uns indes nicht zu sehr mit unsern menschlichen Siegen über die Natur. Für jeden solchen Sieg rächt sie sich an uns. Jeder hat in erster Linie zwar die Folgen, auf die wir gerechnet, aber in zweiter und dritter Linie hat er ganz andre, unvorhergesehene Wirkungen, die nur zu oft jene ersten Folgen wieder aufheben. [...] Und so werden wir bei jedem Schritt daran erinnert, daß wir keineswegs die Natur beherrschen, wie ein Eroberer ein fremdes Volk beherrscht, wie jemand, der außer der Natur steht – sondern daß wir mit Fleisch und Blut und Hirn ihr angehören und mitten in ihr stehn, und daß unsre ganze Herrschaft über sie darin besteht, im Vorzug vor allen andern Geschöpfen ihre Gesetze erkennen und richtig anwenden zu können. (Ebd., 452 f.)

Dieser Passus wird häufig als Beleg des ökologischen Interesses von Engels angeführt, das ansonsten in seiner äußerst abstrakten *Dialektik der Natur* verborgen bleibt.[61] Besonders der auf die kurzfristige Profitmaximierung ausgerichteten kapitalistischen Produktion, die sich widersetzt, natürliche Grenzen anzuerkennen, galt seine Kritik: »Wo einzelne Kapitalisten um des unmittelbaren Profits willen produzieren und austauschen, können in erster Linie nur die nächsten, unmittelbarsten Resultate in Betracht kommen« (*MEW* 20, 455). Werden die Naturgesetze fortwährend missachtet, wird die angestrebte Herrschaft über die Natur unweigerlich scheitern und letztlich in einer Katastrophe kulminieren: Die Menschheit hört auf, tätige und gestaltende Akteurin zu sein, und ist stattdessen gezwungen, sich passiv den Naturgewalten auszuliefern, was zum Zusammenbruch der menschlichen Zivilisation führt. Foster zieht den Schluss: »*Für Engels wie für Marx lag der Schlüssel zum Sozialismus in der rationalen Regulierung des Stoffwechsels zwischen Mensch und Natur*, und zwar auf eine Weise, die das Potential der Menschheit größtmöglich fördert und gleichzeitig die Bedürfnisse künftiger Generationen schützt«.[62] Doch trifft das wirklich zu?

Engels war zweifellos ein Ökosozialist. In diesem Punkt hat Foster recht. Während Marx jedoch eindeutig fordert, dass »die assoziierten Produzenten […] diesen ihren Stoffwechsel mit der Natur rationell regeln« (*Kapital III*, 828), verwendet Engels in seiner Forderung nach einer ökosozialistischen Zukunft *nicht* den Ausdruck »Stoffwechsel«. Dreh- und Angelpunkt seiner Ökologie ist die »Rache der Natur«, ausgehend von der Kritik an der Kurzsichtigkeit der Profitmaximierung im Kapitalismus. Auch die im *Kapital* formulierte Schlüsselpassage über den »Riß im Stoffwechsel« änderte Engels entsprechend seiner Vorstellung von der Rache der Natur ab. In dem von ihm herausgegebenen dritten Band des *Kapitals* wird betont, dass die Missachtung der Naturgesetze des Lebens fatale Folgen für die menschliche Zivilisation mit sich brächte; recht unklar bleibt hingegen der besondere methodische Ansatz von Marx' Stoffwechseltheorie, nämlich zu erkunden, wie das den gesellschaftlichen Stoffwechsel beherrschende Wertgesetz in den natürlichen Stoffwechsel verändernd eingreift und einen »unheilbaren Riß« verursacht. Offenbar befand Engels, Marx' ursprüngliche Formulierung über die Verschränkung zwischen ökonomischen Formbestimmungen und dem allgemeinen Stoffwechsel der Natur – die »Vermittlung zweiter Ordnung« – sei für die Leserschaft schwer zu verstehen, und veränderte deshalb den Satz durch eine in seinen Augen »zugänglichere« Ausdrucksweise, die zugleich mit seiner Vorstellung von der Rache der Natur im Einklang stand.[63]

Engels' Veränderungen am *Kapital* mögen geringfügig erscheinen. Die Bedeutung seiner redaktionellen Eingriffe wird jedoch offensichtlich, wenn wir die Tatsache berücksichtigen, dass er, anders als Marx, Liebigs Stoffwechseltheorie *nicht* wertschätzte. In der *Dialektik der Natur* kommt Engels auf den Stoffwechselbegriff zu sprechen und *kritisiert in diesem Zusammenhang* Liebig, der in der Biologie »Dilettant« (*MEW* 20, 557) gewesen sei. Eine solche Äußerung zeigt deutlich, dass Engels Liebigs Ansichten bestenfalls eingeschränkt teilte, eine Ausnahme bildete lediglich dessen Theorie des landwirtschaftlichen Raubbaus. Engels' Ablehnung der Liebig'schen Stoffwechseltheorie rührt von unterschiedlichen Auffassungen beider über den Ursprung des Lebens her. Liebig bestritt (fälschlicherweise) die Möglichkeit einer erdgeschichtlichen Evolution organischen Lebens aus anorganischer Materie und stimmte der Hypothese zu, »das Leben sei [...] von Ewigkeit dagewesen«, nämlich als formbildendes Prinzip in einem universellen Raum.[64] In einer solchen Vorstellung ist der Einfluss des Vitalismus im 19. Jahrhundert erkennbar, der vom Wirken einer nicht weiter zu erklärenden Lebenskraft überzeugt war.[65] Im Gegensatz zu dieser vitalistischen Tradition vertrat Engels die Auffassung, das Leben sei ein Stoffwechselprozess, der sich erdgeschichtlich entwickelt habe und aus dem anorganischen Nichtlebendigen hervorgegangen sei. Bestätigt sieht er das im »Eiweiß«, wenn er schreibt: »Leben ist die Daseinsweise der Eiweißkörper, deren wesentliches Moment im *fortwährenden Stoffwechsel mit der äußeren sie umgebenden Natur besteht*« (*MEW* 20, 559). Engels sieht in den chemischen Prozessen von Aufnahme, Assimilation und Ausscheidung bei »Eiweißkörpern« den Ursprung des Lebens und hält es gar in der Zukunft für möglich, durch das Erzeugen von Eiweiß im Labor lebendige Organismen synthetisch »darzustellen« (ebd., S. 560).[66]

Den die Trennung von Biologie und Chemie verabsolutierenden Vitalismus Liebigs lehnt Engels ebenso ab wie jene nicht weiter zu erklärenden Setzungen, die angeblich nur Lebewesen auszeichnen. In seinen Augen weisen anorganische Körper im Gegenteil ebenfalls einen Stoffwechsel auf, einen chemischen Austausch mit ihrer Umgebung, und in dem erdgeschichtlichen Moment, da »Eiweiß« entstand, begann dieser Stoffwechsel als Leben zu existieren. In diesem evolutionären Prozess gibt es keine absolute Trennung zwischen anorganischen (unbelebten) und organischen (lebendigen) Stoffen. Auf diese Weise erlangt Engels' Begriff des Stoffwechsels für seine *Dialektik der Natur* besondere theoretische Bedeutung, nämlich als Brücke zwischen Chemie und Biologie.

Da Engels – im Gegensatz zu Liebig – in seinem Verständnis von Stoffwechsel vom historischen Entstehen von Eiweißverbindungen ausgeht und dies hervorhebt, kommt er in seiner Ökologie in Bezug auf Umweltfragen, anders als Marx und Liebig, ohne den Stoffwechselbegriff aus. Dadurch verliert er aber die Rolle aus den Augen, die Liebigs Stoffwechseltheorie für Marx' Herangehensweise im *Kapital* spielt, nämlich die Wechselbeziehung von Mensch und Natur aus sowohl einer transhistorischen als auch einer sozialhistorischen Perspektive zu analysieren und die besonderen Widersprüche der Vermittlung zweiter Ordnung durch das Kapital aufzuzeigen. Engels beschränkt die theoretische Reichweite des Stoffwechselbegriffs auf den Prozess der Entstehung und Evolution von Leben, der *unabhängig* von menschlicher Existenz und gesellschaftlichen Verhältnissen vor sich geht und sich als Dialektik der Natur entfaltet. Ihren Antrieb findet diese Dialektik, dem *Anti-Dühring* zufolge, in der »Negation der Negation«, sie ist »ein Gesetz, das [...] in der Tier- und Pflanzenwelt, in der Geologie, in der Mathematik, in der Geschichte, in der Philosophie zur Geltung kommt« (*MEW* 20, 131). Die Rolle, die Engels dem Stoffwechsel dabei zuweist, ist nicht etwa die eines Schlüsselbegriffs in einer ökologischen Analyse des Kapitalismus, sondern im Wesentlichen die eines Belegs dafür, dass jenes objektive Gesetz die gesamte Natur in ihrer sowohl anorganischen als auch organischen Gestalt durchdringt und umfasst.[67]

Obwohl Engels teilweise Liebigs Sicht aufgreift, übernimmt er nicht den im *Kapital* entwickelten Begriff eines Risses im Stoffwechsel, sondern hält an dem früher bereits in der *Deutschen Ideologie* dargelegten »Gegensatz von Stadt und Land« fest.[68] Sein persönliches Interesse an der Dialektik der Natur hindert ihn daran, die tiefere ökonomische Bedeutung anzuerkennen, die Marx' Rezeption der Liebig'schen Stoffwechseltheorie zukommt. Mit anderen Worten: Engels' redaktionelle Änderungen am Manuskript zum dritten Band des *Kapitals* lassen den Schluss zu, dass er nicht ganz nachvollziehen konnte, was Marx als methodische Grundlage für die Entwicklung der Kritik der politischen Ökonomie in den 1850er und 1860er Jahren diente, nämlich die Beschäftigung damit, wie der Stoffwechsel zwischen Mensch und Natur durch die formelle und reelle Subsumtion der Arbeit unter das Kapital transformiert und reorganisiert wird. Hieran wird deutlich, wie sich die bestehenden unterschiedlichen Sichtweisen von Marx und Engels in Bezug auf die politische Ökonomie in der Ökologie auswirken.

Gewiss, Marx hat seine frühere Bezugnahme auf den Gegensatz von Stadt und Land auch im *Kapital* nicht aufgegeben, wo er schreibt:

> Die Grundlage aller entwickelten und durch Warenaustausch vermittelten Teilung der Arbeit ist die Scheidung von Stadt und Land. Man kann sagen, daß die ganze ökonomische Geschichte der Gesellschaft sich in der Bewegung dieses Gegensatzes resümiert [...]. (*Kapital I*, 373)

Dieser Gegensatz von Stadt und Land lässt sich heute überzeugend als Antagonismus zwischen »Zentrum« und »Peripherie« reinterpretieren, um im Sinne einer ökologischen Kapitalismuskritik den modernen ökologischen Imperialismus zu untersuchen.[69] Doch sollte dies nicht die theoretische Bedeutung der Tatsache relativieren, dass Marx begann, die Störung im Stoffwechsel zwischen Mensch und Erde zu untersuchen und dabei seiner eigenen Methode der Kritik der politischen Ökonomie folgte. Es sind solche methodischen Unterschiede, die Marx' und Engels' Vorstellungen einer künftigen Gesellschaft beeinflussen.

III Dialektik von »Herrschaft« und »Rache«

Marx und Engels betrachteten beide die bewusste und zielgerichtete Anwendung der Naturgesetze durch Arbeit als eine einzigartige menschliche Tätigkeit, die sie oft auch als »Kontrolle« über die Natur charakterisierten. So schreibt etwa Engels im *Anti-Dühring*: »Freiheit besteht also in der auf Erkenntnis der Naturnotwendigkeiten gegründeten Herrschaft über uns selbst und über die äußere Natur« (*MEW* 20, 106). Solche Äußerungen werden nicht selten als

Ausdruck »baconscher, prometheischer« Überzeugungen kritisiert.[70] Ein Gegenindiz birgt indes Engels' Warnung vor der Rache der Natur. Er vertrat die Ansicht, es sei notwendig, die Gesetze der Natur genau zu verstehen und die Erkenntnisse angemessen anzuwenden, ohne dass er damit zwangsläufig eine willkürliche Manipulation der Natur befürwortete.

In jüngerer Zeit wurde allerdings auch daran Kritik geübt. So erklärt Jason W. Moore, die Annahme, die Naturgesetze weiterhin zu ignorieren, werde *eines Tages* die Rache der Natur an der Menschheit nach sich ziehen, sei allzu »statisch«.[71] Ähnlich lehnt auch Neil Smith die Vorstellung einer Rache der Natur als »linke Apokalyptik« ab.[72] Nun hat Marx jedoch die Störung des allgemeinen Stoffwechsels der Natur im Kapitalismus nicht lediglich als Rache der Natur betrachtet, sondern hat die Problematik des metabolischen Bruchs aus zwei weiteren Perspektiven untersucht. Erstens betont er wiederholt, dass das Kapital die von der Natur gesetzten Grenzen nicht einfach akzeptiert: Das Kapital erweist sich als recht »elastisch« (*Kapital II*, 357) und verlagert den Riss beständig. In den *Grundrissen* weist er zudem darauf hin, dass diese Elastizität des Kapitals eine seiner Stärken sei, die auf der »universelle[n] Aneignung der Natur« beruhe (*Grundrisse*, 323). Die Fähigkeit des Kapitals, durch das Verlagern und Aufschieben des Risses im Stoffwechsel Zeit zu erkaufen, ist erstaunlich, wie die Geschichte zeigt. Doch insofern das Kapital in seinem Instrumentalismus die stoffliche Seite der Welt nicht ausreichend zu berücksichtigen vermag, führt der unaufhörliche Versuch, die natürlichen Grenzen zu überwinden, immer nur an neue. Es ist daher unmöglich, a priori zu sagen, ob die Elastizität des Kapitals ausreicht, eine bestimmte natürliche Grenze zu bezwingen oder nicht. Diese *dynamische* Beziehung zwischen Kapital und Natur zu untersuchen, wurde zum Hauptanliegen des späten Marx. Um die Dynamik zu verstehen, verlagerte sich sein Forschungsgegenstand mehr und mehr auf empirische Fragen in der Geologie, Agrarchemie und Mineralogie. In diesen Naturwissenschaften galt sein Interesse dem Verständnis jener erstaunlichen Elastizität des Kapitals in den wechselseitig voneinander abhängigen Prozessen des gesellschaftlichen und des natürlichen Stoffwechsels, während Engels sich stärker mit den übergeschichtlichen Gesetzen der Natur befasste, die er als universelle »Wissenschaft« verstand.

Zweitens vermeidet Marx' Beschreibung der Störungen im Stoffwechsel den »apokalyptischen« Ton einer Warnung vor der Rache der Natur, indem er die *aktive* Rolle hervorhebt, die Widerstand spielt. Die maßlose Ausdehnung der Arbeitszeit sowie die Intensivierung der Arbeit führen zur Entfremdung der Arbeit sowie zu körperlichen und psychischen Krankheiten. Letztendlich bedarf es einer bewussten Regulierung der verdinglichten Macht, etwa durch die Einführung des Normalarbeitstages oder durch die Gründung von berufsbildenden Schulen seitens des Staates. Ein ähnlicher Weg ist auch im Hinblick auf die Natur vorstellbar. Da die Störung des allgemeinen Stoffwechsels der Natur die Möglichkeiten der Koevolution von Mensch und Natur zunichtemacht und sogar die menschliche Zivilisation bedroht, ist die Menschheit gezwungen, die gesellschaftliche Organisation der produktiven Tätigkeiten bewusster zu gestalten: Die kapitalistische Produktion »zwingt zugleich durch die Zerstörung der bloß naturwüchsig entstandnen Umstände jenes Stoffwechsels, ihn systematisch als regelndes Gesetz der gesellschaftlichen Produktion und in einer der vollen menschlichen Entwicklung adäquaten Form herzustellen« (*Kapital I*, 528). Das Interesse des Kapitals gilt einzig dem Fortgang der Akkumulation, sodass es tatsächlich unerheblich ist, ob der größte Teil des Planeten für Menschen und Tiere unbewohnbar wird. Statt den Zusammenbruch des Kapitalismus durch die Rache der Natur abzuwarten, ist es unabdingbar, dass diejenigen, die mit der globalen ökologischen Krise konfrontiert sind, aktiv werden und Maßnahmen ergreifen, um den Stoffwechsel mit ihrer Umwelt bewusst zu gestalten.[73]

Eine Vorstellung einer solchen postkapitalistischen Gesellschaft skizziert Marx in einem bekannten Passus im dritten Band des *Kapitals*:

> Das Reich der Freiheit beginnt in der Tat erst da, wo das Arbeiten, das durch Not und äußere Zweckmäßigkeit bestimmt ist, aufhört; es liegt also der Natur der Sache nach jenseits der Sphäre der eigentlichen materiellen Produktion. Wie der Wilde mit der Natur ringen muß, um seine Bedürfnisse zu befriedigen, um sein Leben zu erhalten und zu reproduzieren, so muß es der Zivilisierte, und er muß es in allen Gesellschaftsformen und unter allen möglichen Produktionsweisen. Mit seiner Entwicklung erweitert sich dies Reich der Naturnotwendigkeit, weil die Bedürfnisse; aber zugleich erweitern sich die Produktivkräfte, die diese befriedigen. Die Freiheit in diesem Gebiet kann nur darin bestehn, daß der vergesellschaftete Mensch, die assoziierten Produzenten, diesen ihren Stoffwechsel mit der Natur rationell regeln, unter ihre gemeinschaftliche Kontrolle bringen, statt von ihm als von einer blinden Macht beherrscht zu werden; ihn mit dem geringsten Kraftaufwand und unter den ihrer menschlichen

> Natur würdigsten und adäquatesten Bedingungen vollziehn. Aber es bleibt dies immer ein Reich der Notwendigkeit. Jenseits desselben beginnt die menschliche Kraftentwicklung, die sich als Selbstzweck gilt, das wahre Reich der Freiheit, das aber nur auf jenem Reich der Notwendigkeit als seiner Basis aufblühn kann. (*Kapital III*, 828)

Vergleicht man diese Passage mit den bereits zitierten Formulierungen Engels' aus dem *Anti-Dühring* über das Reich der Freiheit, so stößt man auf einen bedeutsamen Unterschied:

> Die objektiven, fremden Mächte, die bisher die Geschichte beherrschten, treten unter die Kontrolle der Menschen selbst. Erst von da an werden die Menschen ihre Geschichte mit vollem Bewußtsein selbst machen, erst von da an werden die von ihnen in Bewegung gesetzten gesellschaftlichen Ursachen vorwiegend und in stets steigendem Maße auch die von ihnen gewollten Wirkungen haben. Es ist der Sprung der Menschheit aus dem Reiche der Notwendigkeit in das Reich der Freiheit. (*MEW* 20, 264)

Engels erklärt hier die Notwendigkeit, die Naturgesetze bewusst anzuwenden, und sein Reich der Freiheit besteht genau in dieser Kontrolle über die Natur. Das Erkennen und die praktische Anwendung der Naturgesetze ermöglichen es den Menschen, sich frei mit der Natur auseinanderzusetzen, um die eigenen Bedürfnisse zu befriedigen, so Engels. Darauf gründet »der Sprung der Menschheit« ins Reich der Freiheit.

Auf die von Paul Thomas geäußerte Kritik, Engels hänge,

anders als Marx, am »Notwendigkeitsreich«[74] und betrachte das Überwinden natürlicher Grenzen als Bedingung für die Verwirklichung einer Sphäre der Freiheit, erwidert John L. Stanley, sowohl Marx als auch Engels hätten die natürlichen Grundlagen der Verwirklichung menschlicher Freiheit anerkannt.[75] Tatsächlich erachtet auch Marx es als notwendig, dass die Produzenten sich angesichts der Störung im Stoffwechsel assoziieren, um die »blinde Macht« unter ihre bewusste Kontrolle zu bringen; Stanleys Behauptung, es gebe keinen Unterschied zwischen Marx und Engels, ist dennoch nicht zuzustimmen. Den berühmten »sprunghaften Übergang [...] ins Reich der Freiheit« in Engels' kurzer Skizze des Sozialismus problematisiert Alfred Schmidt[76] – dass nämlich die Bemeisterung der Naturgesetze mit der Verwirklichung des Reichs der Freiheit *gleichgesetzt ist*. Nun, auch dies hat mit Engels' Interessen zu tun. Vor allem mit der Dialektik der Natur und der neuzeitlichen Naturwissenschaft beschäftigt, erachtet er die Kenntnis der übergeschichtlichen Gesetze der Natur als überaus wichtig, da darauf in seinen Augen die menschliche Freiheit beruht. Es ist die Kontrolle über die Natur, die *unmittelbar* das Reich der Freiheit verwirklicht.

Marx hingegen versäumt nicht, hinzuzufügen, dass »dies [die Herrschaft über die Natur] immer ein Reich der Notwendigkeit« bleibt. Anders gesagt: Die neue, auf der Produktionsweise der assoziierten Produzierenden beruhende Gesellschaft soll die freie Entfaltung der Individualitäten verwirklichen, doch geschieht dies *jenseits* der befreiten Arbeit. Für die menschliche Existenz ist Arbeit unverzichtbar, und sie muss für die Arbeitenden gleichermaßen sinnvoll und attraktiv sein, doch ist sie nur eine unter den sinnvollen menschlichen Tätigkeiten. Freiheit beschränkt sich dementsprechend nicht auf das bewusste Bemeistern von Naturgesetzen entsprechend der Naturwissenschaft; Marx' Reich der Freiheit umfasst vielmehr schöpferische und künstlerische Tätigkeiten, Liebes- und Freundschaftsbeziehungen, die Sorge für andere sowie Vorlieben wie Sport, Musik und Literatur, die alle für eine allseitige Entwicklung des Individuums wesentlich sind. Durch solche Tätigkeiten verwirklicht sich die volle Entfaltung der Indiviualitäten im Kommunismus. Verglichen damit verkürzt Engels das Reich der Freiheit inhaltlich und setzt auf einen hegelianischen Begriff von Freiheit, wonach diese durch bewusstes Fügen in die Notwendigkeit verwirklichbar wäre: »Freiheit ist die Einsicht in die Notwendigkeit« (*MEW* 20, 106).

IV Engels' Notizbücher und die Kritik der politischen Ökonomie

Marx' Stoffwechseltheorie trägt auch dazu bei, die Bedeutung seiner nach 1868 verfassten, in zahlreichen Notizbüchern festgehaltenen naturwissenschaftlichen Aufzeichnungen zu verstehen. In den wenig bekannten Notizen finden sich Hinweise darauf, wie die ungeschrieben gebliebenen Teile des *Kapitals* möglicherweise aussähen. Das Spektrum ist breit gefächert, und es wird deutlich, dass Marx' Interesse an den Naturwissenschaften weit über die Theorie der Grundrente im dritten Band des *Kapitals* hinausreicht. Auch wenn dieses theoretische Problem für Marx der Anlass der Beschäftigung mit Liebigs *Agriculturchemie* in den Jahren 1864/65 war, erschöpft sich die Bedeutung seiner Auseinandersetzung mit Liebigs Kritik der modernen Landwirtschaft nicht darin, sondern es geht um umfassendere ökologische Fragen. Vereinfacht ausgedrückt versuchte Marx zu verstehen, wie Unstimmigkeiten in der stofflichen Welt dadurch entstehen, dass die verdinglichte Macht des Kapitals verändernd in den allgemeinen Stoffwechsel der Natur eingreift.

Marx' Interesse an ökologischen Fragen wuchs nach 1868 sogar noch weiter, da ihn Liebigs Kritik am landwirtschaftlichen Raubbau nicht vollends zufriedenstellte. Er sammelte daraufhin weitere Literatur, nicht zuletzt auch solche, die Liebigs pessimistischer und malthusianisch geprägter Sicht auf die Entwicklung in der Landwirtschaft kritisch gegenüberstand.[77] Von besonderer Bedeutung in diesem Zusammenhang sind Exzerpte, die Marx zu Carl Fraas, einem Münchner Agrarwissenschaftler, anfertigte: nicht nur um seine Ökologie in ihrer Entwicklung zu rekonstruieren, sondern auch, um die intellektuelle Beziehung zwischen ihm und Engels zu erhellen. Beide standen bekanntlich in regem Austausch, auch über ökologische Fragen. In einem Brief an Engels vom 25. März 1868 schreibt Marx, er sei im Zuge ausführlicher Notizen über Fraas' Buch *Klima und Pflanzenwelt in der Zeit*[78] im Zusammenhang mit der Warnung vor exzessiver Waldrodung sogar auf eine »sozialistische Tendenz« beim Autor der Schrift gestoßen:

> Sehr interessant ist von Fraas (1847): »*Klima und Pflanzenwelt in der Zeit, eine Geschichte beider*«, nämlich zum Nachweis, daß in historischer Zeit Klima und Flora wechseln. Er ist vor Darwin Darwinist und läßt die Arten selbst in der historischen Zeit entstehn. Aber zugleich Agronom. Er behauptet, daß mit der Kultur – entsprechend ihrem Grad – die von den Bauern sosehr geliebte »Feuchtigkeit« verlorengeht (daher auch die Pflanzen von

> Süden nach Norden wandern) und endlich Steppenbildung eintritt. Die erste Wirkung der Kultur nützlich, schließlich verödend durch Entholzung etc. Dieser Mann ist ebensosehr grundgelehrter Philolog (er hat griechische Bücher geschrieben) als Chemiker, Agronom etc. Das Fazit ist, daß die Kultur – wenn naturwüchsig vorschreitend und nicht bewußt beherrscht (dazu kommt er natürlich als Bürger nicht) – Wüsten hinter sich zurückläßt, Persien, Mesopotamien etc., Griechenland. Also auch wieder sozialistische Tendenz unbewußt! (*MEW* 32, 52 f.)

Angeregt von Marx' lobender Einschätzung las Engels später ebenfalls das Buch von Fraas und verfasste in einem Notizbuch aus den Jahren 1879/80 ein Exzerpt.[79] Die Aufzeichnungen beider zu vergleichen, ermöglicht es daher zu sehen, ob sie tatsächlich gleichgerichtete Interessen teilten.

Wie Marx in seinem Brief an Engels erwähnt, befasst sich Fraas' Schrift mit in antiken Zivilisationen wie Mesopotamien, Ägypten und Griechenland anzutreffenden klimatischen Veränderungen, die auf die großflächige und widersinnige Abholzung von Wäldern zurückzuführen sind. Stanley schließt aus Ähnlichkeiten zwischen Marx' Auseinandersetzung mit Fraas und Engels' in der *Dialektik der Natur* ausgesprochenen Warnung vor der Rache der Natur, dass sich bei beiden eine übereinstimmende Rezeption von Fraas' Theorie finde.[80] Allerdings vergleicht Stanley nur oberflächlich zwei isolierte Bemerkungen in Marx' Brief und Engels' Schrift, ohne den Notizbüchern beider Beachtung zu schenken. Meine ausführliche Analyse von Marx' Aufzeichnungen zu Fraas' Abhandlung liefert eine Grundlage für den Vergleich mit Engels' Notizen.[81]

Obgleich Engels' Exzerpt knapp gehalten ist, da er das Buch von Fraas bereits während der Arbeit an der *Dialektik der Natur* verwendet hatte, dokumentiert es deutlich, woran er am meisten interessiert war. Erstens fällt unmittelbar auf, dass sich das intellektuelle Verhältnis zwischen Marx und ihm, was Naturwissenschaften anbelangt, im Vergleich zu 1864, als Marx noch unbeirrt »immer in [Engels'] Fußtapfen« getreten war, umgekehrt hatte. Bemerkenswerterweise zeigen nämlich die von Engels in seinem Fraas-Exzerpt verwendeten Formulierungen, dass er in seiner Einschätzung *durch Marx'* positive Bewertung des Werks beeinflusst war. Mit anderen Worten rezipierte Engels nunmehr das, was Marx ihm empfahl.

So hebt Marx im erwähnten Brief lobend Fraas' Schlussfolgerung hervor, »daß die Kultur – wenn naturwüchsig vorschreitend und nicht bewußt beherrscht [...] – Wüsten hinter sich zurückläßt«. Marx setzte sich sorgfältig mit Fraas' Erklärung auseinander, wie unkontrollierte Maßnahmen in den antiken Zivilisationen letztlich die materiellen Grundlagen des dortigen Wohlstands untergruben, weil ein exzessives Abholzen von Wäldern das lokale Klima irreversibel in einer für die einheimischen Pflanzenarten ungünstigen Weise veränderte. Engels vermerkt sinngemäß dasselbe in seinem Notizbuch: »*Es läßt die fortschreitende Völkerkultur eine ziemliche Wüste hinter sich*« (*MEGA* IV / 31, 515; Hervorh. im Orig.). Die Bedeutung von Fraas' Schrift versteht Engels zusammenfassend als »Hauptnachweis daß die Civilisation ein antagonistischer Prozeß ist, der in seiner bisherigen Form das Land erschöpft, den Wald verwüstet, den Boden für seine ursprünglichen Produkte unfruchtbar macht & das Klima verschlechtert« (*MEGA* IV / 31, 512). Als Beispiel notiert er, in Deutschland und Italien seien die durchschnittlichen Temperaturen um »5–6° R.« gestiegen (ebd.).[82] Die Vorstellung, »nicht bewußt beherrschte« Produktion lasse »Wüsten« zurück, spiegelt sich auch in Engels' Ausführungen über die Rache der Natur wider, die er in der *Dialektik der Natur* formuliert. Ausgehend von Fraas' Darlegungen heißt es dort:

> Die Leute, die in Mesopotamien, Griechenland, Kleinasien und anderswo die Wälder ausrotteten, um urbares Land zu gewinnen, träumten nicht, daß sie damit den Grund zur jetzigen Verödung jener Länder legten, indem sie ihnen mit den Wäldern die Ansammlungszentren und Behälter der Feuchtigkeit entzogen. (*MEW* 20, 453)

An dieser Stelle zeigt sich deutlich der Einfluss, den Marx' Bewertung der Fraas'schen Schrift auf Engels hatte.

Zweitens bescheinigt Marx in dem genannten Brief Fraas, er sei schon »vor Darwin Darwinist« (MEW 32, 52) gewesen. Auch Engels notiert in seinen Notizen eine Passage aus Fraas' *Klima und Pflanzenwelt in der Zeit*, die an Darwins »natürliche Selektion« erinnert:

> Daß zugleich die Eiche sehr empfindlich ist gegen die genannten Faktoren des physikalischen Klimas (Wärme & Feuchtigkeit) & bei auch nur geringer Änderung derselben im Wettstreit des natürlichen Fortkommens & Selbsterhaltens gegen miteifernde zähere & weniger empfindliche Waldbilder zurück bleibt, haben wir schon gesagt. (*MEGA* IV / 31, 515)

Diese Passage ist bezeichnend, insbesondere in Verbindung mit der von Engels ebenfalls notierten, auf Darwin anspielenden Bemerkung »am Glauben an Konstanz der Pflanzenarten ward [...] gerüttelt« (ebd., 512). Bei dieser Notiz dürfte

Engels wohl davon ausgegangen sein, seine eigenen Interessen stimmten mit denen von Marx völlig überein.

Ein genauerer Blick in die Notizbücher zeigt jedoch, dass sich Marx' Interesse an Fraas nicht darauf beschränkte, Belege für die Rache der Natur oder an Darwin erinnernde Überlegungen zu finden. Anfang 1868 widmete sich Marx neben Fraas' Schrift aufmerksam Georg Ludwig von Maurers *Einleitung zur Geschichte der Mark-, Hof-, Dorf-, und Stadtverfaßung und der öffentlichen Gewalt*, in der sich der bayrische Rechtshistoriker mit dem germanischen System des Eigentums an Grund und Boden befasst.[83] In seinem Brief an Engels stellt Marx einen Zusammenhang zwischen Fraas und Maurer her, insofern er nämlich bei beiden eine »sozialistische Tendenz« erkennt, und im Exzerpt rücken beide tatsächlich viel enger zusammen als etwa Fraas und Darwin. Auf den ersten Blick ist dennoch nicht ersichtlich, warum sich Marx zeitgleich auch noch mit der germanischen Gesellschaft beschäftigte, denn eine weiterreichende Verbindung zwischen Fraas und Maurer scheint nicht zu bestehen. Durch die positive Beurteilung Maurers in Marx' Brief angeregt las auch Engels Maurers Buch und bezog es in die eigene Analyse mit ein. Doch anders als bei Marx gibt es keine Anzeichen dafür, dass Engels tatsächlich eine Verbindung zwischen Fraas und Maurer sah.

Ein Hinweis auf die Verbindung findet sich in Fraas' 1866 veröffentlichter Schrift *Die Ackerbaukrisen und ihre Heilmittel*, in der er Maurers Buch zitiert und die nachhaltige Bewirtschaftung der Ländereien in germanischen Markgemeinden lobt:

> Wenn dann freilich noch die Dorfmark weder Holz noch Heu und Stroh oder gar Mist, ja selbst Vieh (Schweine!),

> außer an die Dorfgenossen zu verkaufen erlaubte und gebot, daß alle innerhalb der Mark gezogenen Feldfrüchte, auch Wein, auch daselbst verzehrt werden sollten (woraus dann vielfach Bannrechte entstanden), so fehlte nicht blos nichts an den Mitteln zur Krafterhaltung der Felder, sondern durch die Nutzung der Wald- und Weidezuschüsse oder noch mehr der von Flüssen gedüngten Wiesen mußte überall Kraftsteigerung eintreten […].[84]

Wie diese Passage verdeutlicht, vertrat Fraas keineswegs die Ansicht, alle vorkapitalistischen Gesellschaften hätten in Unkenntnis der Naturgesetze nur Wüsten hinterlassen. Wie er herausstellt, hat in der germanischen Gesellschaft die Produktivität der Böden sogar zugenommen, und zwar durch nachhaltige Bewirtschaftung und die kommunale, durch die Dorfgemeinde geregelte Nutzung von Ländereien und Erträgen, ganz im Gegensatz zu den griechischen und römischen Gesellschaften, in denen in gewissem Umfang Warenproduktion existierte und die gemeinschaftlichen Bande bei weitem nicht mehr so stark waren.

Den Titel von Fraas' Schrift, *Die Ackerbaukrisen und ihre Heilmittel*, vermerkte Marx im Dezember 1867 oder Januar 1868 in seinem Notizbuch.[85] Es steht durchaus zu vermuten, dass er nach der Lektüre dieser Arbeit nicht nur weitere Bücher von Fraas gelesen hat, sondern auch Maurers Untersuchung der germanischen Markgemeinden sein Interesse fand. Nach der Lektüre entdeckte er bekanntlich die »sozialistische Tendenz« bei Maurer; die Aufmerksamkeit galt insbesondere den verschiedenen Arten, wie in vorkapitalistischen Gesellschaften der Stoffwechsel zwischen Mensch und Natur organisiert war.[86] Das Lob für die gleichberechtigte und nachhaltige Produktion in den vorkapitalistischen

Dorfgemeinden bestätigt, dass Marx die Rache der Natur nicht immer und überall als Folge gesellschaftlicher Unkenntnis der Naturgesetze ansah. Anders gesagt: Er erlag nicht dem Reduktionismus, jede Zivilisation als der Umwelt abträglich zu betrachten.[87] Vielmehr erkannte er, dass die Besonderheiten des vorkapitalistischen Stoffwechsels zwischen Mensch und Natur zugleich die Quelle der »Lebensfähigkeit« bestimmter Dorfgemeinden sein mochten. Angesichts des durch die kapitalistische Produktion hervorgerufenen Risses im Stoffwechsel weisen solche Gemeinden Elemente ökonomischer Überlegenheit auf, auch wenn die gleichberechtigte und nachhaltige Produktion eher unbewusst bleibt, auf Brauchtum und althergebrachten Traditionen beruht und eben nicht auf der Kenntnis der Naturgesetze. Hier jedenfalls liegt der Grund, warum Marx in den Schriften von Fraas und Maurer eine »sozialistische Tendenz« entdeckte. Festzuhalten bleibt somit, dass Marx' Bewertung sich ganz offenkundig von der Auffassung Engels' unterscheidet, wonach vorkapitalistische Gesellschaften aufgrund ihrer Unkenntnis der Naturgesetze unter der Rache der Natur zu leiden hätten und erst das Erkennen und Berücksichtigen jener Gesetze ihnen den Sprung in das Reich der Freiheit ermöglichen würde. Engels vertritt hier weiterhin eine eher eindimensionale Vorstellung der historischen Entwicklung.

Eine bemerkenswerte Erweiterung von Marx' Stoffwechseltheorie lässt sich in den Notizbüchern aus dem Jahr 1878 bemerken, die recht umfangreiche Exzerpte zu geologischen Schriften von John Yeats und Joseph Beete Jukes enthalten. In diesen langen Auszügen werden verschiedenste Themen behandelt, es wäre daher unlauter, sie ausschließlich auf Fragen der Ökologie zu reduzieren. Offensichtlich ist indes, dass die Beschäftigung mit Geologie Marx dazu diente, seine Perspektive auf die politische Ökonomie zu erweitern. So notiert er etwa über die Bedeutung der Geologie: »Enorme Geldsummen verwüstet in coal-mining* allein aus Unwissenheit« (*MEGA* IV/26: 478). Im Exzerpt zu Jukes' Schrift *The Student's Manual of Geology* hält Marx fest, die Geologie sei »von grösster praktischer Wichtigkeit« und der Kohlebergbau

> einer der Hauptpunkte f. praktische Anwendung der Geology in British islands**, sowohl zur Verhüthung v. wasteful expenditure of money in rash enterprises***, als zur Direction des enterprise****, wo chance of being successful***** (*MEGA* IV/26: 642).

Marx widmete sich ferner Jukes' Ausführungen darüber, wie der Fortschritt in der Geologie dazu beiträgt, die Explorationsmethoden zu verbessern, den Abbau von Rohstoffen wie Kohle und Eisenerz sowie von metallurgischen Hilfsstoffen zu erleichtern und die Produktivität zu steigern, und wie Verbesserungen im Transportwesen das Verhältnis zwischen Industrie und Landwirtschaft (sowie den extraktiven Industrien) beeinflussen. Zuvor Unprofitables wird im Zuge der kapitalistischen Entwicklung profitabel, und was keinen Ertrag brachte, wird fruchtbar. Mit Blick auf das Gesetz vom tendenziellen Fall der Profitrate birgt dies erhebliche Komplikationen.

* im Kohlebergbau
** Geologie auf den britischen Inseln
*** Geldverschwendung in übereilten Unternehmen
**** Ausrichtung des Unternehmens
***** Aussicht auf Erfolg

Das bedeutet jedoch nicht, dass das Kapital imstande wäre, sich über geologische Bedingungen hinwegzusetzen. Im Gegenteil, Marx dokumentiert in seinem Notizbuch ausführlich, wie geologischen Schichten als eine sich menschlicher Manipulation entziehende natürliche Gegebenheit starken Einfluss auf den Verlauf der gesellschaftlichen Entwicklung haben. Interesse für das Verhältnis von Menschheitsgeschichte und Naturgeschichte hatte er bereits in den 1850er Jahren gezeigt. So hatte ihn die frühere Beschäftigung mit Geologie dazu gebracht, in den »Londoner Heften« den von James F. W. Johnston verwendeten Begriff der »geologischen Formation« zu adaptieren, um die Vielschichtigkeit der Gesellschaftsformation zu erfassen; damals war dies allerdings zunächst lediglich eine Metapher.[88] In den 1870er und 1880er Jahren ging er einen Schritt weiter und untersuchte die direkte Beziehung zwischen geologischer Formation und Gesellschaftsformation. So exzerpierte er etwa eine Passage aus dem Buch von Jukes:

> England [ist] getheilt in 2 ganz dissimilar parts*, worin form u. aspect** des Bodens, u. condition u. employments der people***, gleichmässig mit einander contrastiren. Der Theil […] Nordwestlich […] hauptsächlich palaeozoic ground****, oft wild, barren u. mountainous*****, aber an vielen Plätzen voll von mineralischem Reichthum; der

* ungleiche Teile
** Aussehen
*** Lebens- und Arbeitsbedingungen der Menschen
**** paläozoisches Grundgestein
***** kahl und bergig

> part[*] zum Southeast[**] ist secondary u. tertiary ground[***], u. im Allgemeinen soft u. gentle in outline[****], mit wenig od keinem Reichthum unter dem Boden. Mining u. manufacturing populations[*****] Im ersten District; die working people[******] des zweiten meist agricultural[*******] (*MEGA* IV / 26: 641).

Im *Kapital* umreißt Marx das Entstehen »einer neuen, höheren Synthese, des Vereins von Agrikultur und Industrie« (*Kapital I*, 528) jenseits ihres Gegensatzes. Die unveränderlichen geologischen Merkmale, die Jukes aufzeigt, gilt es jedoch bei Überlegungen zum Postkapitalismus sehr viel sorgfältiger zu berücksichtigen. Tatsächlich hat Marx diese Passagen in seinen Notizbüchern hervorgehoben, um später auf sie zurückkommen zu können. Insofern ist Leszek Kołakowskis Kritik, dass »Marx kaum zugeben kann, dass der Mensch entweder durch seinen Körper oder durch geografische Bedingungen begrenzt ist«, vollständig zurückzuweisen.[89]

Marx' Exzerpte zu Jukes' Buch sind, über die Beschäftigung mit Fraas und Darwin hinaus, auch deshalb interessant, weil hier erörtert wird, wie sich Klima und Niederschlag auf die geologische Formation sowie auf Flora und Fauna auswirken. In einem direkt auf Darwin Bezug nehmenden und »Paläontologie« betitelten Abschnitt erörtert

* Teil
** Südosten
*** Sekundär- und Tertiärgestein
**** von sanfter und freundlicher Kontur
***** in Bergbau und Manufaktur tätige Bevölkerung
****** arbeitende Bevölkerung
******* landwirtschaftlich

Jukes die Folgen umfassender und dauerhafter klimatischer Veränderungen; Marx notiert hierzu: »Alteration of climates involves Destruction of species*« (*MEGA* IV/26: 219). Im gleichen Zusammenhang findet sich auch der Hinweis auf einen weiteren Befund von Jukes: »Die *extinction of species*** schreitet noch voran (*man**** *selbst* the most active exterminator****)« (*MEGA* IV/26: 233; Hervorh. im Orig.). Marx widmete sich klimatischen Veränderungen aus einer langfristigen, geologischen Perspektive und interessierte sich für deren Auswirkungen auf die Umwelt, wobei er, wie auch Fraas, den menschlichen Einflüssen besondere Aufmerksamkeit schenkte. Eine ähnliche Notiz zum Klimawandel in Nordamerika aufgrund exzessiver Abholzung von Wäldern findet sich im Exzerpt zu Yeats' Schrift *The Natural History of the Raw Materials of Commerce*: »*The enormous clearings* have, on the other hand, *already sensibly modified the climate******« (*MEGA* IV/26: 37; Hervorh. im Orig.). Marx' Interesse an Darwin beschränkt sich hier – anders als bei Engels – nicht auf enzyklopädische Themen wie die Entstehung des Lebens, die natürliche Selektion und die unabhängig vom menschlichen Zutun ablaufende Evolution, sondern umfasst die empirischen und historischen Formen des *menschlichen* Stoffwechsels mit der Natur und dessen negative Auswirkungen.

* Klimaveränderungen sind mit der Vernichtung von Arten verbunden

** Auslöschung von Arten

*** der Mensch

**** der aktivste Ausrotter

***** Die massiven Kahlschläge haben andererseits das Klima bereits spürbar verändert.

Die wesentlichen Unterschiede zwischen Marx und Engels in ihren naturwissenschaftlichen Studien lassen sich nunmehr folgendermaßen zusammenfassen. Für Engels steht die wissenschaftliche Erkenntnis der übergeschichtlichen Naturgesetze im Mittelpunkt, als Vorbedingung für den Sprung ins Reich der Freiheit. Seine Dialektik der Natur gründet auf den philosophischen Dichotomien Bewusstsein/Materie und Idealismus/Materialismus unter dem ontologischen Primat des Letzteren. Trotz des durchaus vorhandenen Interesses an ökologischen Fragen, die mit der kapitalistischen Produktion einhergehen, war Engels' Beschäftigung damit unbestreitbar philosophisch und übergeschichtlich ausgerichtet, was schließlich dazu führte, Liebigs Stoffwechseltheorie abzulehnen und sich mit dem in den 1840er Jahren konzipierten »Gegensatz von Stadt und Land« zufriedenzugeben. Schließlich vertritt Engels dort, wo er über das Reich der Freiheit oder über vorkapitalistische Gesellschaften schreibt, eine eher eindimensionale Vorstellung der historischen Entwicklung, deren Gang letztlich von der fortschreitenden Erkenntnis der Naturgesetze mit Hilfe moderner Naturwissenschaft abhängt.

Marx hingegen hat sich das Projekt einer materialistischen Dialektik, das Engels verfolgte, nie wirklich zu eigen gemacht, auch wenn er »seinen Freund moralisch unterstützt und ermutigt haben mag, derart weitreichende wissenschaftliche Neigungen zu verfolgen«.[90] Nach der »Trennung von der Philosophie«[91] in der *Deutschen Ideologie* war er nicht mehr an einer solchen philosophischen Ontologie interessiert. Tatsächlich nahm seine Beschäftigung mit naturwissenschaftlichen Fragen ab den 1860er Jahren einen zunehmend empirischen Charakter an. Zu jener Zeit widmete er sich der weiteren Ausarbeitung des Stoffwechselbegriffs, um die physischen und gesellschaftlichen Veränderungen des Verhältnisses von Mensch und Natur aus historischer, ökonomischer und ökologischer Perspektive zu verstehen. Ferner beschäftigte er sich mit der Frage, wie verschiedene vorkapitalistische und nichtwestliche Gesellschaften ihren Stoffwechsel mit der Natur organisierten und was deren Lebensfähigkeit für den Aufbau einer egalitäreren und nachhaltigeren Gesellschaft jenseits des Kapitalismus bedeutete. Mit anderen Worten: Im Gegensatz zu Stanleys Annahme diente Marx' Beschäftigung mit der Naturwissenschaft nicht dem Ziel, »die Universalwissenschaft«[92] zu begründen, wie es Marx in den Ökonomisch-philosophischen Manuskripten aus dem Jahr 1844 hatte anklingen lassen. Alles in allem sollten die Unterschiede zwischen den beiden Begründern des Marxismus nicht überschätzt werden. Marx lehnte Engels' Bemühen um eine materialistische Naturphilosophie nicht gänzlich ab.[93] Gleichzeitig dürfen diese Unterschiede auch nicht *unter*schätzt werden, denn nur so ist zu verstehen, warum Engels die Tragweite von Marx' naturwissenschaftlichen Notizbüchern nicht nachzuvollziehen vermochte und die Schlüsselpassage über den »Riß im Stoffwechsel« im dritten Band des *Kapitals* abänderte. Letzten Endes bestimmte Engels' Lesart die Rezeption der Marx'schen Theorie in den nachfolgenden Generationen.

Susan Buck-Morss schrieb einmal: »Sicherlich teilte er [Marx] den bürgerlichen Fortschrittsglauben, und es gab viel in Marx' späteren Schriften, das Engels' Verständnis der Dialektik als Naturgesetz der historischen Entwicklung rechtfertigte«.[94] Das vorliegende Kapitel belegt indes das Gegenteil. Gerade wegen des Unterschieds zwischen »Marx' späteren Schriften« und »Engels' Verständnis der Dialektik« waren der Begriff des Stoffwechsels und seine ökologischen

Implikationen während des gesamten 20. Jahrhunderts marginalisiert. Marx' naturwissenschaftliche Notizen wurden nach seinem Tod von Engels vernachlässigt, und in den nachfolgenden Generationen hielten selbst hervorragende marxistische Intellektuelle am Mythos der Arbeitsteilung zwischen Marx und Engels fest. Während der traditionelle Marxismus die Bedeutung von Marx' ökologischem Stoffwechselbegriff nicht zu erkennen vermochte, kamen selbst diejenigen im westlichen Marxismus, die Engels entschieden ablehnten, zum gleichen einseitigen Urteil. Daran zeigt sich, wie stark Engels' Einfluss unter marxistischen Intellektuellen im 20. Jahrhundert war. Es gab jedoch einen außergewöhnlichen Marxisten, der sich entgegen dieser allgemeinen Tendenz bemühte, das mit dem Begriff des Stoffwechsels verbundene Marx'sche Vermächtnis wiederzubeleben. Es war Georg Lukács.

Kapitel 3

Lukács' Theorie des Stoffwechsels als Grundlage des Ökosozialistischen Realismus

Ein Thema in den aktuell geführten lebhaften Diskussionen über die ökologische Krise ist das Anthropozän als neues geologisches Zeitalter. Die Spuren menschlichen Handelns und Wirtschaftens bedecken inzwischen die gesamte Oberfläche unseres Planeten, eine von Menschen unberührt gebliebene »Natur« ist daher ganz offenkundig nicht mehr vorhanden. Das von Bill McKibben proklamierte »Ende der Natur«[1] klingt 30 Jahre, nachdem es zum ersten Mal formuliert wurde, ziemlich überzeugend, doch die extremen, sich jeder menschlichen Kontrolle entziehenden Auswirkungen des Klimawandels bedeuten zugleich das endgültige Scheitern des modernen prometheischen Traums von der absoluten Herrschaft über die Natur. Die mit diesem Scheitern entstandene katastrophale Situation erinnert an Friedrich Engels' Warnung vor der »Rache der Natur« oder auch an Max Horkheimers Diskussion über die »Revolte der Natur« in seiner Schrift *Zur Kritik der instrumentellen Vernunft*.[2]

Die Rache und die Revolte der Natur scheinen Handlungsmacht umzuverteilen und eine neue ontologische Situation zu schaffen, in der passive »Dinge« in der Natur Handlungsmacht *gegen* die Menschheit zu erlangen scheinen.

Diese scheinbar umfassende Neugestaltung der Natur und die neue Handlungsmacht der Dinge sind der Grund dafür, dass sowohl Noel Castrees Vorstellung der »Produktion von Natur« als auch die »Akteur-Netzwerk-Theorie« (ANT) Bruno Latours in jüngsten Debatten über politische Ökologie zunehmend an Popularität gewinnen. Während Castree die Existenz einer vom Menschen unabhängigen Natur bestreitet, lehnt Latour vor allem die moderne dualistische Gegenüberstellung von Subjekt und Objekt ab und weist Dingen als »Aktanten« Handlungsfähigkeit zu.[3] Obgleich ihre Ansätze zweifellos ganz unterschiedlich sind, teilen sie – angesichts der *Hybridität* des Sozialen und des Natürlichen, die sie als charakteristisches Merkmal des Anthropozäns ansehen – den Glauben an die Überlegenheit des ontologischen Monismus gegenüber einer dualistischen Sichtweise.

Scharfe Kritik richtet sich in diesem Zusammenhang gegen Marx' Begriff des Stoffwechsels als theoretische Grundlage Marx'scher Ökologie. Insbesondere dem Grundgedanken eines Risses im Stoffwechsel wurde vorgeworfen, zugleich eine »epistemische Kluft«[4] zu vertiefen, und zwar aufgrund eines »kartesianischen Dualismus«, der »NATUR« und »GESELLSCHAFT« als zwei völlig getrennte und unabhängige Entitäten ansehe. Auch unter Marxisten gibt es verschiedentlich entsprechende Versuche – zu nennen ist insbesondere Jason W. Moore[5] –, die dualistische Betrachtung der kapitalistischen Entwicklung durch eine postkartesianische zu ersetzen, um die aktuelle ökologische Krise besser zu verstehen. Bedauerlicherweise hat sich Marx in seiner Kritik der politischen Ökonomie nie systematisch mit dem ontologischen Status der Natur befasst – es war nicht die Aufgabe seiner Kritik, eine solche Frage zu behandeln. Allerdings hat nicht jeder Marxist deren theoretische Relevanz übergangen.

Eine dieser Ausnahmen war Georg Lukács, und das vorliegende Kapitel rekurriert auf ihn und sein Werk *Geschichte und Klassenbewußtsein*, um auf solche Kritiken aus jüngerer Zeit zu antworten und Marx' Theorie des Risses im Stoffwechsel zu verteidigen.

Dies mag in gewisser Weise inkonsequent klingen, da im zweiten Kapitel die Vernachlässigung der Natur in der Tradition des westlichen Marxismus als ungerechtfertigt kritisiert wurde. Tatsächlich kann Lukács' *Geschichte und Klassenbewußtsein* als ein Grundlagenwerk des westlichen Marxismus und als Versuch betrachtet werden, die Sphäre der Natur aus Marx' dialektischer Analyse auszuschließen. Lukács' Schrift wurde zudem wegen ihres inkonsequenten »ontologischen Dualismus« kritisiert.[6] Die fehlende diesbezügliche Klarheit ist indes nicht so sehr auf ein »unausgereiftes« Denken zurückzuführen als vielmehr auf Schwierigkeiten, mit denen sich der Autor bei dem Versuch konfrontiert sah, in den 1920er Jahren den orthodoxen Marxismus zu kritisieren. Oft war er aus politischen Gründen gezwungen, seine wahren Absichten zu verbergen oder zu verschleiern, was in der Kritik verschiedentlich dazu führte, ihm Ambivalenz und Inkonsistenz vorzuwerfen. Solche Einwände behindern bis heute ein angemessenes Verständnis des Werks.

Gegen solche Kritiken werde ich darlegen, dass die von Lukács in *Geschichte und Klassenbewußtsein* ausgearbeitete Position *nicht* inkohärent ist: Dies ergibt sich bei genauerer Betrachtung seiner Stoffwechseltheorie, wie er sie insbesondere in einer Selbstverteidigung seiner Schrift entwickelte, die viel später unter dem Titel *Chvostismus und Dialektik* veröffentlicht wurde. Relevant ist Lukács' Stoffwechseltheorie für die heutigen Debatten darüber hinaus auch deshalb, weil sie seinen Kritikern insofern überlegen ist, als sie sowohl einen kartesianischen Dualismus als auch den Latour'schen Monismus vermeidet. Um dies zu zeigen, rekonstruiert dieses Kapitel zunächst die angebliche Inkonsistenz des »methodologischen« und »ontologischen Dualismus« von Lukács (I). Die sich anschließende Untersuchung seines lange Zeit unveröffentlichten Manuskripts *Chvostismus und Dialektik* soll die theoretische Substanz von *Geschichte und Klassenbewußtsein* gegen den Vorwurf schwerwiegender Inkonsistenzen verteidigen. Allerdings hörte die Kritik an Lukács trotz der Entdeckung jenes Manuskripts nicht auf. Besonders nachdrücklich kritisiert Paul Burkett den »wissenschaftlichen Dualismus« von Lukács, den er mit Marx' Materialismus für unvereinbar hält (II). Gegen solche Kritik werde ich zeigen, dass Lukács sowohl Marx' Methode als auch seine Stoffwechseltheorie völlig angemessen adaptiert hat. Zum einen vertritt er auf der Grundlage der Marx'schen Stoffwechseltheorie einen »ontologischen Monismus«. Zum anderen plädiert Lukács aber mit einem an das Absolute beim jungen Hegel anknüpfenden Begriff der »Identität von Identität und Nichtidentität« zugleich für einen »methodologischen Dualismus« (III). Indem er die marxistische Bearbeitung der Frage der Natur weiterentwickelt, leistet Lukács einen Beitrag zur Etablierung eines ökosozialistischen Realismus für eine kritische Analyse der globalen ökologischen Krise im Anthropozän (IV).[7]

I »Ambivalenzen« in *Geschichte und Klassenbewußtsein*

Geschichte und Klassenbewußtsein ist im Wesentlichen ein Debattenbeitrag, dem es darum geht, Dogmen des orthodoxen Marxismus in Frage zu stellen und zu versuchen, Marx' philosophisches Vermächtnis freizulegen. Ein solch ehrgeiziges Vorhaben stieß in den 1920er Jahren zwangsläufig auf heftige Kritik. Selbst diejenigen, die Lukács' guten Absichten wohlwollend gegenüberstanden, wiesen fast ausnahmslos auf die theoretischen Widersprüche und die Schwierigkeiten hin, die sich ergaben, weil er sich selbst noch nicht aus dem Paradigma des orthodoxen Marxismus gelöst hatte.[8] Eines der Hauptprobleme stellt die Behandlung von Gesellschaft und Natur dar. Dies ist in unserem Zusammenhang von großem Interesse, da es insbesondere die im vorherigen Kapitel diskutierte intellektuelle Beziehung zwischen Marx und Engels berührt.

In einer bekannten Fußnote zu *Geschichte und Klassenbewußtsein* schränkt Lukács den Anwendungsbereich von Marx' dialektischer Methode auf die Gesellschaft ein, gleichzeitig wirft er Engels deren ungerechtfertigte Ausweitung auf die Natur vor:

> Diese Beschränkung der Methode auf die historisch-soziale Wirklichkeit ist sehr wichtig. Die Mißverständnisse, die aus der Engelsschen Darstellung der Dialektik entstehen, beruhen wesentlich darauf, daß Engels – dem falschen Beispiel Hegels folgend – die dialektische Methode auch auf die Erkenntnis der Natur ausdehnt. Wo doch die entscheidenden Bestimmungen der Dialektik:

> Wechselwirkung von Subjekt und Objekt, Einheit von Theorie und Praxis, geschichtliche Veränderung des Substrats der Kategorien als Grundlage ihrer Veränderung im Denken etc. in der Naturerkenntnis nicht vorhanden sind.[9]

Es ist diese, wenn auch in einer Fußnote versteckte Feststellung, die Lukács als einen der »wirklichen Begründer des ganzen Modells des westlichen Marxismus«[10] ausweist, dessen Hauptmerkmal bekanntlich darin besteht, Engels' Dialektik der Natur abzulehnen und deren grundlegenden Unterschied zu Marx' Sozialphilosophie hervorzuheben.[11] Lukács zufolge gilt es, zwei unterschiedliche Methoden, die naturwissenschaftliche und die gesellschaftsanalytische, streng voneinander zu trennen und keinesfalls miteinander zu verwechseln. Geschieht dies nicht, dringt die naturwissenschaftliche Methode in die marxistische Gesellschaftsanalyse vor, entsteht ein mechanistisches Verständnis der gesellschaftlichen Entwicklung, wie es in der sowjetischen positivistischen Dialektik, exemplarisch bei Nikolai Bucharin, der Fall ist. Nach gängiger Lesart beabsichtigte Lukács, den Marxismus vor Engels' Szientismus zu retten, weil er diesen als mit der auf Marx zurückgehenden dialektischen Methode nicht vereinbar ansah. Diese Kritik erlangte großen Einfluss und prägte die grundlegende Orientierung des westlichen Marxismus.

Wie in Kapitel 2 dargelegt, stieß die strikte Trennung von Marx und Engels sowie von Sozial- und Naturwissenschaft jedoch auch auf negative Reaktionen. Allen Wood beispielsweise ist der Ansicht, die von Lukács vertretene Interpretation habe »keinerlei Grundlage in den Texten von Marx«, da dieser mehr als einmal ausdrücklich feststelle, dialektische

Prinzipien seien »in der Geschichte und in der Naturwissenschaft gleichermaßen belegt«.[12] Bereits in den 1920er Jahren war dies eine gängige Reaktion. Antonio Gramsci, ein weiterer Begründer des westlichen Marxismus, stellte Lukács' Auffassung in den *Gefängnisheften* wie folgt in Frage:

> Lukács [...] sagt, glaube ich, daß von Dialektik nur in Bezug auf die Geschichte der Menschen und nicht auf die Natur gesprochen werden kann. [...] Wenn seine Aussage einen Dualismus zwischen Mensch und Natur voraussetzt, hat er Unrecht [...]. Wenn jedoch die menschliche Geschichte auch Geschichte der Natur ist, über die Geschichte der Wissenschaft, wie kann dann die Dialektik von der Natur abgetrennt werden?[13]

Heute wird Lukács' provokante These allgemein dahingehend bewertet, dass seine Absicht zwar richtig gewesen sei, er aber »in entgegengesetzter Richtung irrte, indem er beides zu kategorisch trennte«.[14]

Bezogen darauf charakterisiert Steven Vogel in seiner Untersuchung *Against Nature* Lukács' Unterscheidung von Gesellschaft und Natur als »methodologischen Dualismus«, der sich gegen eine unzulässige Verquickung zweier distinkter Methoden richte. Die Unterscheidung zwischen Gesellschaftsanalyse und Naturwissenschaft gehe davon aus, dass es eine reale Grenze gebe, die nicht verletzt werden dürfe. Deshalb, so Vogel, müsse der methodologische Dualismus notwendigerweise mit einem »*ontologischen* Dualismus« von Natur und Gesellschaft einhergehen.[15] Kurz gesagt, die Besonderheiten jeder Sphäre erfordern unterschiedliche Methoden, was von Unterschieden der jeweiligen Eigenheiten herrührt.

Vogel hält diesen implizit vorausgesetzten ontologischen

Dualismus in Lukács' Argumentation allerdings für problematisch, weil eine solche ontologische Unterscheidung der materialistischen Grundthese von Marx über die Verbundenheit von Natur und Menschheit zuwiderlaufe. Marx' Begriff des Stoffwechsels drücke nämlich eine ontologische Situation aus, in der »das Natürliche und das Gesellschaftliche unentwirrbar ineinander verwoben sind«.[16] Mit anderen Worten: Der ontologische Dualismus von Lukács ist mit dem Marx'schen Materialismus als »ontologischem Monismus« nicht vereinbar. Vogel zufolge war sich Lukács als gestandener Marxist dieser Unvereinbarkeit durchaus bewusst, konnte aber seinen ontologischen Dualismus nicht völlig aufgeben. Infolgedessen kranke *Geschichte und Klassenbewußtsein* verschiedentlich an Inkonsistenz und Widersprüchlichkeit.

Vogel führt an, dass eine der Ambivalenzen von Lukács sich in seiner Haltung gegenüber dem Fortschritt in der modernen Naturwissenschaft zeige. Einerseits scheine Lukács überzeugt, dass die Anwendung naturwissenschaftlicher Methoden im Bereich der Natur *objektivere und weniger problematische* – das heißt weniger ideologische – Erkenntnisse hervorbringe als in den Sozialwissenschaften, wenn er schreibt: »Das Erkenntnisideal der Naturwissenschaften, das auf die Natur angewendet *bloß dem Fortschritt der Wissenschaft dient*, erscheint *auf die gesellschaftliche Entwicklung gerichtet* als ideologisches Kampfmittel der Bourgeoisie.«[17] An dieser Stelle scheint Lukács lediglich die unzulässige Anwendung naturwissenschaftlicher Methoden auf die Gesellschaft als Instrument bürgerlicher Herrschaft zu problematisieren, nicht aber ihre korrekte Anwendung innerhalb der Naturwissenschaft.

Andererseits kritisiert Lukács' in *Geschichte und Klassen-*

bewußtsein – insbesondere in dem bekannten »Die Verdinglichung und das Bewußtsein des Proletariats« überschriebenen Aufsatz – die moderne Wissenschaft durch den Hinweis auf Probleme, die sich aus einer »kontemplative[n] Verhaltungsweise«[18] ergeben. Vogel zufolge lässt sich Lukács' Kritik der Naturwissenschaft in vier Punkten zusammenfassen. Das erste Prinzip der Naturwissenschaften ist *Unmittelbarkeit*. Die Natur erscheint als gegeben und kann im Sinne »›reine[r]‹ Tatsachen«[19] objektiv erkannt werden: »[D]ie unmittelbar gegebenen Dingformen der Gegenstände, ihr unmittelbares Dasein und Sosein [erscheinen] als das Primäre, als das Reale, das Objektive«.[20] Zweitens wird ein solches Schaffen reiner Tatsachen durch die *totale Quantifizierung* der Welt vollzogen. Die moderne Wissenschaft zielt darauf ab, alles mechanisch zu quantifizieren, um ihre Forschungsgegenstände durch regelhafte, allgemeine Gesetze zu erfassen und vorhersehbar werden zu lassen, was es Menschen ermöglicht, sie zu manipulieren. Das dritte Prinzip ist *Einfachheit*. Um berechenbar zu sein, muss die komplexe Erscheinung von Naturphänomenen zunächst in einfache Elemente zerlegt werden, die dann zur Erklärung komplexer Phänomene kombiniert werden können. Das vierte Prinzip schließlich ist *Ahistorizität*. Das mechanische Gesetz der Natur soll auf ewig gelten und für alle Zeit gleichbleiben.

Diese naiven Annahmen der modernen Wissenschaft weist Lukács zurück und legt dar, dass ein derartiger »Formalismus« lediglich die vom Kapital geschaffene Welt der »Verdinglichung« widerspiegele – das heißt die Welt der quantifizierten Dinge, die den Menschen als fremde Mächte erscheinen. Eine solche verdinglichte Weltsicht führt Lukács zufolge in der Naturwissenschaft zu einer Reihe theoretischer Schwierigkeiten, da die Komplexität der realen Welt zwingend der Abstraktion bedarf. Erstens ist der Objektivismus, wie er der Idee der Unmittelbarkeit inhärent ist, nicht in der Lage, alle subjektiven Aspekte aus der Analyse zu tilgen. Zweitens vernachlässigt die Quantifizierung um der Berechenbarkeit willen verschiedene konkrete und qualitative Aspekte der Welt, die sich der Quantifizierung widersetzen. Drittens krankt die reduktionistische, auf Einfachheit abzielende Methode an einem Verlust an Totalität und ist auf isolierte Tatsachen beschränkt, sodass sie nicht in der Lage ist, auf das Ganze bezogene und relationale Eigenschaften der Welt zu erfassen. Schließlich kann ein ahistorisches Verständnis der Natur historische und evolutionäre Veränderungen nicht erklären, sodass sie als bloße Zufälligkeiten abgetan werden müssen. Kurzum, der Formalismus der modernen Naturwissenschaft findet die Konkretheit und qualitative Vielfalt der realen materiellen Welt »unerfaßbar«.[21] Die Naturwissenschaft stellt sich als neutrale und objektive Wissenschaft dar, die alles im Universum zu erklären vermag, doch sind in Wirklichkeit, wie Lukács betont, ihre Neutralität und Objektivität nur durch die gewaltsame Ablehnung der nicht quantifizierbaren und zeitlichen Aspekte der materiellen Welt gesichert.

Lukács zufolge hat sich diese naturwissenschaftliche Methode durchgesetzt, weil ihre Arbeitsweise der kapitalistischen Produktion zugutekommt, in der die Rationalisierung des Produktionsprozesses sich am Profitstreben orientiert. Vor diesem Hintergrund fungiert die Naturwissenschaft sogar als »bürgerliche Ideologie«: Ihre Anwendung trägt zur radikalen Umgestaltung und Reorganisation des gesamten Produktionsprozesses im Dienste der Kapitalverwertung bei und stärkt so die Herrschaft des Kapitals über die Arbeiterklasse. Gleichzeitig verschleiert der Naturalismus diese kapitalistische, gegen das Proletariat gerichtete Funktion der Wissenschaft, insofern als sie sich selbst als objektive und neutrale Methode präsentiert, die unveränderliche, »›reine‹ Tatsachen« untersucht. Die grundlegenden, hinter solchen Tatsachen stehenden gesellschaftlichen Verhältnisse des Kapitalismus werden mystifiziert, sodass sie allseits als gegeben hingenommen werden:

> [Jene Tatsachen] sind nämlich als Produkte der geschichtlichen Entwicklung nicht nur in einer ständigen Umwandlung begriffen, sondern *sie sind – gerade in der Struktur ihrer Gegenständlichkeit – Produkte einer bestimmten Geschichtsepoche: des Kapitalismus.* Demzufolge stellt sich jene »Wissenschaft«, die die Art, wie sie unmittelbar gegeben ist, als Grundlage der wissenschaftlich relevanten Tatsächlichkeit und ihre Gegenständlichkeitsform als Ausgangspunkt der wissenschaftlichen Begriffsbildung anerkennt, einfach und dogmatisch auf den Boden der kapitalistischen Gesellschaft, nimmt ihr Wesen, ihre Gegenstandsstruktur, ihre Gesetzlichkeit unkritisch als unveränderliche Grundlage der »Wissenschaft« hin.[22]

Das menschliche Leben wird der quantifizierten Welt der Wissenschaft subsumiert – insbesondere im Arbeitsprozess, wo die Früchte der Naturwissenschaft aktiv als Technologie angewandt werden, um die Produktivkräfte des Kapitals zu steigern. Eine naturalistische und objektivistische Rationalisierung schafft also letztlich eine »verdinglichte« Welt, in der die Menschen der fremden Macht nichtmenschlicher Gegenständlichkeit unterworfen sind. Tatsächlich verwandelt die besondere kapitalistische Art der Warenproduktion den Arbeitsprozess: Abstrakte, fragmentierte und sich wiederholende Tätigkeiten werden einem System der mechanischen Rationalisierung unterworfen. Der Produktionsprozess wird zunehmend quantifiziert, organische Arbeitstätigkeiten werden in Teiltätigkeiten zerlegt, um arbiträre, kontingente und subjektive Faktoren auszuschließen; im automatisierten Prozess nehmen so die Arbeitsverrichtungen ebenfalls die Merkmale einer »kontemplativen Haltung«[23] an. Auf der Grundlage des Prinzips der Kalkulierbarkeit zielt das Kapital auf das »Verlassen der Empirie, der Tradition, der materiellen Gebundenheit«[24] ab, sodass menschliche Tätigkeit verdinglicht wird, einen dinglichen Charakter annimmt. Auf diese Weise wird der Bereich der Gesellschaft zur »zweiten Natur«.[25] Die Sphären von Gesellschaft und Natur nähern sich im modernen Kapitalismus mehr denn je einander an.

An dieser Stelle beginnt der ontologische Dualismus zu kollabieren. Für Vogel ist Lukács' Kritik an der Naturwissenschaft gerade deshalb *nicht* konsistent. Insofern als das Wissen über die Natur im Kapitalismus umfassend durch die gesellschaftlichen Verhältnisse vermittelt ist, lässt sich keine wesentliche Überlegenheit der Naturwissenschaft gegenüber der Sozialwissenschaft mehr behaupten. Trifft Lukács' Kritik an der modernen Wissenschaft zu, erweist sich auch die Neutralität der Naturwissenschaft als »bürgerliche Ideologie«. Diese Schlussfolgerung steht offenkundig im Widerspruch zu Lukács' eigener früherer Aussage über die Neutralität der Naturwissenschaft. Zudem kritisiert Lukács die Annahme, die Natur sei unmittelbar gegeben. Denn sie ist nicht einfach gegeben, ohne historischen Veränderungen unterworfen zu sein, sondern umfassend durch die gesellschaftlichen Verhältnisse vermittelt. Das scheinbar Ahistorische erweist sich als immer schon durch eine bestimmte Anordnung von gesellschaftlichen Beziehungen vermittelt und verändert. Lukács behauptet sogar, »daß die Natur eine gesellschaftliche Kategorie ist«.[26] Auch dies ist in Vogels Augen problematisch. Ist die Natur wirklich eine gesellschaftliche Kategorie, wird sie zu einem gesellschaftlichen Konstrukt. Der ontologische Dualismus zwischen den Sphären von Gesellschaft und Natur lässt sich nicht mehr aufrechterhalten, da beide *gesellschaftlich konstruiert* sind. Wenn aber der ontologische Dualismus kollabiert, bricht auch der methodologische Dualismus zusammen, und Lukács verfällt, trotz seines Bekenntnisses zum Marx'schen Materialismus, einem »idealistischen« sozialen Konstruktivismus von Natur.[27]

Gleichwohl versucht Vogel, Lukács' Erbe zu retten. Die radikale Lösung besteht jedoch darin, Lukács' Feststellung, wonach »die Natur eine gesellschaftliche Kategorie« sei, noch deutlich weiter zu treiben und zu behaupten, die Natur sei »*buchstäblich* gesellschaftlich konstruiert«.[28] In diesem Sinne konstatiert Vogel: »Die ›natürliche‹ und die gesellschaftliche Welt sind nicht unterscheidbar«.[29] Die Kritik der falschen Unmittelbarkeit in *Geschichte und Klassenbewußtsein* hätte Lukács sowohl zu einem »methodologischen« als auch zu einem »ontologischen Monismus« führen müssen, so Vogel. Er beklagt, dass Lukács diese Möglichkeit zwar angedeutet habe, aber nicht in der Lage gewesen sei, einen solchen radikalen Weg der gesellschaftlichen Konstruiertheit von Natur zu beschreiten, weil die Behauptung, die Natur sei »konstruiert«, für klassische Marxisten wie Lukács »zu nah am Idealismus« liege.[30]

Vogels Vorstellung der gesellschaftlichen Konstruiertheit von Natur erinnert in gewisser Weise an Marx' Kritik an Ludwig Feuerbach in der *Deutschen Ideologie*: »Er sieht nicht, wie die ihn umgebende sinnliche Welt nicht ein unmittelbar von Ewigkeit her gegebenes [...] Ding ist, sondern

[…] ein geschichtliches Produkt ist, das Resultat der Tätigkeit einer ganzen Reihe von Generationen, deren jede auf den Schultern der vorhergehenden stand« (*MEW* 3, 43). Bereits im Jahr 1844 schrieb Marx, der Mensch »als ein Gattungswesen« werde, sobald die kapitalistische Entfremdung im Kommunismus überwunden sei, in der Lage sein, »sich selbst […] in einer von ihm geschaffnen Welt« zu sehen (*MEW* 40, 517). In der Tat scheint die Vorstellung einer »Produktion der Natur« eine perfekte Beschreibung der ontologischen Situation des Anthropozäns zu sein, in der die Natur als solche aufgrund der überall auf dem Planeten vollzogenen Eingriffe des Menschen nicht mehr existiert. Während Marx noch immer als ausgezeichneter Prophet des Anthropozäns gelten könnte, erscheint der ontologische Dualismus von Lukács vollkommen überholt.

II Lukács' Dialektik der Natur und der Dualismus in der Wissenschaft

Die Lukács zum Vorwurf gemachten »Ambiguitäten« und »Inkonsistenzen« lassen sich in zwei Punkten zusammenfassen. Erstens geht sein »methodologischer Dualismus« davon aus, dass naturwissenschaftliche Methoden neutrales und objektives Wissen hervorbringen können, während sich in den Methoden der Sozialwissenschaften die Historizität und der Klassencharakter der bürgerlichen Kategorien offenbaren. Lukács' Kritik der modernen Wissenschaft enthüllt jedoch den ideologischen und historischen Charakter auch der Naturwissenschaft im Kapitalismus. Die erste Ambiguität steht also im Zusammenhang mit dem »wissenschaftlichen Dualismus«. Zweitens setzt Lukács in seinem

»ontologischen Dualismus« voraus, dass eine nicht-dialektische Natur vor und unabhängig von der Gesellschaft existiert. Gleichzeitig unterstreicht er aber auch, dass »die Natur eine gesellschaftliche Kategorie« sei. Diese zweite Ambiguität steht also im Zusammenhang mit dem ontologischen Dualismus, insbesondere im Hinblick auf den ontologischen Status der Natur.

Bedenkt man freilich die unbestrittenen philosophischen Fähigkeiten Lukács', erscheint es merkwürdig, dass er so offensichtliche Fehler gemacht haben soll, denn diese beiden Ambiguitäten sind zu deutlich, als dass sie zu übersehen wären:

1. Wenn er die angenommene Unmittelbarkeit in der Naturwissenschaft so gründlich kritisiert, wäre es unsinnig, gleichzeitig auf der Grundlage des wissenschaftlichen Dualismus zu behaupten, die Naturwissenschaft sei neutral und ideologiefrei.
2. Wenn er explizit feststellt, Natur sei eine »gesellschaftliche Kategorie«, wäre es offensichtlich widersprüchlich, gleichzeitig einen ontologischen Dualismus von Gesellschaft und Natur anzunehmen.

Es erscheint daher angeraten, Lukács' Ausführungen mit größerer Aufmerksamkeit zu begegnen und der Vermutung nachzugehen, Vogel und andere könnten etwas übersehen haben. Es gilt erneut zu erwägen, ob *Geschichte und Klassenbewußtsein* sich nicht vielleicht auf eine andere, konsistentere, überzeugendere und produktivere Art lesen ließe.

Die Vermutung liegt nahe, dass die von Lukács in einer Fußnote angefügte Bemerkung von späteren Generationen überbewertet wurde. Dem westlichen Marxismus diente jene Fußnote als Rechtfertigung für die Entscheidung, sich ganz auf die Sphäre der Gesellschaft zu konzentrieren.[31] Damit einher ging, Engels die Verantwortung für einen Positivismus zuzuschieben, der letztlich zum Stalinismus führte. Mit anderen Worten: Die Fußnote wurde von Marxistinnen und Marxisten in Westeuropa vor allem *politisch* genutzt, um sich klar vom sowjetischen Marxismus abzugrenzen und so Marx zu retten. Durch die Ausklammerung der Sphäre der Natur beschränkte der westliche Marxismus die Schlussfolgerungen von Marx auf die Gesellschaft, und die Diskussion drehte sich fortan um den Begriff der Verdinglichung als normativer Grundlage der Kapitalismuskritik.[32] Wahrscheinlich sind Lukács' angebliche »Ambiguitäten« gerade deshalb zutage getreten, weil der westliche Marxismus die Frage der Natur in *Geschichte und Klassenbewußtsein* nur zu gern mied und sich dabei auf eine einzige Fußnote als Rechtfertigung für die eigene ausschließliche Konzentration auf den Bereich der Gesellschaft berief. Wie sich indes zeigen wird, erweist sich eine solche Interpretation nicht nur als unvereinbar mit Lukács' Auffassung, sondern engt auch die theoretische Reichweite des Begriffs der Verdinglichung erheblich ein, mit gravierenden Folgen für die Gegenwart. Durch das Ausblenden der Frage der Natur ist der westliche Marxismus nicht in der Lage, sich angemessen mit der ökologischen Krise auseinanderzusetzen.

Darauf ließe sich folgendermaßen antworten: Lukács' spätere Selbstkritik an *Geschichte und Klassenbewußtsein* könnte als Begründung dienen, grundsätzlich jegliche Möglichkeit zu bestreiten, die theoretische Konsistenz der Schrift zu verteidigen. Als Lukács im Jahr 1967 einer Neuauflage von *Geschichte und Klassenbewußtsein* zustimmte, stellte er dieser ein langes, selbstkritisches Vorwort voran. Darin bedauert er ausdrücklich, gerade die Behandlung der Natur als »gesellschaftliche Kategorie« verstärke »die Tendenz, den Marxismus ausschließlich als Gesellschaftslehre, als Sozialphilosophie aufzufassen und die darin enthaltene Stellungnahme zur Natur zu ignorieren oder zu verwerfen«.[33] Dies sei, so Lukács, darauf zurückzuführen, dass der marxistische Schlüsselbegriff »Arbeit« in *Geschichte und Klassenbewußtsein* fehle, obwohl dieser die grundlegende Tätigkeit fasse, die den Stoffwechsel zwischen Gesellschaft und Natur vermittle: »[D]ie Ökonomie wird doch eingeengt, indem ihre marxistische Fundamentalkategorie, die Arbeit als Vermittler des Stoffwechsels der Gesellschaft mit der Natur aus ihr herausfällt.«[34] Damit wandte sich Lukács im Jahr 1967 offenkundig von seiner ursprünglichen Position aus den 1920er Jahren ab und unterstützte die im westlichen Marxismus vorherrschende Interpretation seines Werks, auch wenn er sich nun davon distanzierte.

Eine wichtige Tatsache hat Lukács indes in diesem Vorwort verschwiegen. Die Entdeckung des 1925 oder 1926 von ihm verfassten, erst 1996 veröffentlichten und bis heute allerdings weithin übergangenen Manuskripts *Chvostismus und Dialektik* stellt jene 1967 aufgestellte Behauptung in Frage.[35] Die Existenz des Manuskripts war lange Zeit völlig unbekannt, da Lukács zu Lebzeiten keinen Hinweis darauf gab, und es wurde erst später in den vereinigten Archiven von Komintern und Zentralem Parteiarchiv der Kommunistischen Partei der Sowjetunion (KPdSU) entdeckt. Dieses frühe Manuskript, das von Vogel und anderen nicht berücksichtigt wird, ist für die vorliegende Untersuchung von großer Bedeutung, da Lukács hier versucht, auf die Kritik an *Geschichte und Klassenbewußtsein* zu reagieren, und damals seine eigenen Aussagen, vor allem in Bezug auf das Problem der Natur, noch leidenschaftlich verteidigt.[36] Ein Schlüsselbegriff in der Schrift ist »Stoffwechsel«.

Chvostismus und Dialektik unterscheidet sich grundlegend vom Vorwort aus dem Jahr 1967. Lukács greift hier Mitte der 1920er Jahre auf Marx' Begriff des Stoffwechsels zwischen Mensch und Natur zurück, um die in *Geschichte und Klassenbewußtsein* entwickelte zentrale These zur Frage der Natur zu *verteidigen*. Wie die bereits zitierte Stelle zeigt, hat er sich im Vorwort von 1967 desselben Begriffs in gegenteiliger Absicht bedient. Wenn er also später das Fehlen des Begriffs als Beleg für eine unzureichende Beschäftigung mit der Natur in *Geschichte und Klassenbewußtsein* heranzieht, verzerrt Lukács den Gang seiner eigenen intellektuellen Entwicklung. Gewiss spielt der Begriff »Stoffwechsel« in *Geschichte und Klassenbewußtsein* keine entscheidende Rolle. 1925/26 insistiert Lukács jedoch, der Begriff sei unverzichtbar, um ein wichtiges Anliegen von *Geschichte und Klassenbewußtsein* angemessen zu verstehen, nämlich einen ontologischen Dualismus von Natur und Gesellschaft sowie die einseitige Fokussierung auf die Sphäre der Gesellschaft zu vermeiden. Diese Einseitigkeit ist genau die Haltung, in die der westliche Marxismus verfiel, während Marx' Begriff des Stoffwechsels außen vor blieb. Lukács war sich dieser Gefahr schon damals bewusst, weshalb er in seinem unveröffentlichten Manuskript die Bedeutung des Begriffs hervorhob.

Das Wissen um die Existenz des Manuskripts macht es wiederum interessant, das Vorwort von 1967 noch einmal zu lesen, da Lukács dort stillschweigend einräumt, »daß ›Geschichte und Klassenbewußtsein‹ – *keineswegs in Übereinstimmung mit den subjektiven Intentionen seines Verfassers* – objektiv eine Tendenz innerhalb der Geschichte des Marxismus vertritt, […] die Tendenz, den Marxismus ausschließlich als Gesellschaftslehre […] aufzufassen«.[37] Die »objektive« Konsequenz lässt sich anhand verschiedener Kritiken an Lukács und an den Nachwirkungen im westlichen Marxismus deutlich ablesen. Hingegen lohnt es sich zu fragen, welche »subjektiven Intentionen« Lukács eigentlich verfolgte, denn niemand hat bislang diese Frage systematisch untersucht. Anhaltspunkte finden sich in *Chvostismus und Dialektik*.

In diesem Manuskript unternimmt Lukács den Versuch einer Replik auf seine Kritiker, unter ihnen der russische Marxist Abram Deborin und Ladislaus Rudas, ein einflussreicher marxistisch-leninistischer Philosoph in der Ungarischen Kommunistischen Partei. Diese orthodoxen Marxisten griffen exakt jene Fußnote in *Geschichte und Klassenbewußtsein* über den methodologischen Dualismus heraus und machten geltend, Lukács' starre Trennung von Gesellschaft und Natur lasse ihn unweigerlich in einen ontologischen Dualismus verfallen, der mit dem Marxismus unvereinbar sei, da der Materialismus auf einem ontologischen Monismus beruhen müsse. So schreibt etwa Rudas:

> Ist die Dialektik auf die Gesellschaft beschränkt, so existieren zwei Welten, mit zwei gänzlich verschiedenen Gesetzmäßigkeiten: Natur und Gesellschaft. In der Natur verlaufen die Erscheinungen undialektisch, in der Gesellschaft dialektisch. Schön. Alle großen Philosophen waren zwar Monisten, das beweist aber noch nicht, dass sie recht hatten. Nach L. ist die Welt dualistisch.[38]

Rudas argumentiert ferner, Lukács' Sichtweise sei durch einen »subjektiven Idealismus« kontaminiert, dessen sozialkonstruktivistische Vorstellungen im Bereich der Gesellschaft die objektiven, materiellen Voraussetzungen der Herausbildung von Klassenbewusstsein und der sozialistischen Revolution ignorierten.[39] Aufgrund der Fußnote wurde Lukács also bereits in den 1920er Jahren für Dualismus und Idealismus kritisiert. Deshalb lohnt es sich, seine Gegenrede in *Chvostismus und Dialektik* näher zu betrachten.

Am relevantesten im hier erörterten Zusammenhang ist jedoch, wie Rudas in seinem Artikel »Oxthodoxer Marxismus?« den Begriff »Stoffwechsel« verwendet. Denn genau im Rückgriff auf diesen Begriff kritisiert er die von Lukács in *Geschichte und Klassenbewußtsein* vorgenommene Trennung von Gesellschaft und Natur und verteidigt mit Verweis auf Marx' *Kapital* die Dialektik der Natur bei Engels: »Denn in diesem Sinne ist die Industrie ein ewiger Naturprozeß zwischen Mensch und Natur, in dem der Mensch seinen Stoffwechsel mit der Natur vermittelt (Marx, *Kapital I.* 140.)«.[40] Da der Begriff des Stoffwechsels fehle, so Rudas, verschwänden in Lukács' Analyse der kapitalistischen Gesellschaft plötzlich die Naturgesetze, als ob die Gesellschaft unabhängig von ihnen existieren könnte. Deborin stimmt Rudas' Kritik am Dualismus zu und fügt an, die Identität von Subjekt und Objekt verwirkliche sich gerade im »Prozeß der Arbeit«, im Gegensatz zu der »idealistischen« Herangehensweise an das Problem bei Lukács, die auf einem von Hegel übernommenen spekulativen Idealismus beruhe.[41]

Es mag zunächst seltsam erscheinen, dass Lukács in *Chvostismus und Dialektik* so ernsthaft auf »zweitrangige« Autoren wie Rudas und Deborin reagierte. Michael Löwy sieht darin, zusammen mit dem Verzicht auf den Begriff der Verdinglichung, einen der »schwerwiegenden Mängel« der Schrift.[42] Seiner Ansicht nach veröffentlichte Lukács den Essay nicht, weil er »Zweifel« hegte, »schließlich seine Meinung änderte und mit seiner politischen und philosophischen Ausrichtung nicht mehr einverstanden war«.[43] Dies muss nicht der Fall sein. Lukács nutzte die von Rudas und Deborin formulierte Kritik als eine willkommene Gelegenheit, die eigenen »subjektiven Intentionen« genauer auszuführen. Rudas' Verweis auf den Begriff des Stoffwechsels im *Kapital*, dem in *Geschichte und Klassenbewußtsein* nicht genügend Aufmerksamkeit geschenkt worden war, veranlasste Lukács zum Nachdenken über die zu wenig pointierte und ungenaue Formulierung in der Fußnote. Auch wenn er sich entschloss, *Chvostismus und Dialektik* nicht zu veröffentlichen – was sich ebenso gut aus der politischen Situation um ihn herum erklären ließe –, blieb der Begriff des Stoffwechsels auch in seinem letzten, unvollendet gebliebenen Manuskript *Zur Ontologie des gesellschaftlichen Seins* wesentlich für Lukács' philosophisches Projekt.[44] Dieser Umstand weist darauf hin, wie wichtig die Debatte mit Rudas und Deborin für die Entwicklung einiger entscheidender Vorstellungen war, die Lukács ein Leben lang weiterverfolgt hat.

Zunächst stellt er, wo er in *Chvostismus und Dialektik* über die Formulierungen in der umstrittenen Fußnote in *Geschichte und Klassenbewußtsein* nachdenkt, seine »subjektiven Intentionen« klar, indem er erklärt, dass »dort stets (zweimal!) nur von *Naturerkenntnis* und nicht von Natur die Rede« sei.[45] Es sei schlichtweg falsch zu behaupten, seine Kritik an Engels' Dialektik der Natur führe zu einer idealistischen Konstruktion der Natur, weil er nur von der »Erkenntnis der Natur« gesprochen habe. Damit unterscheidet sich seine Position von Steven Vogels sozialkonstruktivistischem Ansatz von Natur, auch wenn Lukács feststellt, dass »die Natur eine gesellschaftliche Kategorie« sei. Er meint damit, dass das Wissen über die Natur durch gesellschaftliche Verhältnisse bedingt ist. Das ist ein epistemologisches Argument. Tatsächlich fügt Lukács, nachdem er zum wiederholten Mal konstatiert hat, dass Natur »eine gesellschaftliche Kategorie« sei, in *Geschichte und Klassenbewußtsein* hinzu: »D.h. was […] *als Natur gilt*, […] ist stets gesellschaftlich bedingt.«[46] An dieser Stelle geht er auf den ontologischen Status von Natur überhaupt nicht ein.[47]

Ausdrücklich erkennt Lukács die objektive Existenz von Natur vor dem Menschen an: »Selbstverständlich ist die Gesellschaft *aus* der Natur entstanden. Selbstverständlich haben die Natur und ihre Gesetzlichkeit *vor* der Gesellschaft (also vor den Menschen) existiert.«[48] Diese Bemerkung verweist insbesondere auch auf die grundlegende Kontinuität von Gesellschaft und Natur, da die Gesellschaft aus der Natur »entstanden« ist. Die Absicht, sich vom kartesianischen Dualismus zu distanzieren, ist klar. Lukács vertritt somit weder einen sozialen Konstruktivismus von Natur noch einen ontologischen Dualismus. Er hat auch nicht die Absicht, die Existenz einer objektiven, »vor den Menschen vorhandenen, unabhängig von ihnen ablaufenden« Dialektik der Natur zu leugnen.[49] »Selbstverständlich *konnte* die Dialektik als *objektives Entwicklungsprinzip* der Gesellschaft unmöglich wirksam werden, wenn sie nicht bereits als Entwicklungsprinzip der Natur vor der Gesellschaft wirksam, *objektiv vorhanden* gewesen wäre.«[50] Die Dialektik der Gesellschaft existiert nur deshalb objektiv, weil die Dialektik der Natur vor der Entstehung von Gesellschaft existierte und weil die Gesellschaft aus der Natur hervorgegangen ist. Diese Feststellung beinhaltet eine umfassende Absage an den westlichen Marxismus, der davon ausgeht, dass »die (später von Engels vertretene) Vorstellung, die Natur existiere unabhängig von und vor den Bemühungen des Menschen, sie umzugestalten, Marx' Humanismus völlig fremd« sei.[51] In der

Fußnote in *Geschichte und Klassenbewußtsein* behauptet Lukács letzten Endes *nicht*, dass keine Dialektik der Natur existiere. Er konstatiert vielmehr, dass eine solche nicht direkt auf die Analyse der Gesellschaft angewandt werden kann, weil die Gesellschaft nicht einfach nur auf Naturgesetzen beruht, die vom Menschen unabhängig sind. Die Sphäre der Gesellschaft beinhaltet einzigartige soziale Dimensionen, die sich in den Wechselbeziehungen zwischen Subjekt und Objekt bilden. Aus diesem Grund ist ein methodologischer Dualismus notwendig, *obwohl* Lukács den ontologischen Monismus im Sinne des marxistischen Materialismus befürwortet.

Lukács' Position wird verständlich vor dem Hintergrund der im sowjetischen Marxismus bestehenden, aus Engels' Begriff der Dialektik abgeleiteten Tendenz, die objektive Dialektik der Natur zu verallgemeinern und auf die Gesellschaft in ihrer Gesamtheit zu übertragen. Was Lukács problematisiert, ist Engels' Erklärung dafür, wie »dialektische« Erkenntnisse durch wissenschaftliche Experimente zu gewinnen sind. So behauptet Engels etwa, selbst Kants »Ding an sich« könne dank der Entwicklung der Naturwissenschaft durch Forschung in der Industrie und durch Experimente im Labor erkannt werden. Lukács hält hingegen fest:

> Das tiefgehendste Mißverständnis von Engels liegt jedoch darin, daß er das Verhalten der Industrie und des Experiments für Praxis – in dialektisch-philosophischem Sinne – hält. Gerade das Experiment ist die am reinsten kontemplative Verhaltungsweise. Der Experimentator schafft ein künstliches, abstraktes Milieu, um das ungestörte Sichauswirken der zu beobachtenden Gesetze […] beobachten zu können.[52]

Das Problem liegt auf der Hand: Wenn ein Laborexperiment als dialektische Praxis verstanden wird, wie Engels zu denken scheint, würde seine Anwendung auf die Gesellschaft zu einem mechanistischen Verständnis der objektiven Gesetze der Geschichte führen. Besonders im Kapitalismus, wo der dinghafte Charakter zwischenmenschlicher Beziehungen als »zweite Natur« auftritt, erscheint es problemlos möglich, naturwissenschaftliche Methoden auf den sozialen Bereich zu übertragen, was zu einer positivistischen Perspektive auf Gesellschaft führt. Auch wenn Engels vor einer allzu weitgehenden Verallgemeinerung dieser Art von Dialektik warnte, setzte sich diese missverstandene Methode zur Analyse von Gesellschaft und Geschichte im orthodoxen Marxismus mehr und mehr durch. Aus diesem Grund lehnte Lukács Engels' Dialektik der Natur als Instrument der kritischen Gesellschaftsanalyse ab.

Lukács' Verteidigung der Existenz einer Dialektik der Natur in *Chvostismus und Dialektik* muss für den westlichen Marxismus eine Enttäuschung sein. Zugleich ist die Kritik an Engels nicht sonderlich erfreulich für all jene, die ihrerseits von der Nützlichkeit von Engels' Dialektik der Natur überzeugt sind. So stellt Paul Burkett fest, Lukács gehe weiterhin von einem »wissenschaftlichen Dualismus« aus, was die Neutralität und Objektivität der modernen Naturwissenschaft hervorhebe, gleichzeitig aber den epistemologischen Status der Sozialwissenschaft abwerte: »Lukács schlittert in die Vorstellung, die Naturwissenschaft selbst sei ›objektiver‹ und daher *ihrer inneren Struktur nach weniger problematisch* als die Sozialwissenschaft«.[53] In *Chvostismus und Dialektik* gebe es, so Burkett, noch weitere »paradoxe« Äußerungen, die nur einen Sinn ergäben, wenn man davon ausgehe, Lukács habe den wissenschaftlichen Dualismus akzeptiert.

Wie wir bereits gesehen haben, übt Lukács Kritik am ideologischen Charakter der modernen Naturwissenschaft, auch wenn er den objektiven Charakter der Naturgesetze anerkennt. Ist dies eine Ambiguität? Für Vogel und Burkett lautet die Antwort »Ja«. Es gibt jedoch einen Schlüsselbegriff in *Chvostismus und Dialektik*, der ihrer Aufmerksamkeit entgeht, nämlich »Stoffwechsel«. Seltsamerweise schenkt Burkett, obgleich er gewohnt anregend in seiner sorgfältigen Auseinandersetzung mit Marx' Ökologie[54] den Begriff des Stoffwechsels in den Mittelpunkt rückt, diesem bei Lukács kaum Beachtung. Es sei jedoch daran erinnert, dass in Lukács' Augen seine »subjektiven Intentionen« in *Geschichte und Klassenbewußtsein* seinerzeit missverstanden wurden, weshalb er es als notwendig erachtete, zu Marx' *Kapital* zurückzukehren und den Begriff des Stoffwechsels in *Chvostismus und Dialektik* einzuführen, um seine Absichten klarer zum Ausdruck zu bringen. Es wäre unlauter, Lukács »wissenschaftlichen Dualismus« zuzuschreiben, ohne auf den Schlüsselbegriff »Stoffwechsel« einzugehen.

III Lukács' Stoffwechseltheorie und sein ontologischer Monismus

Lukács' Stoffwechseltheorie genießt im Allgemeinen nicht unbedingt hohe Wertschätzung. Wichtige Stimmen im Ökomarxismus wie Brett Clark und John Bellamy Foster schreiben beispielsweise: »[I]n den 1920er Jahren hob Lukacs den ›Stoffwechsel mit der Natur‹ durch Arbeit als Schlüssel zu Marx' Dialektik von Natur und Gesellschaft hervor. Er ging allerdings nicht darüber hinaus«.[55] Diese Aussage ist irreführend, da Lukács sehr wohl darüber hinaus ging. Tatsächlich spielt der Stoffwechselbegriff bis zu seinem letzten, zu Lebzeiten unveröffentlichten Manuskript aus den 1960er Jahren, der Studie *Zur Ontologie des gesellschaftlichen Seins*, eine wesentliche Rolle in seinem Werk.[56]

Wie im ersten Kapitel erörtert, hat der Begriff des Stoffwechsels seinen Ursprung in Marx' *Kapital*. Menschen können auf diesem Planeten nur durch einen unaufhörlichen, durch Arbeit vermittelten Stoffwechsel mit der Natur leben. Dabei handelt es sich ganz offenkundig um eine transhistorische, allgemeine Bedingung für das menschliche Überleben (wie natürlich auch für das anderer Lebewesen), aber selbst dieses abstrakte Verständnis des menschlichen Stoffwechsels macht bereits zwei Dinge deutlich. Erstens: Der menschliche Arbeitsprozess hat etwas Besonderes an sich. Gewiss ist auch der Mensch Teil der Natur, und das Bewusstsein ist ein Produkt der biologischen Evolution, aber Marx zufolge zeigt die bewusste und teleologische Tätigkeit der menschlichen Arbeit einen wesentlichen Unterschied zu anderen Lebewesen an, deren Stoffwechsel mit der Natur weitgehend durch Instinkt und eine gegebene natürliche Umgebung bestimmt ist. Nur Menschen können sich auf die außermenschliche Natur beziehen und dabei sowohl ihre objektiven Bedingungen als auch ihre subjektiven Wünsche in Betracht ziehen, was auf lange Sicht höchst dynamische Transformationen des Produzierens zur Folge hat.

Dies führt zur zweiten einzigartigen Qualität des menschlichen Stoffwechsels mit der Natur. Lukács zufolge wird dieser transhistorische Prozess durch das zunehmende »Überwiegen des gesellschaftlichen Moments« modifiziert.[57] Denn Arbeit ist nicht nur eine transhistorische physiologische Tätigkeit, sondern auch eine *gesellschaftliche*. Die konkrete

Art und Weise, wie Arbeit verrichtet wird, ist nicht nur durch natürliche Bedingungen bestimmt, deren Gesetzmäßigkeiten von Menschen nicht willkürlich geändert werden können, sondern auch durch gesellschaftliche Verhältnisse. Dies ist die »doppelte Bestimmtheit« des Arbeitsprozesses, die Marx hervorhob: »Aus der bestimmten Form der materiellen Produktion ergibt sich eine bestimmte Gliederung der Gesellschaft – Nr. I, zweitens ein bestimmtes Verhältnis der Menschen zur Natur«(*MEW* 26.1, 257).[58] Mit der Entwicklung der Produktivkräfte werden die natürlich-ökologischen Stoffwechselprozesse zwischen Mensch und Natur durch gesellschaftliche Arbeitsteilung, Kooperation, Kommunikation sowie verschiedene gesellschaftliche Normen, Gesetze und Institutionen immer stärker gesellschaftlich-geschichtlich vermittelt.

Wie Lukács an anderer Stelle darlegt, ist auch das menschliche Wissen in der Folge durch den Stoffwechsel mit der Natur bedingt: »Da das menschliche Leben auf einem Stoffwechsel mit der Natur basiert, ist es ohne Frage, daß bestimmte Wahrheiten, die wir aus der Durchführung dieses Stoffwechsels gewinnen, eine allgemeine Geltung besitzen – sagen wir die Wahrheiten der Mathematik, der Geometrie, der Physik und so weiter.«[59] Naturerkenntnis ist unabdingbar, um Arbeit als teleologische Tätigkeit erfolgreich zu verrichten. Insbesondere in früheren Entwicklungsstufen der Menschheitsgeschichte, als der menschliche Stoffwechsel noch stark von den gegebenen natürlichen Bedingungen bestimmt war, war menschliches Wissen weitgehend durch die Notwendigkeit der Befriedigung von Grundbedürfnissen geprägt. In diesem Sinne sind auch Inhalte wissenschaftlicher Entdeckungen als gesellschaftliche Produkte des menschlichen Stoffwechsels mit der Natur anzusehen.

Naturerkenntnis ist also nicht nur materiell, sondern auch gesellschaftlich und geschichtlich im und durch den Stoffwechselprozess zwischen Mensch und Natur vermittelt, auch wenn die objektive Dialektik der Natur auf einer ontologischen Ebene unabhängig von menschlicher Gesellschaft und vor ihr existiert: »[U]nsere Naturerkenntnisse [sind] gesellschaftlich vermittelt [...], weil ihre materielle Grundlage gesellschaftlich vermittelt ist«.[60] Das meint Lukács in der Fußnote in *Geschichte und Klassenbewußtsein*, wenn er behauptet, *unsere Erkenntnis der Natur sei nicht unabhängig von der »historisch-sozialen Wirklichkeit«, sondern gehöre ihr unabdingbar an*, müsse also Gegenstand der gesellschaftlichen Dialektik sein. Aus diesem Grund ist auch »Natur eine gesellschaftliche Kategorie«.

Tatsächlich schreibt Lukács ebenfalls bereits in *Geschichte und Klassenbewußtsein*:

> Damit ergibt sich die Notwendigkeit der methodischen Trennung der bloß objektiven Bewegungsdialektik der Natur von der gesellschaftlichen Dialektik, in der auch das Subjekt in die dialektische Wechselbeziehung einbezogen ist, in der Theorie und Praxis in bezug aufeinander dialektisch werden usw. (Daß die Entwicklung der Natur*erkenntnis* als gesellschaftliche Form dem zweiten Typus der Dialektik unterworfen ist, versteht sich von selbst.)[61]

Selbst wenn die Dialektik der Natur vor menschlicher Gesellschaft existiert, kann das Wissen über die Natur nicht behandelt werden, als könnte es unabhängig von menschlicher Praxis existieren. In diesem Sinne gibt es keinen »wissenschaftlichen Dualismus« zwischen Sozial- und Naturwissenschaft. Es ist möglich, die der modernen Naturwissenschaft zugrunde liegenden gesellschaftlichen Verhältnisse zu untersuchen, ohne ihre Objektivität zu verwerfen. Diese Art von gesellschaftlicher dialektischer Naturerkenntnis muss von Engels' objektiver Dialektik der Natur unterschieden werden, die er oft als einen vom Menschen unabhängigen Prozess beschreibt. Engels' Vorhaben zielt »rein« deskriptiv auf das ab, was unabhängig vom menschlichen Stoffwechsel mit der Natur und von gesellschaftlichen Faktoren existiert. Da es Engels an einer Stoffwechseltheorie fehlte, war er nach Ansicht von Lukács nicht in der Lage, gesellschaftliche Aspekte ausreichend in die dialektische Entwicklung der Naturerkenntnis einzubeziehen. Genau das wollte Lukács in seiner umstrittenen Fußnote sagen, und er hat es in *Chvostismus und Dialektik* präzisiert: »Unser Bewußtsein über die Natur, also unsere Naturerkenntnis wird von unserem gesellschaftlichen Sein bestimmt. Das ist, was ich in den wenigen, dieser Frage gewidmeten Bemerkungen gesagt habe; nicht weniger, aber auch nicht mehr.«[62]

Ein solches Betonen der Gesellschaftlichkeit und Geschichtlichkeit des menschlichen Stoffwechsels mit der Natur steht indes auch in einem deutlichen Gegensatz zum Selbstverständnis der modernen Naturwissenschaft, das Lukács zufolge von einer »kontemplativen Verhaltungsweise« geprägt ist. Selbstverständlich leugnet er nicht die Möglichkeit, durch Methoden der modernen Naturwissenschaft zu einer objektiven und allgemeingültigen Naturerkenntnis zu gelangen.[63] Die kontemplative Verhaltungsweise verdeckt jedoch die Tatsache, dass die Naturerkenntnis durch den gesellschaftlichen Stoffwechsel mit der Natur vermittelt wird, sie vergisst also ihre eigene gesellschaftliche Grundlage, nämlich »die kapitalistische Gesellschaft, deren Stoffwechsel mit der Natur die materielle Basis der modernen Naturwissenschaft bildet«.[64] Aufgrund dieser Verdinglichung, das heißt der Vergessenheit gesellschaftlichen Verhältnissen gegenüber, behandeln Menschen die Natur umstandslos als etwas unabhängig Existierendes, das durch die in eine bürgerliche Ideologie verwandelte Naturwissenschaft vermeintlich unmittelbar zugänglich und manipulierbar wird.

Für Lukács ist es die moderne wissenschaftliche Weltanschauung, die in den »Dualismus« von Natur und Geschichte verfällt: In dieser Weltanschauung wird alles, was mit der Gesellschaft zu tun hat, der wahren Objektivität beraubt, während nur ahistorische Naturgegenstände, die unabhängig von der Gesellschaft existieren, als objektiv gelten.[65] Genau dies versucht Lukács mit seiner Kritik an der falschen Unmittelbarkeit der reinen »Fakten« zu überwinden, die eine Abstraktion vom realen historischen Stoffwechselprozess zwischen Mensch und Natur sind. Was hier abstrahiert wird, ist bedeutsam, weil sich darin das Zusammenspiel von Subjekt und Objekt sowie von Theorie und Praxis in der Geschichte konstituiert: »[M]anche Kategorie [... wird sich] als historisch, als von dem spezifischen Stoffwechsel der kapitalistischen Gesellschaft mit der Natur bestimmt erweisen [...], die heute als ›ewige‹, unmittelbar aus der Natur gewonnene Kategorie erscheint, z. B. Arbeit in der Physik«.[66] Diese Aussage mag den Eindruck erwecken, Lukács plädiere für eine sozialkonstruktivistische Behandlung von Naturerkenntnis. Gewiss, er argumentiert, Wissen über die Natur müsse als geschichtliches Produkt im Hinblick auf den gesellschaftlich-geschichtlichen Prozess des Stoffwechsels mit der Natur analysiert werden. Allerdings distanziert er sich vom Relativismus und stellt ausdrücklich fest: »Die Tatsache also, daß die moderne Naturwissenschaft ein Produkt der kapitalistischen Gesellschaft ist, nimmt nichts von ihrer Objektivität weg«.[67] Die Wahrheit ist historisch,[68] aber ihr Inhalt ist objektiv.

> Jedoch sie ist – soweit sie die objektive Wirklichkeit des gesellschaftlichen Seins und der dadurch vermittelten Natur trifft –, objektive Wahrheit, absolute Wahrheit, die nur ihre Stelle, ihre theoretische Erklärung etc., durch die sie »aufhebende«, umfassendere und richtigere Erkenntnis ändert.[69]

Zusammenfassend lässt sich sagen, dass Lukács sich nicht für einen wissenschaftlichen Dualismus ausgesprochen hat. Im Gegenteil betont er immer wieder, wie eng der Wandel unserer Erkenntnis der Natur mit Veränderungen in der gesellschaftlichen Konstellation verknüpft ist, die sich selbst auch stets mit der gesellschaftlich-geschichtlichen Entwicklung des Stoffwechsels mit der Natur wandelt. Um es in den Worten Andrew Feenbergs zu formulieren: »Die Erkenntnis der Natur ist, wie die Erkenntnis der Gesellschaft, dialektisch.« Indem er diesen Punkt herausstellt, plädiert Lukács dafür, einen neuen dialektischen Ansatz jenseits der Trennung von Sozialwissenschaft und Naturwissenschaft zu etablieren. Dies verlangte eine kritische Analyse der Kategorien und Methoden der Naturwissenschaften im Hinblick auf den konkreten Stoffwechsel zwischen Mensch und Natur, der wiederum nicht nur durch materielle Bedingungen, sondern auch durch gesellschaftliche Verhältnisse wie Klasse, Geschlecht und Ethnie vermittelt ist. Genau das fordert Burkett, wenn es darum geht, den wissenschaftlichen Dualismus zu überwinden.

Damit sind wir allerdings noch nicht am Ende der Geschichte. Lukács' Stoffwechselbegriff ist darüber hinaus wesentlich, um den ontologischen Dualismus zu vermeiden,

den Rudas und Vogel ihm gerade zuschreiben. Ontologischer Dualismus gründet auf der absoluten Trennung von Gesellschaft und Natur – also auf dem kartesianischen Dualismus. Der Marx'sche Begriff des Stoffwechsels betont jedoch beider unaufhörlichen, durch menschliche Arbeit vermittelten Austausch. Menschen sind zweifellos ein Teil der Natur. Sie sind, anders ausgedrückt, Teil des unaufhörlichen Fließens und Strömens des allgemeinen Stoffwechsels der Natur. Eine solche Sichtweise ist mit dem kartesianischen Dualismus unvereinbar. Wie Kate Soper hervorhebt, besteht eine Schwierigkeit des kartesianischen Dualismus darin, zu erklären, wie die beiden völlig getrennten Substanzen – »Geist« und »Körper« bei Descartes und im vorliegenden Fall »das Gesellschaftliche« und »das Natürliche« – miteinander interagieren: »Der kartesianischen Vorstellung zu folgen, bedeutet einfach zu akzeptieren, dass es zwei völlig unterschiedliche Arten von Substanz gibt […] und dass beide auf wundersame, aber unerklärliche Weise kontinuierlich aufeinander einwirken«.[70] Vogels monistische Alternative ist nur dann überzeugend, wenn wir annehmen, Lukács würde einem kartesianischen Dualismus von NATUR und GESELLSCHAFT anhängen. Die grundlegende Idee von Lukács' Stoffwechseltheorie ist jedoch ein ontologischer Monismus, der die Kontinuität von Mensch und außermenschlicher Natur in den biophysikalischen Prozessen des allgemeinen Stoffwechsels der Natur anerkennt. Menschen und die nichtmenschliche Natur sind durch Arbeit vermittelt und ineinander verwoben. Es gibt keine absolute Trennung, sodass der gegen den Marxismus gerichtete Vorwurf des kartesianischen Dualismus ein Scheinargument ist.

Vogels Vorstellung eines sozialen Konstruktivismus von Natur ist hingegen kontraintuitiv. Die Tatsache, dass Gesellschaftliches auf Natur einwirkt und sie verändert, bedeutet nicht, dass die Natur gesellschaftlich konstruiert ist. Selbst wenn gesellschaftliche Praxis beispielsweise auf X einwirkt, macht diese Tatsache allein X noch nicht zu einem sozialen Konstrukt. Im Übrigen unterliegt Natur durch Arbeit ständigen Veränderungen, sodass es keine »reine«, unberührte Natur gibt. Doch auch diese offensichtliche Tatsache allein macht die Natur noch nicht zu einem sozialen Konstrukt. Es existiert immer noch eine natürliche Substanz, auf die das Gesellschaftliche wirkt. Ebenso wenig lässt sich Natur durch die Tatsache, dass Arbeit auf sie einwirkt oder Naturwissenschaften durch eine Reihe von gesellschaftlichen Praktiken im Labor Erkenntnisse über sie gewinnen, einfach in eine gesellschaftliche Kategorie auflösen. Ein solches Vorgehen verwechselt, wie Mauricio Ferraris aufzeigt, die ontologische und die epistemologische Dimension.[71] Schließlich bleibt festzuhalten, dass Arbeit Natur nicht auf dieselbe Weise herstellt wie beispielsweise eine Uhr. Ausgerechnet die Verfechter eines postkartesianischen Monismus unterstellen einen kartesianischen Dualismus. Sie trennen unausgesprochen dualistisch die beiden Entitäten voneinander, sodass Menschen, sobald sie die Natur berühren, diese sofort in ein soziales Konstrukt verwandeln.

Da Lukács den kartesianischen Dualismus ablehnt, plädiert er auch nicht für eine flache Ontologie. Zwar pocht er auf die Einheit des Gesellschaftlichen und des Natürlichen im ständigen Prozess des Stoffwechsels zwischen Gesellschaft und Natur, vergisst aber nicht, hinzuzufügen, dass die gesellschaftliche Entwicklung zu »neuen, ebenfalls objektiven Bewegungsformen«[72] führen kann, die *nur* unter bestimmten sozialen Bedingungen existieren – also gesellschaftliches Sein werden. Er betont somit die *qualitative* Differenz des rein Gesellschaftlichen, die im Stoffwechselprozess, in der Verschränkung von Gesellschaft und Natur entsteht, ohne deren Kontinuität zu negieren. Diese geschichtliche Wechselbeziehung und Verschränkung im Prozess des Stoffwechsels ist die Grundidee des »historischen Materialismus« von Lukács. Historischer Materialismus besagt, dass es eine grundsätzliche Einheit im natürlichen, ökologischen Prozess des Stoffwechsels zwischen Mensch und Natur gibt (»Materialismus«), dessen tatsächliche Abläufe und Erscheinungen aber immer schon gesellschaftlich-geschichtlich vermittelt sind und sich entsprechend weiterentwickeln (»historisch«).[73]

In einem weiteren erst posthum veröffentlichten Manuskript, der Studie *Zur Ontologie des gesellschaftlichen Seins*, vertritt der späte Lukács die Auffassung, es gebe einen qualitativen »Sprung« zwischen dem Bereich der Natur und dem Bereich der Gesellschaft.[74] Obwohl die Gesellschaft aus der Natur »entsteht«, treten neue, qualitativ sich unterscheidende Eigenschaften im Bereich des Gesellschaftlichen auf, hervorgegangen aus den durch menschliche Sprache, gesellschaftliche Arbeit und andere Tätigkeiten vermittelten gesellschaftlichen Verhältnissen. Diese emergenten Eigenschaften führen zu radikal neuen Dimensionen im Stoffwechselprozess zwischen Mensch und Natur. Es ist daher notwendig, diese sich qualitativ unterscheidenden »gesellschaftlichen Formen« sorgfältig zu untersuchen, um die historische Einzigartigkeit gesellschaftlichen Seins im Kapitalismus aufzudecken. So ist beispielsweise der »Wert« eines Schreibtisches als Ware eine Eigenschaft, die »rein gesellschaftlich« (*Kapital I*, 62) ist und erst im Kapitalismus eine allgemeine Form erlangt, aber er ist so objektiv wie seine braune Farbe, auch wenn man den Wert nicht als sinnliche

Eigenschaft des Schreibtisches anfassen oder sehen kann. So erlangt das, was durch die gesellschaftlichen Verhältnisse hervorgebracht wird, objektive gesellschaftliche Macht und sogar den Anschein von Handlungsfähigkeit, wenn es den Menschen als fremde Macht gegenübertritt: »[D]ie unmittelbaren Erscheinungsformen gesellschaftlichen Seins [sind] keine subjektiven Hirngespinste, sondern Momente der realen Daseinsformen, der Existenzbestimmungen der kapitalistischen Gesellschaft«.[75]

Kurzum, im Verlauf der historischen Entwicklung des menschlichen Stoffwechsels mit der Natur gibt es *sowohl* »Kontinuität« *als auch* »Bruch«. Um die komplexe Beziehung zwischen Gesellschaft und Natur auszudrücken, greift Lukács auf einen Begriff von Hegel zurück und bezeichnet die differenzierte Einheit von Gesellschaft und Natur in ihrem unaufhörlichen Stoffwechsel als »Identität von Identität und Nichtidentität«.[76] Menschen sind als Teil der Natur eingebettet in den allgemeinen Stoffwechsel der Natur (»Identität«), unterscheiden sich aber gleichzeitig durch neue, qualitativ distinkte, emergente Eigenschaften der Gesellschaft, die in der außermenschlichen Natur nicht existieren (»Nichtidentität«). Beide Aspekte existieren in der Realität zusammen als »Identität« oder »Einheit in der Trennung«.[77] Diese »Identität von Identität und Nichtidentität« ist der Schlüssel, um Lukács' Sichtweise sowohl von einer flachen Ontologie als auch von einem Sozialkonstruktivismus zu unterscheiden.[78] Ausgehend vom Begriff der »Identität von Identität und Nichtidentität« von Natur und Gesellschaft lässt sich feststellen, dass ein Szientismus, der die neutrale Objektivität der Naturwissenschaft privilegiert, die *Diskontinuität* (Nichtidentität) von Natur und Gesellschaft allzu sehr betont und damit in einen kartesianischen und wissenschaftlichen Dualismus verfällt. Der soziale Konstruktivismus hingegen hängt zu sehr an der Gleichheit und *Kontinuität* (Identität) zwischen Gesellschaft und Natur und übersieht neue, rein gesellschaftliche Qualitäten, sodass er nicht in der Lage ist, das Einzigartige der kapitalistischen Organisation des Stoffwechsels von Mensch und Umwelt aufzuzeigen. Diese Einsicht in Lukács' Methode ist notwendig, um seine Theorie der »Krise« zu verstehen.

IV Zu Lukács' Krisentheorie als Kritik der ökologischen Krise

Im Gegensatz zur heute vorherrschenden monistischen, flachen Ontologie, die dazu neigt, die Unterscheidung zwischen Gesellschaft und Natur zu verwischen, spricht sich Lukács konsequent dafür aus, den Stoffwechsel zwischen Mensch und Natur in seiner sowohl gesellschaftlich-geschichtlichen als auch natürlich-ökologischen »doppelten Bestimmtheit« zu analysieren. Für eine nuanciertere Beschreibung des Stoffwechselverhältnisses zwischen Gesellschaft und Natur auf der Grundlage der Einheit in der Trennung schlägt er vor, »diesen Stoffwechsel mit der Natur [...] in ihrer doppelten Bestimmtheit, sowohl als Wechselwirkung mit der – unabhängig vom Menschen existierenden – Natur, als zugleich bestimmt von der jeweiligen ökonomischen Struktur der Gesellschaft [zu] betrachten«.[79]

Lukács geht es darum hervorzuheben, dass das Natürliche und das Gesellschaftliche in der Realität ganz offenkundig ineinander verwoben sind, was aber nicht bedeutet, sie nicht unterscheiden zu müssen. Im Gegenteil ist es umso wichtiger, beide zu unterscheiden und ihre einzigartige Determination durch die ökonomische Struktur des Kapitalismus zu analysieren. Nur so wird der historisch einzigartige Charakter der kapitalistischen Produktion nachvollziehbar. Gerade in diesem spezifischen Sinn der Konzentration auf die Dimension rein gesellschaftlicher Formen spielt Lukács' *analytische* Unterscheidung von Natur und Gesellschaft eine wesentliche Rolle. Dieser methodologische Dualismus unterscheidet sich jedoch radikal von dem, was Steven Vogel als Lukács' dualistische Methode charakterisiert, weil dieser keinen ontologischen Dualismus von GESELLSCHAFT und NATUR voraussetzt.[80]

Lukács' methodologischer Dualismus steht Alf Hornborgs analytischer Trennung des Natürlichen und des Sozialen nahe. Hornborg plädiert für eine dualistische Methodologie, gerade weil die Natur im Anthropozän unter das Soziale subsumiert wird:

> Bedeutet dies jedoch, dass die Kategorien Natur und Kultur oder Natur und Gesellschaft überholt sind und verworfen werden sollten? Im Gegenteil: Nie war es zwingender, eine analytische Unterscheidung zwischen dem Symbolischen und dem Präsymbolischen beizubehalten und gleichzeitig ihre komplexe wechselseitige Durchdringung in der realen Welt anzuerkennen. Nur wenn wir Gesellschaft und Natur analytisch auseinanderhalten, können wir hoffen, bei der Entmystifizierung dieses hybriden Netzes, in dem wir alle gefangen sind, voranzukommen.[81]

Im Gegensatz zu Vogel, der sich letztlich gleichermaßen für methodologischen und für ontologischen Monismus ausspricht, konstatiert Hornborg, gerade im Zeitalter der Hybridität sei ein »analytischer Dualismus« für die kritische

Theorie wichtig. Eine ähnliche Unterscheidung trifft Andreas Malm, nämlich die zwischen »Substanzmonismus« – gleichbedeutend mit »ontologischem Monismus« – und »Eigenschaftsdualismus«.[82] Obgleich das Soziale und das Natürliche der gleichen ontologischen Ebene angehören und dieselbe Substanz teilen, sind ihre Eigenschaften unterschiedlich wie »Geist« und »Körper«, weshalb es notwendig ist, sie getrennt zu analysieren. Nur auf der Grundlage dieser Trennung lässt sich die fetischisierende Sichtweise zurückweisen, die die vermeintliche Hybridität als gegeben akzeptiert.

Während die analytische Trennung von Gesellschaft und Natur im Anthropozän eine kritische Funktion erhält,[83] ist sie für Lukács nicht ausreichend. In hegelianischer Terminologie stellt er fest, es gelte, die Dimension der »Totalität« zu berücksichtigen. Denn tatsächlich ist die »Identität von Identität und Nichtidentität« nichts anderes als der Begriff des jungen Hegels für das Absolute. Wenn er auch die doppelte Bestimmtheit des Natürlichen und des Gesellschaftlichen betont, so erklärt Lukács doch zugleich, beide dürften nicht ständig getrennt bleiben, da sie in der Wirklichkeit niemals getrennt existierten, sondern nur in der »Identität von Identität und Nichtidentität«. Auch Marx stellt fest, dass gesellschaftliche Formen nicht ohne einen materiellen »Träger« existieren können: »Welcher Gebrauchswert ihn trägt, ist dem Wert gleichgültig, aber ein Gebrauchswert muß ihn tragen« (*Kapital I*, 203). Ein prominentes Beispiel im *Kapital* ist das Geld. Seine Funktion als »allgemeines Äquivalent« ist etwas rein Gesellschaftliches, aber es erfordert Gold als dessen Träger. Folglich ist Gold als Geld ein klassisches Beispiel für die Vermischung des Gesellschaftlichen und des Natürlichen im Kapitalismus, was in einen Fetisch mündet. Um die fetischisierende Verwechslung des Gesellschaftlichen und des Natürlichen zu vermeiden, ist es zunächst analytisch notwendig, die Logik der »Wertform« zu begreifen. In der verdinglichten Welt subsumiert die rein gesellschaftliche Macht von »Ware«, »Geld« und »Kapital« ihre materiellen Träger und verwandelt die gesamte Welt nach der Logik der Verwertung des Kapitals. Nur wenn diese Spannung der »Einheit in der Trennung«[84] oder der »Einheit der Gegensätze von Natur und Gesellschaft«[85] verstanden wird, ist es möglich, das Natürliche und das Gesellschaftliche in ihrer Beziehung zum dynamischen Prozess der historischen Entwicklung der kapitalistischen Produktionsweise zu behandeln.

Versteht man die Bedeutung dieser analytischen Trennung *und* Kombination des Gesellschaftlichen und des Natürlichen, kann man Lukács' eigentliche Absicht in seiner Kritik an der »Unmittelbarkeit« verstehen, die für die moderne »kontemplative Haltung« charakteristisch ist. Wie wir bereits sahen, verweist Lukács auf die Notwendigkeit, den vermittelten Charakter der Naturwissenschaft zu analysieren, aber diese Vermitteltheit muss auch in ihrer doppelten Bestimmtheit verstanden werden. Vogel beachtet nur einen dieser Aspekte und verfällt in einen sozialen Konstruktivismus der Natur.

Einerseits ist *das Natürliche durch das Gesellschaftliche vermittelt.* Hinter der Entwicklung der Naturwissenschaften stehen soziale Verhältnisse, die eine historisch besondere Form der Organisation des Stoffwechsels zwischen Mensch und Natur konstituieren. Unter Bedingungen der kapitalistischen Produktionsweise wird dieser Stoffwechsel offensichtlich durch das unaufhörliche Streben des Kapitals nach Verwertung angetrieben. Dieser Prozess der Subsumtion der Natur unter das Kapital führt entsprechend zu einer »Rationalisierung« des auf Quantifizierung und Mechanisierung beruhenden Produktionsprozesses und später der gesamten Sphäre der Gesellschaft, sodass auch Menschen wie Dinge behandelt werden. Diese Verkehrung von Subjekt und Objekt ist das, was Marx als »Versachlichung« kritisiert hat (*Kapital I*, 128). Andererseits ist *das Gesellschaftliche durch das Natürliche vermittelt.* Lukács sieht das zweite Problem, das er als das Problem der Verdinglichung anspricht, darin, dass ein solcher Prozess der Quantifizierung der Welt die Vermittlung durch den Stoff (*Materie*) vergisst.[86] Mit anderen Worten bleibt die Dimension des »Materiellen« trotz historischer Veränderung unter bestimmten gesellschaftlichen Verhältnissen stets bestehen, weil die gesellschaftlichen »Formen« immer ihre »Träger« benötigen. Sie lassen sich nicht einfach auf reine gesellschaftliche Konstruktionen und die totale Quantifizierung reduzieren. Die Natur besteht fort. Darüber hinaus ist das Verhältnis zwischen ökonomischer Form und stofflichem Träger asymmetrisch: Letzterer kann ohne die Erstere existieren, aber *nicht umgekehrt.* Gerade deshalb führt der Formalismus des modernen Kapitalismus, der die Nichtidentität von Natur als Trägerin des Kapitals tendenziell auslöscht, letztlich zu gravierenden Widersprüchen.

Nunmehr wird deutlich, dass Lukács die modernen Naturwissenschaften im Vergleich zu den Sozialwissenschaften nicht umstandslos als objektiver und neutraler gepriesen hat. Vielmehr problematisierte er konsequent den Formalismus der verdinglichten Naturwissenschaft, weil deren kontemplative Haltung aufgrund ihrer »Gleichgültigkeit der Form dem Inhalt gegenüber« nicht in der Lage ist, die Nichtidentität der Natur umfassend zu berücksichtigen.[87] Dies hat eine wichtige ökologische Implikation.[88]

Da sich die totalisierende Tendenz des Kapitals mit der Entwicklung des Kapitalismus verstärkt, kristallisiert der Widerspruch als »Krise«. Alles, einschließlich der menschlichen und nichtmenschlichen Natur, wird zur Ware; die Wertform wird den unterschiedlichen Produkten der Arbeit unterschiedslos aufgezwungen. Die totale Quantifizierung durch die Wertform ist repräsentativ für das Identitätsdenken, das die Nichtidentität der materiellen Welt unterdrückt, indem es die Unterschiede zwischen den verschiedenen Gebrauchswerten reduziert und ihnen ein abstraktes Wertmaß aufzwingt. Unter der totalisierenden Logik der Kommodifizierung wird die Natur auf ein bloßes Vehikel der Verwertung des Kapitals reduziert, ohne ihre eigene Zweckhaftigkeit anzuerkennen. Die Unterscheidung zwischen dem Gesellschaftlichen und dem Natürlichen zu verwischen, ist »ein Rezept für Hybris«[89], das zu technooptimistischen Eingriffen in die natürliche Umwelt führt. Solange der formelle und reduktionistische Ansatz, der das Identitätsdenken auszeichnet, in der verdinglichten Welt fortbesteht, wird das Stoffliche zunehmend marginalisiert:

> Diese rationelle Objektivierung verdeckt vor allem – den qualitativen und materiellen – unmittelbaren Dingcharakter aller Dinge. Indem die Gebrauchswerte ausnahmslos als Waren erscheinen, erhalten sie eine neue Objektivität, eine neue Dinghaftigkeit, die sie zur Zeit des bloßen gelegentlichen Tausches nicht gehabt haben, in der ihre ursprüngliche, eigentliche Dinghaftigkeit vernichtet wird, verschwindet.[90]

Wird, einhergehend mit der fortschreitenden Instrumentalisierung der nichtmenschlichen Natur, Nichtidentität auf Identität reduziert, wird der Prozess der Quantifizierung immer gewalttätiger. Gleichwohl bleibt die Nichtidentität der Natur in der Realität bestehen. Die natürliche Welt entzieht sich unserem umfassenden Zugriff, sie ist nicht vollständig beherrschbar und führt oft zu unvorhergesehenen Gefahren, die gerade auf unser absichtliches Handeln zurückzuführen sind.[91] Dieser Widerspruch manifestiert sich letztlich als »Krise«, die Lukács folgendermaßen beschreibt:

> Diese scheinbar restlose, bis ins tiefste physische und psychische Sein des Menschen hineinreichende Rationalisierung der Welt findet jedoch ihre Grenze an dem formellen Charakter ihrer eigenen Rationalität. D.h. die Rationalisierung der isolierten Elemente des Lebens, die daraus entstehenden – formellen – Gesetzlichkeiten fügen sich zwar unmittelbar und für den oberflächlichen Blick in ein einheitliches System allgemeiner »Gesetze« ein, die Mißachtung des Konkreten an der Materie der Gesetze jedoch, worauf ihre Gesetzlichkeit beruht, kommt in der tatsächlichen Inkohärenz des Gesetzessystems, in der Zufälligkeit der Bezogenheit der Teilsysteme aufeinander, in der – relativ – großen Selbständigkeit, die diese Teilsysteme einander gegenüber besitzen, zum Vorschein. Ganz kraß äußert sich diese Inkohärenz in Krisenzeiten, deren Wesen – von dem Standpunkt dieser Betrachtungen aus gesehen – gerade darin besteht, daß die unmittelbare Kontinuität des Übergangs aus einem Teilsystem in das andere zerreißt und ihre Unabhängigkeit voneinander, ihre zufällige Bezogenheit aufeinander, plötzlich ins Bewußtsein aller Menschen gedrängt wird.[92]

Da die moderne, von der Naturwissenschaft vorangetriebene Rationalisierung unweigerlich Spannungen mit den stofflichen Dimensionen der Welt als ihren Trägern hervorbringt, summiert sich die Rationalität der formalen Gesetze zu »relativer Irrationalität des Gesamtprozesses«.[93] Im Moment der Krise wird die gegenseitige Abhängigkeit der einzelnen Momente innerhalb der Totalität des Systems in einer Weise deutlich, die Formalismus weder angemessen antizipieren noch bewältigen kann. Wie sehr sich die Produktivkräfte und Technologien auch entwickeln mögen, so Lukács, es ist unmöglich, die qualitative Seite der natürlichen Welt weiterhin zu verdrängen. Ihre Nichtidentität explodiert in Zeiten der Krise. Letztlich stellt dies eine ernsthafte Bedrohung für das Wohlergehen der Menschen dar. Schließlich ist der Mensch ein Naturwesen, daher »bleibt die biologische Basis des Lebens auch in der Gesellschaft unverändert bestehen«.[94] Die ökologische Krise als Riss im Stoffwechsel kennzeichnet die »Krise« im Sinne von Lukács.

Dessen realistischer Ansatz im historischen Materialismus verbindet die beiden Dimensionen des Gesellschaftlichen und des Natürlichen, indem er sie zu einer Einheit zusammenführt, ohne in einen Dualismus zu verfallen. Er fordert so eine neue dialektische Wissenschaft, die beide Dimensionen berücksichtigt, um eine nachhaltigere Gesellschaft jenseits des Kapitalismus zu schaffen. Diese »subjektive Intention« des frühen Lukács wurde indes zu ihrer Zeit nur unzureichend verstanden und später vernachlässigt. Das Wiederaufgreifen von Lukács' dualistischer Methode und seiner Krisentheorie ist heute notwendiger denn je. Gegenwärtig erfreuen sich allerdings monistische Ansätze, die eine Hybridität von Natürlichem und Gesellschaftlichem annehmen, allgemeiner Beliebtheit. Es lohnt sich, die Stichhaltigkeit und die Vorzüge des Monismus aus einer marxistischen Perspektive erneut zu prüfen. Bei näherer Betrachtung wird deutlich, dass der methodologische Dualismus von Marx ein wirksameres Instrument darstellt, nicht nur um die ökologische Krise zu analysieren, sondern auch um eine postkapitalistische Zukunft jenseits der Krise des Anthropozäns in den Blick zu nehmen.

Teil II

Kritik der Produktivkräfte in Zeiten der globalen ökologischen Krise

Kapitel 4

Monismus und die Nichtidentität von Natur

Wie im ersten Teil erörtert, ist der Begriff des Stoffwechsels von entscheidender Bedeutung für eine an Marx anknüpfende Analyse der globalen ökologischen Krise im Anthropozän. Allerdings sehen sich ökomarxistische Positionen, die sich darum bemühen, eine Theorie des Risses im Stoffwechsel auszuarbeiten, mit hartnäckiger Kritik konfrontiert. In letzter Zeit kommen kritische Einwände verstärkt aus dem Bereich der politischen Ökologie, die den Begriff des Anthropozäns als anthropozentrisches sowie eurozentrisches Narrativ problematisiert und dem Ökomarxismus vorwirft, nicht nur produktivistisch, sondern auch dualistisch zu denken. Diesen Kritiken zufolge sind dualistische Vorstellungen wie die von der Rache der Natur und vom Riss im Stoffwechsel nicht in der Lage, die historische Dynamik der durch die kapitalistische Akkumulation verursachten ökologischen Krisen richtig zu erfassen.

Im vorliegenden Kapitel wird anknüpfend an Marx' ökologische Analyse und Methode sein nichtkartesianischer ökosozialistischer Realismus gegen monistische Weltauffassungen verteidigt. Obwohl viele Kritiken am Anthropozän-Narrativ berechtigt sind, rechtfertigt dies nicht unmittelbar die Behauptung, der Monismus sei dem Dualismus überlegen, um die ökologische Krise der Gegenwart in Begriffe zu fassen (I). Das Problem des Monismus wird besonders deutlich, wenn man einflussreiche Diskurse in der aktuellen Umweltgeografie untersucht. Prominente Kritiken am kartesianischen Dualismus von GESELLSCHAFT und NATUR in der marxistischen Tradition formulieren etwa Neil Smith mit dem Begriff »Produktion von Natur« und Jason W. Moore mit »Weltökologie«. Auch wenn ihre konzeptive Reformulierung des Verhältnisses von Mensch und Natur auf den ersten Blick recht radikal erscheint, werden bei näherer Betrachtung eine Reihe theoretischer Schwierigkeiten in diesen monistischen Ansätzen erkennbar.

Zwischen den Ansätzen von Smith und Moore bestehen dabei durchaus erhebliche Unterschiede. Smiths »Produktion von Natur« ist stark durch David Harveys in den 1970er Jahren formulierte Kritik am Neomalthusianismus beeinflusst. Die Angst, ins Fahrwasser des Malthusianismus zu geraten, führt indes dazu, reale natürliche Grenzen als gesellschaftlich konstruiert aufzulösen, sodass sowohl Harvey als auch Smith zögern, die Notwendigkeit anzuerkennen, Umweltdenken und marxistische Kapitalismuskritik zu verbinden. Tatsächlich ist der Begriff »Produktion von Natur« von einer Art Anthropozentrismus geprägt, wenn er die Unabhängigkeit und Autonomie einer nicht mit der Gesellschaft identischen Natur in Frage stellt. Infolgedessen werden die Auswirkungen der globalen ökologischen Krise im Kapitalismus unterschätzt (II).

Moores Behandlung der ökologischen Krise hingegen ist durch eine entschiedene Absage an den Anthropozentrismus gekennzeichnet. Ausgehend von einem monistischen Begriff des *oikeios* wirft er den Verfechtern des metabolischen Bruchs vor, in einen »kartesianischen Dualismus« von

Gesellschaft und Natur zurückzufallen. Der theoretische Ansatz von »Weltökologie« biete hingegen einen produktiveren Weg, die Ökologie von Marx mit dessen politischer Ökonomie zu verbinden, als der im dualistischen Denken befangene Begriff des metabolischen Bruchs (III). In Verteidigung des Marx'schen Begriffs eines Risses im Stoffwechsel erörtert das vorliegende Kapitel ferner, welche Motive Marx bewogen, im *Kapital* Gesellschaft und Natur deutlich zu trennen – auch wenn Moore behauptet, seine eigene postkartesianische Sichtweise stehe dem philosophischen Grundgerüst von Marx näher. Doch Moores Auseinandersetzung mit der entsprechenden Schlüsselpassage im *Kapital* greift zu kurz. Er identifiziert in Marx' Formulierungen von »Riss« und »Trennung« fälschlicherweise einen kartesianischen Dualismus und schiebt sie beiseite. Diese Tatsache deutet darauf hin, dass Moore die dualistische Methode von Marx, die in dessen Erörterung des »unheilbaren Risses« erkennbar wird, nur eingeschränkt wahrnimmt (IV).

Da Moore den Begriff des Risses verwirft, konzentriert sich seine Theorie der kapitalistischen Krise auf die ökonomische Krise der Kapitalverwertung aufgrund des »Endes der billigen Natur«, ein Ansatz, der dem ähnelt, was James O'Connor einmal den »zweiten Widerspruch des Kapitalismus« nannte. Marx hingegen befasste sich mit der Frage der *ökologischen* Krise gewissermaßen aus »anthropozentrischer« Perspektive, da er die »Nichtidentität der Natur« konsequent anerkennt (V). Schließlich ist es kein Zufall, dass das monistische Verständnis des Verhältnisses von Gesellschaft und Natur die ökologische Krise gerade deshalb unterschätzt, weil es jene Nichtidentität der Natur als Marginalie betrachtet. Dabei läuft es Gefahr, in einen »ökomodernen« Geokonstruktivismus zu verfallen, der auf ein »gutes

Anthropozän« abzielt und im Namen eines verantwortungsvollen »Sachwaltertums« über das System Erde weitere technologische Eingriffe rechtfertigt (VI).

I Anthropozän, Kapitalozän oder Technozän?

Der Begriff des Anthropozäns hat im vergangenen Jahrzehnt an Popularität gewonnen, stieß dabei allerdings auch auf Kritik von verschiedenen Seiten. So verweisen etwa Andreas Malm und Alf Hornborg auf einen möglichen Irrtum, eine »Fetischisierung« im Anthropozän-Narrativ.[1] Demnach gebe es in einschlägigen Darstellungen die Tendenz, die letzte Ursache der heutigen Umweltkatastrophe in die menschliche Vorgeschichte, nämlich bis zum »Gebrauch des Feuers« zurückzuverfolgen.[2] Die ökologische Krise nahm demnach Fahrt auf, als unsere Vorfahren begannen, mit Hilfe des Feuers die Natur zu beherrschen. Ein solcher Diskurs führt den Ursprung der heutigen ökologischen Krise auf einen bestimmten »Wesenszug« des Menschen zurück und abstrahiert von den gesellschaftlichen Verhältnissen, die weitgehend bestimmen, wie die Menschen mit der Natur umgehen und wer in diesem Prozess die Hauptverantwortung trägt. Eine solche essentialistische Sichtweise verhindert somit, die ökologische Krise im Zusammenhang der modernen, kapitalistischen Gesellschaftsordnung und deren spezifischen Macht-, Kapital-, Hegemonie- und Technologieverhältnissen zu untersuchen.[3]

Die Art und Weise, wie der Begriff »Anthropozän« die menschliche Spezies als das einheitliche Subjekt der planetarischen Transformation behandelt und dabei die ökonomischen Ungleichheiten im Kapitalismus verschleiert, kritisiert auch Sighard Neckel. Der für die ökologische Krise verantwortliche *anthropos* wäre demnach ein abstraktes Konzept, eigentlich nichts als eine »idealistische Fiktion«.[4] Die geografischen, ökonomischen und politischen Ungleichheiten bei der Emission von Treibhausgasen zeigen indes deutlich, dass für den globalen Klimawandel keineswegs die Menschheit als solche verantwortlich zu machen ist. Denn tatsächlich sind es vor allem Menschen mit hohem Einkommen im globalen Norden, die die Hauptverantwortung für die derzeitige Situation tragen. Ungleich verteilt sind auch die negativen Folgen des Klimawandels: Sie treffen vor allem die Armen und Marginalisierten im globalen Süden, die nicht über die finanziellen und technologischen Mittel verfügen, um sich den neuen Bedingungen anzupassen. Somit sind die aktuellen Klimaveränderungen eng mit den Machtverhältnissen unter der Hegemonie des globalen neoliberalen Kapitalismus verknüpft, und das Nachdenken über Klimagerechtigkeit erforderte die Berücksichtigung von Hierarchien, in denen Klasse, Ethnie und Geschlecht eine Rolle spielen. Ein solcher Ansatz fehlt jedoch, so Neckel, im dominanten Anthropozän-Narrativ, das alle unterschiedslos der Entität »menschliche Spezies« subsumiert. Die Meistererzählung vom Anthropozän verschleiert daher die auf Gewalt, Unterdrückung und Ausbeutung im Kapitalismus gründende Konstituierung des gegenwärtigen Status quo.

Dipesh Chakrabarty, ein prominenter Historiker des Anthropozäns, vermeidet eine »Kritik, die bloß das Kapital kritisiert«, und stellt fest, eine solche »reicht nicht aus, um auf Fragen im Zusammenhang mit der menschlichen Geschichte einzugehen, nachdem die Klimakrise sich bestätigt und das Anthropozän angefangen hat, sich am Horizont unserer Gegenwart abzuzeichnen«.[5] Es liegt indes auf der

Hand, dass ein solches Argument den Verzicht auf »Kapitalkritik« nicht legitimiert. Diese Art, vom Anthropozän zu sprechen, »denaturalisiert« die aktuelle ökologische Krise durch die Betonung des menschlichen Faktors, »renaturalisiert« sie aber letzten Endes zugleich, sodass die kapitalistisch determinierten gesellschaftlichen Verhältnisse der Kritik entzogen werden.[6]

Vielfach setzen Verfechterinnen und Verfechter des dominanten Anthropozän-Narrativs ihre Hoffnung auf die fortschreitende Entwicklung der Technologie und betrachten die »Herrschaft über die Natur« als einzigen Ausweg aus der kommenden ökologischen Katastrophe, ohne allerdings die existierende kapitalistische Produktionsweise und ihre Hierarchien zu hinterfragen. So ist ein solcher Ansatz letztlich mit dem Streben des Kapitals nach weiterem ökonomischen Wachstum vereinbar. Damit die Menschheit überlebe, ertönt in der sich verschärfenden ökologischen Krise die Forderung nach einem »Management« für das System Erde. Beispielsweise setzt Paul Crutzen, einer der Begründer des Anthropozän-Konzepts, auf Geo-Engineering als Lösung für den Klimawandel. Der technologische Lösungsansatz sieht vor, Sulfat-Aerosole in die Atmosphäre einzubringen, um die Sonneneinstrahlung zu reduzieren und den Planeten abzukühlen.[7] Doch solche Diskussionsbeiträge aus der Wissenschaft über das sogenannte Terraforming der Erde, wie solide sie auf der Ebene von Computerberechnungen auch sein mögen, werfen ethische Fragen auf. Durchaus zu problematisieren ist etwa, ob es Eliten in den Industrieländern erlaubt sein sollte, politische Entscheidungen zu treffen, die enorme Auswirkungen auf den gesamten Planeten haben, während die Menschen, die von möglichen negativen Folgen am ehesten betroffen sind, von solchen Entscheidungsprozessen ausgeschlossen bleiben. Ohne ein demokratisches Verfahren der Entscheidungsfindung werden gegen die ökologische Krise gerichtete technokratische Maßnahmen von oben vermutlich die bestehenden Ungleichheiten und die soziale Kluft vertiefen und in einen »Öko-Faschismus« (André Gorz) oder »Techno-Faschismus« (Ivan Illich) führen.[8] Aus diesem Grund kritisiert Frédéric Neyrat das Anthropozän-Narrativ als eine »große Erzählung, die darauf abzielt, die Einrichtung einer globalen Steuerungsmaschine zu legitimieren«.[9]

Gegen den produktivistischen Mythos vom Anthropozän wendet sich auch Stefania Barca in ihrer dezidierten Ablehnung des Narrativs.[10] Bezugnehmend auf die ökofeministische Tradition kritisiert sie die Meistererzählung vom Anthropozän aus der Perspektive der »Reproduktivkräfte«. Im Gegensatz zur instrumentellen Logik der kapitalistischen Modernisierung sind diese Reproduktivkräfte, wie sie in Hausarbeit, Pflege, Subsistenzlandwirtschaft und -fischerei zu finden sind, durch Akte des *Sorgens* gekennzeichnet, die darauf gründen, die wechselseitige Verbundenheit mit anderem Leben, menschlichem wie nichtmenschlichem, anzuerkennen. Die kapitalistische Entwicklung und ihr unaufhörliches ökonomisches Wachstum hingegen sind angewiesen und beruhen, so Barca, »unter je unterschiedlichen historischen und gesellschaftlichen Bedingungen« auf der Ausbeutung der unbezahlten (Reproduktions-)Arbeit, von Frauen, Bauern, unfreien Arbeitskräften, indigenen Bevölkerungen. Dieser essentielle Beitrag von Frauen, Nichteuropäern, indigenen Bevölkerungen und auch von nichtmenschlichen Lebewesen werde bis heute entwertet und marginalisiert. Der Begriff des Anthropozäns ändert an dieser Situation nichts. Die bestehenden Herrschafts- und Unterordnungsverhältnisse würden, wie Val Plumwood feststellt, aufgrund des stillschweigenden Akzeptierens hierarchischer *Dualismen* wie »Mensch und (nichtmenschliche) Natur«, »Zivilisation und Barbarei« sowie »Mann und Frau« durch das Meta-Narrativ reproduziert und sogar verstärkt.[11] Diese der Anthropozän-Erzählung inhärenten Dualismen trügen nämlich dazu bei, die der westlichen Rationalität eingeschriebene Vorstellung von Subjektivität als weiß, männlich und heterosexuell zu verschleiern.[12]

Gegen die Meistererzählung vom Anthropozän betonen Malm, Hornborg, Neckel und Barca zu Recht, wie wichtig es ist, die historische Besonderheit der kapitalistischen Produktionsweise sowie der Art und Weise zu untersuchen, wie diese sich der ökonomischen, politischen, geschlechtsbezogenen, ethnischen und geografischen Ungleichheiten bedient. In diesem Sinne werden alternative Begriffe vorgeschlagen, um die geologische Epoche angemessener zu benennen: So verwenden Jason W. Moore wie auch Andreas Malm den Terminus »Kapitalozän«, Alf Hornborg votiert für »Technozän« und Donna Haraway spricht von »Plantagozän«.[13] Mit dem Begriff »Kapitalozän« etwa möchte Malm hervorheben, der Gegenstand der Untersuchung sei nicht die »Geologie der Menschheit, sondern die der Kapitalakkumulation [...] [K]apitalistische Zeit, biochemische Zeit, meteorologische Zeit, geologische Zeit werden in einem neuen, in letzter Instanz durch das Zeitalter des Kapitals determinierten Ganzen artikuliert«.[14] Der Fußabdruck des Kapitals bedecke die Oberfläche des gesamten Planeten, daher müsse die Logik des Kapitals als organisierendes Prinzip des planetarischen Stoffwechsels analysiert werden.[15]

II Monismus und die Produktion von Natur

Da sich der Kapitalismus ganz essentiell auf eine Reihe dualistischer Hierarchien stützt, erfordert eine Kritik des Anthropozäns, über die Vorurteile nachzudenken, die aus dem binären Denken der Moderne erwachsen. In Anbetracht der Tatsache, dass selbst diejenigen, die dem Kapitalismus kritisch gegenüberstehen, häufig dem produktivistischen Mythos einer Herrschaft über die Natur aufsitzen und dazu tendieren, Reproduktionsarbeit zu marginalisieren, ist es keineswegs ein Zufall, wenn monistische Sichtweisen im neueren kritischen Umweltdenken wie auch in der marxistischen Ökologie dominant geworden sind. Doch auch wenn die alten dualistischen Schemata sicherlich einer Revision bedürfen, folgt daraus nicht unmittelbar, dass monistisches Denken dem dualistischen jederzeit überlegen wäre. Wie im vorangegangenen Kapitel bereits erwähnt, distanzieren sich beispielsweise Malm und Hornborg vom Latour'schen Monismus und verteidigen ungeachtet ihrer Kritik am Anthropozän-Narrativ einen nichtkartesianischen Dualismus.

Einer der wichtigsten monistischen Ansätze in der marxistischen Tradition nimmt Bezug auf die These der gesellschaftlichen Produktion von Natur im Sinne eines sozialen Konstruktivismus. Nach Ansicht der Verfechterinnen und Verfechter dieses Ansatzes beklagen ökozentrische Sichtweisen zwar die Zerstörung der »ersten Natur«, das heißt der unberührten, außerhalb der Gesellschaft existierenden und vom Menschen unbeeinträchtigten Natur, doch verkenne eine solche naive Trennung von Gesellschaft und Natur die tatsächliche Dynamik der gesellschaftlichen Formierung von Natur im Kapitalismus. Tatsächlich existiere Natur als solche nicht mehr, erklärt etwa Neil Smith, denn »Natur ist nichts, wenn sie nicht gesellschaftlich ist«.[16] Das Anthropozän scheint eine solch kühne These zu bestätigen, und auch eine Feststellung wie die von Noel Castree, »das Soziale und das Natürliche greifen offensichtlich auf eine Weise ineinander, die ihre Trennung – sei es im Denken oder in der Praxis – unmöglich macht«, wirkt nachvollziehbar.[17] Castree sieht Natur gar als »eine besonders wirkmächtige Fiktion: Sie ist etwas Gemachtes und nicht weniger bedeutsam, nur weil sie ein Artefakt ist«.[18]

Eine solche sozialkonstruktivistische Sicht auf Natur birgt indes verschiedene Probleme. Wie bereits im vorhergehenden Kapitel erörtert, ist es zunächst notwendig, die epistemologische und die ontologische Dimension zu unterscheiden. Unsere »Erkenntnis der Natur« wird diskursiv durch wissenschaftliche Praktiken vermittelt, und eine »Sinngebung der Natur« ist unausweichlich durch gesellschaftliche Machtverhältnisse bedingt. In dem Maße, wie der menschliche Zugang zur äußeren Natur als solcher durch Sprache bedingt ist, existiert ein solcher nicht als vollständig transparenter und unmittelbarer. Das bedeutet jedoch nicht, dass eine vom Menschen unabhängige äußere Natur nicht existieren würde, die Natur also selbst ontologisch konstruiert wäre. In unserer sich erwärmenden Welt werden sich die Temperaturen weiter erhöhen, die Eismassen werden weiter schmelzen und die Meeresspiegel weiter ansteigen, selbst ohne Sprache und Menschen. Diese Phänomene sind objektiv und müssen als eindeutige Fakten angesehen werden, die unabhängig von jedwedem menschlichen Bewusstsein existieren. Zugleich wird die Natur durch menschliches Handeln gesellschaftlich *affiziert* und *modifiziert*: Naturereignisse wie Dürren und Waldbrände sind durch den Klimawandel beeinflusst, der wiederum auf menschliche Wirtschaftstätigkeit und insbesondere auf verstärkte CO_2-Emissionen durch die Verbrennung von Kohle und Erdöl zurückzuführen ist. So gesehen rekonstituiert die Gesellschaft die Natur materiell und leidet gleichzeitig unter den als Nebenprodukt der kapitalistischen Entwicklung unbeabsichtigt hervorgebrachten »Risiken«.[19] Dennoch lässt sich aus dem Einfluss und dem rekonstituierenden Wirken der Gesellschaft nicht schließen, Natur sei gesellschaftlich konstruiert und »gebaut«.

Kurz gesagt verwechselt die These der gesellschaftlichen Produktion von Natur »Modifikation« mit »Konstruktion«, »Verändern« mit »Bauen«.[20] Für die Verfechterinnen und Verfechter der These sind »Berühren« und »Bauen« gleichbedeutend. Doch selbst wenn wir einen Baum berühren, bedeutet das nicht, dass wir ihn »gebaut« haben. Der Baum behält seine unabhängige Existenz. Zwar können wir ein Haus bauen, aber es ist nicht möglich, durch Säen, Roden oder Kohlebergbau Natur zu bauen. Im Gegenteil ist alle Wirtschaftstätigkeit auf Natur, auf Bäume oder Kohle angewiesen, deren Entstehungsprozesse *unabhängig* vom Menschen sind. Mit anderen Worten: Die Natur ist eine objektive Voraussetzung der Produktion. Steven Vogels konstruktivistische Naturkritik nimmt Bill McKibbens These vom »Ende der Natur« affirmativ auf und versteht sie wörtlich, doch das Ende der Natur ist schlicht und einfach nicht gegeben. Selbst in der Gegenwart ist menschliche Arbeit in hohem Maße von dem abhängig, was die Natur ohne menschliches Zutun hervorbringt, namentlich von fossilen Brennstoffen.[21] Gäbe es wirklich keine Natur mehr, existierte auch nichts mehr, was das Kapital extrahieren könnte. Der Kapitalismus und unsere ganze Wirtschaftstätigkeit benötigen Natur zumindest in Form von natürlichen Ressourcen, die vor ihrer Extraktion und Exploitation existieren.

Marx ist in diesem Punkt deutlich, wenn er die objektive und unabhängige Existenz der Natur im *Kapital* hervorhebt und sie mit dem Ausdruck »Substrat« belegt: Sehe man von aller menschlichen Arbeit ab, »bleibt stets ein materielles Substrat zurück, das ohne Zutun des Menschen von Natur vorhanden ist. Der Mensch kann in seiner Produktion nur verfahren, wie die Natur selbst, d. h. nur die Formen der Stoffe ändern« (*Kapital I*, 57). Marx' Stoffwechseltheorie erteilt der Vorstellung, die Natur werde durch menschliche Arbeit geschaffen, eine Absage. Arbeit »ändert nur« deren Formen. Wenn Vogel und Smith argumentieren, allein der Umstand, mit der Natur in Berührung zu kommen, verwandle diese in gebaute Natur, so impliziert dies letztlich die Existenz einer dem globalen Kapitalismus vorausgehenden, absoluten Trennung von GESELLSCHAFT und NATUR. Nur so ist es ihnen möglich zu behaupten, dass in dem Moment, da die Gesellschaft die Natur affiziert, Letztere umgehend verschwinde. Dabei ist die von einem kartesianischen Dualismus geprägte Grundannahme ganz offenkundig problematisch, und auch Vogels Schlussfolgerung, wir sollten Natur auf eine Art wie ein Einkaufszentrum denken, erscheint dubios.[22]

Um zu vermeiden, in die Denkmuster des kartesianischen Dualismus oder, in dessen Negation, in eine extreme Form einer sozialkonstruktivistischen Sicht auf Natur zu geraten, ist der von Christoph Görg vorgeschlagene Begriff »gesellschaftliche Naturverhältnisse« ein nützlicher Bezugspunkt, da er eine nuanciertere Behandlung der Frage nach dem Verhältnis von Gesellschaft und Natur ermöglicht.[23] Görg konstatiert, dass Natur durch ökonomische und technische Praktiken *materiell* modifiziert und durch kulturelle und wissenschaftliche Diskurse *symbolisch* konstruiert wird, vertritt aber im Gegensatz zu Smith, Castree und Vogel nicht die Auffassung, Natur sei gesellschaftlich produziert.[24] Ausgehend von Theodor W. Adornos *Negativer Dialektik* verweist Görg stattdessen auf die »Nichtidentität der Natur« und den »Vorrang des Objekts«, was an Lukács' Diskussion der »Identität von Identität und Nichtidentität« erinnert.

Nach Adorno ist der Vorrang des Objekts das, was den Materialismus ausmacht: »Durch den Übergang zum Vorrang des Objekts wird Dialektik materialistisch.«[25] Das Objekt weist immer Momente auf, die nicht auf das Denken reduziert werden können. Materie bedeutet das mit dem Begriff Nichtidentische, und dieses Nichtidentische besagt, dass Natur mehr ist als das Menschengemachte. In diesem Sinn steht Adornos kritische Theorie in der Tradition der realistischen Sichtweise, wonach ein »Etwas« außerhalb existiert.[26] Es bestehen offenkundige Affinitäten zwischen Natur und Gesellschaft, insofern auch Gesellschaft Teil der Natur ist und sich aufgrund deren konstitutiven Vorrangs nicht vollständig von ihr lösen kann.[27] Gesellschaft bleibt auf Natur gegründet, so Adorno, der feststellt: »Gesellschaft selbst ist ja immer auch wieder vermittelt durch die Wesen, aus denen sie sich zusammensetzt, und schließt deshalb notwendig ein außergesellschaftliches Moment in sich«.[28] Natur ist die Bedingung der Möglichkeit einer gesellschaftlichen Vermittlung. Natur und Gesellschaft existieren dabei nicht als getrennte und unabhängige Entitäten, sondern sind die beiden aufeinander bezogenen Pole, die eine Reihe von Wirkpotentialen und Kontexten umfassen, die gesellschaftlich formbar sind, sich aber immer einer umfassenden Organisation und Kontrolle entziehen. Nicht zufällig wird

Natur als eigenständige und autonome Entität erfahren, trotz der Alltagsgewissheit, ihr als Menschen anzugehören. Der Kontakt zwischen Gesellschaft und Natur steht nicht für das »Ende der Natur«, sondern ist ein Wesensmerkmal des ewigen Prozesses der gesellschaftlichen Organisation des Stoffwechsels zwischen Mensch und Umwelt.

Thomas Jahn und Peter Wehling, die ebenfalls am Begriff der gesellschaftlichen Naturverhältnisse ansetzen, machen in diesem Zusammenhang geltend, Natur und Gesellschaft seien in einer prozesshaften Wechselbeziehung sowohl auf der symbolischen als auch auf der materiellen Ebene vermittelt und voneinander abhängig, es sei jedoch notwendig, beide Dimensionen »analytisch« zu trennen.[29] Eine solche analytische Trennung ist nicht nur deshalb unerlässlich, weil die Natur ontologisch ihre Unabhängigkeit, abseits der Gesellschaft, wahrt, sondern auch, weil es, würde der Wesensunterschied beider Bereiche verwischt, unmöglich wird zu verstehen, *wie* Gesellschaften in unterschiedlichen geschichtlichen Epochen ihren einzigartigen Stoffwechsel mit der Natur organisieren. Eine derartige historische Untersuchung ist, so Jahn und Wehling, nur auf der Grundlage der analytischen Unterscheidung von Gesellschaft und Natur möglich.

Darüber hinaus lässt sich ausgehend vom Begriff der gesellschaftlichen Naturverhältnisse ein weiteres entscheidendes Problem der Vorstellung einer Produktion von Natur erkennen, nämlich ihr »anthropozentrischer« Charakter.[30] Der naturkonstruktivistische Ansatz zeichnet sich dadurch aus, dass er sich einseitig darauf konzentriert, wie Gesellschaft *auf* Natur *einwirkt*. Dies birgt die Gefahr einer prometheischen Sichtweise, vor allem da dem Nichtidentischen und dem Vorrang der Natur nur unzureichend Beachtung zuteilwird. Von einem Adorno'schen Standpunkt aus betrachtet erweist sich der sozialkonstruktivistische Ansatz als problematisch, insofern die Bedeutung von Natur auf das reduziert wird, was für den Menschen existiert, und also die Neigung besteht, eine instrumentelle Haltung zur Natur einzunehmen. In der Tat kann Natur ohne Weiteres als passives Medium menschlichen Handelns erscheinen, so als ob sie nach Belieben zu modifizieren und zu manipulieren wäre. Das vorherrschende Narrativ, im Namen eines verantwortungsvollen Sachwaltertums über die Erde weitere technologische Eingriffe in die natürliche Umwelt und deren Modifikation zu rechtfertigen, stellt der Sozialkonstruktivismus nicht in Frage. Eher ist er mit einer produktivistischen Variante des Anthropozän-Narrativs kompatibel, und genau deshalb trifft die ökologische Kritik am Produktivismus unmittelbar auch auf die Vorstellung einer Produktion von Natur zu.

Das Problem des Produktivismus bleibt präsent, selbst wenn produktivistische Vorstellungen nicht explizit formuliert werden und die Vorstellung einer Produktion von Natur den Anspruch erhebt, sich mit ökologischen Fragen zu befassen.[31] Nun hegt der Marxismus traditionell Sympathien für den technischen Fortschritt. Selbst der gegenwärtig bekannteste marxistische Geograf, David Harvey, reagiert überraschend negativ auf die ökologische Wende im Marxismus. In einer Kritik an John Bellamy Foster, dem er vorwirft, eine »apokalyptische Vision einer planetarischen ökologischen Krise« zu entwerfen, schreibt Harvey, es sei

> von entscheidender Bedeutung zu verstehen, dass es uns materiell unmöglich ist, den Planeten Erde zu zerstören, und dass das Schlimmste, was wir tun können, darin be-

> steht, unsere Umwelt materiell so umzugestalten, dass das Leben für unsere eigene Existenz als Spezies nicht angenehmer, sondern unangenehmer wird, wobei wir uns bewusst sind, dass das, was wir tun, auch Auswirkungen (sowohl positive als auch negative) auf andere Lebewesen hat. [...] Politisch gesehen blickt die millenaristische und apokalyptische Verkündung eines unmittelbar bevorstehenden Ökozids auf eine zweifelhafte Geschichte zurück. Eine solche Vorstellung ist keine gute Grundlage für linke Politik, und sie ist sehr anfällig für den Einwand, [...] dass die Lebensbedingungen (gemessen beispielsweise an der Lebenserwartung) heute besser sind als je zuvor und das ökologische Weltuntergangsszenario weit hergeholt und unwahrscheinlich ist.[32]

Harvey hat Bedenken, »pessimistische« ökologische Gedanken in den Marxismus einfließen zu lassen, und stellt fest, »eine sozialistische Politik, die sich auf die Vorstellung stützt, eine Umweltkatastrophe stehe unmittelbar bevor, zeugt von Schwäche«.[33] Im Übrigen mache ihn »die Beschwörung von ›Grenzen‹ und ›ökologischer Knappheit‹ als Begründung, um unsere Aufmerksamkeit auf Umweltfragen zu lenken, [...] gleichermaßen politisch nervös wie theoretisch misstrauisch«.[34] In diesem Punkt stimmt Harvey mit Neil Smith überein, der die »linke Apokalyptik« dafür kritisiert, dass sie das Vorhandensein natürlicher Grenzen einräumt.[35] Ökologische Erklärungen gerieten, so Harvey, in den Sog des Malthusianismus, doch »das Malthus'sche Szenario hat sich bislang noch niemals wirklich bewahrheitet«.[36] Harvey betont demgegenüber die Fähigkeit des Kapitals, jegliche »Grenzen« in bloße »Schranken« zu verwandeln.[37] Unverkennbar zeigen sich hier »sozialistische Vorbehalte gegen

Umweltfragen«, wie Foster anmerkt.[38] Harveys Skepsis ökologischen Fragen gegenüber mündet schließlich darin, sich auf Journalisten wie Julian Simon und Greg Easterbrook zu berufen.[39] Letzterer spricht sich bezeichnenderweise in seinem Buch *A Moment on the Earth* für ein Terraforming des Mars aus, um dort eine zweite Biosphäre zu schaffen und so das Problem der Überbevölkerung zu lösen.

Neil Smith zeigt in Bezug auf Umweltfragen ähnliche Vorbehalte wie Harvey. Im Nachwort zur dritten Auflage seiner Studie *Uneven Development* äußert sich Smith »skeptisch« über die Art und Weise, wie der globale Klimawandel in der Öffentlichkeit diskutiert wird. Die Skepsis entspringt dabei Bedenken gegen das, was er als »nature-washing« bezeichnet: »Nature-washing rekonstruiert Natur als Akteurin, deren anscheinend unumschränkte Macht derjenigen der Gesellschaft überlegen ist und über dieser steht«.[40] Die Vorstellung der Handlungsmacht von Natur führe freilich, so Smith, zu »Apokalyptik«, denn damit werde das Vorhandensein von Naturkräften außerhalb der Reichweite menschlicher Eingriffsmöglichkeiten eingeräumt. Eine solche Annahme kann Smith nicht akzeptieren, widerspricht sie doch seiner grundlegenden These über die gesellschaftliche Produktion von Natur, die von dem unbegründeten Optimismus geprägt ist, die Gesellschaft sei jederzeit in der Lage, die Kräfte der Natur zu bezwingen. In ähnlicher Weise zeigt sich Noel Castree besorgt über die »Überheblichkeit«, mit der der Weltklimarat IPCC »Klimaleugnern« entgegentritt, und empfiehlt, die Debatten in den Massenmedien sollten »ausgewogener« sein.[41] In Castrees Augen ist der Ausschluss leugnender Stimmen aus dem öffentlichen Diskurs undemokratisch, während der IPCC eine Art Neomalthusianismus vertrete – wobei Umweltschützer die eher konservativen Einschätzungen der IPCC-Berichte in vielerlei Hinsicht problematisieren. Castrees Bemerkung jedenfalls klingt wissenschaftsfeindlich, zumal der jüngste Sachstandsbericht des IPCC (*AR6*, 2021–2023) den menschlichen Einfluss als Ursache des Klimawandels inzwischen als »eindeutig« bezeichnet.

Alle drei prominenten Geografen sind erstaunlich zurückhaltend, wenn es darum geht, das Vorhandensein natürlicher Grenzen anzuerkennen, selbst angesichts der aktuellen ökologischen Krise. Ein Grund hierfür ist ihre »Angst vor dem Malthusianismus«, die im Falle Harveys mit dessen früher intellektueller Laufbahn zusammenhängt. Seine Haltung zur Problematik der Natur geht auf einen recht bekannten, in den 1970er Jahren veröffentlichten Artikel mit dem Titel »Population, Resources, and the Ideology of Science« zurück, in dem er sich mit der Bevölkerungsexplosion und der Verknappung der natürlichen Ressourcen auseinandersetzt; den Neomalthusianismus greift er in dem Beitrag als *Ideologie* an.[42] Zu jener Zeit erregten Publikationen wie der Bericht *Die Grenzen des Wachstums* des Club of Rome und Paul R. Ehrlichs Buch *Die Bevölkerungsbombe* in der Öffentlichkeit große Besorgnis über die Probleme der Ressourcenknappheit und der Überbevölkerung. Der pessimistische Ton beider Bücher wurde von verschiedenen Seiten kritisiert, doch in Harveys Augen teilte selbst die Kritik an den *Grenzen des Wachstums* das neomalthusianische Paradigma, das seiner Meinung nach das Vorhandensein objektiver natürlicher Grenzen überbetonte.

Dem tritt Harvey entgegen und weist darauf hin, dass natürliche Grenzen nicht absolut bestehen. Ressourcenknappheit lasse sich nicht a priori ohne jeden Bezug auf Gesellschaft betrachten, sondern sei nur im Hinblick auf jeweils genau umrissene gesellschaftliche Verhältnisse zu bestimmen. Ressourcenknappheit und Überbevölkerung existieren mit anderen Worten nicht unabhängig von den kapitalistisch verfassten Produktionsverhältnissen, sondern beide sind relationale Begriffe, deren Bedeutung die Spezifizierung dessen erfordert, was und wie die Gesellschaft produziert. Wenn man jedoch die historischen Verhältnisse als gegeben voraussetzt und den Zweck der gesellschaftlichen Produktion sowie die Art und Weise der technischen Bewertung von Natur als unveränderlich annimmt, wird die Größe der Bevölkerung zur einzigen Variablen, die angesichts von Ressourcenknappheit veränderbar erscheint, was unausweichlich in Malthusianismus mündet.[43] Doch in der Umweltdiskussion werde, warnt Harvey, trotz der Berufung auf wissenschaftliche Tatsachen häufig genau diese Art von Denkfehler begangen. Der Wissenschaft komme hierbei die ideologische Funktion zu, die bestehende gesellschaftliche Konstellation von Macht und Herrschaft im Kapitalismus zu verschleiern oder gar zu rechtfertigen.

In seiner Kritik an der so verstandenen Wissenschaftsideologie rekurriert Harvey auf den Begriff der »relativen Übervölkerung«, mit dem sich Marx kritisch gegen Malthus' Vorstellung einer absoluten Überbevölkerung wandte. Den Marx'schen Ansatz, Ressourcenknappheit und Übervölkerung zu thematisieren, bringt Harvey nun in der Auseinandersetzung mit dem Neomalthusianismus wieder ins Spiel. Als Materialist bestreitet Harvey dabei zwar nirgends die Existenz der physischen Natur, doch die Kritik am Neomalthusianismus lässt ihn zögern anzuerkennen, dass natürliche Grenzen überhaupt existieren, denn eine solche Feststellung identifiziert er wiederum allzu schnell als »Malthusianismus«.[44] Wenn aber der Malthusianismus so weit gefasst wird, bleibt für Umweltfragen kein Platz mehr. Wie bereits angemerkt, behauptet Harvey gar, »dass es uns materiell unmöglich ist, den Planeten Erde zu zerstören«. Das Anthropozän zeigt freilich, dass es »uns« durchaus möglich ist, den Planeten Erde so weit zu zerstören, dass er für die Menschheit (und viele andere Lebewesen) unbewohnbar wird.

Harveys Zögern lässt verstehen, warum die genannten marxistischen Geografen als Verfechter der These einer gesellschaftlichen Produktion von Natur im Hinblick auf Ökologie eher rückwärtsgewandte Positionen einnehmen, ungeachtet des behaupteten radikal neuen Ansatzes, das Verhältnis von Gesellschaft und Natur zu begreifen. Es erscheint an dieser Stelle hilfreich, auf die *Dialektik der Aufklärung* von Max Horkheimer und Theodor W. Adorno zu rekurrieren. Die neuzeitliche instrumentelle Vernunft zeichnet sich, so Horkheimer und Adorno, durch »Reflexionslosigkeit« aus, welche die Nichtidentität der Natur ignoriert und sie auf ein bloßes Werkzeug reduziert, kapitalistischer Kontrolle und Ausbeutung unterworfen, um Wert zu produzieren.[45] Die »Verdinglichung« ist das »Vergessen« des Eingebettetseins der Gesellschaft in die Natur wie auch deren Andersseins.[46] Dies mündet, so Horkheimer in seiner *Kritik der instrumentellen Vernunft*, in einen »Imperialismus« des Menschen über die Natur.[47] Der Monismus der Vorstellung einer Produktion von Natur nun birgt die Gefahr, die Differenz zwischen dem Gesellschaftlichen und dem Natürlichen zu verwischen und so die Möglichkeit der Reflexion über die Nichtidentität der Natur zu untergraben. Zwar kann Natur, Adorno zufolge, für den Menschen auf verschiedene Weise nützlich sein, doch kommt der nichtmenschlichen Natur eine eigene Zweckhaftigkeit zu, die für den Menschen gleichgültig und irrelevant bleibt. Das Identitätsdenken des

Kapitals hingegen hat zur Folge, dass Natur nur noch stärker geschädigt wird.[48]

Festzuhalten bleibt, dass die Anerkennung objektiver natürlicher Grenzen *nicht* mit Malthusianismus gleichzusetzen ist. Wie Harvey zu Recht feststellt, beruht Malthus' Auffassung von Überbevölkerung auf einer »Naturideologie«, da sie die durch die kapitalistischen Verhältnisse determinierten historischen und gesellschaftlichen Bedingungen von Subsistenz (was die Menschen brauchen), natürlichen Ressourcen (was sie nutzen können) und Mangel (wie viel sie nutzen können) ausblendet. Das Problem einer Übervölkerung entsteht nicht, weil die Welt nicht wohlhabend genug wäre, um alle Menschen zu ernähren, sondern weil der Wohlstand sehr ungleich zugunsten der Wohlhabenden im globalen Norden verteilt ist – infolgedessen, so Harvey, gelte es, die kapitalistischen Produktionsverhältnisse radikal zu transformieren, um eine fairere und gerechtere Verteilung zu schaffen. Damit hat Harvey sicherlich recht, doch kann eine solche Kritik die objektiv vorhandenen biophysikalischen Grenzen der Erde keineswegs außer Acht lassen. Ganz gleich, wie sehr sich das Kapital bemüht, in immer neue Grenzgebiete der Natur vorzustoßen und neue Märkte zu entdecken, letztendlich ist der Raum auf der Erde nicht unbegrenzt. Der technologische Fortschritt mag die Grenzen *bis zu einem gewissen Grad* verschieben können, aber die Entropie nimmt zu, die verfügbare Energie nimmt ab, und die natürlichen Ressourcen erschöpfen sich. Dies sind objektive Tatsachen, die unabhängig von gesellschaftlichen Verhältnissen und vom menschlichen Willen sind. Es ist unangemessen, das Anerkennen objektiver Grenzen als »Schwäche« zu bezeichnen und die »apokalyptische Vision einer planetarischen ökologischen Krise« anzuprangern.

Wenn schon ein solches Anerkennen als Malthusianismus gilt, bestünde die einzige Möglichkeit, der malthusianischen Falle zu entgehen, darin, das Vorhandensein natürlicher Grenzen überhaupt zu leugnen. In Verbindung mit einem marxistischen Prometheanismus wird daraus schnell ein problematisches Bekenntnis zu weiteren technologischen Vorstößen in Form von Gentechnik, Geo-Engineering und Kernfusion.

III Vom Anthropozän zum Kapitalozän

Ungeachtet problematischer Schlussfolgerungen erkennt Noel Castree das dem Ansatz der Produktion von Natur innewohnende Problem des Anthropozentrismus immerhin an und plädiert dafür zu untersuchen, »wie produzierte Natur den Kapitalismus affiziert«.[49] Einen theoretischen Fortschritt markieren in diesem Zusammenhang die Überlegungen von Jason W. Moore zum »Kapitalozän«, da er die jüngsten Ergebnisse verschiedener kritischer Diskussionen, die sich um das Anthropozän drehen, integriert und Unzulänglichkeiten bei Smith und Castree überwindet.

Erwähnenswert ist zunächst Moores Kritik an Engels' Vorstellung einer Rache der Natur: Engels' theoretische Grenzen zeigten sich an dessen »statischer« und »ahistorischer« Behandlung von Natur, und die Begriffsbildung leide unter einer »Fetischisierung der natürlichen Grenzen«, so Moore in Übereinstimmung mit Smith und Harvey.[50] Unweigerlich führe dies zur »konsequentialistischen Schieflage ›grünen‹ Denkens«, da Engels' ökologische Kritik in einem »cartesianischen Dualismus« von »Gesellschaft« und »Natur« befangen bleibe, die als zwei vollkommen unabhängige

Entitäten aufgefasst würden.[51] Ein solcher Analyseansatz könne nur die vorhersehbare »Konsequenz« bestätigen, dass der Kapitalismus die Natur zerstöre. Engels' Schlussfolgerungen mögen richtig sein – wenn er geltend macht, die Natur sei nicht länger ein passives Medium, sondern erlange Handlungsfähigkeit, kommt dies Moores eigener Sichtweise jedenfalls ziemlich nahe –, doch gleichzeitig wüssten auch schon alle, dass Kapitalismus schlecht für die Umwelt sei. Von diesem Befund ausgehend legt Moore ein weiteres ambitioniertes Projekt vor, die »Weltökologie«. Das neue Paradigma zielt darauf ab, im welthistorischen *Prozess* des Kapitalismus zu analysieren, wie Mensch und Natur einander durch das Lebensnetz unaufhörlich »koproduzieren« – was in der ökologischen Krise gipfelt.

Moore kritisiert Engels und dessen Sichtweise, beruft sich hingegen auf Marx. Wie im zweiten Kapitel erörtert spricht einiges dafür, zwischen Marx und Engels zu unterscheiden. Moores Kritik erschöpft sich indes nicht darin, die Art und Weise zurückzuweisen, wie das Verhältnis zwischen Mensch und Natur von Engels behandelt wird. Hauptgegner findet er in John Bellamy Foster und dessen Kollegen, die mit dem Begriff des metabolischen Bruchs arbeiten. Die Stoßrichtung der Kritik überrascht, nicht nur angesichts der wachsenden Popularität des Ansatzes von Foster unter Marxisten, sondern auch weil Moore selbst den Begriff an anderer Stelle verwendet hat, um das Spannungsverhältnis zwischen Mensch und Natur im kapitalistischen Weltsystem zu erfassen.[52]

Wie dem auch sei, in *Kapitalismus im Lebensnetz* ändert Moore seine Haltung gegenüber dem Begriff des metabolischen Bruchs erheblich und beklagt nun dessen kartesianischen Dualismus. Die Sichtweise gehe davon aus, dass Gesellschaft *auf* Natur einwirke, doch mit einer solch statischen Trennung von Gesellschaft und Natur lasse sich, argumentiert Moore, der dynamische historische Prozess der kapitalistischen Entwicklung »durch die Natur«[53] nicht angemessen analysieren – also die dialektische »Koproduktion« von GESELLSCHAFT und NATUR in einem einzigen Lebensnetz. »Natur ist koproduziert. Kapitalismus ist koproduziert. Grenzen sind koproduziert.«[54] Ohne mit natürlichen Grenzen adäquat umgehen zu können, verkörperten der »Stoffwechselfetisch und seine zahlreichen Ressourcen- und Energie-Determinismen«[55] das höchste Stadium einer »grünen Arithmetik«: Gesellschaft plus Natur ist gleich Krise. Eine solche Vorstellung sei offenkundig ebenso statisch wie die der Rache der Natur bei Engels. Die heutige ökologische Krise sei, so Moore, eine Krise der »Moderne-in-Natur«[56] – also nicht das Ergebnis eines »unheilbaren Risses« zwischen Gesellschaft und Natur, sondern das der fortlaufenden (Re-)Konfiguration des Fließens und Strömens im gesamten Lebensnetz unter dem Kapitalismus.

Moore kritisiert Engels und Foster, aber *nicht* Marx selbst. Im Gegenteil, er verteidigt die eigene Interpretation als legitime und produktive Nachfolgerin von Marx' Werttheorie wie auch von dessen »Philosophie der inneren Zusammenhänge«.[57] Nur durch die Verbindung der Kritik der politischen Ökonomie mit der eigenen ökologischen Analyse sei das Potential der Marx'schen Werttheorie voll auszuschöpfen. Fosters Interpretation hingegen stürze in die »epistemische Kluft« zwischen politischer Ökonomie, basierend auf der Theorie des Monopolkapitals (Paul A. Baran und Paul Sweezy), und Ökologie im Sinne der Stoffwechseltheorie (Georg Lukács und István Mészáros). Damit ist die Debatte darüber, ob es »Marx' Ökologie« gebe, positiv entschieden.

Die aktuelle Kontroverse in der marxistischen politischen Ökologie muss sich nun um die Suche nach einer angemessenen Methode drehen, um das Verhältnis von Mensch und Natur im Kapitalismus und dessen Widersprüche im Anthropozän begrifflich zu fassen.

Moores Methode der Weltökologie dämpft die Binarität von Gesellschaft und Natur. Um nicht – wie in Moores Augen Foster mit dem Begriff des metabolischen Bruchs – bei einer statischen und apokalyptischen Vorstellung zu landen, sei es zunächst notwendig, das epistemologische Gerüst aufzugeben, das besagt, Gesellschaft wirke *auf* Natur ein und zerstöre sie. Von daher betont Moore die »Koproduktion« von Mensch und Natur. Natur ist dabei in keiner Weise ein passives Medium. Vielmehr ist die Entwicklung des Kapitalismus immer durch Natur bedingt. In diesem Sinne besitzt Natur in gewisser Weise Handlungsmacht als »Aktant«.[58] So beschreibt Moore beispielsweise, dass die Kohleformationen in England ein entscheidender Aktant für den Aufschwung des britischen Kapitalismus waren. Im Unterschied zum Ansatz der Produktion von Natur bei Smith und Castree konzentriert sich Moore nicht nur darauf, wie der Kapitalismus Natur produziert, sondern auch darauf, wie der Kapitalismus durch Natur produziert wird. Er ersetzt also die dualistische Perspektive »NATUR-plus-GESELLSCHAFT« durch eine, die »Gesellschaft-in-Natur / Natur-in-Gesellschaft« betrachtet, und an die Stelle der Vorstellung, dass der Kapitalismus »*auf* die Natur einwirkt«, tritt das monistische Muster, wonach sich der Kapitalismus »*durch* das Lebensnetz« entwickelt, also durch ein kompliziertes, vernetztes, aus gesellschaftlichen und natürlichen Verbindungen von Aktanten bestehendes Gefüge.[59] Die monistische Ontologie steht so im Zeichen des Versuchs, eine anthropozentrische Sichtweise zu vermeiden, was es ermöglicht, ein dem Kapitalozän – zumindest auf den ersten Blick – angemesseneres theoretisches Gerüst zu umreißen.

Die Terminologie Moores ist insgesamt geprägt von einem innerhalb der politischen Ökologie populären Diskurs, dessen typisches Merkmal ein »hybrides« Verständnis des Verhältnisses von Mensch und Natur ist. Diese Art von Monismus stellt die moderne Vorstellung des Verhältnisses von Subjekt und Objekt in Frage, wonach Handlungsmacht ausschließlich dem menschlichen Subjekt zukommt. Wie Bruno Latour in seinem Essay *Wir sind nie modern gewesen* argumentiert, gilt es, das Handeln umzuverteilen und die Handlungsfähigkeit der »Dinge« einzubeziehen.[60] Der neue theoretische Rahmen steht dem Marxismus recht kritisch gegenüber und fordert etwa ein Überdenken der Marx'schen Arbeitswerttheorie, und zwar insbesondere wegen ihres »anthropozentrischen« Charakters.[61] Es ist daher nachvollziehbar, dass auch Moore deren Revision vorschlägt, insofern er konstatiert, der Kapitalismus bewege die Natur zu »arbeiten«, um Wert zu produzieren:

> Wie wird die Arbeit/Energie der Natur in Wert umgewandelt? […] Die Frage verlagert unser Denken von einer zu stark betonten Sache (der Mensch oder das Kapital) und einer zu wenig beachteten Sache (Natur) in Richtung der *longue durée* von Verhältnissen und Strategien, die dem Kapitalismus-in-Natur das Überleben garantiert haben. Der Kapitalismus hat nicht überlebt, indem er die Natur zerstört hat (was auch immer das bedeuten mag), sondern durch Projekte, die die Natur-als-*oikeios* dazu zwingen, immer härter zu arbeiten – und zwar unentgeltlich oder zu verschwindend geringen Kosten.[62]

Moore zufolge produziert die »Arbeit der Natur« nicht unmittelbar Wert – das wäre gleichbedeutend mit einer Abkehr von der Marx'schen Arbeitswerttheorie –, aber die Enteignung der unbezahlten Arbeit der Natur trägt wesentlich zur Kapitalverwertung bei.[63] In diesem Sinne wird Natur ausgebeutet, und an anderer Stelle spricht Moore sogar von »Biotariat«.[64]

Ein derart erweiterter Begriff von Arbeit, der auch nichtmenschliche Arbeit einschließt, findet sich bei vielen Kritikerinnen und Kritikern anthropozentrischer Vorstellungen im Anthropozän-Diskurs. Wie etwa Stefania Barca feststellt, »implementiert der Kapitalismus das [anthropozentrische] Rationalitätsmodell, indem er Modernität als Fähigkeit übersetzt, aus menschlicher und nichtmenschlicher Arbeit Wert zu extrahieren«.[65] Die Kritik an der Meistererzählung vom Anthropozän ermögliche es »zu erkennen, dass die wichtigste Gemeinsamkeit zwischen allen nicht auf der Seite der Herrschaft stehenden Anderen ein weit gefasster, aber dennoch überzeugender Begriff von *Arbeit* ist: Von verschiedenen Positionen aus und in verschiedenen Formen werden Frauen, unfreie Arbeitskräfte, Proletarierinnen und Proletarier, Tiere und die nichtmenschliche Natur dazu veranlasst, für den ›Herrn‹ zu arbeiten«.[66]

Diese Darstellung von Arbeit, die das Handeln umverteilt, der Natur Handlungsfähigkeit zuweist und die distinkten Rollen von Mensch und Natur im Produktionsprozess verwischt, zeigt, wie die Akteur-Netzwerk-Theorie (ANT) von Bruno Latour in die politische Ökologie eindringt. Latour spricht sich dafür aus, »daß […] die Grenzen zwischen Natur und Gesellschaft *ein für allemal* verwischt sind und man niemals mehr zu zwei unterschiedlichen Ensembles zurückkehren kann«.[67] Dieser Hybridisierungsthese zufolge wäre es nicht mehr länger möglich, zwischen sozialen und natürlichen Phänomenen zu unterscheiden. Bereits Anfang der 1990er Jahre wies Latour mit Blick auf den Ozonabbau in der Stratosphäre und Waldbrände darauf hin, dass sich das Problem der Umweltzerstörung nicht ordentlich kategorisieren, der Bereich der Menschen nicht von dem der Natur trennen lasse. Natürliche Phänomene wie das Ozonloch und der Klimawandel seien eng mit sozialen Phänomenen verwoben (mit der Produktion von FCKW oder den Kohlendioxid-Emissionen von Autos und Flugzeugen): »Die ganze Kultur und die ganze Natur werden hier Tag für Tag neu zusammengebraut.«[68] Da im Anthropozän alles hybrid aus Gesellschaft und Natur zusammengesetzt zu sein scheint, ist Latours Zeitdiagnose, wonach Hybride sich ausbreiten, zu einem beliebten Modus geworden, das Anthropozän zu beschreiben, in dem Dinge aktive Wirkungsmacht besitzen, ob bei unkontrollierbaren Waldbränden oder gewaltigen Taifunen.

Kurz und gut, für Anhänger des Latour'schen Monismus ist das Anthropozän das Zeitalter des postnatürlichen Posthumanismus, in dem die hierarchische Trennung von Menschen und Nichtmenschen sich in einer Welt von Aktanten auflöst.[69] Ein derartiges Verständnis findet sich freilich auch bei Theoretikern, die einen marxistischen Ansatz verfolgen. So beziehen sich Christophe Bonneuil und Jean-Baptiste Fressoz ebenfalls positiv auf Latour und fragen: »Wie sollen wir dann den Dualismus zwischen Natur und Gesellschaft überwinden?« Sie beantworten die Frage, indem sie betonen, wie wichtig es sei, das »doppelte Verhältnis der Internalität« zu verstehen, das die »von der Gesellschaft durchdrungenen Naturen« und die »von der Natur durchdrungenen Gesellschaften« bilden. In diesem Zusammenhang konstatieren die Autoren, auch Stoffwechselprozesse seien »politisch wirkmächtig«, und heben den »ökologisierten Marxismus von Jason Moore« hervor.[70]

Auch Slavoj Žižek zeigt sich von Latours monistischem Ansatz inspiriert. Žižek, der die Ökologie einmal als »neues Opium für die Massen« abgelehnt hatte, änderte nach der globalen Pandemie seine Meinung und sieht nun die ernst zu nehmende ökologische Krise als Widerspruch des Kapitalismus an. In seinem Plädoyer für einen »radikalen philosophischen Wandel«, der dem Anthropozän angemessen wäre, weist er jedoch zugleich auf die Unzulänglichkeiten des Marx'schen dualistischen Begriffs »Stoffwechsel« hin:

> Es ist also ein radikaler philosophischer Wandel nötig, damit wir uns der kommenden Klimakrise entgegenstellen können. Dieser Wandel muss viel radikaler sein als die übliche Plattitüde nahelegt, die betont, dass wir Menschen Teil der Natur und nur eine von vielen Spezies auf der Erde seien, dass also unser Produktionsprozess (unser Stoffwechsel mit der Natur, wie Marx es ausgedrückt hat) Teil des Stoffwechsels in der Natur selbst ist.[71]

Žižek spricht sich dafür aus, das Potential von Latours Begriff »Assemblage« auszuschöpfen, und wendet sich kritisch gegen Fosters Begriff des metabolischen Bruchs, der seiner Meinung nach nicht radikal genug ist, um der gegenwärtigen Verschränkung des Sozialen und des Natürlichen gerecht zu werden.[72] Damit gewinnt Moores Bekenntnis zu Marx' Philosophie an Gewicht. Wenn Moore richtigliegt, wäre allerdings der Begriff des metabolischen Bruchs oder des Risses im Stoffwechsel nicht länger haltbar. Bevor wir ihn jedoch über Bord werfen, gilt es, Moores Thesen noch etwas näher zu betrachten.

Sein Projekt einer »Weltökologie« knüpft an die Weltsystemtheorie von Immanuel Wallerstein an und erweitert sie:[73] Um in den kapitalistischen Zentren höhere Profite zu erzielen, wird die billige Arbeitskraft der Peripherien ausgebeutet; dort entsteht ein »Halbproletariat«, dessen Reproduktionskosten für das Kapital auch deshalb niedriger sind, weil sich die Arbeitskraft teilweise durch Subsistenzwirtschaft versorgt. Der »ungleiche Tausch«, der auf der Ausbeutung billiger Arbeitskraft beruht, führt zu »Überentwicklung« im globalen Norden und zu »Unterentwicklung« im globalen Süden. In Wallersteins theoretischem Entwurf ist das Objekt der Ausbeutung die menschliche Arbeitskraft; tatsächlich richtet sich damit der Blick jedoch nur auf eine Seite im Prozess des ungleichen Tauschs, während der andere wesentliche Bestandteil der Produktion, die Natur, übergangen wird. Allerdings existiere auch ein »ökologisch ungleicher Tausch«, so Alf Hornborg und Joan Martinez-Alier.[74] Ausgebeutet wird demnach nicht nur die Arbeitskraft in der Peripherie, auch die nichtmenschliche Umwelt im Sinne etwa von Ressourcen, Nahrungsmitteln und Energie ist dem kapitalistischen Raubbau ausgesetzt. Mit anderen Worten: Dem Kapitalismus, in dem der Mensch ein bloßes Instrument der Kapitalakkumulation ist, gilt auch die Natur zwangsläufig nur als Objekt verschwenderischer Aneignung. Wallersteins Argumentation aufnehmend und erweiternd lässt sich somit feststellen, dass die kapitalistischen Zentren die Natur enteignen und zugleich die Kosten und Lasten der ökonomischen Entwicklung externalisieren und in die Peripherie verlagern.

Moore zufolge ist die Lebensader des Kapitalismus die ergiebige und günstige Versorgung mit den von ihm so genannten »Billigen Vier«, das heißt mit billiger Arbeitskraft,

Nahrung und Energie sowie billigen Rohstoffen: »Im Kapitalismus ist das Wertgesetz ein Gesetz der Billigen Natur.«[75] Moore betrachtet wohlgemerkt »Arbeitskraft« als Teil dieser »Billigen Natur«. Sie besteht aus einer Vielzahl von Menschengruppen wie Armen, Frauen, People of Color, Sklaven. Das Kapital eignet sich nicht nur die natürlichen Ressourcen an, sondern konstituiert und nutzt zugleich hierarchische Geschlechterverhältnisse, die Gewalt des Kolonialismus und die technologische Herrschaft über Mensch und Natur, um den Profit zu sichern und die kapitalistische Produktionsweise zu globalisieren. Der Kapitalismus hat sich, wie Moore anmerkt, nicht einfach durch die »Ausbeutung« der (männlichen und weißen) Arbeitskraft in den industrialisierten kapitalistischen Zentren entwickelt. Vielmehr ist er ganz essentiell auf die »Aneignung unbezahlter Arbeit« der »Billigen Vier« angewiesen.[76] Durch eine solche fortwährende »Verdinglichung« (Aimé Césaire) der Welt setzt der Kapitalismus die Netzwerke von Mensch und Natur neu zusammen und veranlasst sie, um des Profits willen immer härter zu »arbeiten«.[77]

Vor diesem Hintergrund attackiert Moore den von Foster vorgeschlagenen Begriff des metabolischen Bruchs als von einem »kartesianischen Dualismus« geprägt und macht geltend, der eigene postkartesianische Ansatz stehe für eine produktivere Interpretation der Marx'schen ökologischen Kritik am Kapitalismus: »Der dialektische Anstoß der Marx'schen Philosophie führt dahin, Menschheit / Natur als Strom der Ströme zu verstehen«.[78] Es gelte deshalb, die ständigen »metabolischen Veränderungen« der koproduzierten Gesellschaft und Natur in ihrem »einzigen Metabolismus« zu untersuchen.

Moores Umgang mit Marx' Text ist allerdings fragwürdig. Wenn er den Begriff des metabolischen Bruchs oder des Risses zwischen dem gesellschaftlichen und dem natürlichen Stoffwechsel kritisiert und ihn durch die Perspektive auf den »metabolischen Wandel« in einem einzigen Stoffwechsel ersetzen möchte, ist es merkwürdig, dass er nicht darauf eingeht, wie Marx selbst den Ausdruck »Riss« verwendet. Moore schreibt: »Die genannten Ansätze [von Foster und anderen] haben die cartesianische Kluft nicht überbrückt, sondern verstärkt. Marx' ›gesellschaftliche[r] und durch die Naturgesetze des Lebens vorgeschriebne[r] Stoffwechsel‹ wurde zum ›Stoffwechsel von Gesellschaft und Natur‹. Der Metabolismus als Bruch wurde zu einer Metapher der Separierung, die Materialflüsse zwischen NATUR und GESELLSCHAFT voraussetzte.«[79] Während der Hinweis auf den »gesellschaftlichen und durch die Naturgesetze des Lebens vorgeschriebnen Stoffwechsel« als Zitat dem dritten Band des *Kapitals* entnommen ist, handelt es sich bei »Stoffwechsel von Gesellschaft und Natur« um Fosters Formulierung, was so klingt, als habe dieser dem Begriff des metabolischen Bruchs ein dualistisches Verständnis des Stoffwechsels zugrunde gelegt und damit Marx' ursprüngliches postkartesianisches Verständnis verzerrt.

Wie die von Moore herangezogene Passage jedoch belegt, verwendet Marx selbst den Ausdruck »Riss«, wenn er ausführt, die kapitalistische Produktion bringe »einen unheilbaren Riß [hervor] in dem Zusammenhang des gesellschaftlichen und natürlichen […] Stoffwechsels« (*MEGA* II/4.2, 752f.). Moore pickt willkürlich einen Teil aus Marx' Originalpassage heraus, der seinem monistischen Verständnis des Kapitalismus im Lebensnetz gelegen kommt. Es ist »willkürlich«, da Marx hier deutlich zwei Arten von Stoffwechsel – den gesellschaftlichen und den natürlichen – unterscheidet, sie einander gegenüberstellt und vor dem Entstehen von Brüchen in ihrer ständigen Wechselwirkung im Kapitalismus warnt. Ist auch Marx versehentlich in eine »kartesianische Kluft« geraten? Oder handelt es sich um eine methodisch konsistente, ganz bewusst gewählte Formulierung?

IV Ein nichtkartesianischer Dualismus von »Form« und »Stoff«

Zunächst ist festzustellen, dass Moore allzu voreilig eine bestimmte Vorstellung von kartesianischem Dualismus übernimmt, ohne über deren Anwendbarkeit auf Marx' Begriff des Risses im Stoffwechsel ausreichend nachzudenken. Der Vorwurf, in einen kartesianischen Dualismus von Gesellschaft und Natur zu verfallen, ergibt nur dann einen Sinn, wenn die Gesellschaft als vollkommen außerhalb der Natur stehend betrachtet wird und zwischen beiden keine Interaktion stattfindet, analog zu »Geist« und »Körper« in René Descartes' Philosophie.[80] Aus dieser Perspektive betrachtet, ist der Marx'sche Stoffwechselbegriff von Anfang an antikartesianisch; weder Marx noch Foster gehen von einer solchen absoluten Trennung von Gesellschaft und Natur aus. Im Gegenteil, die Grundeinsicht von Marx' Stoffwechseltheorie ist, dass der Mensch immer als Teil der Natur produziert und dass seine Tätigkeit im Laufe der kapitalistischen Entwicklung immer mehr mit der außermenschlichen Natur verwoben wird. Die Frage muss also folgendermaßen reformuliert werden: Warum greift Marx bewusst auf eine dualistische Unterscheidung von gesellschaftlichem und natürlichem Stoffwechsel zurück, *obwohl* er an einem monistischen Verständnis des allgemeinen Stoffwechsels der Natur festhält?[81]

Wie im vorhergehenden Kapitel erörtert, spricht tatsächlich nichts dagegen, Gesellschaftliches und Natürliches zu trennen *und* gleichzeitig die Zugehörigkeit des Menschen zu Letzterem zu betonen. Wie Foster feststellt:

> Es ist kein Widerspruch, Gesellschaft als etwas vom Gesamtsystem Erde Getrenntes und darauf nicht Reduzierbares zu betrachten, aber gleichzeitig als grundlegenden Teil des Ganzen. Einen solchen Ansatz »dualistisch« zu nennen, ist vergleichbar damit zu leugnen, dass das Herz sowohl ein integraler Bestandteil des Körpers als auch ein besonderes Organ mit einzigartigen Eigenschaften und Funktionen ist.[82]

Hinzufügen ließe sich, dass der Unterschied zwischen Gesellschaft und Natur noch bedeutender ist als der zwischen Herz und Körper. Eine Analogie besteht wohl eher zum Verhältnis von Geist und Körper. Der Geist hat Eigenschaften, die nicht auf die Materialität des Körpers reduzierbar sind, auch wenn der Geist mit der Materialität des Gehirns verbunden ist. Die Reduzierung des Geistes auf die Aktivitäten des Gehirns wäre kruder Materialismus, eine weitere extreme Form von Identitätsdenken in Abgrenzung zum Sozialkonstruktivismus.[83] Ebenso existiert Gesellschaft nicht ohne Natur, aber die gesellschaftlichen Verhältnisse bringen ihre eigenen einzigartigen emergenten Eigenschaften hervor, die es in der Natur ohne Menschen nicht gibt, auch wenn diese emergenten Eigenschaften der Gesellschaft wiederum nicht völlig von ihrer materiellen Grundlage und ihren materiellen Trägern zu trennen sind. Das Kapital ist seinen materiellen Trägern gegenüber parasitär und zugleich durch und durch von ihnen abhängig, bleibt aber, was sie angeht, blind, bis ihre zunehmende Degradation als Hindernis der Verwertung erscheint. Dieser paradoxe Charakter des Kapitals ist der Grund, warum Marx' Kritik der politischen Ökonomie die Unterscheidung *und* Verflechtung der »rein gesellschaftlichen Form« und ihres »stofflichen Trägers« hervorhebt und deren Spannung aufgrund ihrer Nichtidentität analysiert.[84]

Die Ablehnung des kartesianischen Dualismus führt für Marx also nicht zwangsläufig zu einer flachen Ontologie ohne jede Unterscheidung zwischen dem Gesellschaftlichen und dem Natürlichen, Merkmal eines Denkens, das Hegel bei Schelling einmal als »die Nacht [...], worin, wie man zu sagen pflegt, alle Kühe schwarz sind«, verspottete.[85] Stattdessen betont Marx die Einzigartigkeit des menschlichen Stoffwechsels mit der Natur im Vergleich zu dem anderer Lebewesen. Darin liegt nicht unbedingt ein überholter Anthropozentrismus. Da, wie Marx hervorhebt, nur menschliche Arbeit unter bestimmten gesellschaftlichen Verhältnissen *Wert* produziert, ist der Begriff des Wertes in der Marx'schen Ökonomie jedoch unvermeidlich anthropozentrisch. Diesen anthropozentrischen Zug der Arbeitswerttheorie nehmen nun Kritiker gerne zum Anlass, den essentiellen Beitrag der Natur zur Produktion zu betonen und ihr die Fähigkeit zuzuschreiben, selbst Wert zu produzieren. Doch auch hier muss die Frage reformuliert und umgekehrt werden. Marx' Stoffwechseltheorie erkennt zweifellos den wesentlichen Beitrag der Natur zur Produktion an. Insofern ist zu fragen, warum Marx dennoch eine Arbeitswerttheorie formulierte, ohne der Natur Handlungsmacht beizumessen, und sich weigerte, in der »Arbeit« der Natur die Möglichkeit anzuerkennen, Wert zu produzieren.

An dieser Stelle kommt die rein gesellschaftliche Dimension des Begriffs »Wert« zum Tragen, denn bezogen darauf fällt der menschlichen Arbeit – genauer gesagt der abstrakten Arbeit – im *Kapitalismus* eine privilegierte Rolle im Vergleich zur nichtmenschlichen Natur zu. Marx ist in seiner Arbeitswerttheorie anthropozentrisch, doch produziert, wie er ergänzt, nicht jede menschliche Arbeit Wert; er unterscheidet daher zwischen produktiver und unproduktiver Arbeit. Abhängig von den gesellschaftlichen Verhältnissen und materiellen Bedingungen kann ein und dieselbe konkrete Arbeit produktiv oder unproduktiv sein, also Wert produzieren oder nicht. Woher rührt dieser Unterschied?

Die Produktion von Wert ist an die Produktion von Waren geknüpft, und Marx legt dar, dass erst »Privatarbeit« als eine besondere, aus der gesellschaftlichen Arbeitsteilung herrührende Form die Kategorie des Wertes notwendig macht: »Gebrauchsgegenstände werden überhaupt nur Waren, weil sie Produkte voneinander unabhängig betriebner Privatarbeiten sind.« (*Kapital I*, 87) Privatarbeit bezeichnet demnach die Situation, in der Arbeit ohne jede vorangegangene soziale Koordination zwischen den Mitgliedern einer Gesellschaft verrichtet wird. Wenn sich private Produzentinnen und Produzenten ohne gemeinsame Interessen und persönliche Bindungen auf dem Markt treffen, um Produkte zu erlangen, die andere haben, findet Warentausch statt. In diesem Sinne beruht das gesellschaftliche Verhältnis zwischen den Privatproduzenten auf einem Verhältnis zwischen ihren Produkten. Im Bestreben, die eigenen Produkte in einem angemessenen Tauschverhältnis auszutauschen, vergleichen die Privatproduzenten den »Wert« ihrer Produkte. Dabei kann der Gebrauchswert nicht der Maßstab für den Tausch sein, da die Gebrauchswerte der Produkte alle unterschiedlich und unvergleichbar sind. Die Privatproduzenten erkennen stattdessen eine den Produkten zukommende, unabhängige gesellschaftliche Macht an, die Marx als *Wert* bezeichnet, als Objektivierung der abstrakten Arbeit, die allen Produkten menschlicher Arbeit gemeinsam ist. Wie Sasaki feststellt, »können ihre Arbeitsprodukte nur dann in dieses [Austausch-]Verhältnis treten, wenn sie als Wertgegenstände behandelt werden«.[86] *Nur Privatarbeit produziert Wert* und verleiht den Arbeitsprodukten eine bestimmte Form, die Warenform.

Die privaten Produzenten sind dabei gezwungen, ihre Produkte, wenn auch unbewusst, als Wertgegenstände zu behandeln. Sie schaffen diese rein gesellschaftliche Kategorie des Wertes. Dennoch ist der Wert keine Einbildung oder Erfindung, sondern besitzt enorme objektive Macht. So untersucht Marx, wie die rein gesellschaftliche Form des Wertes, die »kein Atom Naturstoff« (*Kapital I*, 62) enthält, die Stoffwechselprozesse der Natur beherrscht. Die kapitalistische Produktionsweise subsumiert die gesamte Gesellschaft unter die formale Logik des Wertes, vermittelt durch menschliches Handeln als Personifizierung von Ware, Geld und Kapital. Im Vergleich zu nichtkapitalistischen Gesellschaften entfaltet sich mit dem Wert eine historisch spezifische Dynamik des gesellschaftlichen und natürlichen Stoffwechsels.

Die rein gesellschaftliche Macht des Wertes enthält kein Atom Materie, aber sie ist tief mit den materiellen Bedingungen des allgemeinen Stoffwechsels der Natur verwoben, denn der Mensch ist Teil der Natur. Gerade weil die Natur vor den rein gesellschaftlichen Kategorien existiert hat, unabhängig von ihnen fortbesteht und ihre Nichtidentität gegenüber der Logik des Wertes weiterhin beibehält, führt das Primat der Profitmaximierung zu einer Reihe von Disharmonien innerhalb des natürlichen Stoffwechsels. Der Ausdruck »Riss« ist keine »Metapher«, wie Moore behauptet. Der Riss besteht vielmehr zwischen dem gesellschaftlichen Stoffwechsel von Waren und Geld und dem allgemeinen Stoffwechsel der Natur. Moore ist der Ansicht, die Rede vom Riss oder Bruch impliziere automatisch einen Dualismus, daher ignoriert er geflissentlich die Verwendung des Begriffs bei Marx selbst. Denn tatsächlich ist der Riss im Stoffwechsel bei Marx konsistent aus seiner Arbeitswerttheorie abgeleitet. In Marx' Augen ist es unabdingbar, die einzigartige Form der wertproduzierenden Arbeit als organisierendes Prinzip der modernen bürgerlichen Gesellschaft zu separieren. Anders lässt sich nicht nachvollziehen, wie sich der tatsächliche Prozess der kapitalistischen Akkumulation »durch die Natur« entwickelt. Die Wertlogik bestimmt, was zur »Billigen Natur« zählt und wie Menschen und nichtmenschliche Lebewesen als kostenlose Gaben der Natur zu nutzen sind. Wert muss ausgehend von der einzigartigen Form, die auf Privatarbeiten gründende gesellschaftliche Arbeitsteilung zu organisieren, verstanden werden. Die Arbeitskraft ist deshalb nicht auf eine Form von Billiger Natur zu reduzieren, denn eine solche Auffassung verschleiert nur die Logik, wie und warum jene besondere und grundlegende Form von Arbeit unter den gesellschaftlichen Bedingungen der Warenproduktion die Kategorie des Wertes notwendig macht.[87]

Moore unterminiert die zentrale Rolle der Arbeit in der politischen Ökonomie von Marx zugunsten des Monismus. Er verwirft den Begriff des metabolischen Bruchs oder des Risses im Stoffwechsel als eine bloße Metapher, die im tatsächlichen Lebensnetz nicht existiert. Der Preis dafür, den Riss auf eine Metapher zu reduzieren, ist jedoch hoch. Andreas Malm weist darauf hin, dass die vermeintlich radikale Perspektive der Moore'schen Weltökologie nicht wirklich radikal ist, da sie sich nur auf der Ebene der »Sprache« bewegt.[88] In der Tat erinnert Moores Phraseologie, die voller Bindestrich-Vokabular und wortschöpferischer Formulierungen wie »Kapitalismus-in-Natur« und »entwickeln durch den *oikeios*« ist, an die berühmte elfte Feuerbach-These von Marx: »Die Philosophen haben die Welt nur verschieden *interpretiert*, es kömmt drauf an, sie zu *verändern*« (*MEW* 3, 7). Marx' Ablehnung gilt Feuerbachs »Wesensphilosophie«, die darauf abzielt, den Menschen aufklärerisch die »Wahrheit« aufzuzeigen, dass Gott als ein entfremdetes und allmächtiges Wesen in Wirklichkeit nichts anderes ist als eine Projektion des dem Menschen eigenen unendlichen und universellen »Gattungswesens«. Marx hebt gegen Feuerbach kritisch hervor, es reiche nicht aus, das Wesen des Christentums zu enthüllen, und stellt die Frage auf die »einzig materialistische« Weise (*Kapital I*, 393), nämlich *warum* und *wie* solche Illusionen sich durchsetzen und das Leben der Menschen beherrschen.[89] Selbst wenn Feuerbach mit seinem Hinweis darauf, dass Gott ein Produkt der menschlichen Einbildungskraft ist, recht hat, bleibt zu fragen, auf welche Art eine bestimmte Konstellation gesellschaftlicher Handlungsweisen ständig die Vorstellung von Gott als fremde Macht über die Menschen produziert und reproduziert. Solange in der Realität diese gesellschaftliche Praxis nicht radikal verändert wird, kann die Forderung, das wahre Wesen zu erkennen, die Entfremdung nicht überwinden.

Ebenso reicht es nicht aus, dem Dualismus von Gesellschaft und Natur sprachlich durch monistische Bindestrich-Ausdrücke zu begegnen, denn eine bestimmte Form von Dualismus besitzt *durchaus* die objektive Kraft, die Realität zu formen, auch wenn Moore die Welt durch eine »philosophische Linse« betrachten und monistisch »interpretieren« möchte. Mit anderen Worten: Wenn Marx das Problem des Risses zwischen gesellschaftlichem und natürlichem Stoffwechsel – wie auch andere Fragen wie die von produktiver und unproduktiver Arbeit – auf dualistische Weise beschreibt, dann nicht, weil er irrtümlich in einen kartesianischen Dualismus verfiele. Er tut es vielmehr bewusst, da die besonderen gesellschaftlichen Verhältnisse im Kapitalismus tatsächlich eine fremde Macht konstituieren. Die kritische Analyse dieser gesellschaftlichen Macht erfordert zwangsläufig, das Gesellschaftliche und das Natürliche jeweils als eigenständige Untersuchungsbereiche zu trennen und danach ihre Verflechtungen zu ergründen. Das ist auch genau das, was Lukács befürwortete. Ist die Wirklichkeit dualistisch, so kann eine monistische Umdeutung dazu führen, die besonderen Konstellationen und Funktionsweisen der bestehenden, für den Kapitalismus charakteristischen gesellschaftlichen Kräfte zu mystifizieren. Moores Theorie läuft daher Gefahr, ungeachtet ihrer kritischen Intention, in »Wissenschaftsideologie« zu verfallen.

Nehmen wir das Beispiel der »planetarischen Grenzen«: Die zunehmenden CO_2-Emissionen im Zuge der Großen Beschleunigung sind als gesellschaftliches Phänomen mit einer bestimmten Art der Organisation der gesellschaftlichen Produktion auf der Grundlage fossiler Brennstoffe verbunden. Jenseits eines bestimmten Kipppunktes ist es wahrscheinlich, dass durch positive, einander verstärkende Rückkopplungseffekte irreversible, schnelle und unerwartete Veränderungen ausgelöst werden. Durch das Abschmelzen des antarktischen Eisschildes aufgrund des Klimawandels wird das im Eis enthaltene Methangas freigesetzt, was wiederum den Klimawandel weiter beschleunigt. Die Versauerung der Ozeane und die Abholzung von Wäldern führen zum Rückgang oder Aussterben bestimmter Arten, was die Nahrungsketten stört und weitere Arten bedroht. Diese Kettenreaktionen werden nicht unmittelbar durch menschliche Aktivitäten verursacht, und der Mensch kann sie auch nicht ändern. Deshalb gelten sie als »irreversibel«. Die Tatsache, dass Eis schmilzt, wenn die Marke von 0° Celsius überschritten wird, oder dass Muscheln auf Kalziumkarbonat ($CaCO_3$) angewiesen sind, die Absorption von CO_2 im Ozean aber zu einem stetigen Rückgang von Carbonat-Ionen (CO_3^{2-}) und zum Anstieg von Hydrogencarbonat-Ionen (HCO_3^-) führt, können Menschen weder willentlich bestimmen noch verändern, so sehr sie sich auch bemühen. Diese Phänomene sind durch natürliche Prozesse bestimmt, die unabhängig von und vor menschlichem Intervenieren existieren. Auch wenn die kapitalistische Entwicklung durch die Kommodifizierung fossiler Brennstoffe die Natur beeinflusst, macht dieser Umstand den natürlichen Prozess keineswegs zu einem gesellschaftlichen. Die Umweltprobleme entstehen gerade deshalb, weil die Naturgesetze objektiv und unabhängig von den gesellschaftlichen existieren und weil eine bestimmte Art der Organisation des gesellschaftlichen Stoffwechsels, die auf einem enormen Verbrauch von fossilen Brennstoffen beruht, von den Bedingungen nachhaltiger Produktion, wie die biophysikalischen Prozesse der Natur sie setzen, stark abweicht – das heißt, einen »Riss« verursacht.

Andreas Malm fordert deshalb, den Fokus auf die gesellschaftlichen Ursachen von ökologischen Krisen zu richten, die auf *menschlicher* »Handlungsmacht« beruhen und von Kausalketten in der Natur streng zu unterscheiden sind.[90] Die zunehmenden Treibhausgasemissionen als unmittelbare Ursache des Klimawandels und der Versauerung der Ozeane stehen im engen Zusammenhang mit gesellschaftlichen Entscheidungen für die Nutzung fossiler Brennstoffe im Kapitalismus. Eine andere Entscheidung wäre denkbar, beispielsweise eine für die Nutzung erneuerbarer Energien. Es gibt also Dinge, die Menschen bewusst verändern, und andere, die sie nicht beeinflussen können. Die natürlichen planetarischen Grenzen sind zunächst anzuerkennen, und eine nachhaltige Gesellschaft müsste sich entscheiden, sich auf diese Grenzen einzustellen.[91] Daher ist, so Malm, eine »*analytische* Distinktion« zwischen dem Gesellschaftlichen und dem Natürlichen »*die unabdingbare Prämisse jeglicher Lösung eines solchen kombinierten Problems*«.[92] Obgleich die Kritik am Anthropozän-Narrativ aufgrund seines Eurozentrismus und Produktivismus durchaus berechtigt ist, sollte die Antwort nicht Monismus sein. Ein methodologischer oder analytischer Dualismus ist unverzichtbar, um die kapitalistische Art und Weise, die Produktion zu organisieren und eine Vielzahl ungerechter Hierarchien zu etablieren, kritisch zu untersuchen.

Ein gerechter Übergang zu einer nachhaltigeren Produktion ist zwangsläufig ebenfalls ein anthropozentrisches Projekt, da es bedeutet, dass Menschen sich bemühen zu überwinden, was sie selbst geschaffen haben: »Ökologische Belange sind keine von innen kommenden, von den Ökosystemen selbst ausgehenden Probleme, sondern sie werden von außen durch gesellschaftliche Triebkräfte verursacht. So verschmutzen die Ozeane sich nicht selbst; *Menschen tun dies.*«[93] Daher ist es auch an den Menschen, bewusst zu handeln, um den Riss zu kitten. Marx fordert dies ein, wenn er für eine andere Art des menschlichen Stoffwechsels mit der Natur durch frei assoziierte Produzentinnen und Produzenten eintritt, um Privatarbeit und Lohnarbeit abzuschaffen.

In diesem Prozess sind nichtanthropozentrische Belange wesentlich, um die gegenwärtige ökologische Krise zu problematisieren und die instrumentelle Haltung gegenüber der nichtmenschlichen Natur aufzugeben, doch sie sind uns auch nur auf der Grundlage *unseres* gegenwärtigen Verständnisses der Welt und der nichtmenschlichen Wirklichkeit zugänglich und werden unweigerlich durch menschliche Interessen und Perspektiven bedingt. In diesem Sinn bleiben sie zwangsläufig »anthropozentrisch«. Dennoch ist es nicht notwendig, in menschlichen Exzeptionalismus zu verfallen.[94] Die Heuchelei des posthumanistischen Monismus, der in Wirklichkeit selbst anthropozentrisch ist und damit die eigenen Grundlagen untergräbt, kritisiert Kate Soper:

> Die posthumanistische Theorie wird […] ausschließlich von und für Menschen gemacht, und ihre Suche nach Antworten setzt auf deren besondere Fähigkeit, ihr Denken und Verhalten im Lichte von Argumenten anzupassen. Ihre theoretische Kohärenz und ihr Ethos beruhen daher auf einem impliziten Bekenntnis zu eindeutig menschlichen Eigenschaften und im Weiteren zu Intentionalität und bewusstem Handeln.[95]

Daher sollte man sich nicht damit zufriedengeben, auf die hybride Situation hinzuweisen und die Analyse mit einer flachen Ontologie zu beenden. Den Zustand der Hybridität und eine flache Ontologie zu affirmieren, ist vielmehr gleichbedeutend damit, auf ein fetischisiertes Verständnis hereinzufallen, das die Gegebenheiten einfach akzeptiert, ohne deren gesellschaftliche Umstände aufzudecken. Die Vorstellung von Aktanten, also davon, Dingen Handlungsmacht zu verleihen, verweist vielmehr auf Marx' Kritik am »Fetischcharakter der Warenwelt«.[96] Denn in seiner Analyse der Ware im *Kapital* spricht Marx tatsächlich von so etwas wie der »Handlungsmacht« der Dinge: Er stellt fest, dass im Kapitalismus die Verhältnisse zwischen Dingen an die Stelle der Verhältnisse von Menschen treten und menschliche Handlungsmacht eher der Kontrolle der Bewegung von Sachen unterworfen und durch diese konstituiert erscheint: Gesellschaftliche Verhältnisse »erscheinen [...] nicht als unmittelbar gesellschaftliche Verhältnisse der Personen in ihren Arbeiten selbst, sondern vielmehr als sachliche Verhältnisse der Personen und gesellschaftliche Verhältnisse der Sachen« (*Kapital I*, 87). Der ganze Sinn von Marx' Kritik am Fetischcharakter besteht freilich darin, die einzig Menschen zukommende Handlungsfähigkeit aufzudecken, die diese pathologische Umkehrung von Subjekt und Objekt in der warenproduzierenden Gesellschaft hervorbringt. Auf der Ebene von Aktanten stehen zu bleiben, mystifiziert den spezifischen Unterschied zwischen kapitalistischen Verhältnissen und vermeintlich mit Handlungsfähigkeit ausgestatteten verdinglichten Objekten, indem alles gleichermaßen als ein Auftreten von Aktanten betrachtet wird. Wenn Handlungsmacht gleichmäßig verteilt wird, verdunkelt eine flache Ontologie die gesellschaftlichen Auswirkungen der kapitalistischen Verhältnisse auf die Umwelt, ganz so, als ob der Einfluss der Natur ebenso bedeutsam wäre wie jener der Kapitalakkumulation.[97] Letzten Endes ist es der *anthropos*, der Unterdrückung und Hierarchie schafft und die Umwelt zerstört. Darüber hinaus berührt dieser Anthropozentrismus auch die Perspektive einer postkapitalistischen Gesellschaft.

V Die Elastizität des Kapitals und die ökologische Krise

Ungeachtet der provozierenden Sprache baut Moores theoretisches Gerüst kapitalistischer Entwicklung und Krise weitgehend auf eine Wiederholung der These vom »zweiten Widerspruch des Kapitalismus«, die ursprünglich von James O'Connor vorgestellt wurde.[98] Demnach wäre der erste Widerspruch des Kapitalismus einer zwischen zunehmender Produktivität einerseits und gleichzeitig wachsender Armut des Proletariats andererseits, was letztlich ökonomisch zu einer Überproduktionskrise und zur Destabilisierung des kapitalistischen Systems führt. Der zweite Widerspruch des Kapitalismus resultiert hingegen aus einer »Unterproduktion der Natur«. Im Unterschied zu früheren Theorien über »Unterkonsumtionskrisen«, die, wie die von Rosa Luxemburg[99], von der Nachfrageseite an die Problematik herangehen, führt die Unterproduktion der Natur zu einer Krise auf der Angebotsseite, mit negativen Auswirkungen auf die Produktionskosten. Während sich die Produktivkräfte unter dem Druck der Marktkonkurrenz weiterentwickeln, wird die Natur zunehmend erschöpft, sodass die Preise für Rohstoffe, Energie, Nahrungsmittel und Arbeitskraft steigen. Durch die Unterproduktion der Natur sinkt die Profitrate und es kommt zu einem Stagnieren der Kapitalakkumulation. Eine plötzliche Unterbrechung der Versorgung und ein dramatischer Anstieg der Produktionskosten können der Ökonomie ernsthaften Schaden zufügen. Arbeitskräfte werden entlassen und die Löhne stagnieren. Auch das Sozialsystem wird im Moment der Krise destabilisiert. Moores Argumentation über das Ende der Billigen Natur und den

Rückgang des »ökologischen Überschusses« scheint dieser Sichtweise O'Connors recht ähnlich.[100]

Es mag daher hilfreich sein, auf frühere Kritiken zurückzukommen, die O'Connors Ansatz und dessen theoretische Grenzen in den Blick nehmen, um einen Rahmen für das Verständnis der ökologischen Krise im Kapitalismus zu schaffen. Wie Burkett feststellt, geht es in der Theorie O'Connors im Kern um eine *Krise des Kapitals*, und zwar als Krise der Kapitalakkumulation aufgrund steigender Produktionskosten und eines entsprechenden Rückgangs der Profitabilität.[101] O'Connor unterschätzt, was Marx die »Elastizität des Kapitals« nennt und wie sich von diesem Begriff ausgehend die Beziehung zwischen Kapital und Natur deutlich dynamischer darstellt. Nur wenn die erstaunliche Elastizität des Kapitals außer Acht gelassen wird, klingt die Behauptung plausibel, die steigenden Preise natürlicher Ressourcen würden den Kapitalismus bedrohen, sobald sich das Gesetz vom tendenziellen Fall der Profitrate durchsetzt. Marx legt zudem dar, dass es sich bei Letzterem nicht um ein »ehernes Gesetz« des unausweichlichen Zusammenbruchs des Kapitalismus aufgrund einer sinkenden Profitrate handle, und er betont wiederholt, die Momente dieses Gesetzes »schließen einen Widerspruch ein, der sich in widersprechenden Tendenzen und Erscheinungen kundgibt. Die widerstreitenden Agentien wirken gleichzeitig gegeneinander« (*Kapital III*, 259). Der Kapitalismus entwickelt sich, so ist Marx überzeugt, durch diesen »lebendigen Widerspruch« (*Grundrisse*, 666). Mit anderen Worten treibt die Existenz des Widerspruchs den weiteren technologischen Fortschritt sowie Veränderungen im Produktions- und im Zirkulationsprozess an.

Während O'Connor also dazu neigt, die Elastizität des

Kapitals zu unterschätzen, kann Moores Vorstellung der »Koproduktion« von Gesellschaft und Natur als ein Versuch angesehen werden, über O'Connor hinauszugehen, indem er die Existenz statischer natürlicher Grenzen zurückweist und gerade die Elastizität der Natur als Quelle der erstaunlichen Vitalität des Kapitals deutlich hervorhebt. In der Tat behauptet Moore wiederholt, dass es keine objektiven natürlichen Grenzen für das Kapital gebe, sondern dass diese im Lebensnetz koproduziert würden. In seiner Theorie der Unterproduktion der Natur versucht er, sowohl Malthusianismus als auch Sozialkonstruktivismus zu vermeiden.

Marx erklärt, das Kapital mache sich eine Vielzahl elastischer Eigenschaften der Welt zunutze, um eine höhere Flexibilität zu erlangen:

> Der produktiv ausgebeutete Naturstoff – der kein Wertelement des Kapitals bildet –, Erde, Meer, Erze, Waldungen usw., wird mit größrer Spannung derselben Anzahl von Arbeitskräften intensiv oder extensiv stärker ausgebeutet, ohne vermehrten Vorschuß von Geldkapital. (*Kapital II*, 355)[102]

Mit Hilfe von Wissenschaft und Technologie eignet sich das Kapital ständig neue Rohstoffe und Energien an, um die Produktivität zu steigern, ohne dass dies die Produktionskosten proportional erhöhen würde. Darüber hinaus nutzt das Kapital die Elastizität der Natur, um Externalitäten zu erzeugen und die negativen Folgen der sozialen Kosten zeitlich und räumlich aus den Zentren in die Peripherien auszulagern.

Dennoch stößt die Elastizität des Kapitals unvermeidlich an objektive Grenzen. Werden diese natürlichen Grenzen überschritten, geht die Elastizität wie bei einer überdehnten Feder mit einem Schlag völlig verloren, sodass die vom Kapital angestrebten Ergebnisse nicht mehr zu erreichen sind. Die Abhängigkeit von der Elastizität der Natur erweist sich in dem Moment als problematisch für die Kapitalakkumulation. Die Qualität der natürlichen Ressourcen verschlechtert sich, wenn ihre materiellen Eigenschaften kontinuierlich ignoriert werden, was sogar mit einem Rückgang des *quantitativen* Umfangs der Produktion einhergehen kann. Die Problematik gewinnt im Laufe der kapitalistischen Entwicklung an Gewicht, weil die Konzentration des Kapitals – als Reaktion auf sinkende Profitraten, um die Profitmasse zu erhöhen – ein größeres Volumen an Roh- und Hilfsstoffen erfordert, um die Produktion aufrechtzuerhalten. Schwierigkeiten ergeben sich ferner häufig dann, wenn die natürliche Produktivität nicht mit der steigenden Produktivität der Industrie mithalten kann:

> Daher entgegengesetzte Bewegung in diesen verschiednen Sphären, Fortschritt hier, Rückschritt dort. Man bedenke z.B. den bloßen Einfluß der Jahreszeiten, wovon die Menge des größten Teils aller Rohstoffe abhängt, Erschöpfung von Waldungen, Kohlen- und Eisenbergwerken etc. (*Kapital III*, 270)

Die Elastizität der Naturkraft kann eine solche erhöhte Nachfrage zwar für eine gewisse Zeit decken, doch auf längere Sicht führt das zu einer gravierenden Verschlechterung und Erschöpfung der natürlichen Produktionsbedingungen. Dies wiederum hemmt zwangsläufig die Kapitalakkumulation und beschleunigt gleichzeitig weitere Eingriffe des Kapitals in die Natur. Auf diese Weise werden Kapital und Natur »koproduziert«, und Moore scheint diese dynamische Logik der kapitalistischen Entwicklung besser zu begreifen als O'Connor.

Gleichwohl ist Moores Zukunftsprognose ebenso apokalyptisch wie Engels' Rache der Natur: Die Schädigung der natürlichen Umwelt führe *eines Tages* aufgrund des Endes der Billigen Natur zu einer Krise des Kapitals. Angesichts der enormen Elastizität des Kapitals bleibt jedoch unklar, ob zuerst der Kapitalismus oder zuerst die Erde zugrunde geht. Denn es gibt keinen zwingenden Grund für die Annahme, der Kapitalismus werde unter steigenden Produktionskosten und sich verschlechternden natürlichen Produktionsbedingungen zusammenbrechen. Tatsächlich ist dies eher unwahrscheinlich, da das Kapital selbst die Naturzerstörung nutzen kann, um, etwa in Umweltkatastrophen, neue Investitionsmöglichkeiten zu finden.[103] Wie Naomi Klein aufgezeigt hat, wird diese Möglichkeit in dem, was der neoliberale »Katastrophen-Kapitalismus« in den vergangenen Jahrzehnten getan hat, deutlich sichtbar.[104] Das Kapital nutzt fortwährend aktuelle ökologische Krisen und findet darin neue Geschäftsfelder, etwa Fracking, Geo-Engineering, gentechnisch veränderte Organismen (GVO), den Handel mit Emissionszertifikaten oder Elementarschadenversicherungen. Im unablässigen Bestreben, den Riss auszulagern, kann der Kapitalismus immer weiter die natürlichen Grenzen überschreiten und immer mehr Reichtum anhäufen. Im Gegensatz dazu lässt sich das gegenwärtige Niveau von Zivilisation *gerade wegen der bestehenden objektiven natürlichen Grenzen* nicht über einen bestimmten Punkt hinaus erhalten. In dem Maße, in dem die Logik der Kapitalakkumulation vom Leben der Menschen und der Nachhaltigkeit des Ökosystems entfremdet bleibt, kann das kapitalistische System weiterbestehen, selbst wenn alle planetarischen Grenzen überschritten werden, aber in vielen Teilen der Erde wird menschliche Zivilisation unvorstellbar werden.

Kurz gesagt gibt es einfach keinerlei empirische Belege dafür, dass der Druck auf die Profitraten aufgrund steigender Kosten des zirkulierenden Kapitals in absehbarer Zeit zu einer »epochalen Krise« führen wird. So ist es beispielsweise notwendig, bis 2050 das Ziel der Netto-Null-Emissionen zu erreichen, um die globale Erwärmung bis 2100 auf 1,5° Celsius zu begrenzen. Wird diese Linie überschritten, könnten verschiedene Folgen des Klimawandels zusammenwirken und so ihre zerstörerische Dynamik im globalen Maßstab verstärken, insbesondere für die Menschen im globalen Süden. Die kapitalistischen Gesellschaften im globalen Norden werden jedoch nicht unbedingt zusammenbrechen. Das Beispiel mag ausreichen, um den enormen Unterschied zu verdeutlichen, der zwischen den materiellen Bedingungen der Kapitalakkumulation einerseits und jenen der Erhaltung bewohnbarer Ökosphären andererseits besteht.[105] Da sich Moores Erörterung der »epochalen Krise« hauptsächlich mit der Krise des Kapitals, also der Kapitalakkumulation befasst, neigt er dazu, die ökologische Krise als solche zu vernachlässigen.

Moores Schwachpunkt, der sich aus diesem Vernachlässigen der ökologischen Krise ergibt, zeigt sich in seiner Auffassung des Übergangs zu einer zukünftigen Gesellschaft. Da er die aktuelle allgemeine Krise hauptsächlich aus der Perspektive des Kapitals analysiert, steht seine Emanzipationsvorstellung in einem gewissen Spannungsverhältnis zum Marx'schen Humanismus. Der Theorie des Risses im Stoffwechsel zufolge untergräbt die ökologische Krise die Möglichkeit einer freien und, wie Burkett schreibt, »nachhaltigen menschlichen Entwicklung« erheblich.[106] Die kapitalistische Produktionsweise, so Marx' Warnung, »zerstört damit zugleich die physische Gesundheit der Stadtarbeiter und das geistige Leben der Landarbeiter« (*Kapital I*, 528). Dieser Humanismus verweist auf die bestehende praktische Notwendigkeit, eine nachhaltigere Form der Produktion jenseits des Kapitalismus zu etablieren, bevor dieser durch die Unterproduktion der Natur zusammenbricht. In diesem Sinne hat Marx die ökologische Krise nicht vom Standpunkt des Kapitals aus problematisiert, sondern aus der Perspektive einer freien und nachhaltigen menschlichen Entwicklung. Darin kann der Monismus ihm nicht folgen, da er einen solchen humanistischen Standpunkt als fragwürdig erachtet. Tatsächlich steht Moore vor der Schwierigkeit, dass Marx es für die Errichtung einer zukünftigen Gesellschaft als Voraussetzung betrachtet, die gesellschaftliche Form der menschlichen Arbeit bewusst zu verändern, das heißt, Privatarbeit und Lohnarbeit zu überwinden. Moores Vorstellung hingegen zielt darauf ab, den Kapitalismus mit Hilfe der als Aktant wirkenden Natur zu überwinden – ihrer Erschöpfung, ihrer Turbulenzen und der steigenden Preise für natürliche Ressourcen und Energie. Dies ist eine Revolte des »Biotariats«.

Wie im vorangegangenen Abschnitt erörtert, tilgt der Marx'sche Anthropozentrismus nicht einfach die Nichtidentität der Natur. Eine angemessene Auseinandersetzung mit der ökologischen Krise erfordert, diese Nichtidentität der Natur anzuerkennen. Sie anzuerkennen, bleibt selbst insofern »anthropozentrisch«, als ihre Nichtidentität nur in Bezug auf Identität definiert werden kann, d. h. in Bezug auf *uns*. Dies ist indes keineswegs so verhängnisvoll, wie manche Kritikerinnen und Kritiker des Anthropozän-Narrativs befürchten. Vielmehr ist diese Art von Anthropozentrismus notwendig, um überhaupt sinnvoll über die ökologische Krise sprechen zu können. Bakterien und Insekten mögen auch dann noch weiterleben können, wenn der Klimakollaps zum Aussterben der Spezies Mensch geführt hat. Wenn deren Existenz uns jedoch daran hindert, über die ökologische Krise aus menschlicher Sicht zu sprechen, dann negiert dies im Grunde genommen die Existenz ebendieser ökologischen Krise. Ohne Anthropozentrismus wäre es tatsächlich fast unmöglich, von einer ökologischen Krise zu sprechen, da sie hauptsächlich *für den Menschen* existiert.

VI Gutes Anthropozän?

Es besteht kein triftiger Grund für die Annahme, das Kapital werde angesichts der Krise der Kapitalakkumulation seine Eingriffe in die Natur einstellen. Nun konstatiert Bruno Latour in seinem Essay »Love Your Monsters«, das Verbrechen von Dr. Frankenstein habe nicht darin bestanden, ein Monster erschaffen, sondern darin, es aus Angst aufgegeben zu haben. Latour fährt fort:

> Der Punkt ist nicht, dass wir es versäumt haben, uns um die Schöpfung zu kümmern, sondern dass wir es versäumt haben, uns um unsere technologischen Schöpfungen zu kümmern. Wir verwechseln das Monster mit seinem Schöpfer und schieben unsere Sünden an der Natur auf unsere Schöpfungen. Aber unsere Sünde besteht nicht darin, dass wir Technologien schufen, sondern darin, dass wir es versäumten, sie zu lieben und uns um sie zu kümmern.[107]

Latour zufolge verbietet es sich angesichts der hybriden Situation, auf einmal aus Angst moderne Technologien und Produktivität pauschal abzulehnen. Vielmehr müsse es darum gehen, diese Hybridisierung noch weiter voranzutreiben und eine »Vertrautheit mit den neuen Naturen« zu schaffen.[108] Latours Standpunkt ist *hypermodern*. Sein Monismus ist exemplarisch in der ablehnenden Haltung, die er gegenüber dem »Vorrang des Objekts« und der »Nichtidentität der Natur« einnimmt, was das prometheische Projekt der Herrschaft über die Natur durch eine stark instrumentalistische Ausrichtung noch verstärkt. Dieses prominente Beispiel mag genügen, um zu zeigen, dass der Monismus nicht per se eine dem Dualismus überlegene Weltsicht bietet, zumal die Nichtidentität von Mensch und Natur sowie der Vorrang Letzterer bestritten wird.

Latours Beitrag wurde in einer Zeitschrift veröffentlicht, die von einem in den USA ansässigen Think Tank, dem Breakthrough Institute, herausgegeben wird, wo er Senior Fellow war. Obwohl Latour bestreitet, mit der allgemeinen Ausrichtung des Think Tanks völlig übereinzustimmen, besteht erkennbar eine Affinität.[109] Nach Ansicht des Instituts war die Welt schon immer turbulent, und deshalb sei die Umweltbewegung zu romantisch oder sogar reaktionär, wenn sie versuche, eine unberührte Natur in einem Zustand des Gleichgewichts zu schützen, den es nie gab und nie geben wird. Das aus dem Umfeld des Instituts stammende Ökomoderne *Manifest* – an dem Latour mitgewirkt hat – macht geltend, weitere Eingriffe in die Natur aufgrund der »wachsenden sozialen, wirtschaftlichen und technologischen Kräfte« seien eine Voraussetzung für ein demokratisches »gutes Anthropozän«.[110] Überhaupt nicht klar wird, wie die Idee »demokratischer Kontrolle« mit kapitalintensiven Großtechnologien wie Geo-Engineering, CO_2-Abscheidung und -Speicherung (*carbon capture and storage* – CCS) oder Kernfusion vereinbar sein könnte.[111] Wie dem auch sei, wenn die technologische und wirtschaftliche Entwicklung allein ausreichen würde, um die ökologische Krise durch eine vollständige Umgestaltung der Erde zu überwinden, wäre der Kapitalismus zu retten. Leigh Phillips jedenfalls, einer der Verfechter der Ökomoderne, erklärt kühn: »Es gibt keine ›metabolische Kluft‹«.[112]

Was hat die Ökomoderne mit Moore zu tun? Moore befürwortet keine solchen Ideen, aber er verweist auf Ted Nordhaus und Michael Shellenberger, die Gründer des Breakthrough Institute, als starke Kritiker der im Marxismus vorherrschenden dualistischen Denkweise:

> Eine radikale und emanzipatorische Alternative leugnet nicht die Zerstörung der Natur. Weit davon entfernt! Aber eine Politik der Natur, die sich eher auf deren Zerstörung als auf deren Arbeit konzentriert, macht die radikale Sichtweise anfällig für harsche Kritik. Diese lautet letztlich, dass es eine unberührte Natur nie wirklich gegeben hat; dass wir eine weitere von vielen Epochen einer Veränderung der Umwelt erleben, die aber durch technologische Innovation zu bewältigen ist (Lynas 2011; Shellenberger / Nordhaus 2011). Das Gegenargument mit Blick auf das Kapitalozän – ein hässliches Wort für ein hässliches System – versteht die Schädigung der Natur als spezifischen Ausdruck der kapitalistischen Organisation von Arbeit.[113]

Später ändert Moore eine ähnliche Passage stillschweigend durch den hinzugefügten Kommentar, diese Argumente seien »Unsinn«, aber er ist immer noch überzeugt, monistische Verfechter der Ökomoderne seien besser jene, die den dualistischen Begriff des metabolischen Bruchs befürworten.[114]

Ein Verweis auf das Breakthrough Institute ist, so ließe

sich einwenden, nicht gleichbedeutend damit, dessen ökomoderne Sichtweise zu affirmieren. Mag sein, aber das Ganze ähnelt Harveys Verweis auf Greg Easterbrook. Das ist das Problem des Monismus. Zu Recht weist Foster darauf hin, angesichts der globalen ökologischen Krise bestehe Gefahr, alles zu hybridisieren:

> In Anbetracht der sehr realen Spaltung der Welt im Anthropozän durch die entfremdete gesellschaftlich-metabolische Reproduktion des Kapitalismus bedeutet die Konzentration auf Binsenweisheiten wie die, dass die Welt letztlich eins sei und die menschliche Produktion unweigerlich neue hybride Formen von Mensch-Natur-Beziehungen schaffe (als ob dies an sich Naturprozesse und -gesetze transzendieren würde), ein Herunterspielen der tatsächlichen Tiefe der Krise, in der sich die Welt nun befindet.[115]

Moore kritisiert die »Fetischisierung der natürlichen Grenzen« in Engels' Vorstellung von der Rache der Natur, lässt sich aber von diesem Einwand ausgehend zu dem Gedanken verleiten, die natürlichen Grenzen dehnbarer zu machen; trotzdem ist nicht nachvollziehbar, wie seine Vorhersage vom Ende der Billigen Natur und sein technologischer Optimismus theoretisch konsistent koexistieren können. Im Ergebnis bleibt Moore nur, den Zusammenbruch des Kapitalismus aufgrund des Endes der Billigen Natur vage zu antizipieren, wenn nämlich *eines Tages* die Technologien des Kapitals nicht mehr in der Lage sein werden, neue Grenzgebiete zu erschließen und das tendenzielle Sinken des ökologischen Surplus zu überwinden.

Letztlich ist es sicherlich notwendig, in die natürliche Welt einzugreifen und sie zu verändern, um den aktuellen

Klimawandel zu bewältigen. Die Anerkennung der Nichtidentität der Natur ist der Schlüssel, um nicht der Illusion zu verfallen, eine absolute Kontrolle über das gesamte Ökosystem sei möglich. Das macht es erforderlich, dass Menschen mit der irreduziblen Alterität der Natur leben. Die Natur widersetzt sich ihren instrumentalistischen Zwecken, da sie ihre eigene Zweckhaftigkeit hat, die sich dem vollen Zugriff des Menschen entzieht.[116] Aus der Perspektive der »Identität von Identität und Nichtidentität« im Lukács'schen Sinne erweist sich der methodologische Dualismus als unverzichtbar für jede kritische Theorie der Natur im Anthropozän.[117] Bedauerlicherweise orientiert sich die gegenwärtige Wiederbelebung postkapitalistischer Diskurse in entgegengesetzter Richtung und setzt auf den technischen Fortschritt. Diese Situation ist insofern verwunderlich, als der späte Marx den emanzipatorischen Charakter der kapitalistischen Entwicklung der Produktivkräfte in Frage stellt.

Kapitel 5

Das Revival des utopischen Sozialismus und die Produktivkräfte des Kapitals

Traditionell stehen Marxisten dem technologischen Fortschritt eher aufgeschlossen gegenüber. So wird häufig behauptet, erst die Weiterentwicklung der Produktivkräfte schaffe die materiellen Voraussetzungen für eine postkapitalistische Produktionsweise. Herbert Marcuse hebt im Alter zwar ausdrücklich die umweltzerstörerischen Aspekte der kapitalistischen Produktion hervor[1], doch auch er zeigt sich optimistisch, was die Möglichkeiten des technischen Fortschritts als Hauptkraft der menschlichen Emanzipation, über Mangel und Armut hinaus, durch die berühmte Dialektik von Quantität und Qualität angeht. In dem Essay *Versuch über die Befreiung* erklärt er, die menschliche Emanzipation bedürfe einer Revolution, die durch ihre »biologische« Grundlage

> die Chance hätte, den quantitativen technischen Fortschritt in qualitativ andere Lebensformen zu überführen – genau deshalb, weil sie eine Revolution wäre, die auf einer hohen Stufe der materiellen und intellektuellen Entwicklung stattfände und die es den Menschen ermöglichte, Mangel und Armut zu überwinden. Wenn diese

> Idee einer radikalen Transformation mehr sein soll als eitle Spekulation, so muß sie eine objektive Grundlage im Produktionsprozeß der fortgeschrittenen Industriegesellschaft haben, in ihren technischen Möglichkeiten und in deren Anwendung. Denn Freiheit hängt in der Tat großenteils vom technischen Fortschritt, von der Fortentwicklung der Wissenschaft ab.[2]

Bedauerlicherweise hat sich der prometheische Traum von der Verwirklichung der Freiheit durch technischen Fortschritt nicht erfüllt. Oder, um es dialektisch auszudrücken, der dialektische Umschlag von Quantität in Qualität geschieht nur dergestalt, dass der technische »Fortschritt« eine unkontrollierbare zerstörerische Macht über den Planeten ausübt.

Trotz einer Geschichte des Scheiterns feiern prometheische Ideen gegenwärtig ein Comeback und erlangen in der politischen Ökologie großen Einfluss. Tatsächlich sind es gerade ökomoderne Vorstellungen, die mit der Verschärfung der ökologischen Krise hegemonial werden. Nun scheinen die Entwicklung und Anwendung von Großtechnologien sowie die Wissenschaften die einzige schnell genug und in ausreichendem Umfang zur Verfügung stehende Lösung zu bieten, um die ernste Bedrohung durch den Klimakollaps anzugehen. Die neuesten Verfechter des Prometheanismus argumentieren, die Umweltbewegung sei demgegenüber zu naiv, wenn sie Entschleunigung und Verkleinerung propagiere, um im Einklang mit der Natur zu leben. Der ökologische Prometheanismus sei »das kleinere Übel«.[3]

Auch der zeitgenössische Marxismus reagiert auf die Situation. Alberto Toscano etwa drängt darauf, die »prometheischen« Ideale der Linken wiederaufzugreifen, um eine postkapitalistische Welt vorstellbar zu machen.[4] Der prometheische Geist spiegelt sich auch in Aaron Bastanis Vorstellung von »Luxuskommunismus« wider: »Unser Streben muss prometheisch sein, denn unsere Technologie macht uns bereits zu Göttern – also sollten wir darin auch gut werden.«[5] Die Verfechter solcher Ideen werden oft als »linke Akzelerationisten« bezeichnet; und sie sind, so Aaron Benanav, »die Utopisten unseres spätkapitalistischen Zeitalters«.[6] Diese optimistische Wende im Marxismus nach Jahrzehnten des Pessimismus nach dem Zusammenbruch des real existierenden Sozialismus ist gekennzeichnet durch die unverhohlene Befürwortung eines weiteren exponentiellen Wachstums der neuen Technologien, wie etwa einer vollständigen Automatisierung mit Hilfe von künstlicher Intelligenz (KI) und Robotik sowie der gemeinsamen Ressourcennutzung durch Informations- und Kommunikationstechnologien (IKT) und das Internet der Dinge (IdD). Während diese neuen Technologien verbreitet soziale Ängste vor Massenarbeitslosigkeit durch den Wettbewerb mit Maschinen hervorrufen, behaupten die »utopischen Sozialisten« kühn, sie eröffneten neue Möglichkeiten, eine, so Nick Srnicek und Alex Williams, »postkapitalistische Welt ohne Arbeit« zu schaffen.[7]

Solcherart technikbegeisterte Zukunftsentwürfe werden Umweltschützer vermutlich umgehend als irrational verwerfen. Sie verstärken den Eindruck, der Marxismus sei unfähig, aus den Fehlern der Vergangenheit zu lernen. Dennoch begrüße ich neue Versuche, über den langjährigen »kapitalistischen Realismus« hinauszugehen. Marx schätzte utopische Sozialisten wie Robert Owen und Henri de Saint-Simon höher ein als etwa Pierre-Joseph Proudhon und andere »bürgerliche Sozialisten«, die den Markt und die Lohnarbeit als Grundlage des Sozialismus ansahen. Das lag daran, dass jene utopischen Sozialisten das radikale Imaginäre einer anderen, postkapitalistischen Gesellschaft bereicherten, anstatt bestimmte Elemente der bestehenden Gesellschaft zu idealisieren und zu naturalisieren. In ähnlicher Weise bietet der spätkapitalistische utopische Sozialismus eine starke Inspiration für emanzipatorische postkapitalistische Potentiale. Solche Erweiterungen des politisch Imaginären werden in einer Zeit, in der die Legitimität des kapitalistischen Systems aufgrund der langen Depression, der strengen Austeritätspolitik, der wachsenden wirtschaftlichen Ungleichheit sowie der katastrophalen Zerstörung der natürlichen Umwelt zunehmend in Frage steht, dringend gebraucht.

Das vorliegende Kapitel erkennt diesen praktischen Beitrag des spätkapitalistischen utopischen Sozialismus an und untersucht zugleich kritisch dessen prometheische Positionen, eng bezogen auf Marx' eigenes Projekt und mit besonderer Fokussierung auf seine ökologische Kapitalismuskritik. Die Schlüsselfrage lautet, warum Marx im *Kapital* einige der grundlegenden Ideen aufgibt, die er in den 1850er Jahren entwickelt hatte und die heute vom linken Akzelerationismus leidenschaftlich vertreten werden. Deren theoretischer Rahmen rekurriert sehr stark auf Marx' Begriff des »General Intellect«, der in dem als »Maschinenfragment« bekannten Abschnitt der 1857/58 verfassten *Grundrisse der Kritik der politischen Ökonomie* erläutert wird. Im *Kapital* vertritt Marx diese Sichtweise jedoch nicht mehr. Das vorliegende Kapitel verfolgt den Weg, den Marx in diesen zehn Jahren nahm, und zeigt auf, was ihn bewog, das emanzipatorische Potential der Entwicklung der Produktivkräfte im Kapitalismus sehr viel kritischer zu sehen. Der Schlüsselbegriff, der diese entscheidende Verschiebung in Marx' Geschichtsauffassung kennzeichnet, ist der der »Produktivkraft des Kapitals«. Dieser ist ferner eng mit zwei weiteren wichtigen Begriffen verknüpft: »Kooperation« und »reelle Subsumtion der Arbeit unter das Kapital«. Nur wenn diese drei Aspekte *in ihrem Zusammenhang* richtig verstanden werden, ist es möglich, Kriterien aufzustellen, um die dualen – oder »dialektischen« – Momente der unaufhörlichen technologischen Entwicklung der kapitalistischen Produktionsweise adäquat zu behandeln. Während Marx zweifellos weiterhin davon überzeugt blieb, dass die technologische Entwicklung im Kapitalismus notwendige materielle Voraussetzungen für den Sprung zum Sozialismus schafft, bewog seine dialektische Methode ihn, nun die negative und destruktive Seite der neuen Technologien nachdrücklicher hervorzuheben. Marx' Technologiekritik ist im Kontext des prometheischen Revivals im Anthropozän wichtiger denn je, zugleich eröffnet sie dem Marxismus auch einen völlig neuen Horizont für eine postkapitalistische Gesellschaft.

Das vorliegende Kapitel beginnt, um diesen Punkt zu klären, mit einem Überblick darüber, warum neuere Formen von Prometheanismus die neuen Technologien als Chance zur Überwindung des Kapitalismus betrachten (I). Wie linke Akzelerationisten selbst einräumen, stützt sich ihre Sichtweise auf Marx' *Grundrisse* (II), die in den späten 1850er Jahren entstanden. Der nächste Abschnitt führt Marx' Begriffe der »Produktivkraft des Kapitals« und der »reellen Subsumtion« ein, die in den 1860ern entwickelt wurden, um einige der zentralen Argumente aus den *Grundrissen* zu relativieren. Die neuen Begriffe deuten darauf hin, dass Marx in den 1860er Jahren bewusst die produktivistische Geschichtsauffassung aufgegeben hat, die in den

Grundrissen noch vorhanden war (III). Diese theoretische Entwicklung ist von großer Bedeutung für die Rekonstruktion des nichtprometheischen Marx. Die Verschiebung spiegelt sich in der Diskussion der »Kooperation« im *Kapital* wider, die in den *Grundrissen* nicht vorkommt. Marx sah es in der Folge als notwendig an, den progressiven Charakter der Produktivkraftentwicklung in Frage zu stellen. Die drei oben genannten Begriffe stehen dabei in einem gewissen Spannungsverhältnis zu seiner früheren Auffassung des historischen Materialismus (IV). Da die utopischen Sozialisten der Gegenwart den theoretischen Wandel von Marx in den 1860er Jahren übersehen, ziehen sie sich unvermeidlich auf seinen Prometheanismus aus den 1850ern zurück. Eine der daraus resultierenden Konsequenzen ist eine in der politischen Auseinandersetzung anzutreffende einseitige Fokussierung auf Wahlen, ohne die ökonomischen Strukturen und konsumistischen Vorstellungen in Frage zu stellen, die unser politisches Imaginäres weiterhin einschränken (V).

I Vollautomatisierung als Chance für den Postkapitalismus

Angesichts der jüngsten Entwicklung von KI, Robotik, Bio- und Nanotechnologie wächst die Angst vor massiver technologisch bedingter Arbeitslosigkeit und wachsender ökonomischer Ungleichheit. Im Laufe der nächsten Jahrzehnte können, wie Carl Benedikt Frey und Michael A. Osborne prognostizieren, die meisten Arbeitsplätze durch Maschinen ersetzt werden, und es gibt selbst für hochqualifizierte Berufe in Banken, Steuerkanzleien oder im Journalismus keine Gewähr dafür, davon verschont zu bleiben.[8] Das grundlegende Problem besteht heute darin, dass – im Gegensatz zur industriellen Revolution, als die überzählige Bevölkerung vom Land durch eine große Anzahl von Fabriken in der Stadt absorbiert wurde – die neuen Industrien, die in der dritten industriellen Revolution entstanden sind, keine neuen Arbeitsplätze schaffen, sondern vielmehr die Deindustrialisierung in den entwickelten Ländern beschleunigen. In Verbindung mit dem globalen Outsourcing und Offshoring der industriellen Fertigung verschärft die Digitalisierung die Konkurrenz um Arbeitsplätze mehr denn je, da Arbeiterinnen und Arbeiter weltweit potentiell am selben Arbeitsmarkt teilnehmen. Der enorme Umfang der »relativen Übervölkerung« zeigt sich in zunehmend prekären Arbeitsverhältnissen mit ungeregelten Arbeitszeiten und stagnierenden Löhnen. Zwar wird die Entwicklung der Technologie allgemein als ein Schlüsselfaktor des Wirtschaftswachstums angesehen, doch werde, wie Martin Ford voraussagt, die extreme Konzentration von Reichtum bei einigen wenigen privilegierten Digital-Begüterten zu einem »Techno-Feudalismus« führen.[9] Aus Sicht der herrschenden Klasse ermöglicht die Informationstechnologie zudem die Überwachung jeder einzelnen Aktivität, konstatiert Shoshana Zuboff, und die durch dieses Monitoring gesammelten riesigen Datenmengen können auch genutzt werden, um soziale Verhaltensweisen zu steuern und Wünsche zu manipulieren.[10] Im Gegensatz zu Prognosen, die davon ausgingen, die Entwicklung der Informationstechnologien werde einen freieren und demokratischeren Raum eröffnen, scheint sich ein »durch Big-Data ermöglichter, IT-gestützter Autoritarismus« abzuzeichnen, so Sebastian Heilman, der auf einen »Weg in eine völlig neue, potentiell totalitäre Zukunft« hinweist. Dies sei ein »neuer digitaler Leninismus«.[11]

Einigen Marxisten indes erscheint die Prognose eines digitalen Feudalismus als zu pessimistisch. Anstatt den technologischen und wissenschaftlichen Fortschritt aus Angst vor Dystopie zu verlangsamen, plädieren sie dafür, ihn im Namen der menschlichen Emanzipation sogar weiter zu beschleunigen. Auf eine Weise, die mich an Latours Aufruf »Liebe deine Monster« erinnert, sind sie ebenfalls bestrebt, eine postkapitalistische Alternative zu entwerfen, indem sie, wie Benjamin Noys es formuliert, »menschliche Arbeit in die Maschine reintegrieren«.[12] Im heutigen Kapitalismus sehen sie mehr oder weniger drei emanzipatorische Tendenzen.

1. Vollautomatisierung und eine Welt ohne Arbeit

Massenarbeitslosigkeit aufgrund von Automatisierung ist für Arbeiterinnen und Arbeiter sicherlich nicht wünschenswert. Selbst wenn durch umfassende Automatisierung billige Waren und Dienstleistungen in großen Mengen produziert werden könnten, wären moderne Lohnabhängige nicht in der Lage, ihren Lebensunterhalt zu bestreiten, wenn sie im harten Wettbewerb mit Maschinen und anderen prekär Beschäftigten nicht bestehen und ihre Arbeitskraft nicht verkaufen könnten. Schließlich hängt ihre Existenz ganz entscheidend vom Arbeitslohn ab, sodass sie gezwungen sind, selbst schlecht bezahlte Jobs mit langen Arbeitszeiten anzunehmen, um nicht zu verhungern.[13] Aus einem anderen Blickwinkel betrachtet, ist die drohende Massenarbeitslosigkeit jedoch zugleich ein Zeichen für die Irrationalität des derzeitigen Wirtschaftssystems. Wenn Massenarbeitslosigkeit droht und die Löhne gekürzt werden, dann *gerade deshalb, weil* das Produktivitätsniveau bereits heute hoch genug ist, um die menschlichen Bedürfnisse zu befriedigen, ohne dass alle so lange arbeiten müssten. Ungeachtet dessen muss die Produktivität in der kapitalistischen Produktion immer weiter steigen, da das Kapital unter dem Druck der Marktkonkurrenz gezwungen ist, ständig neue Technologien einzuführen, wodurch sich der Widerspruch allerdings weiter vertieft. Im Kapitalismus kann die Arbeitszeit nicht verkürzt werden – die Arbeit ist die einzige Quelle des Werts, das Kapital abhängig von der Produktion absoluten Mehrwerts, während die Profitrate aufgrund der Maschinisierung und Automatisierung weiter sinkt –, doch eine hohe Arbeitslosigkeit ist ebenfalls nicht hinzunehmen. Dieses Dilemma zeigt, dass der Kapitalismus die beträchtliche gesellschaftliche Produktivität nicht zum Wohle der Menschen einsetzen kann.

Ist jedoch die obsolete Arbeitsethik des Kapitalismus erst einmal überwunden, kann die höhere Produktivität genutzt werden, um die Schufterei zu minimieren oder sogar ganz abzuschaffen, was gleichzeitig mit größerem Wohlstand und mehr freier Zeit für alle einherginge. Akzelerationisten wie Srnicek und Williams betonen daher nachdrücklich, Arbeiterinnen und Arbeiter müssten sich nicht von Robotern bedroht fühlen, sondern sollten die Vollautomatisierung befürworten: »Umfassende Automatisierung ist eine utopische Forderung, die darauf abzielt, die notwendige Arbeit so weit als möglich zu verringern.«[14] Die Vollautomatisierung schaffe die Voraussetzungen dafür, eine Vielzahl gesellschaftlicher Bedürfnisse mit einem geringen Aufwand an Arbeit und natürlichen Ressourcen befriedigen zu können. John Maynard Keynes sagte einmal voraus, bis zum Jahr 2030 werde sich die Arbeitszeit auf 15 Stunden pro Woche reduzieren, sodass das eigentliche wirtschaftliche Problem der menschlichen Gesellschaft dann darin bestehe, wie sie ihre freie Zeit verbringen solle. Die Prognose ist zwar nicht eingetreten, aber sicherlich nicht, weil Keynes völlig falschlag, sondern weil der Kapitalismus fortbesteht. Eine »Postarbeitsgesellschaft« ließe sich mit dem Sprung in eine postkapitalistische Gesellschaft sofort verwirklichen.

2. Null-Grenzkosten und die Gesellschaft des Überflusses

Nicht nur die umfassende Automatisierung stellt heute eine Herausforderung für den Kapitalismus dar. Jeremy Rifkin erläutert in seinem Buch *Die Null-Grenzkosten-Gesellschaft* die zerstörerischen Auswirkungen der dritten industriellen Revolution auf das bestehende System des Marktkapitalismus.[15] Rifkin zufolge führt die Informationstechnologie zu revolutionären Veränderungen im gesamten Produktionsprozess, da sie in der Lage ist, Waren und Dienstleistungen als kostenlose, sofort verfügbare und perfekte Kopien bereitzustellen. Als Hauptbeispiele nennt Rifkin die Produktion von Musik und Zeitungen: Ist die Musik erst einmal aufgenommen oder ein Text geschrieben, sinken bei digitalisierten Angeboten die Produktionskosten für eine zusätzliche Einheit auf nahezu null. Das steht in einem deutlichen Gegensatz zur bisherigen Herstellungsmethode, bei der für jede CD und jede Zeitung zusätzliche Kosten anfielen. Rifkin geht sogar davon aus, dass in vielen Branchen dank neuer Informationstechnologien und unterstützt durch die Nutzung von 3D-Druckern und erneuerbaren Energien die Grenzkosten tendenziell tatsächlich auf null sinken werden.

Die Null-Grenzkosten-Gesellschaft kennzeichnet ein immer größerer Überfluss an »freiem«, also kostenlos zur Verfügung stehendem Wohlstand. Marxistisch formuliert zerstört die Informationstechnologie die Marktökonomie, indem sie Gebrauchswert und Wert entkoppelt. Perfekte digitale Kopien sind *gerade deshalb* »frei«, weil ihre sofortige Produktion keinerlei Verausgabung menschlicher Arbeit erfordert. Die Informationstechnologie steigert den Gebrauchswert exponentiell – das besagt das »Moore'sche Gesetz« –, sodass der Output der Arbeit in keinem Verhältnis zum Input mehr steht. Wenn die Grenzkosten der Produktion und Distribution von Waren und Dienstleistungen auf nahezu null sinken, bricht, wie sich anhand der Arbeitswerttheorie zeigen lässt, der Preismechanismus zusammen. Der materielle und immaterielle Wohlstand nimmt rapide zu, während sein Wert beständig sinkt. Dies bedroht den Kapitalismus in seinem Kern. Wie Paul Mason erklärt, kann »eine Welt der kostenlosen Dinge nicht kapitalistisch sein«.[16]

Ähnlich betont auch Rifkin die Unvereinbarkeit des Kapitalismus und der neu entstehenden »kollaborativen« Ökonomie, die den »Niedergang« des Kapitalismus herbeiführen werde. Entscheidend ist in seinen Augen

> der langsame Niedergang des kapitalistischen Systems und der Aufstieg der kollaborativen Commons, in denen man das ökonomische Wohl nicht so sehr durch Anhäufung von Markt- als vielmehr durch das Sammeln von Sozialkapital misst. Wir können den Grund für den allmählichen Rückgang des BIP in den kommenden Jahren und Jahrzehnten zunehmend im Umstieg auf ein pulsierendes neues ökonomisches Paradigma sehen, das ökonomischen Wert nicht mehr misst wie bisher.[17]

In Kombination mit umfassender Automatisierung, erneuerbaren Energien, zellulärer Landwirtschaft und Asteroidenbergbau wird die dritte industrielle Revolution den Mangel an Arbeitskräften, Energie, Nahrungsmitteln und Ressourcen überwinden, und ihr Überfluss wird das System des Wertes obsolet machen. Aaron Bastani nennt diese Gesellschaft jenseits des Mangels plakativ »vollautomatisierten Luxuskommunismus«:

> In dem Maße, in dem Informationen, Arbeit, Energie und Ressourcen ständig billiger werden – und wir die Arbeit und die Grenzen der alten Welt hinter uns lassen –, stellt sich heraus, dass wir nicht nur alle unsere Bedürfnisse befriedigen, sondern auch jede Grenze zwischen dem Nützlichen und dem Schönen auflösen. Kommunismus ist Luxus – oder es ist kein Kommunismus.[18]

3. Netzwerkeffekte und die Krise des Privateigentums

Wie Rifkins Ausführungen zu einer Null-Grenzkosten-Gesellschaft zeigen, spielt die auf Wissen basierende immaterielle Produktion im Zeitalter der Informationstechnologien eine Schlüsselrolle. Bereits in den frühen 1990er Jahren betont Peter Drucker, »daß Wissen *die* Ressource geworden ist, und nicht mehr bloß eine Ressource unter anderen«.[19] Er ist überzeugt, dass die freie und autonome Zusammenarbeit mit Hilfe der Informationstechnologie die Managementhierarchien im Arbeitsprozess zerstören und durch horizontalere und demokratischere Formen ersetzen werde. Diese demokratische Produktion ist für das Kapital bedrohlich, weil Wissen, die Produktivkraft der Wissensökonomie, wie André Gorz herausstellt, immer »potentiell gratis« ist.[20] Wissen und Information sind Gemeingüter, die weithin geteilt werden können und müssen, sie sind daher ihrer Natur nach unvereinbar damit, exklusiv und monopolisiert besessen zu werden. Vielmehr schaffen sie »positive Externalitäten«, die aus Netzwerken miteinander verbundener Personen hervorgehen. Je mehr sich die Interaktion und Kommunikation der Beteiligten durch das Netzwerk entwickeln, desto größer sind die positiven Externalitäten, die wiederum die Produktivkraft vermehren. In diesem Sinne ist die Wissensökonomie als Hauptantriebskraft der dritten industriellen Revolution essentiell demokratisch, horizontal und allen gemeinsam, da auf Commons gegründet.

Doch gerade dieser Charakter des Wissens als Common stellt für den Kapitalismus ein Problem dar. Privateigentum ist für die Kapitalakkumulation unverzichtbar. Ein Monopol schmälert indes unweigerlich den Nutzen immaterieller Güter, da es den positiven Netzwerkeffekt der durch gesellschaftliche Kooperation geschaffenen kollaborativen Commons schwächt. Es gibt zudem ein Legitimationsproblem. Wenn Waren und Dienstleistungen im Wesentlichen durch gesellschaftliche Kooperation hergestellt werden, ist nicht klar, wem sie gehören sollen, und es ist fraglich, ob ein Produkt, das seinem Wesen nach gesellschaftlich ist, patentiert und von einigen wenigen monopolisiert werden kann. Mit der Expansion gesellschaftlicher Netzwerke wird das System des Privateigentums zunehmend in Frage gestellt. Rifkin sieht für die Zukunft der »kollaborativen Wirtschaft« optimistisch ein exponentielles Wachstum positiver Netzwerkeffekte voraus, durch die letztlich das System des Privateigentums gesprengt würde.[21] Und wenn das System des Privateigentums zusammenbricht, dann selbstverständlich auch der Kapitalismus. Die Reaktion des Kapitals auf die Netzwerkeffekte besteht nun darin, so Srnicek, monopolisierte digitale Plattformen und Formen von Wissen zu schaffen, aus denen durch künstliche Informationsverknappung und -exklusivität Renten abgeschöpft werden können.[22] Das Dilemma des Kapitals verschwindet freilich nie. Die Jagd nach Renten durch Monopolbildung behindert unweigerlich die weitere Entwicklung der kollaborativen Ökonomie als Quelle des Profits. Zudem steigen die Kosten für den Schutz von Monopolen immer weiter an, da ständig Gefahr besteht, dass freie Netzwerke entstehen, wodurch das gesamte Unternehmen nichts mehr abwerfen würde.[23]

Mason fasst diese drei Tendenzen zum Postkapitalismus zusammen und stellt fest, dass sich heute eine neue Form postkapitalistischer Gesellschaft abzeichnet:

> Der größte innere Widerspruch des heutigen Kapitalismus ist der zwischen der Möglichkeit eines unerschöpflichen Angebots an kostenlosen Gütern und einem System von Monopolen, Banken und Staaten, die alles tun, damit diese Güter knapp, kommerziell nutzbar und im Privatbesitz bleiben. Hier haben wir die Auseinandersetzung zwischen dem Netzwerk und der Hierarchie, zwischen dem Gesellschaftssystem, das rund um den Kapitalismus errichtet wurde, und den neuen Strukturen, die ankündigen, was als Nächstes kommen wird.[24]

Die Zukunft sieht in dieser Darstellung »klar« und »licht« aus, aber stimmt das auch?[25]

II Die *Grundrisse* und der »General Intellect«

Obwohl Keynes und Drucker für die heutigen utopischen Vorstellungen von Postkapitalismus wichtige Quellen der Inspiration sind, ist es zweifellos Marx, bei dem die drei im letzten Abschnitt skizzierten Aspekte für ein Projekt des Postkapitalismus zusammenlaufen. Die *Grundrisse der Kritik der politischen Ökonomie*, genauer gesagt der Abschnitt, der als »Maschinenfragment« bekannt ist, spielen hierbei eine zentrale Rolle.[26]

Im »Maschinenfragment« weist Marx im Rückgriff auf seine Arbeitswerttheorie zunächst auf ein ernstes Dilemma der kapitalistischen Produktion hin. Unter dem Druck der Marktkonkurrenz führen Kapitalisten unablässig neue Maschinen ein und steigern die Produktivkräfte, um zusätzlichen Mehrwert zu erzielen. Dieser Prozess der Mechanisierung führt jedoch unweigerlich dazu, Arbeitskräfte aus dem Arbeitsprozess zu verdrängen, es sei denn, der Umfang der Produktion wächst schneller als die Steigerungsrate der Produktivität. Eine solche beschleunigte Ausweitung der Produktion kann indes nicht ewig weitergehen, da die gesellschaftlichen Bedürfnisse zwangsläufig begrenzt sind. Die skizzierte Entwicklung führt so tendenziell zu einer Verringerung der im Arbeitsprozess Beschäftigten, »weil das Kapital hier – ganz unabsichtlich – die menschliche Arbeit auf ein Minimum reduziert, die Kraftausgabe« (*Grundrisse*, 598). Steigende Investitionen in fixes Kapital gehen also mit einer Verringerung des durch menschliche Arbeit produzierten Wertes einher, während der stoffliche Reichtum dank der Vermehrung der gesellschaftlichen Produktivkräfte im Produktionsprozess der großen Industrie zunimmt. Da die Produktion von der tatsächlichen Verausgabung menschlicher Arbeit zunehmend unabhängig wird und deshalb die Bedeutung der menschlichen Arbeit für die Produktion des gesellschaftlichen Reichtums abnimmt, hört der Wert auf, ein Maß materiellen Reichtums zu sein: »In dem Maße aber, wie die große Industrie sich entwickelt, wird die Schöpfung des wirklichen Reichtums abhängig weniger von der Arbeitszeit und dem Quantum angewandter Arbeit als von der Macht der Agentien, die während der Arbeitszeit in Bewegung gesetzt werden« (ebd., 600). Letzten Endes vergrößert sich die Kluft zwischen dem Wert und dem tatsächlichen stofflichen Reichtum bis zu dem Punkt, an dem, wie Moishe Postone feststellt, das Maß des Wertes »anachronistisch« wird.[27]

Aus einem anderen Blickwinkel betrachtet, verringert die rasche Entwicklung der Produktivkräfte die »notwendige Arbeitszeit« erheblich. Marx prognostizierte eine Zukunft mit immer mehr »freier Zeit«, die für selbstbestimmte Tätigkeiten zur Verfügung steht:[28]

> Die Ersparung von Arbeitszeit gleich Vermehren der freien Zeit, d. h. Zeit für die volle Entwicklung des Individuums, die selbst wieder als die größte Produktivkraft zurückwirkt auf die Produktivkraft der Arbeit. [...] Die freie Zeit, die sowohl Mußezeit als Zeit für höhre Tätigkeit ist – hat ihren Besitzer natürlich in ein andres Subjekt verwandelt, und als dies andre Subjekt tritt er dann auch in den unmittelbaren Produktionsprozeß. Es ist dieser zugleich Disziplin, mit Bezug auf den werdenden Menschen betrachtet, wie Ausübung, Experimentalwissenschaft, materiell schöpferische und sich vergegenständlichende Wissenschaft mit Bezug auf den gewordnen Menschen, in dessen Kopf das akkumulierte Wissen der Gesellschaft existiert. (*Grundrisse*, 607)

Diese Ausführungen sind gut geeignet, die These von Srnicek und Williams zu bekräftigen, wonach Vollautomatisierung dazu beitrage, sowohl die Emanzipation von der Arbeit als auch die volle Entwicklung des Individuums in einer Gesellschaft nach dem Ende der Arbeit zu verwirklichen.

Darüber hinaus betont Marx in der zitierten Passage, die Zunahme der freien Zeit hänge eng mit dem gesellschaftlichen Charakter des »akkumulierten Wissens der Gesellschaft« zusammen, und stellt ferner fest, dass die gesellschaftlichen Netzwerke, die auf der Kombination und Verbindung der Individuen untereinander basieren, zu »riesigen Gesellschaftskräften« in Form des objektivierten menschlichen Wissens im fixen Kapital werden. In diesem Zusammenhang führt Marx den berühmten Begriff des »General Intellect« ein, um zu verdeutlichen, dass die Bedingungen der Produktion zunehmend von Gesellschaftskräften abhängig sind, die durch selbstbestimmte gesellschaftliche Kollaboration und Kommunikation vermittelt sind: »Die Entwicklung des capital fixe zeigt an, bis zu welchem Grade das allgemeine gesellschaftliche Wissen, knowledge*, zur *unmittelbaren Produktivkraft* geworden ist und daher die Bedingungen des gesellschaftlichen Lebensprozesses selbst unter die Kontrolle des general intellect** gekommen und ihm gemäß umgeschaffen sind« (ebd., 602; Hervorh. im Orig.). Die Macht des General Intellect beruht auf den positiven Effekten der Netzwerke freier Individuen. Das Kapital kann diese enorme gesellschaftliche Macht der kollaborativen Ökonomie nicht umfassend manipulieren, da die Durchsetzung strikter Kontrollen und Regulierungen um der Verwertung willen jene gesellschaftliche Macht untergräbt. Gleichzeitig destabilisiert die weitere Entwicklung von gesellschaftlicher Zusammenarbeit und des freien Wissens die Marktmechanismen und das System des Privateigentums.

Nach Marx' Ansicht wird diese weitere Entwicklung der neuen Produktivkräfte die vom Kapital errichteten Schranken sprengen und eine postkapitalistische Gesellschaft begründen:

* Kenntnisse

** allgemeinen Verstandes

> Nach der einen Seite hin ruft es also alle Mächte der Wissenschaft und der Natur wie der gesellschaftlichen Kombination und des gesellschaftlichen Verkehrs ins Leben, um die Schöpfung des Reichtums unabhängig (relativ) zu machen von der auf sie angewandten Arbeitszeit. Nach der andren Seite will es diese so geschaffnen riesigen Gesellschaftskräfte messen an der Arbeitszeit und sie einbannen in die Grenzen, die erheischt sind, um den schon geschaffnen Wert als Wert zu erhalten. Die Produktivkräfte und gesellschaftlichen Beziehungen – beides verschiedne Seiten der Entwicklung des gesellschaftlichen Individuums – erscheinen dem Kapital nur als Mittel und sind für es nur Mittel, um von seiner bornierten Grundlage aus zu produzieren. In fact aber sind sie die materiellen Bedingungen, um sie in die Luft zu sprengen. (Ebd., 602)

Sobald die kollaborative Ökonomie den General Intellect über den Kapitalismus hinaus vollständig befreit, realisiert sich mit zunehmender freier Zeit und freien Gütern die allseitige Entwicklung des Individuums. Die utopischen Sozialisten der Gegenwart scheinen also zu Recht behaupten zu können, Marx habe – zumindest in den *Grundrissen* – einen »vollautomatisierten Luxuskommunismus« (Bastani) vertreten.

III Subsumtion der Arbeit und die Produktivkräfte des Kapitals

Auch wenn sich heute utopische Automatisierungsvisionen auf die *Grundrisse* berufen, ist ein wenig Zurückhaltung geboten, bevor man solche Behauptungen über eine Ökonomie jenseits des Mangels verallgemeinert und darin die Vorstellung einer postkapitalistischen Gesellschaft verkörpert sieht, zu der Marx letztendlich gelangt sei. Marx hat die *Grundrisse* zu Lebzeiten nie veröffentlicht. Sie sind sein erster systematischer Versuch, seine Kritik der politischen Ökonomie auszuarbeiten, und in verschiedener Hinsicht theoretisch verfrüht. Zwar trifft es sicherlich zu, dass die *Grundrisse* ausgesprochen inspirierende Überlegungen enthalten, die, wie Antonio Negri anmerkt, über die in den späteren ökonomischen Werken von Marx hinausgehen, doch ist nicht zu vergessen, dass Marx bei der Abfassung des *Kapitals* einige grundlegende Gedanken aus früheren Schriften verwarf.[29] So hat er etwa den Begriff »General Intellect« in späteren Schriften nie wieder verwendet, was die Frage aufwirft, ob sich seine Vorstellung der kapitalistischen Entwicklung zu Beginn der 1860er Jahre verändert hat.[30] Tatsächlich führt Marx in den 1860ern eine Reihe von neuen Kategorien ein. Eine davon ist die Unterscheidung von »formeller« und »reeller Subsumtion« in einem anderen unveröffentlichten Manuskript, nämlich dem Ökonomischen Manuskript 1861–1863.

Die Unterscheidung zwischen »formell« und »reell« ist bezeichnend für Marx' methodologischen Dualismus. Wie in seiner Stoffwechseltheorie beginnt Marx' Diskussion der Problematik mit der Unterscheidung der materiellen oder stofflichen Seite des Arbeitsprozesses und seiner »ökonomischen Formbestimmung« als Verwertungsprozess, um deren »Einheit in der Trennung« in der tatsächlichen kapitalistischen Produktion zu analysieren. Mit anderen Worten: Der Arbeitsprozess als transhistorisch materieller Prozess erlangt als Verwertungsprozess für das Kapital eine spezifisch kapitalistische Form und Funktion.[31] Marx' zufolge bezeichnet der Begriff der formellen Subsumtion dabei lediglich die ökonomische Formbestimmung des Arbeitsprozesses als Verwertungsprozess. Die formelle Subsumtion führt kapitalistische Produktionsverhältnisse zwischen Kapital und Lohnarbeit ein, doch finden im Hinblick auf die materiellen Aspekte des Arbeitsprozesses noch keine substantiellen Veränderungen statt. Was die Beziehung von »Form« und »Stoff« anbelangt, bleiben beide einander auf dieser Ebene äußerlich; das heißt, die dem Kapitalismus eigentümliche Produktionsweise ist allein durch die formelle Subsumtion noch nicht etabliert. Dabei bleibt das Kapital allerdings nicht stehen. Marx fragt daher, inwieweit »der Charakter des Arbeitsprozesses durch seine Subsumtion unter das Kapital selbst verändert wird« (*MEW* 43, 60). Tatsächlich werden Form und Stoff im Laufe der kapitalistischen Entwicklung zunehmend ineinander verflochten und verwoben, da das Kapital den Arbeitsprozess von Grund auf umgestaltet und neu organisiert. Dies geschieht durch das, was Marx »reelle Subsumtion« nennt. Erst diese reelle Subsumtion verändert die materielle Seite des Arbeitsprozesses so, dass er der kapitalistischen Produktionsweise »adäquat« ist.

Das Ökonomische Manuskript 1861–1863 definiert die formelle Subsumtion folgendermaßen:

> In der Tat findet sich historisch, daß das Kapital im Beginn seiner Bildung nicht nur den Arbeitsprozeß überhaupt unter seine Kontrolle nimmt (unter sich subsumiert), sondern die besondren wirklichen Arbeitsprozesse, wie es sie technologisch fertig *vorfindet* und wie sie sich auf Grundlage nichtkapitalistischer Produktionsverhältnisse entwickelt haben. Den wirklichen Produktionsprozeß – die bestimmte Produktionsweise, findet es vor und subsumiert sie im Anfang nur *formell* unter sich, ohne etwas an ihrer technologischen Bestimmtheit zu ändern. (Ebd., 87; Hervorh. K.S.)

Die formelle Subsumtion der Arbeit unter das Kapital berührt also nicht den Charakter des tatsächlichen Arbeitsprozesses, sondern nimmt einfach das, was sie »vorfindet«, wie es ist, und führt neue Produktionsverhältnisse ein. Das heißt, die kapitalistischen Produktionsverhältnisse lösen die älteren, auf Handwerk und Zünften basierenden auf und ersetzen sie durch die neuen gesellschaftlichen Verhältnisse von Kapital und Lohnarbeit, ohne die technologische Zusammensetzung der Produktion zu verändern. Das Kapital überwacht nun die Arbeitenden und übt das Kommando über sie aus. Marx schreibt, die formelle Subsumtion »besteht darin, daß der Arbeiter als Arbeiter unter die Aufsicht und daher das Kommando des Kapitals oder des Kapitalisten gerät« (ebd., 87). Dieses Kommando des Kapitals konzentriert sich auf »das zweckmäßigste, exakteste Vorsichgehn des wirklichen Arbeitsprozesses, der vom Willen des Arbeiters abhängt, seinem Fleiße etc.« (ebd., 89), um den Wert des Kapitals zu vermehren.

Zweifellos zeichnet sich bereits durch die formelle Subsumtion der Arbeit unter das Kapital eine erhebliche Veränderung des Arbeitsprozesses ab. Die Dauer und Konstanz der Arbeitsbelastung nimmt zu, da die Produktion von Mehrwert – anstelle von konkreten Gebrauchswerten zur Befriedigung menschlicher Bedürfnisse – zum primären Ziel der Produktion wird.[32] Diese Veränderung führt zu einer erheblichen Verschlechterung des physischen und psychischen Zustands der Arbeiterinnen und Arbeiter. Dennoch verändert die ökonomische Formbestimmung des Produktionsprozesses als kapitalistisches Produktionsverhältnis zwischen Kapital und Lohnarbeit die Organisation der Produktivkräfte nicht, daher ist einzig eine Produktion von »absolutem Mehrwert« möglich, nämlich durch die Ausdehnung des Arbeitstages. In diesem Sinne kann die formelle Subsumtion allein kein der kapitalistischen Produktionsweise angemessenes Produktionssystem schaffen.

Über die reelle Subsumtion der Arbeit unter das Kapital hingegen schreibt Marx in dem ebenfalls zu Lebzeiten unveröffentlichten Manuskript *Resultate des unmittelbaren Produktionsprozesses* wie folgt:

> Mit der realen Subsumtion der Arbeit unter das Kapital findet eine völlige (und sich beständig fortsetzende und wiederholende) Revolution in der Produktionsweise selbst statt, in der Produktivität der Arbeit und im Verhältnis von Kapitalist und Arbeiter. [...] Einerseits schafft die *kapitalistische Produktionsweise*, die sich jetzt als eine Produktionsweise sui generis gestaltet, eine veränderte Gestalt der materiellen Produktion. Andrerseits bildet diese Veränderung der materiellen Gestalt die Basis für die Entwicklung des Kapitalverhältnisses, dessen adäquate Gestalt daher einem bestimmten Entwicklungs-

grad der Produktivkräfte der Arbeit entspricht. (*Resultate*, 61; Hervorh. im Orig.)

Das bloße Zusammenbringen einer Reihe von Arbeitskräften in einer Fabrik ist noch keine reelle Subsumtion, selbst wenn Kooperation und Arbeitsteilung vorhanden sind. Dies verbleibt auf der Ebene der formellen Subsumtion. Für die reelle Subsumtion bedarf es der *Eigeninitiative des Kapitals*, das darauf drängt, die Produktion effizient zu reorganisieren: Es »gestaltet die Produktionsweise selbst neu und schafft sich so erst die ihm eigentümliche Produktionsweise« (*MEW* 43, 87).

Anstatt die vorgefundenen Arbeitsbedingungen so zu übernehmen, wie sie sind, wird das Kapital aktiv und schafft qualitativ neue Produktivkräfte und eine *eigene*, kapitalistische Produktionsweise *sui generis*. Indem es den gesamten Arbeitsprozess nicht nur durch die Anwendung von Wissenschaft und Technik, sondern auch durch die gesellschaftliche Organisation der Arbeit – die Art und Weise, wie die Arbeitskräfte arbeiten – verändert, überwindet das Kapital die äußerliche Beziehung von Form und Stoff, wie sie unter Bedingungen der formellen Subsumtion noch zu erkennen ist.

Es liegt nahe, hier sofort an Maschinerie und an die industrielle Produktion, also an Verhältnisse zu denken, die der kapitalistischen Produktion eigen sind, doch eine solche Perspektive verengt die gesamte Diskussion über die reelle Subsumtion auf technologische Veränderungen. Obgleich sich in der großen Industrie zweifellos die spezifisch kapitalistische Produktionsweise verwirklicht findet und sie die Produktivkräfte des Kapitals maximiert, betont Marx, dass es die Analyse der »Kooperation« ist, die für das Verständnis der reellen Subsumtion »historisch und *begrifflich* den Ausgangspunkt« bildet und die theoretische Grundlage schafft (*Kapital I*, 341; Hervorh. K. S.). Er fügt hinzu, die Kooperation sei »die Grundform der kapitalistischen Produktionsweise« (ebd., 355). Um den gesamten Arbeitsprozess im Sinne des Kapitals zu organisieren, ist Kooperation der erste Schritt, der eine »reale Änderung der Produktionsweise selbst« bewirkt (*MEW* 43, 257). Marx schreibt, Kooperation sei

> die erste Stufe, worauf die Subsumtion der Arbeit unter das Kapital nicht mehr als bloß formelle Subsumtion erscheint, sondern die Produktionsweise selbst verändert, so daß die *kapitalistische* Produktionsweise spezifische Produktionsweise ist. [...] Mit der Kooperation tritt schon ein spezifischer Unterschied ein. Die Arbeit vollzieht sich unter Bedingungen, unter denen die unabhängige Arbeit des einzelnen sich nicht vollbringen kann – und zwar erscheinen diese Bedingungen als ein ihn beherrschendes Verhältnis, als ein Band, das das Kapital um die einzelnen Arbeiten schlingt. (Ebd., 253 f.)

Die Kooperation verändert »die Produktionsweise selbst« und beginnt, eine »spezifische Produktionsweise« zu schaffen. Im Gegensatz zur formellen Subsumtion verändert die reelle Subsumtion *sowohl* die technische Zusammensetzung *als auch* die gesellschaftlichen Verhältnisse der Produktion. Tatsächlich organisiert das Kapital die Zusammenarbeit im Arbeitsprozess so, dass die einzelnen ihre Aufgaben nicht mehr allein und autonom erledigen können, sondern dem Kommando des Kapitals unterworfen sind.

Harry Braverman beschreibt diesen Prozess als »Trennung von Vorstellung und Ausführung« und analysiert ihn als wirksames Mittel der Unterordnung der Arbeiterinnen und Arbeiter unter die Aufsicht und das Kommando des Kapitals.[33] Wie ein Orchester Direktion braucht, so Marx, erfordert Kooperation immer Koordination und Korrektur, unabhängig von den Produktionsverhältnissen. Dabei handelt es sich um ein transhistorisches Erfordernis. Im Kapitalismus wird diese Leitungsfunktion jedoch »zur Funktion des Kapitals« und »erhält […] spezifische Charaktermale« (*Kapital I*, 350). Folglich entwickelt sich das kapitalistische Kommando »zum Erheischnis für die Ausführung des Arbeitsprozesses selbst, zu einer wirklichen Produktionsbedingung« (ebd.). Das Kommando wird für die Arbeitskraft unentbehrlich, um die Arbeit erfolgreich zu verrichten, aber nun findet diese Funktion ihren grundlegenden Antrieb in der erfolgreichen Verwertung des Kapitals, sodass der fremde und kommandierende Charakter der Leitung den Arbeiterinnen und Arbeitern als »despotisch« erscheint (ebd., 351).

Die Tatsache, dass die Arbeitskräfte nur unter dem Despotismus des Kapitals in der Lage sind, ihre Arbeit zu verrichten, bedeutet ferner, dass sie nicht nur objektiv aller Produktionsmittel beraubt sind, sondern ihnen auch *subjektiv* die Bedingungen ihrer Arbeit abhandenkommen, das heißt das Vermögen der »Vorstellung«. Diese der Kooperation innewohnende Tendenz verstärkt sich mit der Implementierung von »Arbeitsteilung« und »Maschinerie«. Die einzelnen verlieren zunehmend ihr Wissen, ihre Fähigkeiten und ihre Einsicht in den Arbeitsprozess als ganzen, da dieser nun vom Kapital organisiert wird. Zur Umgestaltung gehört, diesen Arbeitsprozess zu analysieren, zu zerlegen und neu zusammenzusetzen, bis er aus einfachen, sich wiederholenden, berechenbaren und mechanischen Aufgaben besteht, was es erlaubt, qualifizierte Arbeitskraft durch geringer qualifizierte zu ersetzen. Da das Kapital den Arbeitsprozess umgestaltet, ohne die Erfahrungen und Kenntnisse der Arbeitenden einzubeziehen, bleibt diesen nur, passiv den Anordnungen von oben zu folgen. Die Konsequenzen davon sind deutlich erkennbar: Beschäftigte heute wären nicht in der Lage, Autos oder Computer zusammenzubauen, selbst wenn sie Zugang zu den Produktionsmitteln hätten, weil es ihnen an der Kenntnis darüber fehlt, wie die jeweiligen Teile im Endprodukt funktionieren. Die Arbeitskraft wird auf diese Weise »subjektlos« und steht den objektiven Produktionsmitteln gegenüber, ohne die Fähigkeit, das eigene Arbeitsvermögen zu realisieren. Die reelle Subsumtion verstärkt so in hohem Maße die Abhängigkeit der Arbeitenden vom Kapital, während ihnen die gegenständlichen Bedingungen der Verwirklichung ihres Arbeitsvermögens zunehmend »als *fremde Macht*, als *selbständige Macht*« (*MEW* 43, 106) erscheinen.

Insofern das Kapital als vergegenständlichte Arbeit – als Produktionsmittel – lebendige Arbeit anwendet, wird das »Verhältnis von Subjekt und Objekt [...] verkehrt« (ebd., 105). Marx bezeichnet diese Verkehrung von Subjekt und Objekt auch als »Personifizierung der Sache und Versachlichung der Person« (*MEW* 44, 257). Da die Arbeit dem Kapital »einverleibt« (*MEW* 43, 105) ist, reduziert sich die Rolle der menschlichen Arbeitskraft auf die einer bloßen Trägerin der verdinglichten Sache, das heißt eines neben den Maschinen verfügbaren Mittels zur Erhaltung und Verwertung des Kapitals (*Versachlichung der Person*), während die verdinglichte Sache den Anschein einer Subjektivität erlangt, die als fremde Macht das Verhalten und den Willen der Person kontrolliert (*Personifizierung der Sache*). In dem Maße, wie die verdinglichte Macht des Kapitals den Arbeitsprozess durchdringt, geht die Vermehrung der gesellschaftlichen Produktivkräfte einzig auf die Initiative des Kapitals zurück. Dies untergräbt die Autonomie und Unabhängigkeit der Arbeiterinnen und Arbeiter auf fatale Weise. Dem Regime und der Disziplin des Kapitals unterworfen und unter dem Druck der Konkurrenz um Arbeitsplätze befolgen sie passiv die Weisungen und Anordnungen des Kapitals.

Da das Kapital die Bedingungen monopolisiert, unter denen Arbeit verrichtet wird, und da die Vermehrung der Produktivkräfte nur auf Initiative und unter Aufsicht des Kapitals möglich ist, erscheinen die neuen Produktivkräfte der gesellschaftlichen Arbeit den Arbeitenden nicht als ihre eigenen, sondern als »Produktivkräfte des Kapitals«: »Soweit der Arbeiter Reichtum schafft, wird sie [d. h. die lebendige Arbeit] daher eine Kraft des Kapitals; ebenso alle Entwicklung der Produktivkräfte der Arbeit Entwicklung der Produktivkräfte des Kapitals« (*MEW* 43, 105). Zusammenfassend schreibt Marx:

> [A]m entschiedensten erscheinen daher die aus der *gesellschaftlichen Produktivkraft* der Arbeit und die von der Arbeit selbst gesetzten *gesellschaftlichen Bedingungen* der Arbeit, nicht nur als dem Arbeiter fremde, dem *Kapital* gehörige Kräfte, sondern als gegen den einzelnen Arbeiter im Interesse des Kapitalisten feindlich und überwältigend gerichteten Kräfte. (*MEW* 44, 171; Hervorh. im Orig.)

Die Kooperation unter dem Regime des Kapitals bringt neue Produktivkräfte hervor, die die im Produktionsprozess Vereinzelten nicht einsetzen können, aber es ist das Kapital, das sich die Früchte der Kooperation als kostenloses Geschenk aneignet: »Die gesellschaftliche Produktivkraft der Arbeit entwickelt sich unentgeltlich […]. Weil die gesellschaftliche Produktivkraft der Arbeit dem Kapital nichts kostet [...], erscheint sie als Produktivkraft, die das Kapital von Natur besitzt, als seine immanente Produktivkraft« (*Kapital I*, 353).

Wenn die Entwicklung der Produktivkräfte im Kapitalismus einzig die fremde Macht des Kapitals vermehrt und die Arbeiterinnen und Arbeiter ihrer subjektiven Fähigkeiten, Kenntnisse und Einsichten beraubt, verweist dies nicht ohne Weiteres auf die Möglichkeit einer klaren, lichten Zukunft. Dennoch setzen zeitgenössische utopische Sozialisten auf die Entwicklung der Produktivkräfte, konzentrieren sich aber vollkommen auf die *Grundrisse*, sodass sie dazu neigen, Marx' Kritik an den Produktivkräften als nebensächlich zu erachten. Verbreitet zeigt sich im Übrigen ein sehr enges Verständnis des Begriffs der Produktivkräfte, als wäre er gleichbedeutend mit dem der Produktivität, also dem Verhältnis von Input und Output.[34] Marx' Begriff der Produktivkräfte des Kapitals weist indes darauf hin, dass der Begriff der Produktivkräfte tatsächlich weiter gefasst ist. Angesprochen ist damit auch, *was* Menschen produzieren können und *wie* sie es tun. Der Begriff umfasst sowohl produktive Potentiale des Menschen – beispielsweise Fähigkeiten, Kenntnisse oder Körperkraft – als auch natürliche Bedingungen.[35] Diese Potentiale haben insbesondere mit der Autonomie, Freiheit und Unabhängigkeit der Produzentinnen und Produzenten zu tun; alles unerlässlich, um die Entfremdung der Arbeit zu überwinden. In diesem Sinne ist der Begriff der Produktivkräfte gleichermaßen quantitativ wie qualitativ zu verstehen.[36] So kann beispielsweise eine quantitative Steigerung der Produktivität durch Vollautomatisierung mit einer qualitativen Verschlechterung der Arbeitsbedingungen und der Schädigung der natürlichen Umwelt einhergehen und der vollen Entwicklung des Individuums im Weg stehen. Für Marx zählt das nicht unbedingt als tatsächliche Entwicklung von Produktivkräften.

Zusammenfassend lässt sich festhalten, dass Marx in den 1860er Jahren betont, die Steigerung der Produktivität des Kapitals gehe mit einer für den Kapitalismus spezifischen Art einher, die materielle Seite des Produktionsprozesses zu organisieren. Diesem Verständnis zufolge gründet die Etablierung der kapitalistischen Produktionsweise auf Veränderungen sowohl der förmlichen als auch der stofflichen Seite der Produktion. Das heißt, die kapitalistische Produktion beruht auf durch Lohnarbeitsverhältnisse vermittelten ökonomischen Produktionsverhältnissen sowie auf Produktivkräften, die aus einer spezifisch kapitalistischen Art der Organisation des Arbeitsprozesses hervorgehen. Diese Betrachtung der Produktionsweise unter zwei Gesichtspunkten entspricht Marx' Methode, das *rein Gesellschaftliche* und das *Materielle* zunächst zu trennen, um es wieder zu vereinen, und zwar um zu analysieren, wie der Stoffwechsel zwischen Mensch und Natur unter kapitalistisch konstituierten gesellschaftlichen Verhältnissen transformiert und reorganisiert wird. Durch die Erörterung der reellen Subsumtion gelangt Marx schließlich zu einem Verständnis der Produktionsweise, das seinem methodologischen Dualismus angemessen ist. Die neue Sichtweise steht jedoch in einem Spannungsverhältnis zu seiner früheren Auffassung von historischem Materialismus, die er im Vorwort der Schrift *Zur Kritik der Politischen Ökonomie* (1859) formuliert hatte.

IV Kapitalistische Produktionsweise und historischer Materialismus

Obwohl Marx in den 1860er Jahren im *Kapital* und anderen ökonomischen Manuskripten seine Theorie im Vergleich zu den *Grundrissen* in wichtigen Punkten weiterentwickelte und veränderte, sollte man die Diskontinuitäten nicht überbewerten. Tatsächlich taucht der Begriff »Produktivkraft des Kapitals« bereits in den *Grundrissen* auf. Marx schreibt zum Beispiel:

> Als unendlicher Trieb der Bereicherung strebt es [d.h. das Kapital] also nach unendlicher Vermehrung der Produktivkräfte der Arbeit und ruft sie ins Leben. Aber andrerseits, jede Vermehrung der Produktivkraft der Arbeit [...] ist Vermehrung der Produktivkraft des Kapitals und ist, vom jetzigen Standpunkt aus, nur Produktivkraft der Arbeit, insofern sie Produktivkraft des Kapitals ist. (*Grundrisse*, 259)

Auch im Zusammenhang mit Kooperation und Arbeitsteilung erörtert Marx die Produktivkraft des Kapitals:

> Die Assoziation der Arbeiter – Kooperation und Division of Labour* als Grundbedingungen der Produktivität der Arbeit – erscheinen wie alle Produktivkräfte der Arbeit, d.h., die den Grad ihrer Intensivität und daher ihrer extensiven Realisation bestimmen, als Produktivkraft des Kapitals. (Ebd., 487)

* Arbeitsteilung

Ausgehend von diesen Passagen könnte man meinen, Marx habe seine Argumentation gar nicht entscheidend verändert; doch das täuscht.[37]

In diesem Zusammenhang sei auf die Untersuchung des japanischen Marxisten Sadao Ohno hingewiesen, der die These vertritt, Marx' Ausarbeitung des Begriffs der Produktionsweise sei in den *Grundrissen* noch nicht abgeschlossen gewesen.[38] In den 1850er Jahren hat Marx, Ohno zufolge, die materielle Seite der Produktion nicht hinreichend in seine Analyse einbezogen, seine Aufmerksamkeit galt vor allem den sozialen und formalen Aspekten im gesellschaftlichen Verhältnis von Kapital und Lohnarbeit. Dieses Versäumnis habe damit zu tun, erklärt Ohno, dass Marx in den *Grundrissen* den Begriff der Kooperation noch nicht als grundlegende Kategorie der kapitalistischen Produktion behandelt habe.[39] So schreibt Marx 1857/58 über die Produktionsweise, ohne die Kooperation zu erwähnen: »Das produktive Kapital oder die dem Kapital entsprechende Produktionsweise kann *nur eine doppelte* sein: Manufaktur oder große Industrie« (*Grundrisse*, 487, Hervorh. K. S.). Erst ab den 1860er Jahren widmet Marx dem Begriff der Kooperation vermehrt Aufmerksamkeit, was auch zu einem vertieften Verständnis von »Produktionsweise« beiträgt.[40]

Was ist eine Produktionsweise? Im Allgemeinen wird sie so verstanden, dass sie aus Produktionsverhältnissen und Produktivkräften besteht. Im Sinne des methodologischen Dualismus von Marx sollte man jedoch vielleicht besser davon sprechen, dass die Produktionsweise sowohl gesellschaftlich als auch materiell bedingt ist. Auf der einen Seite stehen gesellschaftliche Aspekte: Sie drücken die Seite der ökonomischen Form aus und sind bestimmt durch Produktionsverhältnisse, die auf dem gesellschaftlichen Verhältnis von Kapital und Lohnarbeit gründen. In dieser Hinsicht ist die Produktionsweise ganz grundlegend durch Warenproduktion und die Produktion von Mehrwert gekennzeichnet. Voraussetzung der kapitalistischen Produktionsweise sind gesellschaftliche Verhältnisse, in denen menschliche Arbeit durch das Kapital ausgebeutet wird, und dieses Verhältnis muss im Prozess der Kapitalakkumulation fortwährend reproduziert werden. Auf der anderen Seite schließen die Produktionsverhältnisse auch materielle Aspekte ein: die Art und Weise, den Stoffwechsel zwischen Mensch und Natur zu organisieren, wozu Kooperation, Arbeitsteilung und große Industrie gehören.

Das Notizbuch von Marx, dessen Veröffentlichung in Band IV / 17 der *MEGA* erfolgt, bestätigt diesen Punkt.[41] Als Marx im Februar 1859 beginnt, am dritten Kapitel der geplanten Schrift *Kritik der Politischen Ökonomie* weiterzuarbeiten, fertigt er aus verschiedenen Schriften zur politischen Ökonomie Exzerpte an. So macht er Notizen zu Werken von Richard Jones und Edmund Potter, und ihre Argumente veranlassen ihn, sich auf die Kategorie »Kooperation« als Grundlage der kapitalistischen Produktion zu konzentrieren. Beispielsweise verfasst Marx folgendes Exzerpt eines Absatzes aus Potters Kommentar zu George Poulett Scropes *Political Economy* (1833):

> Das hier erwähnte Prinzip wird üblicherweise *Teilung der Arbeit* genannt. Dieser Ausdruck ist unzulässig, da die zugrunde liegende Idee *Einverständnis* und *Zusammenarbeit* bedeutet und nicht *Teilung*. Der Begriff der Teilung bezieht sich nur auf den *Vorgang*. Dieser ist in *mehrere Operationen unterteilt*, und diese werden *verteilt* oder *aufgeteilt unter einer Anzahl von Arbeitern*. Es han-

> delt sich also um *Kombination von Arbeitern*, erreicht durch *eine Unterteilung von Prozessen*. (IISG Sig. B 91a, 109; Hervorh. im Orig.)[42]

Bei dieser Gelegenheit wird Marx auf den Unterschied zwischen Arbeitsteilung und Kooperation und auf die eigentümliche Rolle der Letzteren im Kapitalismus aufmerksam. Diese Verschiebung des Fokus kann man auch in den Exzerpten im selben Notizbuch aus Jones' *Text-book of Lectures on the Political Economy of Nations* (1852) erkennen. Marx notiert die folgende Passage über Kooperation in den antiken und orientalischen Despotien, die riesige Bauvorhaben wie die Pyramiden und die Große Chinesische Mauer ermöglichten:

> *Die Zahl der Arbeiter und die Konzentration ihrer Mühen genügte*. So sehn wir mächtige Korallenriffe aus den Tiefen des Ozeans zu Inseln anschwellen und festes Land bilden, obgleich jeder individuelle Ablagerer winzig, schwach und verächtlich ist. Die nicht ackerbauenden Arbeiter einer asiatischen Monarchie haben außer ihren individuellen körperlichen Bemühungen wenig zum Werk zu bringen, aber *ihre Zahl ist ihre Kraft*, und die Macht der Direktion über diese Massen gab jenen Riesenwerken den Ursprung. Es war die *Konzentration der Revenuen, wovon die Arbeiter leben, in einer Hand oder wenigen Händen, welcher solche Unternehmungen möglich machte*. (IISG Sig. B 91a, 152; Hervorh. im Orig.)[43]

Der Punkt ist nun, dass die Kooperation als die grundlegendste Form der gesellschaftlichen Arbeit zwar transhistorisch ist, der Kapitalismus sie aber auf eine ihm eigene, spezifische Art und Weise nutzt. Potter und Jones trugen dazu bei, dass Marx sowohl die transhistorische als auch die historisch spezifische Dimension der Kooperation verstand.

Sadao Ohno und Hiroaki Satake machen darauf aufmerksam, dass sich Marx' neues Verständnis der Kooperation in einem neuen Gliederungsentwurf für sein geplantes umfangreiches Projekt zur politischen Ökonomie widerspiegelt, den er nach der Veröffentlichung der Schrift *Zur Kritik der Politischen Ökonomie* im Frühjahr / Sommer 1859 verfasst.[44] Im Unterschied zum Aufbau der *Grundrisse* nimmt Marx zum ersten Mal die Kategorie »Kooperation« als Teil der Untersuchung zur Produktion des relativen Mehrwerts in seine Planung auf. So schreibt Marx im »Planentwurf zum Kapitel über das Kapital«:

> 3) Der relative Mehrwerth.
> α) Cooperation von Massen.
> β) Theilung der Arbeit.
> γ) Maschinerie. (*MEGA* II / 2, 258 f.)

Dies zeigt deutlich, dass Marx dazu übergeht, die Kooperation als grundlegende Form der kapitalistischen Produktion in ihrem Verhältnis zur reellen Subsumtion der Arbeit unter das Kapital zu betrachten. Diese Veränderung ist für die vorliegende Untersuchung von Bedeutung. Bleibt die Rolle der materiellen Seite der Produktionsweise in den *Grundrissen* noch ambivalent – was auch bedeutet, dass Marx' methodologischer Dualismus von *Form* und *Stoff* noch nicht wirklich gefestigt ist –, so ist verständlich, dass dort auch die Analyse der reellen Subsumtion sowie der Produktivkräfte des Kapitals fehlt. Als es Marx gelingt, die materielle Transformation und Reorganisation des Arbeitsprozesses in die Theorie der reellen Subsumtion zu integrieren, ist er in der Lage, auch die Analyse der kapitalistischen Produktionsweise auf eine Art zu entwickeln, die seinem methodologischen Dualismus gerecht wird.

Dies ist kein nebensächlicher Aspekt. Auch wenn Marx' Theorie der Kooperation im *Kapital* oft vernachlässigt wird, sollte man ihre Bedeutung nicht unterschätzen. Die Verschiebung impliziert einen grundlegenden Bruch mit der überkommenen Auffassung des historischen Materialismus. Dieser sich auf das Vorwort von 1859 stützenden Auffassung zufolge stehen zwei Elemente, die »Produktivkräfte« und die »Produktionsverhältnisse«, in einer unmittelbaren Verbindung zueinander und bilden die »Produktionsweise«.[45] Marx drückt beider Verhältnis in der Formulierung aus: »In der gesellschaftlichen Produktion ihres Lebens gehen die Menschen bestimmte [...] Verhältnisse ein, Produktionsverhältnisse, die einer bestimmten Entwicklungsstufe ihrer materiellen Produktivkräfte entsprechen« (*MEW* 13, 8). Inhaltlich stimmt die Aussage im Wesentlichen mit dem überein, was Marx und Engels bereits in der *Deutschen Ideologie* (1845/46) geschrieben haben.[46] Im Vorwort von 1867 zur ersten Auflage des *Kapitals* verändert Marx jedoch seine Formulierung und schreibt »die kapitalistische Produktionsweise und die ihr entsprechenden Produktions- und Verkehrsverhältnisse« (*Kapital I*, 12). Die Änderung wirkt sehr subtil, aber Marx hat den Anfang des ersten Bandes des *Kapitals* sicherlich sorgfältig formuliert. Tatsächlich spiegelt sich in der Änderung die bedeutende Verschiebung in Marx' Geschichtsauffassung im Hinblick auf reelle Subsumtion und Kooperation wider.

Im Vorwort von *Zur Kritik der Politischen Ökonomie* argumentiert Marx (ganz im Sinne der traditionellen Auffassung des historischen Materialismus):

> Auf einer gewissen Stufe ihrer Entwicklung geraten die materiellen Produktivkräfte der Gesellschaft in Widerspruch mit den vorhandenen Produktionsverhältnissen oder, was nur ein juristischer Ausdruck dafür ist, mit den Eigentumsverhältnissen, innerhalb deren sie sich bisher bewegt hatten. Aus Entwicklungsformen der Produktivkräfte schlagen diese Verhältnisse in Fesseln derselben um. Es tritt dann eine Epoche sozialer Revolution ein. Mit der Veränderung der ökonomischen Grundlage wälzt sich der ganze ungeheure Überbau langsamer oder rascher um. (MEW 13, 9)

Entsprechend dem traditionellen Verständnis des historischen Materialismus ist die Entwicklung der Produktivkräfte hier die unabhängige Variable und treibende Kraft des historischen Fortschritts; wenn sie einen bestimmten Punkt erreicht hat, entlädt sich der Widerspruch zwischen den Produktivkräften und den Produktionsverhältnissen in der Explosion einer Revolution, die Letztere umwälzt und zur Herausbildung einer neuen Produktionsweise führt. Wie Gerald A. Cohen es in seiner Verteidigung des historischen Materialismus auf den Punkt bringt, führen »Veränderungen der Produktivkräfte zu Veränderungen der Produktionsverhältnisse«.[47] Diese Sichtweise motiviert die weit verbreitete Annahme, die Steigerung der Produktivkräfte sei eine notwendige und hinreichende Bedingung für eine postkapitalistische Gesellschaft. Eine solche Annahme wiederum mündet allzu leicht in eine produktivistische Sicht des historischen Fortschritts, die die Produktivkräfte als Haupttriebkraft der Geschichte betrachtet und darauf abzielt, sie aus ihren kapitalistischen Fesseln zu befreien. Dieses traditionelle Verständnis neigt dazu, die im Kapitalismus entwickelten Produktivkräfte zu fetischisieren und sie als neutrale Instrumente zu betrachten, die vom Proletariat übernommen und dazu genutzt werden können, eine sozialistische Gesellschaft zu errichten. Was fehlt, ist die Analyse der realen materiellen Transformation des Arbeitsprozesses unter kapitalistischen Produktionsverhältnissen, die der kapitalistischen Produktionsweise »entspricht«.

Das gleiche Problem taucht letztlich in den *Grundrissen* auf. Tatsächlich rekurriert Marx hier auf den Begriff »Produktivkräfte des Kapitals«, und zwar genau im »Maschinenfragment«. Gleichwohl führt die geringe Beachtung, die er der materiellen Seite des Arbeitsprozesses schenkt, an einigen Stellen zu einem produktivistischen Unterton. Wie oben bereits erörtert, gibt Marx sich überzeugt, die neuen Technologien böten die materielle Bedingung, um die Grundlage der kapitalistischen Produktion »in die Luft zu sprengen«. Es ist daher kein Zufall, dass er sich im gleichen Zusammenhang positiv über die Eroberung der Natur durch Wissenschaft und Technik äußert:

> Dagegen in dem Produktionsprozeß der großen Industrie, wie einerseits in der Produktivkraft des zum automatischen Prozeß entwickelten Arbeitsmittels die Unterwerfung der Naturkräfte unter den gesellschaftlichen Verstand Voraussetzung ist, *so andrerseits die Arbeit des einzelnen in ihrem unmittelbaren Dasein gesetzt als aufgehobne einzelne, d. h. als gesellschaftliche Arbeit. So fällt die andre Basis dieser Produktionsweise weg.* (*Grundrisse*, 605; Hervorh. im Orig.)

Hier begegnen wir ebenfalls der logischen Grundstruktur des historischen Materialismus: Geschichte wird angetrieben von der Entwicklung der Produktivkräfte. In Verbindung mit der Vorstellung vom Anachronismus des Werts durch die Vermehrung des stofflichen Reichtums kommen die *Grundrisse* einer Zusammenbruchstheorie des Kapitalismus recht nahe.[48] Zudem lässt sich nur schwer leugnen, dass Marx hier eine latent prometheische Vorstellung von Naturbeherrschung vertritt, die mit Ökologie inkompatibel ist.[49]

Der Prometheanismus von Marx sollte indes auch nicht überbewertet werden.[50] In den 1860er Jahren, als er sich deutlich von seinem früheren technokratischen Produktivismus distanzierte, war es unumgänglich, die eigene optimistische Auffassung zu überprüfen und ernsthafter über negative Implikationen nachzudenken. Die selbstkritische Reflexion steht im Zusammenhang mit der Untersuchung der materiellen Seite des besonderen, der kapitalistischen Produktion eigenen Produktionsprozesses und insbesondere mit der Fragestellung, wie die Initiative des Kapitals die materielle Welt – die menschliche ebenso wie die nichtmenschliche – im Interesse der Akkumulation umgestaltet. Die Untersuchung führte zu der Erkenntnis, dass die Entwicklung der Produktivkräfte die Unterordnung der Arbeiter unter das Kommando des Kapitals verstärkt. Wenn dem aber so ist, sind »Produktionsverhältnisse« und »Produktivkräfte« nicht so einfach zu trennen, wie der historische Materialismus herkömmlicherweise unterstellt. Die Entwicklung der Produktivkräfte des Kapitals beruht auf der tiefgreifenden Reorganisation des menschlichen Stoffwechsels mit der Natur, in Form von Kooperation, Arbeitsteilung und Maschinerie. »Produktionsweise« hingegen drückt in diesem Sinne eine bestimmte gesellschaftliche Ordnung der Dinge, der materiellen Elemente der Produktion aus. Im Vorwort zum *Kapital* stellt sich Marx daher die Aufgabe,

»die kapitalistische Produktionsweise und die ihr entsprechenden Produktions- und Verkehrsverhältnisse« zu untersuchen, anstatt die »Produktivkräfte« als eine unabhängige Variable zu behandeln, wie es im Vorwort von 1859 der Fall war.

Der Hinweis auf die Veränderung des Begriffs »Produktionsweise« könnte als kleine philologische Spitzfindigkeit abgetan werden; tatsächlich aber sollte diese Veränderung in ihrer theoretischen Tragweite nicht unterschätzt werden, berührt sie doch die Modifikation der Marx'schen Vorstellung von Postkapitalismus. Insofern die Entwicklung der Produktivkräfte nicht rein formal und quantitativ, sondern tief in der Transformation und Reorganisation des Arbeitsprozesses verwurzelt ist, lässt sich nicht länger davon ausgehen, dass eine sozialistische Revolution nach Erreichen eines bestimmten Niveaus der Produktivkraftentwicklung einfach die Produktionsverhältnisse durch andere ersetzen könnte. Da die durch die reelle Subsumtion entstandenen Produktivkräfte des Kapitals sich in der kapitalistischen Produktionsweise materialisieren und kristallisieren, müssen sie auch zusammen mit der kapitalistischen Produktionsweise verschwinden. In diesem Sinne gilt es, die traditionelle historisch-materialistische Auffassung über das Verhältnis von Produktivkräften und Produktionsverhältnissen radikal umzukehren: »*Die Produktionsverhältnisse bestimmen die Produktivkräfte*«, so Tomonaga Tairako.[51]

Mit der Reformulierung der Begriffe »Produktivkräfte des Kapitals« und »reelle Subsumtion« sieht sich Marx veranlasst, seine frühere Auffassung des historischen Materialismus, wie sie sich in der Vorrede von *Zur Kritik der Politischen Ökonomie* formuliert findet, aufzugeben. Da beide Seiten, *Form* und *Stoff*, aufgrund der reellen Subsumtion des

Arbeitsprozesses eng miteinander verwoben sind, ist es nicht möglich, die eine zu verändern, ohne gleichzeitig auch die andere zu verändern.[52] Solche Komplikationen würden nicht auftreten, wären die Produktivkräfte des Kapitals lediglich von Maschinen abhängig. Sie ließen sich im Sozialismus wie bisher anwenden. Die im Kapitalismus entwickelten Produktivkräfte sind jedoch eng mit der spezifisch kapitalistischen Art und Weise verbunden, die kollaborativen, kooperativen und weiteren gesellschaftlichen Aspekte der Arbeit zu organisieren.[53] Wenn dies zutrifft, muss die Überwindung der kapitalistischen Produktionsweise viel radikaler und grundstürzender sein als die bloße Abschaffung des Privateigentums und der Ausbeutung durch die Wiederaneignung der Produktionsmittel durch die Arbeiterklasse. Sie erfordert die radikale Umgestaltung der Produktionsverhältnisse im Sinne der Freiheit und Autonomie der assoziierten Produzentinnen und Produzenten, damit die Produktivkräfte des Kapitals verschwinden. Andernfalls bestehen despotische und ökologisch zerstörerische Formen der Produktion in der postkapitalistischen Gesellschaft fort. Allerdings: Wenn die Produktivkräfte des Kapitals verschwinden, schwächt dies auch die Produktivkräfte der gesellschaftlichen Arbeit.

Der Begriff »reelle Subsumtion« markiert somit eine radikale Verschiebung, was Marx' Urteil über den progressiven Charakter des Kapitalismus anbelangt. Im *Kapital* jedenfalls unterließ er eine solche Zuschreibung. André Gorz erkennt diesen Punkt, wenn er schreibt:

> Anders gesagt: Die Entwicklung der Produktivkräfte wird im Rahmen des Kapitalismus niemals an die Schwelle des Kommunismus heranführen, denn Art der Produkte,

> Produktionstechniken und -beziehungen schließen die dauerhafte und gerechte Bedürfnisbefriedigung ebenso aus wie die Stabilisierung der sozialen Produktion auf einem allgemein als *genügend* angesehenen Stand.[54]

Ähnlich argumentiert Mészáros, wenn er auf die Notwendigkeit hinweist, die »*falsche Identifizierung* einer lobenswerten produktiven Entwicklung, die als unbestreitbar wünschenswertes ›Wachstum‹ im Allgemeinen idealisiert wird, mit dem *fetischisierten Absolutum* einer immer destruktiveren *Kapitalexpansion*« abzulehnen.[55]

Ganz konkret lassen sich für die Unvereinbarkeit von kapitalistischer Kooperation und sozialistischer Kooperation vier Gründe benennen. Erstens sind die Produktivkräfte des Kapitals dem Postkapitalismus nicht »adäquat« und deshalb nicht auf diesen übertragbar, denn sie wurden geschaffen, um die Arbeiterinnen und Arbeiter zu unterwerfen und zu kontrollieren. Da eine sozialistische Organisation des Arbeitsprozesses viel demokratischer und egalitärer sein muss, spricht vieles dafür, dass das im Kapitalismus entwickelte Produktionssystem in einer zukünftigen Gesellschaft, in der Kommando und Kontrolle des Kapitals überwunden sind, nicht mehr praktikabel ist. Tatsächlich ist schwer vorstellbar, wie dieselbe Ordnung der Dinge frei assoziierten Produzentinnen und Produzenten unter demokratischer Kontrolle von Nutzen sein könnte. Vielmehr müssten die Produktivkräfte des Kapitals zusammen mit ihrem fremden Charakter verschwinden, sobald die Initiative und Aufsicht des Kapitals beseitigt ist. Wenn jedoch die unter der kapitalistischen Produktionsweise entwickelten Produktivkräfte keine materielle Grundlage für den Postkapitalismus bieten, untergräbt dies eine verbreitete These des historischen Materialismus, der zufolge der »Übergang von der kapitalistischen zur sozialistischen Produktionsweise die gewissenhafte Bewahrung der kapitalistischen Technik verlangt«.[56] Im Gegenteil mag die Abschaffung des despotischen Kapitalregimes sogar die *Verminderung* der Produktion erfordern.[57]

Zweitens sind die kapitalistischen Technologien nicht geeignet, den sozialistischen Anspruch zu erfüllen, »Vorstellung« und »Ausführung« im Arbeitsprozess wieder zu vereinigen.[58] Wie Braverman darlegt, ist diese Trennung eine konstitutive Bedingung für die der kapitalistischen Produktionsweise *eigentümlichen* Produktionsverhältnisse.[59] Dementsprechend dienen Wissen und Technologie, wie sie im Kapitalismus entwickelt wurden, dazu, die despotische Herrschaft des Kapitals über die Arbeitskraft zu etablieren und deren Unabhängigkeit und Autonomie im Produktionsprozess durch Standardisierung und Vereinfachung der Aufgaben zu schwächen. André Gorz unterscheidet in diesem Zusammenhang zwei Typen von Technologie: »offene« und »verriegelte« Technologien. Erstere sind Gorz zufolge solche, die im großen Maßstab »die Kommunikation, die Kooperation, die Interaktion begünstigen«. Im Gegensatz dazu wären verriegelte Technologien im Kapitalismus diejenigen, die »den Benutzer knechten« und »das Angebot eines Produkts oder einer Dienstleistung monopolisieren«.[60] Der Kapitalismus neigt dazu, verriegelte Technologien zu entwickeln. Eine demokratische Kontrolle im Sozialismus erfordert, sie durch offene Technologien zu ersetzen, um vollkommen andere Produktionsverhältnisse zu schaffen. Während der linke Akzelerationismus die harmonische Einbindung kapitalistischer Technologien in eine sozialistische Produktion erwartet, müssen viele der verriegelten Technologien zugunsten einer egalitäreren und selbstbestimmten

Produktion aufgegeben werden. Anders gesagt: Die Entwicklung offener Technologien muss in vielen Fällen bei null beginnen.[61]

Drittens stößt man auf das Problem der Nachhaltigkeit. Marx warnt wiederholte Male davor, dass die kapitalistische Entwicklung der Produktivkräfte den universellen Stoffwechsel der Natur untergräbt und ihn sogar zerstört. Solange die kapitalistische Produktionsweise von der Logik der Verwertung angetrieben wird, verschlechtern sich durch die Reorganisierung der stofflichen Seite des Arbeitsprozesses die materiellen Bedingungen der allgemeinen Produktion. Aus diesem Grund nennt Marx im *Kapital* die kapitalistische Steigerung der Produktivkräfte »nicht nur ein[en] Fortschritt in der Kunst, den Arbeiter, sondern zugleich in der Kunst, den Boden zu berauben« (*Kapital I*, 529). Und entsprechend fordert er im dritten Band, eine künftige Gesellschaft müsse »ihren Stoffwechsel mit der Natur rationell regeln« (*Kapital III*, 828). Soviel steht fest: Die Entwicklung der Produktivkräfte des Kapitals wird die Voraussetzungen für eine solche nachhaltige Regulierung des Stoffwechsels mit der Natur *nicht* schaffen. Mit anderen Worten: Selbst wenn die kapitalistische Produktionsweise überwunden ist und dadurch die »Fesseln« der Produktivkraftentwicklung beseitigt werden, bleiben die kapitalistischen Technologien in ihrer Nicht-Nachhaltigkeit weiterhin destruktiv und auch deshalb für den Sozialismus unbrauchbar.

Viertens schließlich lassen sich die Probleme der verriegelten und zerstörerischen Technologien nicht einfach dadurch überwinden, dass das Eigentum aus den Händen der Kapitalisten in staatliches (oder kommunales) Eigentum überführt wird. Die mit dieser Vorstellung verbundene und weit verbreitete Gleichsetzung von Sozialismus mit Staatseigentum – und von Kapitalismus mit Privateigentum – ist für Marx nicht hinreichend. Wäre der Ausgangspunkt eine lediglich formelle Subsumtion, erschiene es möglich, das Ausbeutungssystem abzuschaffen und so relativ problemlos zum Sozialismus überzugehen. Wenn es aber darum geht, die Produktivkräfte des Kapitals in Produktivkräfte der gesellschaftlichen Arbeit umzuwandeln, löst alleine eine Überführung des Eigentums das Problem nicht. Wenn die Trennung von »Vorstellung« und »Ausführung« fortbesteht, waltet anstelle der Kapitalistenklasse eine bürokratische Klasse über die allgemeine gesellschaftliche Produktion, sodass die entfremdeten Bedingungen für die Arbeiterklasse im Grunde dieselben bleiben. Und auch die Umweltzerstörung würde unter der Herrschaft der Bürokratie weitergehen. Kurz gesagt: Die reelle Subsumtion stellt eine freie »sozialistische Verwaltung« vor schwierige Probleme, für deren Lösung die traditionelle Sichtweise des historischen Materialismus keine Anhaltspunkte bietet.[62]

Zweifellos sind diese vier Probleme nicht einfach zu lösen, wie die katastrophalen Misserfolge des real existierenden Sozialismus in der Vergangenheit gezeigt haben. Der (Öko)Sozialismus heute kann nicht einfach die Produktivkräfte des Kapitals als Grundlage einer zukünftigen Gesellschaft nutzen. Dementsprechend lässt sich der Postkapitalismus theoretisch nicht mehr auf die *Grundrisse* stützen. Als Marx daranging, die mit seiner früheren Formulierung des historischen Materialismus verbundenen Probleme zu lösen, bereitete ihm das erhebliches Kopfzerbrechen. Selbst im *Kapital* sah er sich nicht in der Lage, die aufgetauchten Fragen definitiv zu beantworten, sodass wir tatsächlich darüber hinausgehen müssen. Allerdings sind es genau jene Prämissen des traditionellen Marxismus, die bei den Utopisten unserer Zeit aufgrund ihres nur auf die *Grundrisse* gerichteten Fokus wieder auftauchen.

V Elektoralismus und Technologie als Ideologie

Trotz der beschriebenen theoretischen Schwierigkeiten gehen die utopischen Automatisierungsvisionen davon aus, dass die aus dem Kapitalismus hervorgegangenen Technologien die Grundlage für eine postkapitalistische Gesellschaft bilden und die allgemeine menschliche Emanzipation verwirklichen können. Im Vergleich zu Marx' Auseinandersetzung mit dem Begriff »Produktivkräfte des Kapitals« sind ihre Behauptungen näher an dem, was Engels in seiner 1880 veröffentlichten Schrift *Die Entwicklung des Sozialismus von der Utopie zur Wissenschaft* vorbringt:

> [S]o kommt die große Industrie in ihrer volleren Ausbildung in Konflikt mit den Schranken, in denen die kapitalistische Produktionsweise sie eingeengt hält. Die neuen Produktionskräfte sind der bürgerlichen Form ihrer Ausnutzung bereits über den Kopf gewachsen; und dieser Konflikt zwischen Produktivkräften und Produktionsweise […] besteht in den Tatsachen, objektiv, außer uns, unabhängig vom Wollen oder Laufen selbst derjenigen Menschen, die ihn herbeigeführt. Der moderne Sozialismus ist weiter nichts als der Gedankenreflex dieses tatsächlichen Konflikts.« (MEW 19, 211)

Zusätzlich zu den bereits im zweiten Kapitel angesprochenen Punkten ist dies ein weiterer wichtiger theoretischer Unterschied zwischen Marx und Engels, der in den 1860er

Jahren hervortritt. Engels betrachtet in der zitierten Passage die Entwicklung der Produktivkräfte weiterhin als eine unabhängige Variable. In Verkennung der vollen Tragweite der Marx'schen Begriffe der reellen Subsumtion und der Produktivkräfte des Kapitals argumentiert er weiter:

> So wurden also die nunmehr gesellschaftlich erzeugten Produkte angeeignet nicht von denen, die die Produktionsmittel wirklich in Bewegung gesetzt und die Produkte wirklich erzeugt hatten, sondern vom *Kapitalisten*. Produktionsmittel und Produktion sind wesentlich gesellschaftlich geworden. [...] Je mehr die neue Produktionsweise auf allen entscheidenden Produktionsfeldern und in allen ökonomisch entscheidenden Ländern zur Herrschaft kam [...], desto greller mußte auch an den Tag treten die Unverträglichkeit von gesellschaftlicher Produktion und kapitalistischer Aneignung. (Ebd., 213 f.)

Es klingt hier, als könnten die unmittelbaren Produzentinnen und Produzenten nach Abschaffung des Privateigentums an den Produktionsmitteln einfach die kapitalistische Produktion übernehmen und in eine sozialistische umwandeln, da die Produktion im Kapitalismus bereits »wesentlich gesellschaftlich geworden« ist. Indem Engels das Problem des Kapitalismus auf das Privateigentum reduziert, vermeidet er die komplizierte Frage nach der neuen gesellschaftlichen Organisation und Lenkung der Produktivkräfte im Sozialismus. Im traditionellen Marxismus wurde Engels' Sichtweise zum Gemeinplatz, und sie findet sich auch heute noch in den scheinbar radikalen Theorien, die die revolutionären Möglichkeiten der neuen Informationstechnologien und der Robotik hervorheben.

Die Utopisten unserer Zeit betrachten lediglich die Effizienz und den Überfluss an Waren und Dienstleistungen, ohne dabei der qualitativen und materiellen Seite der Produktion, das heißt der Autonomie und Unabhängigkeit der Arbeitenden und der Nachhaltigkeit der natürlichen Umwelt, hinreichend Rechnung zu tragen. Ihre Vision einer Ökonomie des Überflusses, die auf marktgetriebenen Innovationen beruht, verstärkt am Ende die reelle Subsumtion unter das Kapital und gerät so schnell zu einem Mittel der weiteren Enteignung der Natur und der Überwachung der Arbeitskraft. Die Entfremdung der Arbeit ist indes auf diese Weise nicht zu überwinden, und so propagiert der vollautomatisierte Postkapitalismus die alternative Hoffnung, alle Menschen könnten Elektro-SUVs fahren, alle zwei Jahre das Smartphone wechseln und Hamburger aus Laborfleisch essen. Für viele im globalen Norden klingt eine solche Vision von Luxuszukunft offenbar attraktiv, weil die Ökomodernisierung ihnen zusichert, dass sie an ihrem extravaganten Lebensstil nichts ändern müssen. Dieses Bild einer Zukunft im Überfluss verspricht den Menschen die Befriedigung unmittelbarer Konsumwünsche – die derzeitige imperiale Lebensweise im globalen Norden wird dabei nicht in Frage gestellt. So bleibt das Problem, dass eine derartige Vision die bestehenden Wertmaßstäbe und Konsumideale allzu unkritisch übernimmt. Letzten Endes werden die von Unterdrückung, Ungleichheit und Ausbeutung geprägten gesellschaftlichen Verhältnisse reproduziert, die den Kapitalismus kennzeichnen.

Paradoxerweise verbirgt sich hinter dem optimistischen Ton dieser technokratischen Vision tatsächlich ein pessimistischer »kapitalistischer Realismus«, der davon ausgeht, dass es keine Klassenkämpfe gibt, durch die die bestehenden gesellschaftlichen Verhältnisse nachdrücklich in Frage gestellt und Perspektiven eröffnet werden, um die kapitalistische Lebensweise insgesamt hinter sich zu lassen. Den Menschen wird die Macht aberkannt, das System zu verändern, und deshalb muss die Technologie eine zentrale Rolle übernehmen, um die Lücke zu füllen, die das fehlende Handlungspotential hinterlässt. Tatsächlich wäre es denkbar, technokratische Veränderungen ohne starke soziale Bewegungen umzusetzen, und das Versprechen eines bequemen Lebens erscheint attraktiv. Die produktivistische Vision des Postkapitalismus läuft darauf hinaus, unter dem Deckmantel eines grandiosen emanzipatorischen Projekts die kapitalistischen Wertmaßstäbe ungebremster Produktion und nicht endenden Konsums zu affirmieren. Eine revolutionäre Subjektivität der Arbeiterklasse wird verworfen und stattdessen anerkannt, dass die verdinglichte Handlungsmacht von Maschinen zum Subjekt der Geschichte avanciert. Dennoch ist ein solches postkapitalistisches Projekt nur dann überzeugend, wenn es aufzeigen kann, wie die Produktivkräfte des Kapitals in Produktivkräfte der gesellschaftlichen Arbeit zu transformieren wären, um tatsächlich die »volle Entwicklung des Individuums« zu ermöglichen.

Da die utopischen Automatisierungsvisionen das Problem der Produktion vermeiden, konzentrieren sie sich auf die Sphäre der »Politik«, insbesondere auf die Idee eines »linken Populismus«.[63] Die utopischen Sozialisten heute sehen sich selbst keineswegs als Verfechter eines technologischen Determinismus und betonen die Bedeutung, die im Eintreten für gesellschaftliche Veränderungen der Herausbildung einer neuen »politischen Subjektivität« und nicht zuletzt der Beteiligung an Wahlen zukommt.[64] Bastani plädiert offen für einen »Elektoralismus« als Weg, die Gesellschaft in einen »vollautomatisierten Luxuskommunismus«

zu transformieren: »VALK muss sich, eingebettet in Luxuspopulismus, im politischen Mainstream durch die Beteiligung an Wahlen engagieren«.[65] Bastani geht hierbei davon aus, dass ökomoderne Technologien für die sozialistische Transformation genutzt werden können, sobald sie in staatliches Eigentum übergehen, wie unbegründet diese Annahme auch sein mag.

In diesem Zusammenhang ist an die von Ellen Meiksins Wood formulierte Kritik am sogenannten Postmarxismus zu erinnern, denn ihre Einwände treffen auch auf Bastanis »Elektoralismus« zu. Wood zufolge wird die politische Theorie des linken Populismus durch »die Logik von Wahlen« bestimmt: »Der neue ›wahre‹ Sozialismus ist seinen Absichten nach keine Strategie zur Veränderung der Gesellschaft, sondern ein Programm zum Erreichen einer parlamentarischen Mehrheit.«[66] Ein solches politisches Programm verkennt den liberalen demokratischen Staat ideologisch, wenn es ihm »Neutralität« und »Universalität« unterstellt. Es verkennt jedoch auch die Grenzen der Demokratie selbst, die dort verlaufen, wo es um Veränderungen in der Sphäre gesellschaftlicher Produktion geht. Anders gesagt: Politik allein ist nicht in der Lage, die Gesellschaft zu verändern, weil eine Ausweitung der Demokratie auf den ökonomischen Bereich an unüberwindbare Grenzen stößt, sobald es darum geht, die Macht des Kapitals in Frage zu stellen oder anzugreifen. Daher kann sich eine sozialistische Strategie nicht lediglich auf die vermeintlich autonome Sphäre des Politischen konzentrieren, sondern muss die Transformation der Sphäre gesellschaftlicher Produktion im Blick behalten: »Die volle Entfaltung der liberalen Demokratie bedeutet zumindest, dass die weitere Ausdehnung der Macht des Volkes nicht einfach nur eine Vervollkommnung der bestehenden politischen Institutionen, sondern eine radikale Veränderung der gesellschaftlichen Verhältnisse im Allgemeinen erfordert, und zwar in einer Weise, wie man sie bisher noch nicht kannte«, schreibt Wood.[67] Eine technologische Beschleunigung allein bietet keine Möglichkeit, die vom Kapital auferlegte Schranke zu überwinden. »Akzeleration« ist zu eng gefasst, als dass sie als die radikale Veränderung der gesellschaftlichen Verhältnisse betrachtet werden könnte, die für die Errichtung einer postkapitalistischen Gesellschaft erforderlich ist. Letzten Endes läuft sie sogar Gefahr, sich in eine Stütze der despotischen Macht des Kapitals über die Gesellschaft zu verwandeln.

Tatsächlich ist nicht ersichtlich, wie die Produktivkräfte des Kapitals durch Beschleunigung in demokratische Macht transformiert werden sollen. Wahrscheinlicher ist, dass dadurch die Trennung von »Vorstellung« und »Ausführung« nur noch mächtiger wird. Ohne soziale Kämpfe entwickelt sich das Programm einer auf technologischer Entwicklung basierenden Gegenhegemonie aller Erfahrung nach zu einem Vorhaben, das der Gesellschaft Veränderungen »von oben« überstülpen möchte. Intellektuelle, Technokraten und Politiker warten mit Ideen für konkrete Maßnahmen auf, da sie angeblich besser wissen, wie die ökologische und ökonomische Krise effektiv zu bewältigen oder zumindest abzumildern ist. Sie werden die Entscheidungsgewalt darüber, welche Technologien und wie sie eingesetzt werden, an sich reißen. Wenngleich wissenschaftliches Wissen zweifellos unverzichtbar ist, bieten sich zentralisierte verriegelte Technologien gigantischer Tragweite naturgemäß nicht gerade für demokratische Kontrolle an, da sie vertikale Entscheidungsstrukturen von oben nach unten voraussetzen.[68] Selbst Maßnahmen zur Abmilderung der ökologischen Krise werden zu einem Instrument, um die Individuen einem undemokratischen und technokratischen Kommando unterzuordnen. Gorz warnt aus diesem Grund, ein solches Projekt einer prometheischen Moderne werde in der »Negation des Politischen und zugleich der Moderne« enden.[69] Angesichts des Scheiterns des sozialistischen Avantgarde-Modells im 20. Jahrhundert darf eine solche Gefahr nicht unterschätzt werden.[70]

Hinzu kommt, dass die Neuartigkeit der neuen Technologien geeignet ist, das eigentliche Problem zu verschleiern, nämlich dass gerade das »Business as usual«, das Festhalten am Gewohnten irrational ist. Die Technologie fungiert als Ideologie, die diese Irrationalität mystifiziert. Mit anderen Worten: Die Technologie blockiert und eliminiert die Möglichkeiten, sich angesichts der ökonomischen und ökologischen Krise einen vollkommen anderen Lebensstil und eine sichere und gerechte Gesellschaft vorzustellen. Die Krise sollte uns im Grunde Gelegenheit und Katalysator sein, um selbstkritisch über unser irrationales Verhalten nachzudenken und uns eine andere Zukunft vorzustellen, die demokratischer, egalitärer und nachhaltiger ist. Doch berauben uns verriegelte Technologien der Vorstellungskraft und der Kreativität, die notwendig wären, um den Kapitalismus zu überwinden. Die Ideologie der Technologie ist einer der Gründe für die Phantasielosigkeit, die den heutigen Kapitalismus durchdringt. Die Automatisierungsutopien sind eine der Erscheinungsformen des Problems.

Trotz eines grundlegenden Dissenses sind in diesem Kapitel viele Seiten den utopischen Automatisierungsvisionen gewidmet, denn zumindest haben sie gezeigt, dass »Überfluss« und »Luxus« für den Kapitalismus gefährlich sind. Wie sie ganz richtig feststellen, gründet der Mechanismus der Marktpreise auf dem Prinzip des Mangels, wohingegen Überfluss diesen Mechanismus empfindlich stört und die Möglichkeit einer Ökonomie jenseits des Mangels sichtbar macht. Überfluss ist auch wichtig, um eine Vorstellung einer attraktiven postkapitalistischen Zukunft zu entwickeln und davon ausgehend einen Gegenentwurf zur neoliberalen Austerität zu formulieren. Um den kapitalistischen Konsumismus und Produktivismus im Zeitalter der globalen ökologischen Krise radikal in Frage zu stellen, muss die marxistische Theorie jedoch den Begriff des Überflusses neu definieren, da seine überkommene Verwendung mit den objektiven ökologischen Grenzen unvereinbar ist. Wie die theoretischen Grenzen der Automatisierungsutopien zeigen, können Marx' *Grundrisse* für diese Aufgabe aufgrund ihres residualen Prometheanismus kein Ausgangspunkt sein, sodass wir uns anderweitig umsehen müssen. Glücklicherweise kam Marx dazu, das Problem des eigenen historischen Materialismus kritisch zu reflektieren, und arbeitete ab den 1860er Jahren ernsthaft daran, seine Vorstellung des Postkapitalismus neu zu formulieren. In den 1870ern und 1880ern setzte er dies in seiner weiteren Arbeit fort. Anstatt also auf Werke wie die *Grundrisse* und das Vorwort von 1859 aus der Zeit vor dem *Kapital* zurückzugreifen, ist es fruchtbarer, Marx' Schriften nach 1868 zu untersuchen, um eine postkapitalistische und den Mangel überwindende Zukunft im Anthropozän zu entwerfen, die sich radikal vom »vollautomatisierten Luxuskommunismus« unterscheidet.

Teil III

Auf dem Weg zum Degrowth-Kommunismus

Kapitel 6

Marx als Degrowth-Kommunist: *Die Marx-Engels-Gesamtausgabe (MEGA)* und die große Transformation nach 1868

Die Diskussion in den vorangegangenen Kapiteln hat gezeigt, dass die verschiedenen im Marxismus existierenden produktivistischen Ansätze unzureichend sind, um auf die ökonomischen und ökologischen Krisen des Anthropozäns eine Antwort zu formulieren. Technokratische Visionen reproduzieren trotz kühner Emanzipationsbehauptungen lediglich die Konsumorientierung sowie die undemokratischen Herrschafts- und Unterordnungsverhältnisse des Kapitalismus. Auch die Entwicklung des widersprüchlichen Charakters der kapitalistischen Produktionsweise bietet keinerlei Gewähr für deren Überwindung, da die Produktivkräfte des Kapitals durch ihre räuberische Art den Stoffwechsel zwischen Mensch und Natur ernstlich deformieren, ohne eine materielle Grundlage für eine künftige Gesellschaft zu schaffen. Die Probleme sind indes nicht neu. In den 1860er Jahren, als Marx am *Kapital* schrieb, wurde er sich ihrer selbst zunehmend bewusst, aber aufgrund des hartnäckigen Festhaltens an den bisherigen philosophischen Grundlagen seiner materialistischen Geschichtsauffassung, die einseitig auf das Fortschreiten einer durch die Entwicklung der Produktivkräfte angetriebenen, universellen Menschheitsgeschichte blickte, neigte auch seine Vorstellung der Revolution dazu, prometheische Züge anzunehmen, als könnte mit der maximalen Beschleunigung der bestehenden Tendenzen des Kapitalismus schließlich der Sprung in den Kommunismus gelingen.

Bemerkungen von Marx selbst verstärken diesen Eindruck. In einer wohlbekannten Passage aus dem Vorwort der Schrift *Zur Kritik der Politischen Ökonomie* von 1859 schreibt er beispielsweise: »Eine Gesellschaftsformation geht nie unter, bevor alle Produktivkräfte entwickelt sind, für die sie weit genug ist, und neue höhere Produktionsverhältnisse treten nie an die Stelle, bevor die materiellen Existenzbedingungen derselben im Schoß der alten Gesellschaft selbst ausgebrütet worden sind.« (*MEW* 13, 9) Eine solche These lässt sich durchaus produktivistisch lesen; gleichzeitig aber ist eine derartige Auffassung heute unhaltbar, da die beschleunigte Entwicklung der Produktivkräfte früher oder später den größten Teil des Planeten unbewohnbar machen wird, und zwar noch vor dem Untergang des Kapitalismus.

Es ist verständlich, dass dem Marxismus aus den Reihen der Umweltbewegung oft Verachtung entgegenschlägt. Tatsächlich ist der historische Materialismus heute unpopulär. Angesichts des gemeinsamen Interesses beider, die unersättliche Akkumulationsgier des Kapitals in Frage zu stellen, wenn auch aus unterschiedlichen Blickwinkeln, ist das bedauerlich. Im Eingeständnis der Unzulänglichkeiten und Mängel des prometheischen Marxismus unternimmt das vorliegende Kapitel den Versuch, endlich die Spannungen zwischen Rot und Grün zu beseitigen. Im Rekurs auf Marx' eigene Texte werde ich beleuchten, ob es trotz des langwährenden Gegensatzes einen Weg gibt, Grün und Rot in Einklang zu bringen und einen neuen *Front Populaire* zur Verteidigung des Planeten im Anthropozän aufzubauen. Erneut auf Marx zurückzukommen, ist lohnenswert, da das laufende Projekt der Veröffentlichung des Gesamtwerks von Marx und Engels, die *Marx-Engels-Gesamtausgabe* (*MEGA*), eine differenziertere Rekonstruktion des Marx'schen Denkens ermöglicht. Von großem Nutzen für die vorliegende Untersuchung sind dabei die in der vierten Abteilung der *MEGA* publizierten Notizbücher. Wenngleich deren Inhalte selbst von seriösen marxistischen Forschern zumeist als »bloße« Exzerpte behandelt wurden, enthalten sie ebenso wie Marx' Briefe und Manuskripte manche Gedanken und Einsichten, die nicht vollständig in die veröffentlichten Schriften einflossen.[1] Da Marx nach dem Erscheinen des ersten Bands des *Kapitals* (1867) nur noch wenig veröffentlichte und der zweite sowie der dritte Band unvollendet blieben, sind seine Notizbücher wertvolle Dokumente, die Licht auf unbekannte Aspekte seines unvollendeten Projekts der Kritik der politischen Ökonomie werfen.

Kurz gesagt ist die *MEGA* nicht nur für Biografen interessant, die detailliertere Informationen über das Leben von Marx und Engels wünschen. Vielmehr hat sie wichtige theoretische Implikationen. In Verbindung mit den in der zweiten Abteilung veröffentlichten ökonomischen Manuskripten schafft die *MEGA* die Voraussetzungen für eine neue kritische Auseinandersetzung mit der von Marx formulierten Kapitalismuskritik. So gab es in den vergangenen Jahren einige Ansätze, die Marx' Forschungsarbeit nach 1867 auf der Grundlage der *MEGA* zu rekonstruieren.[2] Sie zeigen, dass sich Marx nach dem Erscheinen des *Kapitals* sehr intensiv insbesondere mit zwei Bereichen beschäftigt hat:

den Naturwissenschaften sowie vorkapitalistischen und nichtwestlichen Gesellschaften. Auf der Grundlage der in der *MEGA* veröffentlichten neuen Materialien zeigt Kevin B. Andersons Studie *Marx at the Margins* auf, wie Marx sich von seiner zunächst vorhandenen eurozentrischen und linearen Sicht des historischen Fortschritts abwandte, während Carl-Erich Vollgraf in seinem Beitrag »Marx über die sukzessive Untergrabung des Stoffwechsels« zu dem Schluss kommt, Marx' leidenschaftliche Beschäftigung mit den Naturwissenschaften sei ein Hinweis auf dessen ernsthafte Sorge über die Umweltzerstörung im Kapitalismus (I).

Doch wie wichtig für marxistische Wissenschaftler diese jüngsten Beiträge auch sein mögen, die Marx als »nichtethnozentrischen« und »ökologischen« Denker entdecken und ihn damit auch vor verschiedenen gegen ihn gerichteten Anschuldigungen in Schutz nehmen, sie reichen nicht aus, um zu begründen, warum sich auch heute noch *Nicht-Marxisten* für Marx' ökologisches Interesse interessieren sollten. Um hier Gründe zu liefern, müssen Marxisten etwas Positives bieten. Das vorliegende Kapitel geht über die bisherige Literatur hinaus, insofern es konkretisiert, welche Vorstellungen einer postkapitalistischen Gesellschaft Marx entwickelte, nachdem er in den 1870er Jahren seinen vorherigen Eurozentrismus und Prometheanismus aufgegeben hatte. Mit der Abkehr von ethnozentrischen und produktivistischen Vorstellungen verwarf Marx auch sein früheres Verständnis des historischen Materialismus. Das fiel ihm nicht leicht, sein Weltbild steckte in einer Krise. Marx' intensive Forschungsarbeit in seinen letzten Lebensjahren war in diesem Sinne auch der vehemente Versuch, die eigene materialistische Geschichtsauffassung aus einer vollkommen neuen Perspektive zu rekonstruieren und zu reformulieren, was in einen radikal anderen Entwurf einer zukünftigen Gesellschaft mündete (II).

Bekanntlich brachte die intensive Beschäftigung mit nichtwestlichen Gesellschaften Marx nach 1868 dazu, die revolutionären Potentiale solcher auf Gemeineigentum an Grund und Boden gründenden Formen zu begreifen. Deutlich zu erkennen ist diese perspektivische Verschiebung in dem berühmten Brief an Vera Sassulitsch (und den Entwürfen dazu), in dem Marx sich von der Notwendigkeit einer Revolution in Russland überzeugt zeigt, die zugleich das kapitalistische Stadium zu umgehen ermöglichte. Mit dem Brief und den Entwürfen haben sich bereits in der Vergangenheit verschiedene Studien befasst, doch wenn sie Marx einen nicht eurozentrischen Blick bescheinigen, klingt das nicht selten irgendwie »romantisch«; tatsächlich wird die Wertschätzung für die russische Dorfgemeinde oft so verstanden, dass der alte Marx, der die Hoffnung auf eine Revolution in Westeuropa aufgegeben hatte, nunmehr verstärkt mit den revolutionären Bewegungen in Russland sympathisierte.[3] Ganz offenkundig ist aber Romantik kein überzeugender Grund, warum es heute sinnvoll sein sollte, auf den späten Marx zurückzukommen (III).

Um die Relevanz der Marx'schen Theorie für heute aufzuzeigen, ist es daher notwendig, auf seine positiven Vorstellungen einer postkapitalistischen Gesellschaft einzugehen. Das revolutionäre Potential Russlands, worüber er durch den intellektuellen Austausch mit russischen Autoren wie Nikolai Tschernyschewski und Maxim Kowalewski informiert war, inspirierte ihn nicht nur zum Nachdenken über den russischen Weg zum Kommunismus, sondern beeinflusste auch sein Bild einer kommunistischen Gesellschaft in *Westeuropa*. Wenn die bisherige Forschung diesen Punkt nicht ausreichend untersucht hat, so gerade deshalb, weil sie Marx' Interesse an der Ökologie nach 1868 keine Beachtung schenkte. Kurz gesagt: Um Marx' letztendliche Sicht einer zukünftigen anderen Gesellschaft nachzuvollziehen, gilt es, seine Beschäftigung mit politischer Ökonomie, mit Ökologie und mit vorkapitalistischen Gesellschaften in den letzten anderthalb Jahrzehnten seines Lebens in ihrem Zusammenhang zu betrachten. Durch die sorgfältige Untersuchung der Gründe, warum er sich gleichzeitig mit vorkapitalistischen Gesellschaften *und* den Naturwissenschaften auseinandersetzte, ergibt sich eine neue und überraschende Interpretation des Briefs an Sassulitsch: Marx wurde letztlich *Degrowth-Kommunist* (IV).

I Die *MEGA* und der späte Marx

Jüngste Diskussionen über den späten Marx auf der Grundlage der *MEGA* bieten im Vergleich zu Interpretationen der Vergangenheit wertvolle Einblicke. Nehmen wir die Marx'sche Revolutionstheorie: Einer stereotypen Darstellung zufolge nimmt die ökonomische Ungleichheit im Kapitalismus zu, weil das Kapital sich die Mehrarbeit der Arbeitskraft aneignet. Unter dem Druck der Marktkonkurrenz sind Kapitalisten bestrebt, neuartige Maschinen einzuführen und so die Produktivkräfte zu steigern, um Waren in größerer Menge als je zuvor zu produzieren. Die Ausbeutung verschärft das Elend der Arbeiterinnen und Arbeiter, all die neuen Waren können sie sich nicht leisten. Das Kapital hingegen expandiert auf der Suche nach neuer Nachfrage und erweitert ständig den Markt. Doch »neue Märkte gibt es nicht grenzenlos, und je stärker die Ausbeutung wird, desto größer wird auch die Wahrscheinlichkeit, dass das, was wie Überproduktion aussieht, tatsächlich zu einer wird«, fasst Peter Lamb zusammen.[4] Die Überproduktion führt zu einem plötzlichen Preisverfall der Konsumgüter, zu Bankrotten und Massenarbeitslosigkeit, was die Lage und die Lebensbedingungen der Arbeiterklasse noch weiter verschlechtert. Schließlich entwickelt das Proletariat ein Klassenbewusstsein als universelle revolutionäre Klasse, vereinigt und erhebt sich gegen die Kapitalisten, die »Expropriateurs werden expropriiert«.

So ähnlich ließe sich der Tenor des *Manifests der Kommunistischen Partei* von 1848 in sehr groben Zügen zusammenfassen. Das Manifest trieft vor revolutionärem Optimismus, sein ganzer Ton spiegelt die Überzeugung von Marx und Engels wider, der Kapitalismus werde schon sehr bald, ausgelöst durch eine schwere Wirtschaftskrise, durch eine sozialistische Revolution überwunden. Da mit der weiteren Entwicklung des Kapitalismus immer größere Wirtschaftskrisen vorgezeichnet sind, ist es anzunehmen, dass Marx es für notwendig hielt, diese Entwicklung zu beschleunigen, trotz der negativen Nebenwirkungen solcher Krisen, einschließlich wachsender ökonomischer Ungleichheiten und der weiteren Verschlechterung der Lage der Arbeiterklasse. Doch die Revolution von 1848 schlug fehl, und in der Folge lebte der Kapitalismus wieder auf. Das wiederholte sich in den Wirtschaftskrisen von 1857 und 1866. Und letzten Endes verursachen Wirtschaftskrisen allein niemals einen Zusammenbruch des Kapitalismus. Tatsächlich ist eine Wirtschaftskrise ein integraler Bestandteil der kapitalistischen Entwicklung, da sie Wert vernichtet und so die Bedingungen für den nächsten Konjunkturzyklus vorbereitet.[5] Mit dieser Hartnäckigkeit des Kapitalismus immer wieder konfrontiert, korrigierte Marx allmählich seine optimistische Auffassung von der Unvermeidbarkeit einer sozialistischen Revolution. Und so eingängig und ermutigend die im *Manifest* erzählte Geschichte auch sein mag, sie spiegelt nicht unbedingt die Vorstellung wider, zu der Marx letztendlich gelangte.[6] Wir müssen uns also sicherlich mit seinem Opus magnum, dem *Kapital*, auseinandersetzen, aber selbst das reicht nicht aus, denn das *Kapital* blieb im Wesentlichen ein unvollendetes Werk. Wir müssen über das Kapital *hinaus*, um Marx' letztendliche Idee einer postkapitalistischen Gesellschaft zu verstehen.

Der traditionelle Marxismus begnügte sich jedoch häufig mit der Theorie des Mehrwerts und der Ausbeutung, die Marx im ersten Band des *Kapitals* entwickelt. Die Theorie diente als »Beweis« für die illegitime Herrschaft der Bourgeoisie und unterstrich zugleich die Legitimität der proletarischen Revolution. Die Krisentheorie im zweiten und im dritten Band wurde dementsprechend als »Beweis« für die Unausweichlichkeit des Zusammenbruchs des Kapitalismus herangezogen. Das *Kapital* galt als sozialistische »Bibel«, die sowohl die Rechtmäßigkeit als auch die Notwendigkeit des Sozialismus begründete. Nun, eine solche Lesart ist heute gewiss nicht mehr zwingend, und das Scheitern des traditionellen Marxismus ist auch nicht unbedingt etwas, was man beklagen müsste. Mit dem Ende des Kalten Krieges eröffneten sich auch neue Möglichkeiten, Marx neu zu lesen. Was diese »neue Marx-Lektüre« im Vergleich zum traditionellen Marxismus auszeichnet, ist die ehrliche Anerkennung der Unvollständigkeit der Marx'schen Kritik der politischen Ökonomie. Forscherinnen und Forscher begannen, Marx' ökonomische Manuskripte, Briefe und auch Notizbücher genauer zu lesen und zu untersuchen.[7] Sie konnten zeigen, dass Marx zwar den zweiten und den dritten Band des *Kapitals* zu Lebzeiten nicht fertigstellte, sich seine Kapitalismuskritik nach der Veröffentlichung des ersten Bandes aber vertiefte. Der unvollendete Charakter von Marx' Kritik der politischen Ökonomie war in der Vergangenheit unterschätzt worden, weil er in Engels' Ausgabe des *Kapitals* weithin unsichtbar blieb. Engels, der die Manuskripte von Marx nach dessen Tod redigierte, war bestrebt, den »Marxismus« als einheitliches Lehrgebäude zu etablieren, das geeignet war, die Arbeiterklasse zu mobilisieren. Dabei neigte er dazu, den systematischen Charakter des *Kapitals* überzubetonen, als universelle »Weltanschauung« des Proletariats.

Die Folge war, dass Marx' Gedankengang in der von Engels besorgten Ausgabe manchmal verdunkelt ist. Das ist bedauerlich, denn gerade die Passagen im Originalmanuskript des dritten Bandes, die Marx die größten Schwierigkeiten bereiteten, weshalb er sie später noch einmal überarbeiten wollte, mussten von Engels im Interesse einer besseren Lesbarkeit des Marx'schen Textes *als Buch* verändert werden. Die betreffenden Passagen sind in der Regel schwer zu lesen, da Marx damit kämpfte, seine neuen Ideen schriftlich zu fixieren. In ihnen häufen sich redundante Wiederholungen, vage Formulierungen und grammatikalische Fehler. Marx benutzte in den Manuskripten oft die Markierung »L«, um Stellen zu kennzeichnen, an denen er mit einer Argumentation begann. Wenn er das Bedürfnis verspürte, später noch einmal auf eine Passage zurückzukommen, um seine Ausführungen zu vertiefen, markierte er diese Stellen in den Entwürfen durch Linien am Rand.[8] Doch alle diese Spuren des Kampfes mit dem Text wurden von Engels »bereinigt«.[9] Immerhin ist es dessen enormen Anstrengungen zu verdanken, dass das *Kapital* in drei Bänden in einer für ein breites

Publikum zugänglichen (wenn auch für die Arbeiterklasse nicht immer leicht verständlichen) Form vorliegt. Und dem »Marxismus« war es so möglich, als Lehrgebäude des »wissenschaftlichen Sozialismus«, während des gesamten 20. Jahrhunderts einen enormen politischen Einfluss zu entfalten. Während also Engels' Verdienste unbestreitbar sind, trifft es auch zu, dass der neue theoretische Horizont, der sich in Marx' ökonomischen Manuskripten abzeichnet, angesichts des durch die Engels'sche Ausgabe vermittelten Eindrucks – *Das Kapital* als ein aus drei in ihrer vorliegenden Form mehr oder weniger vollständigen Bänden bestehendes Werk – eher unsichtbar wurde. Viele Marxistinnen und Marxisten gingen daher lange Zeit davon aus, Marx' Forschungen nach 1867 hätten wenig Bedeutung, da sie im zweiten und dritten Band des *Kapitals* kaum auftauchten. Und auch die weitverbreitete Ansicht, Marx habe im Alter aufgrund von Krankheit seine intellektuellen Fähigkeiten eingebüßt, speist sich aus dieser Unsichtbarkeit der späten Forschungsarbeit. Ein typisches Beispiel für diese Ansicht bietet Isaiah Berlin in seiner Marx-Biografie, wenn er zu dem Schluss kommt, Marx habe im Alter »die Spannkraft für die aktiven Kämpfe seiner Jugend und mittleren Jahre [gefehlt]. Überanstrengung und ein Leben in Armut hatten zu guter Letzt seine Kräfte untergraben; er war müde, häufig krank, und begann sich wegen seiner Gesundheit zu beunruhigen«.[10]

Durch die Veröffentlichung der ökonomischen Manuskripte, der Vorarbeiten zum *Kapital*, in der zweiten Abteilung der *MEGA* sowie wichtiger Notizbücher in der vierten Abteilung wird allerdings deutlich, dass Marx trotz seines sich verschlechternden Gesundheitszustands leidenschaftlich neue Materialien studierte und für die Fertigstellung des

Kapitals Manuskripte mit Entwürfen anfertigte. Darum bemüht, seine Kritik der politischen Ökonomie auch nach 1868 zu präzisieren und noch einmal durchzusehen, führte Marx beispielsweise zahlreiche Berechnungen zur Profitrate durch, die sich auf die Gesetzmäßigkeiten deren tendenziellen Fallens beziehen.[11] Angesichts des »Schwarzen Freitags« von 1866 unternahm er den Versuch, seine Krisentheorie zu überprüfen, und er beschäftigte sich eingehend mit Fragen der Grundrente.[12] Mit Blick auf die ökonomischen Manuskripte argumentiert Michael Heinrich, Marx sei sich aufgrund des Aufstiegs und des zunehmenden Einflusses der USA sowie Russlands, was im ersten Band des *Kapitals* kaum berücksichtigt wurde, und insbesondere im Hinblick auf das Entstehen von Aktiengesellschaften und die Auswirkungen des Eisenbahnbaus nicht mehr sicher gewesen, ob England noch als Idealtypus des Kapitalismus behandelt werden konnte.[13] Heinrich ist überzeugt, diese neuen ökonomischen Realitäten hätten Marx gezwungen, darüber nachzudenken, ob die logische Struktur des *Kapitals* nicht fast von Grund auf zu überarbeiten sei. Carl-Erich Vollgraf wiederum kommt in seiner Untersuchung der naturwissenschaftlichen Notizbücher zu dem Schluss, Marx habe hier den »wertbildenden« Beitrag der Natur im Produktionsprozess gewürdigt und erkannt, dass die Arbeitswerttheorie in der vorliegenden Form nicht haltbar sei.[14] Heinrich wie Vollgraf sind der Ansicht, aufgrund des enormen Umfangs solcher theoretischer Neubewertungen sei Marx' unvollendetes Projekt *unvollendbar* geworden.

Während die Schlussfolgerungen der beiden Autoren die theoretische und persönliche Krise überzeichnen, in der sich Marx und sein Projekt nach 1868 befanden – er gestand eine solche Krise nie explizit ein –, weisen ihre Studien zur

MEGA, die sich auf vernachlässigte Aspekte des Spätwerks konzentrieren, zu Recht auf die Notwendigkeit einer gründlichen Überprüfung der Marx'schen Kritik der politischen Ökonomie hin. Allerdings sind die Diskussionen über die *MEGA* außerhalb Deutschlands und Japans bislang weitgehend unbekannt. Das hat zur Folge, dass selbst jene, die das *Manifest* nicht naiv als Marx' ultimative Sicht der Dinge betrachten, den Endpunkt seiner intellektuellen Reise oft verkennen, insbesondere was die Vorstellungen einer postkapitalistischen Gesellschaft anbelangt. Das vorliegende Kapitel soll im Folgenden diese Vorstellungen des späten Marx über Alternativen zum Kapitalismus verdeutlichen, um so neue Debatten mit zeitgenössischen Strömungen der politischen Ökonomie und politischen Ökologie im Anthropozän zu eröffnen.

II Den historischen Materialismus dekonstruieren

Wie im vorangegangenen Kapitel bereits dargelegt, vollzog Marx eine bedeutende Verschiebung seiner theoretischen Perspektive, nachdem er in der Analyse der »reellen Subsumtion« im Ökonomischen Manuskript 1861–1863 seine Aufmerksamkeit auf das Problem der »Produktivkräfte des Kapitals« gerichtet hatte. Diese Verschiebung veranlasste ihn, seine bisherigen Annahmen über den progressiven Charakter des Kapitalismus von Grund auf zu überdenken. Er erkannte, dass die Produktivkräfte nicht zwangsläufig die materiellen Grundlagen einer neuen, postkapitalistischen Gesellschaft bilden, sondern den Raubbau an der Natur eher noch steigern. Doch wird diese Transformation der Marx'schen Sichtweise ebenso wie seine Auseinandersetzung mit dem Begriff der Produktivkräfte des Kapitals häufig ignoriert. Folglich besteht das Missverständnis verbreitet fort, Marx habe naiverweise an einer »progressiven Geschichtsauffassung« festgehalten, die den Naturgesetzen vergleichbare historische Gesetzmäßigkeiten unterstellt. So heißt es in einem populären Schulbuch: »Marx schloss sich Hegels Sichtweise an, die Geschichte sei […] eine Entwicklung, die, wie das Wachstum einer Pflanze, unausweichlich nach ihren eigenen Gesetzen verläuft.«[15] Wie Hegel wird Marx zu einem leidenschaftlichen Verfechter eines linearen Fortschreitens der Menschheitsgeschichte, das durch die Entwicklung der Produktivkräfte angetrieben wird, deren Dialektik wiederum trotz anfänglich zerstörerischer Auswirkungen auf das menschliche Zusammenleben und die natürliche Umwelt zur Emanzipation des Menschen führen soll.

Kein Wunder also, dass Marx' historischer Materialismus immer wieder für seinen »ökonomischen Determinismus« in der Kritik steht.[16] Der ökonomische Determinismus ist dabei durch zwei Hauptmerkmale charakterisiert: Produktivismus und Eurozentrismus. Ersterer zeichnet sich durch eine optimistische Befürwortung der kapitalistischen Modernisierung aus, da die unter dem Druck der Konkurrenz auf dem Markt entwickelten und durch den Fortschritt von Technologie und Wissenschaft ermöglichten Erfindungen und Innovationen zur Beseitigung der Armut und zur Verkürzung der Arbeitszeit führen. Ein Leben in Wohlstand, das bisher nur einer kleinen Zahl von Angehörigen der herrschenden Klasse vorbehalten war, wird für die Arbeiterklasse zugänglich. Da die Entwicklung der Produktivkräfte als Hauptantrieb des historischen Fortschritts gilt, verkörpert die Beschleunigung der kapitalistischen Entwicklung den *effizientesten* Weg zur menschlichen Emanzipation.

Eine solche produktivistische Sichtweise impliziert zugleich die Vorstellung eines linearen Verlaufs der Geschichte. Dabei wird den westlichen kapitalistischen Ländern mit entwickelten Produktivkräften im Vergleich mit nichtwestlichen und nichtkapitalistischen Ländern zugeschrieben, sie seien auf einer höheren Stufe der Geschichte angelangt. Für andere, nichtkapitalistische Länder ergibt sich daraus, dass sie dem europäischen Weg der kapitalistischen Industrialisierung folgen *müssen*, um zum Sozialismus zu gelangen. Diese Art von unkritischer Annahme einer Überlegenheit Westeuropas, das anderen Teilen der Welt den eigenen historischen Entwicklungsweg aufnötigt, macht Marx' Denken »eurozentrisch«.[17]

Es erübrigt sich festzustellen, dass heute sowohl Produktivismus als auch Eurozentrismus unhaltbar sind. Manche der Kritikpunkte sind freilich gerechtfertigt. Das *Manifest* enthält Passagen, in denen Marx und Engels einen ethnozentrischen Produktivismus erkennen lassen, etwa wenn sie über die »Unterjochung der Natur« und die »barbarischen und halbbarbarischen Länder« schreiben:

> Die Bourgeoisie hat das Land der Herrschaft der Stadt unterworfen. Sie hat enorme Städte geschaffen, sie hat die Zahl der städtischen Bevölkerung gegenüber der ländlichen in hohem Grade vermehrt und so einen bedeutenden Teil der Bevölkerung dem Idiotismus des Landlebens entrissen. Wie sie das Land von der Stadt, hat sie die barbarischen und halbbarbarischen Länder von den zivilisierten, die Bauernvölker von den Bourgeoisvölkern, den Orient vom Okzident abhängig gemacht. (*MEW* 4, 466)

Und sie fahren fort:

> Die Bourgeoisie hat in ihrer kaum hundertjährigen Klassenherrschaft massenhaftere und kolossalere Produktionskräfte geschaffen als alle vergangenen Generationen zusammen. Unterjochung der Naturkräfte, Maschinerie, Anwendung der Chemie auf Industrie und Ackerbau, Dampfschiffahrt, Eisenbahnen, elektrische Telegraphen, Urbarmachung ganzer Weltteile, Schiffbarmachung der Flüsse, ganze aus dem Boden hervorgestampfte Bevölkerungen – welch früheres Jahrhundert ahnte, daß solche Produktionskräfte im Schoß der gesellschaftlichen Arbeit schlummerten. (ebd., 467)

Fasziniert von der Technologie loben Marx und Engels die Entwicklung der Produktivkräfte im Kapitalismus und verbinden damit die Hoffnung, die Unterwerfung der Natur werde die ganze Welt zivilisieren und die menschliche Emanzipation verwirklichen. Was diese Aussagen betrifft, so kann man mit Fug und Recht behaupten, dass Marx sowohl prometheisch als auch eurozentrisch argumentiert.[18]

Die von Marx im *Manifest* getroffenen Aussagen sollten indes auch nicht übermäßig verallgemeinert werden, da er beide problematischen Annahmen in späteren Jahren kritisch reflektiert. Wie ich in diesem Buch immer wieder betont habe, ist Marx' Ökologie heute unbestreitbar, wie gerade ergiebige Diskussionen aus jüngerer Zeit zeigen, in denen der Begriff des metabolischen Bruchs oder des Risses im Stoffwechsel Verwendung findet. Auch wenn verschiedentlich Ökosozialisten davor warnen, die Rolle von Liebigs *Agriculturchemie* für die Marx'sche Ökologie überzubewerten, da sie den überholten wissenschaftlichen Stand des 19. Jahrhunderts widerspiegle[19] – Marx' ökologische Beschäftigung mit den Naturwissenschaften endete nicht mit

Liebig. Marx war sich durchaus bewusst, dass Liebigs Werk allein keine ausreichende wissenschaftliche Grundlage für eine Kritik ökologischer Zerstörung im Kapitalismus bietet. Nach 1868 intensivierte Marx daher seine Studien in diesem Bereich und bezog auch Autoren mit ein, die Liebig und dessen Theorie der Bodenerschöpfung sowie seine Ansicht zu Kunstdünger explizit *kritisierten*. Die Bandbreite der von Marx in seinen Notizbüchern dokumentierten naturwissenschaftlichen Studien ist erstaunlich, sie reicht von Themen aus der Geologie und Chemie bis zu solchen aus Mineralogie und Botanik. Die Notizbücher belegen, dass Marx' ökologische Kritik am Kapitalismus weit über Liebigs Kritik am Raubbau in der Landwirtschaft hinausging und neue Themen wie die exzessive Rodung von Wäldern, die Tierquälerei an Nutztieren, die Vergeudung fossiler Brennstoffe und das Artensterben einschließt.[20]

Wie bereits im zweiten Kapitel erwähnt, las Marx im Jahr 1868 intensiv Arbeiten des Münchner Agrarwissenschaftlers Carl Fraas, der Liebigs übertriebene Behauptung, die Erschöpfung des Bodens sei die Ursache für den Verfall der Zivilisationen, scharf kritisierte. In seiner Schrift *Klima und Pflanzenwelt* aus dem Jahr 1847 warnt Fraas hingegen, das Abholzen ganzer Wälder stelle für die moderne europäische Zivilisation eine ernste Bedrohung dar, weil sie das lokale Klima verändere. Steigende Temperaturen und Trockenheit hätten sich in antiken Kulturen nicht nur negativ auf autochthone Pflanzen und die Landwirtschaft ausgewirkt, sondern letztlich auch zum Untergang der alten Zivilisationen geführt. Er war in Sorge, die Entwicklung der Waldarbeits- und Transporttechnologie im Kapitalismus könnte das Roden von Bäumen auch in Gebieten ermöglichen, die zuvor unzugänglich oder für die Holzwirtschaft unrentabel waren, und damit die Geschwindigkeit und das Ausmaß des Kahlschlags beschleunigen.[21] Die Auseinandersetzung mit Fraas' Schrift markiert eine entscheidende Erweiterung des ökologischen Verständnisses von Marx.

Marx kannte auch den Ökonomen William Stanley Jevons. Dessen Warnung vor der Erschöpfung der britischen Kohle löste seinerzeit im britischen Parlament eine heftige Kontroverse aus. Marx, der sich durch die Lektüre verschiedener Zeitungen und Zeitschriften auf dem Laufenden hielt, erfuhr so von der Debatte und erwarb ein Exemplar von Jevons' Schrift *The Coal Question*.[22] Marx' Lektüre dieser Abhandlung bezeugt ein Notizbuch aus dem Jahr 1868/69, das kürzlich in *MEGA* IV/19 veröffentlicht wurde.[23] Darin hält Marx auch Jevons' Warnung fest, es sei damit zu rechnen, dass die britischen Kohlereserven vermutlich »in 100 Jahren erschöpft« seien (*London. 1868*, *MEGA* IV/19, 1).[24] Jevons prognostizierte, dass Großbritannien im internationalen Wettbewerb mit den Vereinigten Staaten im Nachteil sein werde, weil »ihre Kohle oft von besserer Qualität und unvergleichlich leichter zugänglich ist als unsere«.[25] Marx vermerkt, zwar sei »*[g]rosse Oekonomie im Gebrauch der Kohle* schon eingeführt«, trotzdem steige der Kohleverbrauch aufgrund des niedrigen Preises weiter an (*London. 1868*, *MEGA* IV/19, 2). Dieser Effekt begründet das sogenannte Jevons-Paradoxon.

In demselben Notizbuch von 1868/69 finden sich noch Aufzeichnungen zu weiteren ökologischen Themen. So liest und exzerpiert Marx beispielsweise Artikel des *Economist* zur Rinderpest, die zwischen 1865 und 1867 in Großbritannien grassierte. Zu jener Zeit stieg der Fleischkonsum an, und auch die Mästung von Haus- und Nutztieren für die Fleischproduktion und den Weiterverkauf nahm zu. In einem

Bericht des *Economist* vom 10. Februar 1866 findet Marx die folgenden Informationen und Zahlen, die er in einer Notiz festhält:

Jahr um Jahr steigt die Menge des im Land verbrauchten Fleischs.
Die folgende Tabelle zeigt, wie schnell das Gewerbe wächst:

Zahl der importierten lebenden Tiere in den 11 Monaten bis zum 30. November			
	1863	**1864**	**1865**
Ochsen, Bullen und Kühe	89518	141778	196030
Kälber	36930	44678	48926
Schafe und Lämmer	380259	412469	763084
Schweine und Eber	24311	68777	117766
(*London. 1868, MEGA* IV / 19, 15)			

Zum Zusammenhang zwischen der Rinderpest und dem modernen, ausschließlich vom Interesse an der Mast bestimmten System der Viehhaltung notiert Marx, ebenfalls aus dem *Economist*, die folgende Passage:

> Mr. Cousmaker sagte: »Zu viel Bedeutung kann man dem System der Aufzucht gar nicht beimessen … man sollte die Aufzucht des Viehs mit seiner Mästung verbinden: Mästung.« »Er selbst war von der Rinderpest verschont geblieben, obwohl sie in seiner Nachbarschaft heftig wütete. Im August und September hatten sie in seiner Gemeinde 270 Stück Vieh verloren. Einer der Gründe für

sein Davonkommen war, dass er seit Jahren keinen Bestand mehr gekauft hatte. Er züchtete auf der einen Seite und mästete auf der anderen, und er kaufte oder verkaufte nie, außer an den Schlachter, und kaufte darüber hinaus nur etwa alle 2 Jahre einen Jährlingsbullen, um die Zuchtlinie zu wechseln.[«] (*London. 1868*, *MEGA* IV / 19, 64)[26]

Bereits 1864 hatte sich Marx mit Berichten von Léonce de Lavergne und Wilhelm Hamm befasst. Dabei interessierte ihn die Frage, wie die moderne Viehzucht die Anfälligkeit der Tiere für Krankheiten erhöht, weil das Vieh bewegungsarm in geschlossenen Ställen gehalten wird, um sehr viel Fett anzusetzen und schneller die Schlachtreife zu erreichen. Marx kommentiert solche »Verbesserungen« mit recht kritischen Worten und stellt sich dabei eher auf die Seite des Tierschutzes. Zu Léonce de Lavergnes enthusiastischem Bericht über das »System der Zuchtwahl« des englischen Züchters Robert Bakewell notiert er, die Tiere seien durch »Precocity*, im Ganzen sickliness**, want of*** Knochen, viel development of fat u. flesh**** etc charakterisirt daher alle diese Kunstproducte. Disgusting*****!« (*MEGA* IV / 18, 234).[27] In den Notizbüchern von 1868/69 ist es dann die Rinderpest, die Marx ein weiteres, noch erschreckenderes Beispiel für den durch die industrielle Fleischproduktion verursachten Riss im Stoffwechsel liefert. Dieser Riss zeigt sich nicht nur

* Frühreife
** Kränklichkeit
*** Mangel an
**** Entwicklung von Fett und Fleisch
***** Ekelhaft

in der Missachtung des Tierschutzes, sondern auch durch die Ausbreitung von Viren, die zu jener Zeit landesweite Pandemien verursachten.[28]

Darüber hinaus ist für Marx deutlich die Vielschichtigkeit erkennbar, mit der sich das ökologische Problem entwickelt. Zum einen ist die Haltung einer großen Anzahl von Rindern auch mit der Erschöpfung des Bodens verbunden:

> Mr. Robertson, ein Landwirtschaftsexperte […,] stellt fest: »Es gibt sehr ausgedehnte Grünlandflächen, die sich in einem sehr dürftigen Zustand befinden. Das Land wird Jahr für Jahr beweidet; Jungvieh wird gezüchtet, und es werden Milcherzeugnisse verkauft; aber dem Boden wird nichts zurückgegeben. Es wird nicht mehr lange dauern, bis der irische Bauer die Erfahrung macht, dass dieses System zur völligen Erschöpfung des Bodens führen wird.« (*London. 1868*, *MEGA* IV / 19, 137)[29]

Anstatt in den Boden zurückzukehren, wurden Bodennährstoffe, die in den vom städtischen Proletariat verzehrten Lebensmitteln enthalten waren, verdaut, ausgeschieden und mit dem Toilettenabwasser in die Flüsse gespült. Dadurch und durch weitere Verunreinigungen der Flüsse verschlechterten sich die Lebensbedingungen in der Stadt:

> »Wir hören«, so die Kommissare, »mit einer gewissen Bestürzung, dass ein Hersteller allein 1 bis 2 Tonnen Oxalsäure zum Bleichen von Strohzöpfen verwendet, sind aber einigermaßen beruhigt, wenn man bedenkt, dass der giftige Charakter dieser Substanz durch die Vermischung mit dem im Flusswasser enthaltenen Karbonat und Kalksulfat völlig zerstört wird.« Dann wird der Fluss durch das Waschen der Schafe verunreinigt, und da das

Präparat zum Wässern der Tiere Arsen enthält, wird dem neuen Hexenkessel eine weitere giftige Zutat hinzugefügt. Doch neben diesen direkt giftigen Stoffen nimmt der Fluss auch die Abwässer von Hatfield, Hertford, Ware, Enfield, Barnet und Tottenham auf. (*London. 1868*, *MEGA* IV / 19, 147)[30]

Die Verschmutzung der Wasserläufe war damals ein ernstes Problem, und jede Stadt gab der flussaufwärts gelegenen Nachbargemeinde die Schuld. Es ist bekannt, dass die Abwässer in der Themse die Ursache für den Ausbruch der Cholera in den 1830er Jahren waren, einer Epidemie, die über 20 Jahre andauerte. Ähnliche Probleme traten in den 1860er Jahren erneut auf. Obwohl sich das Notizbuch von 1868/69 lediglich auf Artikel aus dem *Economist* stützt, dokumentiert es, wie Marx sich intensiv mit dem ökologischen Problemkomplex rund um die moderne Nahrungsmittelproduktion auseinandersetzt, wozu Wasserverschmutzung, Bodenerschöpfung und pandemische Krankheiten gehören. Die breitere Perspektive zeigt einen deutlichen Fortschritt im Vergleich zur Beschäftigung mit Liebig im Jahr 1864, als er sich ausschließlich auf das Problem der Bodenerschöpfung konzentrierte.

Das Forschungsziel, das sich aus den nach 1868 entstandenen Notizbüchern von Marx ablesen lässt, markiert die erhebliche Verschiebung gegenüber seiner früheren optimistischen Sichtweise. Statt die stetig wachsenden Produktivkräfte im Kapitalismus zu feiern, kommt er zu dem Schluss, dass unter kapitalistischen Bedingungen eine nachhaltige Entwicklung der Produktivkräfte nicht möglich ist, da sie um eines kurzfristigen Profits und der endlosen Kapitalakkumulation willen die intensive und extensive Vergeudung und Plünderung menschlicher und natürlicher Ressourcen nur verkompliziert und weitreichende ökologische Probleme schafft. Den Riss im Stoffwechsel zu beheben, erfordert ein anderes ökonomisches System – das ist die grundlegende Erkenntnis des Marx'schen »Ökosozialismus« aus den 1860er Jahren.

Wenn sich Marx zu dieser Zeit dem Ökosozialismus zuwandte, stellte dies sicherlich eine bedeutsame Veränderung gegenüber früheren Anschauungen dar. Doch diese theoretische Verschiebung war nur der Beginn eines noch tiefgreifenderen Wandels. Marx' entscheidender Bruch mit dem Produktivismus erschütterte seine Weltanschauung insgesamt, den historischen Materialismus. Als er den Produktivismus verwarf, dürfte Marx wohl erkannt haben, dass weiter entwickelte Produktivkräfte nicht gleichbedeutend damit sind, dass der westliche, europäische Kapitalismus historisch auf einer höheren Stufe als nichtwestliche oder nichtkapitalistische Gesellschaften steht. Im Übrigen ist keineswegs ausgemacht, ob auf dem Weg zu einer freien und nachhaltigen menschlichen Gesellschaft das Vermehren destruktiver Technologien überhaupt als »Entwicklung« zählen kann. Tatsächlich charakterisiert Marx im *Kapital* die Expropriation der Natur durch die Macht des Kapitals als »Raub«. Nun, als er mit dem Produktivismus einen wesentlichen Bestandteil seiner Geschichtsauffassung verwarf, war er letzten Endes auch gezwungen, nicht länger am Eurozentrismus festzuhalten, der ja nichts anderes als die Kehrseite der Medaille ist. Und schließlich musste er, wenn er sowohl den Produktivismus als auch den Eurozentrismus endgültig hinter sich lassen wollte, auch den historischen Materialismus im traditionellen Verständnis unwiderruflich drangeben. In diesem Fall musste alles noch einmal von vorne beginnen. Man kann sich vielleicht vorstellen, welch schmerzhafte Aufgabe dies für Marx im Alter war, aber er gab sein Vorhaben nicht auf, wie seine Forschungsarbeit zur Weltgeschichte und zu nichtwestlichen und vorkapitalistischen Gesellschaften zeigt.

Doch bevor wir rekonstruieren, wie es mit Marx' Vision des Postkapitalismus weiterging, nachdem er den historischen Materialismus ganz bewusst hinter sich gelassen hatte, ist es sinnvoll, kurz der Problematik des Marx'schen Eurozentrismus nachzugehen. Die wohl bekannteste Kritik formulierte Edward Said, der Marx als typischen »Orientalisten« bezeichnet, der Nichteuropäer als barbarisch und minderwertig behandelt, um letzten Endes die westliche Herrschaft über sie zu legitimieren. Marx selbst hatte sich in einer Artikelserie für die *New York Daily Tribune* im Jahr 1853 zur britischen Kolonialherrschaft in Indien geäußert. Dazu schreibt Said:

> Immer wieder betonte er, dass Großbritannien, auch wenn es Asien ausblutete, dort eine echte soziale Revolution in Gang setzte. [...] Marxens Auffassung des Orients [speiste sich] aus romantischen, ja sogar messianischen Quellen [...]. Dem entsprechen die ökonomischen Analysen genau, wenngleich Marx durch seine Menschlichkeit, sein Mitgefühl mit den leidenden Menschen, klar für sich einnimmt; doch am Ende setzt sich die romantisch-orientalistische Sicht durch, als seine sozioökonomischen Auffassungen in diesem Standardbild aufgehen.[31]

Tatsächlich schrieb Marx in einem dieser Artikel mit dem Titel »Die britische Herrschaft in Indien«:

> Gewiß war schnödester Eigennutz die einzige Triebfeder Englands, als es eine soziale Revolution in Indien auslöste, und die Art, wie es seine Interessen durchsetzte, war stupid. Aber nicht das ist hier die Frage. Die Frage ist, ob die Menschheit ihre Bestimmung erfüllen kann ohne radikale Revolutionierung der sozialen Verhältnisse in Asien. Wenn nicht, so war England, welche Verbrechen es auch begangen haben mag, doch das unbewußte Werkzeug der Geschichte, indem es diese Revolution zuwege brachte. (*MEW* 9, 133)

Zweifellos erkannte Marx die Brutalität der britischen Kolonialherrschaft in Indien zu jener Zeit, aber sein Ton ist irgendwie ambivalent. So vertritt er die Auffassung, der britische Kolonialismus habe »eine doppelte Mission zu erfüllen«, nämlich nicht nur eine die überkommenen Strukturen in den indischen Dörfern »zerstörende«, sondern auch eine »erneuernde« für die asiatische Gesellschaft, und zwar durch die Einführung von Technologien, die mit dem westlichen Kapitalismus in Verbindung standen, wie Eisenbahnen, Dampfmaschinen und Bewässerungssystemen. Marx betonte die progressive Rolle der britischen Kolonialherrschaft, da sie den kommunalen Grundbesitz auflöste und ihn durch privaten ersetzte sowie ferner dem Kastensystem durch die moderne Industrialisierung die Grundlage entzog. Er ging dabei davon aus, dass die indischen Dorfgemeinschaften stagnierten und jegliche Kommunikation mit der Außenwelt vermissen ließen; die technische Entwicklung ebenso wie die Warenproduktion im vorkolonialen Indien nahm er indes einfach nicht zur Kenntnis. In einem weiteren Artikel, überschrieben »Die künftigen Ergebnisse der britischen Herrschaft in Indien«, meinte er, asiatische

Gesellschaften seien von sich aus statisch und passiv, und behauptete sogar, die »indische Gesellschaft hat überhaupt keine Geschichte« (ebd., 220). Für Marx war, so Shlomo Avineri, die »unveränderliche Natur der außereuropäischen Gesellschaft ein Hindernis für den Fortschritt der Geschichte und eine ernsthafte Bedrohung für den Sozialismus«.[32] Deshalb brauchten die Menschen des Subkontinents in Marx' Augen den Zwang von außen durch die imperialistische Intervention der Europäer. Wie es scheint, betrachtete er die Leiden der indischen Bevölkerung als ein notwendiges Übel für den allgemeinen Fortschritt der Menschheit auf dem Weg zur sozialistischen Emanzipation. Saids Kritik an Marx' Orientalismus klingt hier plausibel.

Doch gibt es gegen den Vorwurf des Eurozentrismus auch Widerspruch.[33] So ließe sich gegen Saids Kritik einwenden, dass Marx bereits Ende der 1850er Jahre antikolonialistische und abolitionistische Positionen nachdrücklicher zum Ausdruck brachte und die Handlungsmacht der indischen Bevölkerung anerkannte.[34] Beispielsweise fragte er in einem Artikel über den indischen Aufstand gegen die britische Kolonialherrschaft im Jahr 1857 seine Leserschaft, »ob ein Volk nicht zu dem Versuch berechtigt ist, die fremden Eroberer, die ihre Untertanen derart mißhandelt haben, hinauszujagen« (*MEW* 12, 273). Das war keine einmalige Bemerkung. Tatsächlich finden sich bereits in den 1840er Jahren abolitionistische Äußerungen; so schrieb er in *Das Elend der Philosophie*, die »direkte Sklaverei ist der Angelpunkt der bürgerlichen Industrie, ebenso wie die Maschinen etc.« (MEW 4, 132).[35] Ob es um die Kolonialherrschaft in Indien, den polnischen Aufstand, den Amerikanischen Bürgerkrieg oder die irische Frage ging, Marx stand immer auf der Seite der Unterdrückten und prangerte die Brutalität des Imperialismus und der Sklaverei im Kapitalismus überdeutlich an.[36]

Das bedeutet nicht notwendigerweise, dass Marx den Eurozentrismus vollständig hinter sich gelassen hätte. Mit anderen Worten: Es ist möglich, dass Marx trotz seines Hasses und seiner Wut auf den britischen Imperialismus immer noch an den passiven und statischen Charakter nichtwestlicher Gesellschaften glaubte. Das wäre als ein Zug des Orientalismus zu betrachten.

In der Tat ist es recht wahrscheinlich, dass Marx die Kolonialherrschaft letztlich aus der Perspektive des Fortschritts der Menschheitsgeschichte als ganzer betrachtete. Auch wenn er Anfang der 1860er Jahre begann, dem destruktiven Charakter der kapitalistischen Entwicklung der Produktivkräfte mehr Aufmerksamkeit zu schenken, lassen sich ähnliche »orientalistische« Bemerkungen auch in jenen Jahren finden. So kritisiert er beispielsweise im Ökonomischen Manuskript 1861–1863 Jean Charles Léonard de Sismondi folgendermaßen:

> Stellt man, wie Sismondi, das Wohl der einzelnen diesem Zweck gegenüber, so behauptet man, daß die Entwicklung der Gattung aufgehalten werden muß, um das Wohl der einzelnen zu sichern, daß also z. B. kein Krieg geführt werden dürfe, worin einzelne jedenfalls kaputtgehn. (Sismondi hat nur recht gegen die Ökonomen, die diesen Gegensatz vertuschen, leugnen.) Daß diese Entwicklung der Fähigkeiten der Gattung Mensch, obgleich sie sich zunächst auf Kosten der Mehrzahl der Menschenindividuen und ganzer Menschenklassen macht, schließlich diesen Antagonismus durchbricht und zusammenfällt mit der Entwicklung des einzelnen Individuums, daß also

> *die höhere Entwicklung der Individualität nur durch einen historischen Prozeß erkauft wird, worin die Individuen geopfert werden*, wird nicht verstanden (MEW 26.2, 111; Hervorh. K.S.).

Steigerung der Produktivkräfte, auch wenn der Einzelne geopfert wird! Markt und Kapitalismus weltweit im Dienste der Emanzipation des Menschen! Es klingt, als wäre Marx ein Ideologe der neoliberalen Globalisierung.

Zweifel, ob Marx seinen Eurozentrismus wirklich aufgegeben hat, werden auch genährt, wenn er sogar im ersten Band des *Kapitals* weiterhin den unbeweglichen Charakter asiatischer Gesellschaften hervorhebt: Die Einfachheit der gesellschaftlichen Organisation »liefert den Schlüssel zum Geheimnis der *Unveränderlichkeit asiatischer Gesellschaften*« (*Kapital I*, 379; Hervorh. K.S.). In den 1850er Jahren waren diese Passivität und Statik genau die Gründe, die Marx zufolge für eine europäische Intervention in Asien sprachen. Nichtwestlichen Gesellschaften wird keine historische Handlungsmacht zugeschrieben, obgleich sie durch Arbeitskräfte und natürliche Ressourcen wesentlich zum Wohlstand des westlichen Kapitalismus beitragen.

Im Vorwort zur ersten Auflage des *Kapitals* schreibt Marx bekanntlich: »Das industriell entwickeltere Land zeigt dem minder entwickelten nur das Bild der eignen Zukunft« (ebd., 12). Eine solch einseitige Sichtweise der historischen Entwicklung ist ein weiteres Merkmal des Eurozentrismus, denn sie projiziert den Verlauf der europäischen Geschichte unkritisch auf den Rest der Welt. Die gewaltsame Universalisierung des Partikularen rechtfertigt den Kolonialismus. Diese Art von eurozentrischer Rahmung verfällt leicht in eine reduktionistische Analyse nichtwestlicher Gesellschaften aus der hegemonisierenden Perspektive des europäischen Kapitalismus, die die Besonderheiten lokaler gesellschaftlicher Verhältnisse marginalisiert. Marx' Betonung der universalisierenden Tendenz der kapitalistischen Entwicklung zeigt »Ambiguitäten«, so Dipesh Chakrabarty, ohne dabei dem, was sich der universellen Logik des Kapitals widersetzt, ausreichend Aufmerksamkeit zu schenken.[37] Es sei daher notwendig, die Marx'sche Geschichtsauffassung gründlich zu rekonstruieren, und zwar auf eine Weise, die die Kontingenzen und Diskontinuitäten des Partikularen nicht auslöscht. Sie lassen sich nicht im Rekurs auf die universellen Gesetze der kapitalistischen Entwicklung erklären, haben aber essentielle Folgen für die Geschichte sowohl der europäischen als auch der außereuropäischen Länder im Prozess der Globalisierung des Kapitals.

Chakrabarty kommt zu dem Schluss, Marx habe dieses Problem »nicht selbst zu Ende gedacht«, doch trifft das nur bedingt zu.[38] Spätestens ab der zweiten Hälfte der 1860er Jahre dachte Marx sehr viel kritischer über die Grenzen der Universalisierung des Kapitals und den destruktiven Charakter nach, den das westliche Eindringen in nichtwestliche Gesellschaften hatte. Statt von einer »doppelten Mission« zu sprechen, problematisierte er die asymmetrische Unterwerfung der peripheren Regionen in das kapitalistische Weltsystem, die den verheißenen Modernisierungsprozess verhinderte. Diese Akzentverlagerung in den 1860er Jahren ist im Zusammenhang mit dem neuen Begriff der Produktivkräfte des Kapitals zu verstehen, von dem ausgehend Marx den progressiven Charakter des Kapitalismus insgesamt überdachte. Insofern kam es daher nach 1868, ähnlich wie im Bereich der Ökologie, zu einer entscheidenden Verschiebung im Hinblick auf nichtwestliche Gesellschaften. Deutlich wird die Veränderung in Marx' Parteinahme für Irland gegen die britische Kolonialherrschaft. In einem Brief an Engels vom 10. Dezember 1869 schreibt er:

> Ich habe lange geglaubt, es sei möglich, das irische Regime durch English Working Class ascendancy* zu stürzen. Ich habe stets diese Ansicht in der *New-York Tribune* vertreten. *Tieferes Studium hat mich nun vom Gegenteil überzeugt*. Die englische working class wird *nie was ausrichten*, before it has got rid of Ireland**. Der Hebel muß in Irland angelegt werden. Dadurch ist die irische question so wichtig für die soziale Bewegung überhaupt. (*MEW* 32, 414 f.; Hervorh. K. S.)

In diesem Brief macht Marx deutlich, dass er seine Auffassung aus den 1850er Jahren geändert hat, wenn er feststellt, das kolonisierte Irland spiele eine eher führende und *aktive* Rolle im Kampf gegen den englischen Kapitalismus und Imperialismus. England hingegen schreibt er nicht länger die progressive Rolle zu, die darin besteht, die Geschichte in anderen Ländern von außen voranzutreiben. Damit bricht er erstmals explizit mit der Logik des Eurozentrismus – auch wenn Irland in Westeuropa liegt. Hintergrund des Sinneswandels war der Umstand, dass Marx *unmittelbar nach* der Veröffentlichung des ersten Bandes des *Kapitals* damit begonnen hatte, sich nicht nur intensiv mit naturwissenschaftlichen Themen, sondern auch mit nichtwestlichen und vorkapitalistischen Gesellschaften zu befassen.

Die Vermutung, Marx' theoretische Neuorientierung sei

* den Aufstieg der englischen Arbeiterklasse

** bevor sie Irland losgeworden ist

damit einhergegangen, dass er sich gleichzeitig von prometheischen und ethnozentrischen Vorstellungen abwandte, ist naheliegend. Die doppelte Verschiebung spiegelt seinen Bruch mit dem überkommenen Verständnis des historischen Materialismus wider. Es sei daran erinnert, dass er in demselben Brief vom März 1868, in dem er eine »sozialistische Tendenz« in den Schriften von Carl Fraas feststellte, eine ebensolche Tendenz auch im Werk von Georg Ludwig von Maurer fand.[39] Er las zu jener Zeit gleichzeitig Fraas' Studien über Umweltprobleme und Maurers historische Untersuchung der germanischen Gemeinden. Beide Forschungsgebiete – Naturwissenschaften und vorkapitalistische oder nichtwestliche Gesellschaften – stehen beim späten Marx in enger Verbindung.

Marx interessierte sich für germanische Markgenossenschaften und deren Beständigkeit, und er begann, sich intensiver mit verschiedenen nichtwestlichen und vorkapitalistischen Gesellschaften zu befassen, wobei er den Fokus besonders auf nichtkapitalistische Formen von Landwirtschaft und Grundbesitz legte. Nach 1868 las er Bücher über das alte Rom, über Indien, Algerien, Lateinamerika, die *Iroquois* in Nordamerika und über russische Dorf- bzw. Bauerngemeinden. Der veränderte Blickwinkel ist klar dokumentiert, insbesondere in Bezug auf Russland.

Selbst in den späten 1860er Jahren machte Marx keinen Hehl aus seiner Abneigung nicht nur gegen das zaristische Russland, sondern auch gegen russische Revolutionäre wie Michail Bakunin. In der Erstauflage des ersten Bandes des *Kapitals* spottet er über den russischen Narodnik (i.e. »Volksfreund«) und Slawophilen Alexander Iwanowitsch Herzen und bringt ihn in Verbindung mit August von Haxthausen, einem preußischen Historiker, der sich ausführlich mit russischen Bauerngemeinden und Landreformen befasste:[40]

> Wenn auf dem Kontinent von Europa der Einfluß der kapitalistischen Produktion, welche die Menschenrace unterwühlt durch Ueberarbeit, Theilung der Arbeit, Unterjochung unter die Maschine, Verkrüpplung des unreifen und weiblichen Körpers, schlechtes Leben u. s. w., sich, wie bisher, Hand in Hand entwickelt mit der Konkurrenz in Größe der nationalen Soldateska, Staatsschulden, Steuern, eleganter Kriegsführung u. s. w., möchte die vom Halbrussen und ganzen Moskowiter Herzen (dieser Belletrist hat nebenbei bemerkt seine Entdeckungen über den »russischen« Kommunismus nicht in Rußland gemacht, sondern in dem Werke des preußischen Regierungsraths Haxthausen) so ernst prophezeite Verjüngung Europa's durch die Knute und obligate Infusion von Kalmückenblut schließlich doch unvermeidlich werden. (*MEGA* II / 5, 625)

Marx erkennt hier noch keinerlei revolutionäres Potential der russischen Dorfgemeinden und weist den romantischen Optimismus von Herzen zurück. Zu jener Zeit existierten in Russland noch *Mir* oder *Obschtschina* genannte Bauerngemeinden und es gab zudem mit den Narodniki eine Gruppierung, die diese Bauerngemeinden als Ausgangspunkt einer sozialistischen Revolution gegen den Zarismus ansah. Unter jenen Narodniki hatten die Schriften Haxthausens einen maßgeblichen Einfluss. Dennoch schreibt Marx in seinem Brief an Engels vom 7. November 1868: »Die ganze Sache [d. h. die Struktur der russischen Dorfgemeinden] ist absolut, bis auf die kleinsten Züge, identisch mit dem urgermanischen Gemeinwesen. […] Die ganze Scheiße ist im

Kaputtgehn« (*MEW* 32, 197). Trotz seiner intensiven Auseinandersetzung mit Maurer im März 1868 glaubte Marx damals nicht, dass der in den russischen Dorfgemeinden existierende naturwüchsige Kommunismus – Haxthausen vergleicht häufig die germanischen und russischen Gemeinden[41] – noch länger fortbestehen, geschweige denn als ein Ausgangspunkt des Widerstands gegen die kapitalistische Invasion aus dem Westen dienen könnte.

Marx' Haltung Russland gegenüber änderte sich indes allmählich, und zwar durch Kontakte zu russischen Revolutionären, die der Narodniki-Bewegung nahestanden. Sie planten nicht nur, das *Kapital* ins Russische zu übersetzen, sondern versorgten ihn auch mit Empfehlungen zu Schriften über Russland. Auf ihre Anregung hin begann Marx im November 1869 sogar, Russisch zu lernen, um einen direkten Zugang zu Informationen über die russische Gesellschaft zu erhalten. Im Sommer 1870 las er mit Begeisterung Nikolai Tschernyschewskis Abhandlung *Umrisse der politischen Ökonomie nach Mill.* Tschernyschewski war einer der Vordenker der Narodniki, der Haxthausens Werk schätzte und die Bedeutung der Obschtschina für eine russische Revolution verteidigte. Marx war von Tschernyschewskis Schriften beeindruckt und begann sogar, dessen politisches Testament, *Briefe ohne Adresse*, ins Deutsche zu übersetzen.[42] Ein weiteres Indiz für den bleibenden Eindruck, den Tschernyschewski bei Marx hinterließ, findet sich darin, dass die abwertende Passage über Herzen und Haxthausen in der 1872/73 erschienenen zweiten Auflage des *Kapitals* verschwand. Stattdessen lobte Marx Tschernyschewskis *Umrisse* im Nachwort: Das Werk von John Stuart Mill sei »eine Bankrotterklärung der ›bürgerlichen‹ Ökonomie, welche der große russische Gelehrte und Kritiker N. Tschernyschewski in seinem Werk ›Umrisse der politischen Ökonomie nach Mill‹ bereits meisterhaft beleuchtet hat« (*Kapital* I, 21). Diese Würdigung deutet darauf hin, dass sich in Marx' Einstellung zu Russland bereits zwischen 1868 und 1872 etwas verändert hat, wenn er auch noch nicht völlig von den revolutionären Möglichkeiten der russischen Gesellschaft überzeugt war.[43]

Das Ergebnis seiner neuen Erkenntnisse ließ Marx indes in die französische Übersetzung des *Kapitals* einfließen. Die Bedeutung der französischen Ausgabe betont er in einem Schreiben vom 15. November 1878 an Nikolai Danielson, den Übersetzer des *Kapitals* ins Russische, und schlägt für die zweite Auflage vor, »daß der Übersetzer stets sorgfältig die zweite deutsche Auflage mit der französischen vergleicht, da die letztere viele wichtige Änderungen und Ergänzungen enthält« (*MEW* 34, 358). In der in den Jahren 1872 bis 1875 erschienenen französischen Ausgabe des *Kapitals* hatte Marx zum Beispiel im Kapitel über die »ursprüngliche Akkumulation« einen Satz hinzugefügt, in dem er den Umfang seiner Analyse ausdrücklich auf Westeuropa beschränkte:

> Dem kapitalistischen System liegt also die radikale Trennung des Produzenten von den Produktionsmitteln zugrunde […] Die Grundlage dieser ganzen Entwicklung ist *die* Expropriation der Ackerbauern. Sie ist auf radikale Weise erst in England durchgeführt […]. Aber *alle anderen Länder Westeuropas* durchlaufen die gleiche Bewegung (MEGA II / 7, 632–634; Hervorh. K. S.)[44]

Berücksichtigt man die Bemerkung aus dem Schreiben an Danielson vom November 1878, so wird deutlich, dass Marx diese Passage ganz bewusst geändert hat, und zwar aufgrund seiner Beschäftigung mit nichtwestlichen Gesellschaften.

Den Brief an Danielson schrieb Marx, kurz nachdem ihn Maxim Kowalewski in London besucht hatte, und er berichtet von heftigen Auseinandersetzungen über das *Kapital* in Russland:

> Von den Polemiken Tschitscherins und anderer Leute gegen mich habe ich nichts zu Gesicht bekommen außer dem, was Sie mir 1877 zugesandt haben (einen Artikel von Sieber und einen anderen, ich glaube von Michailow, beide in den »Vaterländischen Denkschriften« als Antwort auf den kuriosen Möchtegern-Enzyklopädisten – Herrn Shukowski). Prof. Kowalewski, der hier ist, sagte mir, es hätten ziemlich lebhafte Polemiken über das »Kapital« stattgefunden. (*MEW* 34, 359)

Die russische Übersetzung des *Kapitals* war im März 1872 erschienen und mit 3000 verkauften Exemplaren binnen eines Jahres recht erfolgreich gewesen. Sicherlich hatte Kowalewski das Ausmaß der Polemik in Russland ein wenig übertrieben, doch der Disput, auf den sich Marx im Brief bezieht, ging von Nikolai K. Michailowski aus, einem russischen Narodnik. Im Kern ging es dabei um die Frage, ob in Russland der Sprung in den Sozialismus gelingen könne, ohne das Stadium des Kapitalismus zu durchlaufen. Die (oben bereits zitierte) Aussage aus dem Vorwort zur ersten Auflage des *Kapitals* erschien in diesem Zusammenhang problematisch: »Das industriell entwickeltere Land zeigt dem minder entwickelten nur das Bild der eignen Zukunft« (*Kapital* I, 12). Die entscheidende Frage war, ob diese Feststellung auf Russland zuträfe.

Obwohl Michailowski 1872 das *Kapital* positiv rezensiert hatte und dessen Bedeutung auch weiterhin würdigte, äußerte er später Zweifel an der Anwendbarkeit der

Marx'schen »geschichtsphilosophischen Theorie« auf Russland. In einem Artikel mit dem Titel »Karl Marx vor dem Tribunal des Herrn Shukowski«, der im November 1877 in der Zeitschrift *Otetschestwennyje Sapiski* veröffentlicht wurde, verteidigt Michailowski zwar die allgemeine theoretische Gültigkeit des *Kapitals* gegenüber Shukowski, bezweifelt aber, dass Russland den Prozess der kapitalistischen Entwicklung durchlaufen müsse, um die Vergesellschaftung der Arbeit zu erreichen. Er kritisiert Marx' abwertende Bemerkung über Herzen in der ersten Auflage des *Kapitals* und sieht darin eine ablehnende Haltung gegenüber dem verzweifelten Versuch von Russen, die leidenden Bauern vor den katastrophalen Folgen sowohl der Politik der zaristischen Regierung als auch der Russland zerstörenden kapitalistischen Invasion zu retten. Die Polemik fand ihre Fortsetzung, als Nikolai Sieber, ein leidenschaftlicher Verteidiger des *Kapitals*, in derselben Zeitschrift auf Michailowski antwortete und die Ansicht vertrat, die Marx'sche Beschreibung der Geschichte sei in ihrer Anwendbarkeit universell, und Russland bilde keine Ausnahme.[45]

Festzuhalten ist, dass Marx bereits selbst mit der Kritik konfrontiert war, nichtwestlichen Gesellschaften, in diesem Fall Russland, fälschlicherweise ein eurozentrisches »universelles« Gesetz aufzubürden. Ähnliche Vorwürfe sollten im Verlauf des 20. Jahrhunderts noch viele Male erhoben werden. Den Entwurf einer Antwort auf Michailowski formulierte Marx im November 1878.[46] In dem an die Redaktion der *Otetschestwennyje Sapiski* adressierten Brief bestreitet er ausdrücklich, dass seine Absage an Herzens Panslawismus gleichbedeutend damit sei, die Möglichkeit eines spezifisch russischen Weges zum Sozialismus zu verneinen.[47] Um die Behauptung zu untermauern, Michailowski habe die logische

Struktur des *Kapitals* falsch dargestellt, verweist Marx zum einen auf Tschernyschewskis Haltung und seine eigene Würdigung desselben im Nachwort zur zweiten Auflage, zum anderen auf die geänderte Passage in der französischen Ausgabe, die die Reichweite der Ausführungen über die ursprüngliche Akkumulation auf Westeuropa begrenzt. Michailowski habe seine Sichtweise verzerrt, so Marx:

> Er muß durchaus meine historische Skizze von der Entstehung des Kapitalismus in *Westeuropa* in eine geschichtsphilosophische Theorie des allgemeinen Entwicklungsganges verwandeln, der allen Völkern schicksalsmäßig vorgeschrieben ist, was immer die geschichtlichen Umstände sein mögen, in denen sie sich befinden, um schließlich zu jener ökonomischen Formation zu gelangen, die mit dem größten Aufschwung der Produktivkräfte der gesellschaftlichen Arbeit die allseitigste Entwicklung des Menschen sichert. (*MEW* 19, S. 111; Hervorh. K. S.)

Marx hebt hervor, wie wichtig es sei, die gesellschaftlichen Verhältnisse in ihrem jeweiligen historischen Kontext genau zu untersuchen, anstatt ausgehend von einem vorgegebenen Schema von Gemein- und Privateigentum, das auf der westeuropäischen Erfahrung des Übergangs vom Feudalismus zum Kapitalismus beruht, eine Homogenisierung zu betreiben, denn »Ereignisse von einer schlagenden Analogie, die sich aber in einem unterschiedlichen historischen Milieu abspielten, führten […] zu ganz verschiedenen Ergebnissen« (ebd., 112). Die Auflösung von Gemeineigentum an Grund und Boden beispielsweise bedingt je nach geschichtlichem und gesellschaftlichem Kontext unterschiedliche Folgen.

Auf diese Weise gelangte Marx zu der Behauptung, seine Auffassung stehe der von Michailowski im Grunde sehr nahe. Allerdings ist es unredlich, wenn Marx sich auf die zweite Auflage des *Kapitals* beruft, um seine »wahre« Intention zu belegen, denn in der ersten Auflage, auf der auch die russische Übersetzung fußte, war eine solche Intention nicht zu erkennen. Michailowski hatte das *Kapital* nicht missverstanden. Im Gegenteil, es war Marx, der seine Sichtweise nach 1868 verändert hatte.[48] Wie dem auch sei, in dem Briefentwurf drückt Marx seine eigene vorläufige Schlussfolgerung folgendermaßen aus:

> Das Resultat, wobei ich angekommen bin, ist dies: Fährt Rußland fort, den Weg zu verfolgen, den es seit 1861 eingeschlagen hat, so wird es die schönste Chance verlieren, die die Geschichte jemals einem Volk dargeboten hat, um dafür alle verhängnisvollen Wechselfälle des kapitalistischen Systems durchzumachen. (*MEW* 19, 108)

In Westeuropa ging der Prozess der Herausbildung des Kapitalismus mit der Verwandlung von Bauern in Proletarier einher, doch muss dies in anderen Ländern nicht zwangsläufig der Fall sein. Solange kein Massenproletariat existierte, würde Russland nicht notwendigerweise demselben Gesetz der kapitalistischen Entwicklung folgen. Es gab noch die Chance, dies zu verhindern, Marx befürwortete daher einen baldigen Aufstand in Russland.

Tatsächlich wurde der Brief niemals abgeschickt, und Engels fand ihn 1883 nach Marx' Tod. Dieser war sich wahrscheinlich der Schwachstellen seiner Kritik an Michailowski bewusst, und er befürchtete auch, dass seine Kritik an diesem bei den Narodniki negativ ankommen und zu Spannungen mit Sieber führen würde, der ein leidenschaftlicher Verfechter seiner Position in Russland war. In den 1880er Jahren sollte Marx indes auf diese Fragen zurückkommen.

III Marx in späten Jahren und eine neue Vorstellung des Kommunismus

Zwischen 1879 und 1881 beschäftigte sich Marx – neben Polemiken über die Revolution in Russland – intensiv mit dem Studium nichtwestlicher Gesellschaften, was seinen Niederschlag in den sogenannten *Ethnologischen Exzerptheften* fand.[49] Im September 1879 las Marx die im gleichen Jahr erschienene Studie über den Gemeindelandbesitz von Maxim Kowalewski, deren Schwerpunkte auf der Untersuchung von traditionellen Gesellschaften auf dem amerikanischen Kontinent und in Indien lagen. In den darauffolgenden Jahren las Marx neben Lewis Henry Morgans *Ancient Society* (1877) auch *Java, or How to Manage a Colony* (1861) von James Money, *The Aryan Village in India and Ceylon* (1880) von John Phear und *Lectures on the Early History of Institutions* (1875) des Historikers Henry Maine. Bei der Lektüre dieser Schriften lag Marx' Fokus vor allem darauf, wie außereuropäische Gesellschaften bis zur Kolonisierung durch europäische Mächte über lange Zeit hinweg ihre Besitz- und Eigentumsverhältnisse regelten.

Kowalewskis Beschreibung der fortdauernden Überlebensfähigkeit der ländlichen Gemeinden amerikanischer Ureinwohner las Marx akribisch. Kowalewski zufolge, notiert Marx, erkläre sich dies aus der Tatsache der »Festigkeit der gemeindlichen Verbände in der Föderation der alten Inkas«.[50] Systematische Ausrottung und Raub schwächten die ländliche Gemeinde an vielen Orten, dennoch, so hält er fest, »ging sie nicht ganz unter«.[51] »Dies Überleben – in großem Umfang – der ländlichen Gemeinde« hebt Marx in seinen Notizen hervor.[52] Kowalewski unterscheidet bei den

Ursachen für die Auflösung der Gemeinden zwischen »natürlichen« und »menschlichen Ursachen«. Wären die Gemeinden auf lange Sicht ohnehin untergegangen, so ließe sich das Gemeineigentum als eine historisch transitorische Form ansehen; doch Kowalewskis Augenmerk liegt besonders auf den menschlichen Ursachen des Niedergangs, exemplarisch betrachtet unter der britischen Kolonialherrschaft in »Englisch Ostindien«.[53] Kowalewski beruft sich dabei unter anderem auf Henry Maine, doch weil dieser die aktive Rolle des britischen Kolonialismus bei der Auflösung der indischen Landgemeinden herunterspielte, fasst Marx die negativen Auswirkungen der Kolonialherrschaft in eigenen Worten kritisch zusammen:

> Die englischen indischen Beamten, und darauf gestützt die Publizisten, wie Sir H. Maine etc., stellen den Verfall des Gemeindeeigenthums in Punjab als bloßes Resultat – trotz der liebreichen englischen Behandlung der archaischen Form – des ökonomischen Fortschritts dar, während sie selbst die Hauptträger (aktiven) desselben sind – zu ihrer eigenen Gefahr.[54]

In dieser Passage formulierte Marx selbst, um – verglichen mit Kowalewskis Darstellung – seiner Kritik an Maines affirmativer Haltung zur Auflösung der Landgemeinden in Indien mehr Nachdruck zu verleihen.[55] Die Zerstörung jener Gemeinwesen war keineswegs eine unvermeidliche Folge einer »natürlichen« Entwicklung, und Marx interessierte sich daher insbesondere für einen möglichen aktiven Widerstand der indischen Gemeinden: Sollte sich ein solcher Widerstand gegen die britischen Invasoren richten, stelle das für die britische Herrschaft in Indien eine »Gefahr« dar. Marx sollte diesen Punkt, in Bezug auf Russland, später auch in seinem Brief an Vera Sassulitsch aufgreifen.

Durch die Lektüre der Studien über nichtkapitalistische Gesellschaften erkannte Marx die Schwachstellen seines früher verfolgten homogenisierenden Ansatzes. Er achtete nun stärker auf die Besonderheiten und Unterschiede der nichtwestlichen Gesellschaften und ihrer historischen Veränderungen, anstatt sie lediglich einheitlichen europäischen Kategorien zu subsumieren und einer »feudalen« oder »asiatischen« Produktionsweise zuzuordnen. Deutlich wird dies, wenn er explizit Kritik an jenen europäischen Historikern übt, die Geschichte in einen eurozentrischen begrifflichen Rahmen pressten, als wären dessen Zuordnungen universell auf die außereuropäische Welt anwendbar. So nennt er John Phear einen »Esel«, weil dieser die »Verfassung des Dorfes« in Indien als »feudal« bezeichnet.[56] Marx' Kommentar markiert den grundlegenden Unterschied zu seinen früheren Aussagen in dem Artikel »Die britische Herrschaft in Indien«, in dem er selbst die statische und passive Gesellschaft Indiens in den orientalistischen Rahmen gepresst hatte und sie im Namen des ökonomischen Fortschritts gerne aufgelöst gesehen hätte.[57] Er lobt nicht länger die Überlegenheit europäischer Gesellschaften oder rechtfertigt ihre kolonialen Interventionen in Asien im Namen des historischen Fortschritts. Hier, in den *Ethnologischen Exzerptheften*, »bricht Marx mit dem Eurozentrismus im Sinne des Entwicklungsdenkens«, resümiert dies Kolja Lindner.[58] Kevin B. Anderson argumentiert ähnlich, wenn er feststellt, der späte Marx habe »eine multilineare und nichtreduktionistische Theorie der Geschichte geschaffen, die Komplexität und die Unterschiede nichtwestlicher Gesellschaften analysiert und sich geweigert, sich auf ein einziges Modell von Entwicklung oder Revolution festzulegen«.[59] Auch wenn Marx in seinen veröffentlichten Schriften die Problematik nicht im Detail ausarbeitete, kann man dennoch erkennen, dass er dazu beitrug, Europa zu »provinzialisieren«.[60]

Wollte Marx, wie unterstellt wird, aufgrund seines ökonomischen Determinismus und Historizismus wirklich die ganze Welt auf das universelle Gesetz der kapitalistischen Entwicklung reduzieren, bliebe unverständlich, warum er so viel Zeit mit der Erforschung nichtwestlicher und vorkapitalistischer Gesellschaften verbrachte. Doch tatsächlich hob er ausdrücklich hervor, dass die Existenz universeller Gesetzmäßigkeiten des Kapitalismus keineswegs Partikularitäten und Kontingenzen negiert, und lehnte es ab, diese unter eine geschichtsphilosophische Theorie der allgemeinen Entwicklung zu subsumieren: »Wenn man jede dieser Entwicklungen für sich studiert und sie dann miteinander vergleicht, wird man leicht den Schlüssel zu dieser Erscheinung finden, aber man wird niemals dahin gelangen mit dem Universalschlüssel einer allgemeinen geschichtsphilosophischen Theorie, deren größter Vorzug darin besteht, übergeschichtlich zu sein« (*MEW* 19, 112). Die Wirklichkeit der Welt ist voller Kontingenzen und Partikularitäten, die mit europäischen Kategorien nicht unbedingt angemessen analysiert werden können. Marx geht es jedoch darum, dass universelle ökonomische Kategorien wie »Ware«, »Geld« und »Kapital« objektiv in jeder kapitalistischen Gesellschaft existieren, unabhängig von unserem Bewusstsein und den historischen Besonderheiten einer regionalen Gegebenheit. Diese »ökonomischen Formen« sind universell, solange es die kapitalistische Produktionsweise gibt, unabhängig davon, wo man sich befindet und welchen kulturellen und geografischen

Hintergrund man hat. Marx' methodologischer Dualismus ist auch hier in seiner Abstraktion der »ökonomischen Formen« von der konkreten materiellen Realität der Welt zu erkennen. Ohne einen solchen universellen theoretischen Rahmen gerät die wissenschaftliche Untersuchung in ein relativistisches und empiristisches Verständnis von Realität, das nur isolierte Einzeltatsachen kennt und nicht in der Lage ist, die historische Dynamik der kapitalistischen Entwicklung zu erfassen.

Selbstverständlich blieb Marx' Untersuchung nicht dabei stehen. Er analysierte auch, wie diese ökonomischen Formen, vermittelt durch Arbeit, mit bestimmten Realitäten verwoben sind. Eine solche Analyse erfordert notwendigerweise eine sorgfältige Beachtung der Unterschiede und Besonderheiten einer jeden Gesellschaft mit ihren verschiedenen Kontingenzen und Diskontinuitäten. Marx war daher bestrebt, die einzelne Gesellschaft sorgfältig zu untersuchen, um erkennen zu können, wie die Widersprüche zwischen dem universellen Gesetz der kapitalistischen Entwicklung und der partikularen Konstellation nicht nur zu einer Verschlechterung der Bedingungen für einen nachhaltigen menschlichen Stoffwechsel mit der Natur führen, sondern auch mögliche Bruchstellen mit dem kapitalistischen System im Zuge seiner globalen Expansion anzeigen. Eine solche Analyse ist jedoch nur möglich, wenn die allgemeine gesellschaftliche Dynamik der kapitalistischen Entwicklung richtig erfasst wird, und sie liegt damit tatsächlich außerhalb des eigentlichen Aufgabenbereichs der Kritik der politischen Ökonomie. Doch obwohl eine solche Frage den Rahmen des *Kapitals* verlässt, bedeutet das nicht, dass sie für Marx von untergeordneter Bedeutung gewesen wäre.

Nach seiner intensiven Beschäftigung mit Kowalewski

sah sich Marx 1881 plötzlich und unerwartet gezwungen, auf das Problem des historischen Materialismus zurückzukommen, als er nämlich eine Anfrage der russischen Revolutionärin Vera Sassulitsch erhielt. Von der polemischen Auseinandersetzung in Russland umgetrieben, fragte Sassulitsch in einem Brief vom 16. Februar 1881 Marx ganz unumwunden nach seinen tatsächlichen Intentionen im Disput über die Dorfgemeinde, um seine Stellungnahme in Russland veröffentlichen zu können:

> Sie verstehen also, Bürger, inwiefern uns Ihre Meinung zu dieser Frage interessiert und welchen großen Dienst Sie uns leisten würden, wenn Sie Ihre Ansichten über das mögliche Schicksal unserer Dorfgemeinde darlegten und über die Theorie der historischen Notwendigkeit, daß alle Länder der Welt alle Phasen der kapitalistischen Produktion durchlaufen.[61]

In Marx' Antwortbrief und den Entwürfen dazu kann man erkennen, wie sich seine Sichtweise in den 14 Jahren seit der Veröffentlichung des ersten Bands des *Kapitals* verändert hatte. Die Absage an eine eurozentrische Geschichtsauffassung ist deutlich erkennbar, und seine neue Perspektive einer postkapitalistischen Gesellschaft beginnt sich abzuzeichnen.

Die tatsächlich an Sassulitsch versandte Antwort ist recht kurz. Teilweise liegt das daran, dass Marx in Russland die sozialrevolutionäre Gruppe Narodnaja Wolja* unterstützte, die in Gegnerschaft zu Tschorny Peredel** stand, der Gruppe

* Volkswille

** Schwarze Umverteilung

Sassulitschs zu jener Zeit. Marx wusste, dass ein Brief an Sassulitsch für Narodnaja Wolja nicht besonders vorteilhaft wäre. Also wiederholte er einfach dieselbe Aussage, die er bereits in seinem Briefentwurf an *Otetschestwennyje Sapiski* formuliert hatte, nämlich dass die »historische Unvermeidlichkeit« der im *Kapital* beschriebenen Gesetzmäßigkeiten kapitalistischer Entwicklung »ausdrücklich auf die Länder Westeuropas beschränkt« sei (*MEW* 19, 242). Tatsächlich schrieb er jedoch drei Entwürfe, um Sassulitschs Brief zu beantworten. Dies deutet darauf hin, dass ihm die Anfrage aus Osteuropa keine Ruhe ließ, was wenig verwunderlich ist, traf sie doch einen wunden Punkt im ersten Band des *Kapitals*. Denn Sassulitsch fragte im Grunde, ob jene dort geäußerte eurozentrische Geschichtsauffassung wirklich ernst gemeint sei. Marx nutzte daher die Gelegenheit, die Erkenntnisse zu rekapitulieren, die er durch die intensive Beschäftigung mit Russland und anderen nichtkapitalistischen Ländern gewonnen hatte, und davon ausgehend seine Vorstellungen zu formulieren.

Im »Zweiten Entwurf«[62] zitiert Marx aus *Le Capital*, der französischen Ausgabe seines Werks, und wiederholt so denselben Punkt, den er in seinem Briefentwurf zu Michailowski angeführt hatte:

> »Sie« (die Expropriation der Ackerbauern) »ist auf radikale Weise erst in England durchgeführt … alle anderen Länder Westeuropas durchlaufen die gleiche Bewegung.« (l. c.) Ich habe also diese »historische Unvermeidlichkeit« [der fraglichen Entwicklung] ausdrücklich auf die »Länder Westeuropas« beschränkt. (*MEW* 19, 396)

In diesem Entwurf geht Marx jedoch nicht auf die Möglichkeit einer Revolution in Russland ein. Stattdessen schließt er: »Was das Leben der russischen Gemeinde bedroht, ist weder eine historische Unvermeidlichkeit, noch eine Theorie; es ist die Unterdrückung seitens des Staats und die Ausbeutung durch kapitalistische Eindringlinge, die durch den gleichen Staat auf Kosten und zu Lasten der Bauern mächtig geworden sind« (ebd., 400). Der Wandel in seiner Sicht auf die russische Gesellschaft wird jedoch deutlich, wenn er auf »die ökonomische Überlegenheit des Gemeineigentums« hinweist (ebd., 399). Diese beruhe darauf, dass Gemeineigentum die Grundlage der genossenschaftlichen und kombinierten Arbeit bilde, die jedoch durch das Eindringen des Kapitalismus in Russland in Gefahr sei, rasch zerstört zu werden.

Im »Ersten Entwurf« stellt Marx ebenfalls fest, Russland besitze »ein Element der Überlegenheit über die Länder, die noch vom kapitalistischen Regime versklavt sind« (ebd., 385). Im Vergleich zum »Zweiten Entwurf« fällt aber auf, dass er die russische Dorfgemeinde einem »archaischen Typus« (ebd.) zuordnet, was er im Anschluss ausführlicher erläutert.[63] Zunächst stellt er klar, diese Bezeichnung sei keineswegs negativ zu verstehen, man solle sich »nicht allzusehr von dem Wort ›archaisch‹ erschrecken lassen« (ebd, 386). Im Rekurs auf Georg Ludwig von Maurer unterscheidet Marx den »archaischen Prototyp« von der »Gemeinde sekundärer Formation«, wie sie bei den germanischen Stämmen anzutreffen war. Einer der Hauptunterschiede zwischen beiden Arten von Gemeinden bestehe darin, dass der archaische Typus kollektiv produziert und die Produkte unter den Mitgliedern der Gemeinde aufgeteilt habe, während die neuere sekundäre Gemeinde das kollektive Eigentum an Grund und Boden beibehalten, das Ackerland aber unter den Mitgliedern aufgeteilt und es einzeln zugewiesen habe, sodass sich die Mitglieder die Erträge individuell angeeignet hätten. Aufgrund dieses »Dualismus« von kollektiven und individuellen Momenten sei der Typus der »Gemeinde sekundärer Formation« vom Zerfall bedroht, aber wenn das allzu starke »enge Band« sich auflöse, gestatte dies womöglich auch die »Entwicklung der Persönlichkeit« (ebd., 387f.). Marx zufolge hängt es vom »historischen Milieu« ab, ob der Individualismus über das kollektive Element obsiegen und zur Auflösung der Gemeindeform führen wird oder ob die kollektiven Ansätze im Prozess der Vergesellschaftung der Arbeit bestehen bleiben und einen sozialistischen Weg eröffnen.

Nach Ansicht von Marx war das historische Milieu für die russische Dorfgemeinde günstig: »Rußland ist das einzige europäische Land, in dem sich die ›Ackerbaugemeinde‹ im nationalen Maßstabe bis auf den heutigen Tag behauptet hat« (ebd., 389). Während in Westeuropa »diese Gemeinde in den unaufhörlichen äußeren und inneren Kriegen zugrunde gegangen« sei, seien die historischen Umstände der russischen Gemeinde im späten 19. Jahrhundert ganz anders und einzigartig (ebd., 387). Im Unterschied zu Indien existierte diese Form zusammen mit dem westlichen Kapitalismus, ohne dessen Kolonialherrschaft unterworfen zu sein. Obwohl die Isolation der Gemeinde als ein »lokal gebundener Mikrokosmos« eine Schwachstelle darstelle, könnten die positiven Früchte der westlichen kapitalistischen Entwicklung, also Technologie, Kommunikations- und Transportmittel, dazu beitragen, die Isolation zu überwinden und das Moment kollektiver Arbeit zu fördern. Marx vertrat daher die Auffassung, es gebe keinen Grund, die in Russland noch bestehenden ländlichen Gemeinden und ihr Gemeineigentum in den Flutwellen der kapitalistischen Modernisierung und Globalisierung untergehen zu lassen, die dann den gesamten Planeten mitreißen würden. Die Vitalität der Dorfgemeinde in Russland könnte vielmehr eine Grundlage für den Widerstand gegen die rücksichtslose und grenzenlose kapitalistische Expansion bilden. Marx bekräftigte Russlands Potential für einen kommunistischen Übergang, ohne die historische Phase des Kapitalismus zu durchlaufen: Dies ermögliche, »durch die *Gleichzeitigkeit* mit der westlichen [kapitalistischen] Produktion, die den Weltmarkt beherrscht, der Gemeinde alle positiven Errungenschaften, die durch das kapitalistische System geschaffen worden sind, einzuverleiben, ohne durch das Kaudinische Joch gehen zu müssen« (ebd., 389).

Er fordert nicht die Bewahrung eines vorkapitalistischen Zustands der Dorfgemeinde, sondern spricht sich für deren Entwicklung »auf ihrer jetzigen Grundlage« aus, indem sie die positiven Erträge des westlichen Kapitalismus aktiv aufnehme. Nur dann könne die Begegnung mit dem Westen als Chance genutzt werden, den Kommunismus in Russland zu schaffen. Die verbleibende Zeit sei jedoch begrenzt, der Zerfall der Obschtschina bereits im Gange. Marx befürwortet daher eine alsbaldige Revolution in Russland:

> »Wenn die Revolution zur rechten Zeit erfolgt, wenn sie alle ihre Kräfte konzentriert, um den freien Aufschwung der Dorfgemeinde zu sichern, wird diese sich bald als ein Element der Regeneration der russischen Gesellschaft und als ein Element der Überlegenheit über die vom kapitalistischen Regime versklavten Länder entwickeln.« (Ebd., 395)

Marx' Geschichtsauffassung hatte sich 1881 insofern verändert, als er ausdrücklich die Macht der russischen Dorfgemeinden anerkannte, ihre eigene Geschichte zu schreiben, indem sie auf der Grundlage des bestehenden Gemeineigentums zum Sozialismus übergingen, ohne den zerstörerischen Prozess der kapitalistischen Modernisierung zu durchlaufen. Ausgehend von den aktiven Elementen des Widerstands gegen die kapitalistische Expansion in einer nichtwestlichen Gesellschaft sah er die Möglichkeit einer Revolution in Russland. Die Schlussfolgerung in dem letztlich nicht abgeschickten Briefentwurf war nicht willkürlich. Tatsächlich äußerte Marx in der gemeinsam mit Engels verfassten Vorrede zur zweiten russischen Ausgabe des *Manifests der Kommunistischen Partei* die gleiche Ansicht:

> Kann die russische Obschtschina, eine wenn auch stark untergrabene Form des uralten Gemeinbesitzes am Boden, unmittelbar in die höhere des kommunistischen Gemeinbesitzes übergehn? Oder muß sie umgekehrt vorher denselben Auflösungsprozeß durchlaufen, der die geschichtliche Entwicklung des Westens ausmacht? Die einzige Antwort hierauf, die heutzutage möglich, ist die: Wird die russische Revolution das Signal einer proletarischen Revolution im Westen, so daß beide einander ergänzen, so kann das jetzige russische Gemeineigentum am Boden zum Ausgangspunkt einer kommunistischen Entwicklung dienen. (*MEW* 19, 296)

Diese Aussage ist kein bloßes Lippenbekenntnis den russischen Lesern gegenüber. Ganz im Gegenteil, ohne diese ausdrückliche Klarstellung in der neuen Vorrede hätte die Wiederveröffentlichung des *Manifests* auf Russisch vielmehr die Frage aufgeworfen, ob Marx naiv weiterhin einer eurozentrischen Geschichtsauffassung anhing. So aber verwiesen Marx und Engels nicht nur darauf, dass die russischen Dorfgemeinden das kapitalistische Stadium vermeiden könnten, sondern erwarteten sogar, dass jene die kommunistische Entwicklung *anstießen* und von ihnen »das Signal einer proletarischen Revolution im Westen« ausgehe. Die aktive Handlungsmacht der russischen Gesellschaft gilt ihnen hier als Triebkraft der Geschichte.[64]

Die Erwartung ist nicht notwendigerweise auf Russland beschränkt. Unter der gleichen Logik ließen sich auch Dorfgemeindeformen in anderen Gegenden betrachten, die Marx in den Jahren zuvor in Asien, Afrika und Lateinamerika intensiv studiert hatte. Die asiatischen Dorfgemeinden etwa betrachtete Marx als Ackerbaugemeinden des jüngsten Typs, die die Zerstörung durch Kriege und Invasionen überlebt hatten.[65] Anders als in den 1850er Jahren, als er noch die »doppelte Mission« der britischen Kolonialherrschaft lobte, prangert er im »Dritten Entwurf« den englischen »Vandalismus« in Indien und dessen Zerstörung der dortigen einheimischen Landwirtschaft an: »Die Engländer haben solche Versuche [ein Pachtsystem einzuführen] in Ostindien gemacht; es ist ihnen nur gelungen, die einheimische Landwirtschaft zu ruinieren und die Anzahl und Intensität der Hungersnöte zu verdoppeln« (ebd., 405). Dies lag seiner Ansicht nach daran, dass das »Element der Überlegenheit« unter der Kolonialherrschaft zerstört wurde. Verschiedenen weltweit verbliebenen archaischen Gemeindeformen schrieb er das gleiche Potential zu, wenn auch sicherlich in unterschiedlichem Maß. Marx war überzeugt, dass sie sich dem Kapitalismus aktiv zu widersetzen vermochten und dies auch tun sollten; sie verfügten über kollektive Handlungsmacht, den Sozialismus als neues Stadium der Menschheitsgeschichte aufzubauen. Mit anderen Worten: Sie waren in seinen Augen nicht mehr länger nur passives Objekt der Geschichte ohne eigene Handlungsmacht. Angesichts dieses Wandels im Denken des späten Marx ist es ungerechtfertigt, ihn, wie Said dies tut, als typischen »Orientalisten« anzuprangern.

IV Marx' veränderte Vision des Kommunismus

Das ist jedoch noch nicht das Ende der Geschichte. Der vorliegende letzte Abschnitt beschreibt, was heute als das neue Verständnis des späten Marx angesehen werden kann, zumindest, dank Haruki Wada, Kevin Anderson und Kolja Lindner, unter Marxisten. Verschiedentlich stoßen Versuche, das Denken des späten Marx neu zu interpretieren, um seine theoretische Relevanz für den heutigen Kapitalismus aufzuzeigen, freilich auch auf Ablehnung. So verweist etwa der britische Historiker Gareth Stedman Jones in seiner Biografie, die zum 200. Geburtstag von Marx erschien, zwar ähnlich wie Anderson und Lindner auch auf die »bemerkenswerten Verschiebungen« der Perspektive beim späten Marx.[66] Seine Gesamtbewertung dieses Wandels ist jedoch negativ und beschränkt die Gültigkeit von Marx' Aussagen auf das 19. Jahrhundert.

Stedman Jones soll an dieser Stelle herangezogen werden, weil er einer der wenigen ist, die dem Schlüsseljahr 1868 überhaupt Beachtung schenken, als Marx auf das Werk Georg Ludwig von Maurers stieß. Nun verwirft Stedman Jones allerdings sowohl Maurers Darstellung als auch die Marx'sche Rezeption derselben. Die Absicht bei der Erörterung von Maurers Werk wird im Epilog von Stedman Jones' Biografie deutlich, in dem er sich auf die Schrift *Der Ursprung des Grundeigentums* des Historikers Denis Fustel de

Coulanges aus dem Jahr 1889 bezieht, die dieser als Gegenschrift zu Maurer verfasste. Nach Ansicht von Stedman Jones wies Fustel de Coulanges die romantische und nationalistische Idealisierung der germanischen Stämme bei Maurer erfolgreich zurück; diese Art von Forschung sei, so Stedman Jones, bereits zu der Zeit, als Marx starb, »in gewisser Weise überholt« gewesen, da sie sich nicht auf empirische Forschung gestützt habe, sondern vornehmlich »auf Schriften klassischer Autoren und [...] biblische Texte« – Maurers Werk zitiert Julius Caesars *De bello Gallico* und Tacitus' *Germania* –, in denen historische Tatsachen und Fiktion verschmelzen würden.[67] Die Begeisterung für Maurer und Lewis Henry Morgan deute darauf hin, dass der jugendliche »Romantiker« – der Marx in Stedman Jones' Augen war, als er davon träumte, Dichter zu werden – wiederaufgelebt sei, als die Flut der Revolutionen in den 1870er Jahren im Westen abgeebt sei, insbesondere nach der blutigen Niederschlagung der Pariser *Commune*. Marx' »romantische« Schlussfolgerungen seien heute nicht mehr haltbar, so Stedman Jones' Fazit, da sein Interesse an den Dorfgemeinden lediglich »ein Phantasma des 19. Jahrhunderts« widerspiegle.[68] Kurzum, Marx' Analyse nichtwestlicher und vorkapitalistischer Gesellschaften ist dann nichts anderes als eine nostalgische und orientalistische Fiktion, die das Andere fetischisiert.

Hier stellt sich die Frage: Ist es nur die nostalgische »Romantik« einer älteren Person, nach revolutionären Möglichkeiten in einer nichtwestlichen Gesellschaft zu suchen? Diese Art der Kritik ist nicht neu. Wie bereits erwähnt, ist es eine gängige Behauptung, Marx habe im Alter aufgrund seiner schweren Krankheit seine intellektuellen Fähigkeiten und seine Hoffnung auf eine Revolution im Westen verloren. So schrieb etwa der Historiker Edward Hallett Carr schon 1934: »Über das letzte Jahrzehnt seines Lebens gibt es wenig zu berichten. Es ist eine Zeit des Verfalls, zunehmender Krankheit und Arbeitsunfähigkeit.«[69] Es war Eric Hobsbawm, der auf den Einsatz einer solchen reaktionären Charakterisierung des späten Marx hinwies: »Die Ansicht, der ältere Marx habe etwas von dem revolutionären Elan des jüngeren verloren, ist bei Kritikern weit verbreitet, die gern die revolutionäre Praxis des Marxismus loswerden möchten, doch an ihrer Vorliebe für die Theorie festhalten.«[70] Marx auf die Theorie und Geschichte des 19. Jahrhunderts zu beschränken, ohne jegliche praktische Bedeutung für die heutige Welt, ist eine sichere Art, innerhalb akademischer Diskurse mit ihm umzugehen.

Stedman Jones' Behauptung über den Rückzug des späten Marx in Romantik ergäbe nur dann Sinn, wenn Letzterer die russische Dorfgemeinde fälschlicherweise idealisiert hätte. Das ist eindeutig nicht der Fall. Erstens stützte sich seine Beschäftigung mit der russischen Gesellschaft auf verschiedene *russische* Studien, die umfangreicher als Maurer empirisches Material präsentierten, und er war sich bewusst, dass die Dorfgemeinden, oft geprägt von Armut und Unfreiheit, durch das Vordringen kapitalistischer Verhältnisse rasch zerfielen.[71] Wenn, zweitens, in den Peripherien des Kapitalismus die realen Widersprüche deutlicher hervortreten, ist nichts daran falsch, ernsthaft nach der Möglichkeit einer sozialen Revolution dort – in diesem Fall in Russland – zu fragen und dabei deren Spezifik zu berücksichtigen. Und schließlich betonte Marx 1868, noch bevor die revolutionären Hoffnungen in den westeuropäischen Gesellschaften nach der Niederschlagung der Pariser *Commune* schwanden, dass eine Revolution in England nur stattfinden könne, wenn das irische Volk befreit würde. Da er zu jener Zeit nachdrücklich hervorhob, revolutionäre Bewegungen allein im kapitalistischen Zentrum würden nicht ausreichen, um den Kapitalismus zu stürzen, lässt sich seine Auseinandersetzung mit nichtwestlichen Gesellschaften in den 1870er und 1880er Jahren nicht einfach durch die Enttäuschung über die raue Wirklichkeit in Westeuropa und durch seine Krankheit erklären.

Es reicht indes auch nicht aus, auf Kritik wie die von Stedman Jones mit dem Argument zu antworten, Marx sei von einer einseitigen Sichtweise zu einer multilinearen Sichtweise der Geschichte übergegangen, wie dies Kevin Anderson tut.[72] Stedman Jones würde das nicht unbedingt leugnen, sondern eher als eine Form von Romantik abwerten. Auch die Feststellung, der späte Marx habe seine Haltung gegenüber der Möglichkeit einer Revolution in Russland deutlich verändert, ist nicht besonders neu, Haruki Wada und Teodor Shanin haben bereits vor mehreren Jahrzehnten darauf hingewiesen.[73] Marx hatte sich ferner, wie Suniti Ghosh aufzeigt, bereits in den späten 1850er Jahren mit verschiedenen nichtwestlichen Gesellschaften befasst und in der Folge seine antikoloniale und abolitionistische Position stärker herausgestellt.[74] In Anbetracht dieser Tatsachen unterschätzt Anderson die intellektuellen Fähigkeiten von Marx, wenn er zu dem Schluss kommt, der Endpunkt von dessen theoretischer Entwicklung nach mehr als zwei Jahrzehnten sei eine nichteurozentrische und multilaterale Sicht der Geschichte. Unglücklicherweise trägt dies dazu bei, eine Kritik wie die von Stedman Jones überzeugend erscheinen zu lassen, verstärkt sie doch den Eindruck, Marx habe nach 1868 nicht mehr viel erreicht. Um solches zu entkräften, gilt es daher, die theoretische Relevanz des späten Marx für die heutige Welt aufzuzeigen. Dazu reicht es nicht aus, darauf zu verweisen, dass Marx seine frühere unilineare Sicht der Geschichte aufgegeben hat, denn kaum jemand vertritt heute noch eine solch reduktionistische Sichtweise. Kurzum, es gilt zu zeigen, dass der im Brief an Sassulitsch angedeutete neue theoretische Rahmen größer ist, als Stedman Jones oder Anderson annehmen. Ist dieser neue Rahmen erst einmal richtig erfasst, erscheint eine Kritik wie die von Stedman Jones an Marx' vermeintlicher Romantik trivial. Eine solche Interpretation hat nämlich ihren Preis: Sie verkennt, da sie den revolutionären Charakter der theoretischen Praxis des späten Marx nach 1868 völlig außer Acht lässt, Marx' letztendliche Vision des Postkapitalismus.

Auch wenn Anderson das alte Dogma des Marxismus entschieden ablehnt, dreht sich seine gesamte Polemik unbestreitbar darum, eine postkoloniale und multilineare Geschichtsauffassung einer eurozentrischen linearen entgegenzustellen. In gewissem Sinne verbleibt die Argumentation immer noch innerhalb des sehr traditionellen Paradigmas des historischen Materialismus. Das engt den Rahmen der Diskussion ein. Um es ganz offen zu sagen: Marx' primäres Interesse bestand *nicht* darin, ein Gesetz der Geschichte zu formulieren. Seine wichtigste theoretische Aufgabe bei der Beschäftigung mit vorkapitalistischen und nichtwestlichen Gesellschaften sah er dementsprechend *nicht* darin, die Anwendbarkeit historischer Gesetzmäßigkeiten zu überprüfen. Die Vorstellung vom historischen Materialismus als einem »ehernen Gesetz« geht auf das Konto späterer Marxisten und entstand erst nach Marx' Tod. Das Paradigma des historischen Materialismus heute hinter uns zu lassen, versetzt uns in die Lage, erneut zu fragen, um was es Marx in den 1880er Jahren mit seinem Vorhaben eigentlich ging. Dazu ist es notwendig, Eurozentrismus *und* Produktivismus gleichermaßen in Frage zu stellen.

Wenn die Schlussfolgerung von Andersons bahnbrechender Untersuchung zu Marx' Notizbüchern etwas vorhersehbar erscheint und wenn das Fazit von Stedman Jones darauf hinausläuft, eine stereotype Kritik an Marx zu wiederholen, so liegt das daran, dass sie nur *einen* Aspekt des Marx'schen historischen Materialismus betrachten, den Eurozentrismus, und den anderen, den Produktivismus, vernachlässigen.[75] Es besteht nach wie vor Bedarf an einem umfassenderen Ansatz.

Dies ist der entscheidende Punkt. Nur wenn man sich mit den Problematiken von Eurozentrismus *und* Produktivismus gleichermaßen auseinandersetzt, wird eine völlig neue Interpretation des späten Marx überzeugend – nämlich die, dass nicht die Wege zum Kommunismus plural wurden, sondern dass sich Marx' *Idee des Kommunismus selbst* in den 1880er Jahren signifikant veränderte, und zwar durch ein bewusstes Nachdenken über frühere theoretische Unzulänglichkeiten und die Einseitigkeit des historischen Materialismus. Die Überwindung des Kapitalismus und die Schaffung des Kommunismus betrachtete Marx zweifellos zeitlebens als seine wichtigste theoretische und praktische Aufgabe, doch wurde dieses Problem in der bisherigen Literatur nie im Zusammenhang mit seinem Brief an Sassulitsch erörtert. Tatsächlich aber nutzte Marx 1881 die Gelegenheit, seine Vision einer klassenlosen Gesellschaft zu formulieren, die auf dem beruhte, was er durch seine intensive Beschäftigung mit den Dorfgemeinden erkannt hatte.[76]

Einen Hinweis darauf, dass sich Marx' Vorstellung des Kommunismus in seinen späten Jahren wandelte, gibt die erhebliche Verzögerung bei der Veröffentlichung der

Bände II und III des *Kapitals.* Obgleich Engels mit Nachdruck auf eine möglichst baldige Fertigstellung drängte, forschte Marx im Bereich der Naturwissenschaften und der vorkapitalistischen Gesellschaften. Lange Zeit blieb rätselhaft, warum Marx so viel Zeit auf diese Themen verwandte, anstatt das *Kapital* fertigzustellen. In der Tat sah es aus, als wollte Marx, unter Druck stehend und mit einem sich verschlechternden Gesundheitszustand, der mühsamen Arbeit am *Kapital* entfliehen. So kommentiert etwa Ludo Cuyvers seine »erratischen« Interessen eher negativ: »Marx' Perfektionismus, verbunden mit einem breit gefächerten und scheinbar erratischen Interesse an Wissen – was auch sein Studium der russischen Sprache, der Mathematik, der Geologie, der Ethnographie usw. in den 1870er Jahren erklärt – trug höchstwahrscheinlich erheblich dazu bei, dass das *Kapital* unvollendet blieb.«[77] Eine solche Erklärung ist nicht besonders überzeugend, solange Cuyvers nicht den tatsächlichen Inhalt der Notizbücher untersucht. Denn Marx hatte, möchte ich entgegnen, trotz seines schlechten Gesundheitszustands weder seine intellektuellen Fähigkeiten eingebüßt, noch seine Leidenschaft verloren und war bestrebt, Neues zu lernen, *gerade um das* Kapital *zu vollenden.*[78]

Ein Hinweis zur Lösung des Rätsels ergibt sich, betrachtet man die Marx'sche Stoffwechseltheorie als tragenden Pfeiler seiner politischen Ökonomie. Oder anders gesagt: Die intensive Beschäftigung mit Ökologie sowie mit vorkapitalistischen und nichtwestlichen Gesellschaften war für die Vertiefung der Stoffwechseltheorie unerlässlich. Marx versuchte, die unterschiedlichen Arten gesellschaftlicher Organisation des Stoffwechsels zwischen Mensch und Natur in nichtwestlichen und vorkapitalistischen Dorfgemeinden als Quelle ihrer Lebensfähigkeit zu begreifen. Betrachtet man hingegen die Forschungen zu diesen Gemeinwesen nur in Bezug auf Gemeineigentum, Landwirtschaft und Arbeit, verfehlt man die Perspektive der Stoffwechseltheorie. Gerade die Landwirtschaft ist das wichtigste Feld für Marx' ökologische Theorie des Risses im Stoffwechsel. Mit anderen Worten: Bei den Forschungen über nichtwestliche Gesellschaften geht es nicht nur um die Liquidation des Gemeineigentums durch die Kolonialherrschaft, sondern auch um ökologische Implikationen. Das wachsende Interesse an Ökologie brachte Marx dazu, die Plünderung der natürlichen Umwelt als Ausdruck des zentralen Widerspruchs des Kapitalismus zu betrachten. Er dachte intensiv über die Irrationalität nach, die der Entwicklung der Produktivkräfte des Kapitals innewohnt, insofern sich mit dieser der Raubbau verstärkt und der metabolische Bruch im globalen Maßstab vertieft. Auch deshalb untersuchte Marx die radikal anderen Formen der gesellschaftlichen Organisation des Stoffwechsels zwischen Mensch und Natur in vorkapitalistischen und nichtwestlichen Gesellschaften aus einer ökologischen Perspektive.

Durch die Vermittlung des Begriffs eines Risses im Stoffwechsel erweisen sich beide Forschungsfelder als eng miteinander verbunden. In diesem Zusammenhang ist daran zu erinnern, was Marx im Alter bewegte, vorkapitalistische und nichtwestliche Gesellschaften zu studieren: Anfang 1868 veranlasste ihn die Lektüre von Carl Fraas' ökologischem Werk, sich mit Georg Ludwig von Maurers Analyse germanischer Gemeindeformen zu beschäftigen. Fraas' Erörterung der germanischen »Markgenossenschaft« und ihrer nachhaltigen Landwirtschaft knüpft an Maurers Analyse an. Mit anderen Worten: *Die Themen Ökologie und vorkapitalistische Gesellschaften sind von Anfang an miteinander ver-*

knüpft. Während Marx' Interesse an ökologischen Fragen sicherlich bereits bestand, bevor er Fraas las, erweiterte sich durch dessen Arbeit der Umfang jenes Interesses, sodass Marx nicht nur eine »sozialistische Tendenz« in Fraas' Kritik an exzessiver Waldrodung bemerkte, sondern nun auch den konkreten Formen des Stoffwechsels in vorkapitalistischen Gesellschaften aus ökologischer Sicht mehr Aufmerksamkeit schenkte.[79] Er erkannte jetzt, dass die genossenschaftliche Produktion und das entsprechende Gemeineigentum in diesen Gesellschaften mit einer nachhaltigeren Form des Stoffwechsels der Menschen mit ihrer Umwelt verbunden sind. Tatsächlich fand Marx in Maurers *Einleitung*[80] ebenfalls eine »sozialistische Tendenz«, bezogen auf den radikalen »Egalitarismus« in den germanischen Markgenossenschaften, und schreibt am 25. März 1868 an Engels:

> Die 2. Reaktion ist – und sie entspricht der sozialistischen Richtung, obgleich jene Gelehrten keine Ahnung haben, daß sie damit zusammenhängen – über das Mittelalter hinaus in die Urzeit jeden Volks zu sehn. Da sind sie dann überrascht, im Ältesten das Neuste zu finden, und sogar Egalitarians to a degree*, wovor Proudhon schaudern würde. (*MEW* 32, 51)

Wenn er sowohl bei Maurer als auch bei Fraas gleichermaßen eine »sozialistische Tendenz« fand, impliziert Marx damit eine Verbindung zwischen Nachhaltigkeit und sozialer Gleichheit. Aber wie hängen sie zusammen?

Maurer zufolge handelt es sich bei der »Markgenossenschaft« um eine transitorische Form im Übergang vom

* Egalitaristen bis zu einem gewissen Grad

nomadischen Leben zum Ackerbau.[81] Im Unterschied zu Justus Möser, der auf der Existenz von Privateigentum als Grundlage der Mark beharrte, betonte Maurer den grundlegend gemeinschaftlichen Charakter der germanischen Eigentumsform, wie Marx in seinem Notizbuch dokumentiert:

> Einzelnhöfe ohne alles genossenschaftliche Band hat es … ursprünglich gar keine gegeben. Die *Geschlechts- u. Stamm-Genossenschaften* bestanden vielmehr schon vor den festen Niederlassungen, sie *siedelten sich schon als solche an*, u. sind nicht erst seit ihrer Niederlassung ins Leben getreten. (*MEGA* IV / 18, 544; Hervorh. im Orig.)

Die germanischen Stämme behandelten das Land als Gemeineigentum, das heißt, es gab kein individuelles Eigentum daran. Die periodische Vergabe von Land war sorgfältig geregelt, sodass auch die Erträge gleichmäßig verteilt waren, ohne dass es zu einer Konzentration von Reichtum in den Händen einiger weniger kam.

> Getheilt pflegte nur derjenige Theil der Feldmark zu werden, der kulturfähig, u. dieser vorerst auch nur so weit, als man desselben zur Ernährung der Genossen bedurfte. Alles übrige der Cultivirung nicht fähige od. für jetzt zum Anbau nicht nöthige Land blieb in ungetheilter Gemeinschaft. Dazu gehörten zunächst die *Waldungen, Weiden, Heiden, Moore etc* (p. 84) Auch in Gallien u. den übrigen eroberten Provinzen wurde nur der bereits kultivirte u. angebaute Grund u. Boden der Theilung unterworfen. In ungetheilter Gemeinschaft blieben dagegen auch daselbst viele *Felder* u. die *Waldungen* (silva indivisa, silva communis) etc. p. 87. (*MEGA* IV / 18, 554; Hervorh. im Orig.)

Marx notiert sorgfältig Passagen aus Maurers *Einleitung*, aus denen hervorgeht, dass die Markgenossenschaften gemeinsames Weideland nutzten sowie bei der Zuteilung des Landes an die Markgenossen ein Losverfahren eingeführt hatten:

> In allen diesen Gemeinden war die Dorfmark mit sämmtlichen Gärten, Feldern, Wiesen, Weiden u. Waldungen in ungetheilter Gemeinschaft der Gemeindegenossen, wie schon zur Zeit J. Cäsars. Der Einzelne erhielt seinen Antheil an der gemeinen Mark, so weit sie vertheilt ward, auf eine Reihe v. Jahren, jedoch nur zur Bearbeitung u. zur Benutzung. Der Antheil eines Jeden an den Gärten, Feldern u. Wiesen ward demselben zugemessen u. man nannte den ganzen Antheil das Loosgut. Nach Ablauf der zur Sondernutzung bestimmten Jahre fielen sämmtliche Antheile wieder an die Gemeinde zurück u. wurden sodann neuerdings vermessen u. abermals wieder an die Einzelnen vertheilt. Die Weiden wurden gemeinsam benutzt u. aus dem Ertrag der Waldungen die Gemeindebedürfnisse u. Abgaben bestritten, was aber übrig blieb unter alle Genossen nach Verhältniß der ihnen angewiesnen Loosgüter vertheilt. (6, 7) (*MEGA* IV / 18, 545)

Dies war ein wirksames Verfahren, um die Herausbildung von Herrschafts- und Unterwerfungsverhältnissen unter den Markgenossen aufgrund einer Konzentration von Reichtum zu verhindern. Das Land als Gemeingut zu behandeln, steht im deutlichen Gegensatz zum *Latifundium*, dem durch Sklavenarbeit bewirtschafteten System des Großgrundbesitzes im antiken Rom, wobei Maurer auch nachzeichnet, wie unter dem Einfluss des römischen Rechts das Losverfahren allmählich durch Privateigentumsverhältnisse ersetzt wurde.[82]

Da das Land niemandem gehörte, verhinderte die Markgenossenschaft zugleich dessen willkürliche Nutzung durch einzelne sowie den Verkauf der Erträge oder Produkte und gewährleistete so die Nachhaltigkeit der gesellschaftlichen Produktion. Über den geschlossenen Charakter der Markgenossenschaft schreibt Maurer in seiner im Jahr 1865 erschienenen *Geschichte der Dorfverfassung*, und zwar in jenen Passagen, auf die Fraas in der Schrift *Ackerbaukrisen und ihre Heilmittel* Bezug nimmt:

> Die Ausfuhr von Holz aus der Dorfmark und der Verkauf außerhalb der Mark war verboten in freien Gemeinden ebensowohl [...]. Aus demselben Grunde durften auch Häuser, Scheunen, Speicher und andere Gebäude nicht aus der Dorfmark verkauft werden [...]. Dasselbe Verbot gilt von der Ausfuhr des Düngers oder Mistes, des Strohes, Heues und sonstigen Futters, sodann von Besen und anderen Erzeugnissen der Dorfmark [...]. Dasselbe gilt endlich auch noch von dem Verkaufe der in der Dorfmark gefangenen Fische und Krebse [...]. In gleicher Weise sollten auch die in der Dorfmark gezogenen Früchte und Thiere so viel immer nur möglich in der Mark selbst verzehrt oder die Produkte wenigstens darin verarbeitet werden. Daher durften die in der Mark gemästeten Schweine nicht außerhalb der Mark verkauft werden [...]. Aus demselben Grunde sollten auch die in der Dorfmark gewachsenen Feldfrüchte und Weine in der Mark selbst gemahlen, gebacken, gegessen und vertrunken werden, was sodann in vielen Dorfmarken zu Bannrechten geführt hat.[83]

Ist man mit Justus von Liebigs Theorie vertraut, lässt sich sofort erkennen, dass eine solch strenge Regelung der gemeinschaftlichen Bodennutzung den Nährstoffkreislauf im Boden sicherstellte, was, da das »Gesetz des Ersatzes« beachtet wurde, eine nachhaltige Landwirtschaft ermöglichte. Fraas schlussfolgerte daher auf der Grundlage von Maurers Analyse, dass »die erste germanische Dorfbildung schon immer dem Gesetze der Nothwendigkeit der Bodenkraftsteigerung folgte«, statt Raubbau am Boden zu treiben.[84] Somit stimmten Maurer und Fraas darin überein, dass die genossenschaftliche Regelung auf Nachhaltigkeit *und* sozialer Gerechtigkeit gleichermaßen beruhte. Beide Aspekte sind in Marx' Notizbuch vom März 1868 eng miteinander verbunden. Dem liegt das radikal andere Stoffwechselverhältnis zwischen Mensch und Natur in der germanischen Markgenossenschaft im Vergleich zur kapitalistischen Produktionsweise zugrunde.

Entdeckte Marx bei Fraas und Maurer die gleiche »sozialistische Tendenz«, so verweist das auf die enorme Bedeutung von »sozialer Gerechtigkeit« und »Nachhaltigkeit« in seinem sozialistischen Projekt. Diese Erkenntnis ist für das Verständnis des späten Marx essentiell. Gewiss, ihm war sehr wohl bewusst, dass vorkapitalistische Gemeinwesen egalitärer waren als die moderne Gesellschaft, bevor er Fraas und Maurer las. Ursprüngliche, auf Gemeingütern gegründete Gesellschaften galten ihm sogar als »naturwüchsiger Kommunismus« (*Kapital III*, 839); allerdings stellte er deren ökologische Dimension nicht ausreichend in Rechnung und verwarf sie häufig aufgrund ihres ausgrenzenden und stationären Charakters. Seine Neubewertung des »naturwüchsigen Kommunismus« nach 1868 steht in Verbindung mit einem wachsenden ökologischen Bewusstsein, eine Tendenz, die bis 1880/81, der Rezeption von Lewis Henry Morgans *Ancient Society* und dessen Beschreibung eines *communism in living*, eines »Kommunismus in der Lebensführung«, anhält.[85]

In dem erwähnten Brief vom März 1868 schreibt Marx an Engels, er sei »überrascht, im Ältesten das Neuste zu finden« (*MEW* 32, 51). Stedman Jones sieht darin lediglich einen weiteren Beleg romantischer Anwandlungen. Allerdings stammt diese Aussage wohlgemerkt aus dem März 1868. Warum sollte Marx nur wenige Monate nach der Veröffentlichung des ersten Bandes des *Kapitals* plötzlich »romantisch« geworden sein? Nachdem sein großes Werk endlich erschienen war, sollte seine Leidenschaft eigentlich den Aussichten einer sozialistischen Revolution gegolten haben. Achtet man auf den Zusammenhang von Nachhaltigkeit und sozialer Gerechtigkeit, sieht die Geschichte ganz anders aus. Es wird deutlich, warum Marx nach 1868 begann, sich gleichzeitig mit vorkapitalistischen Gesellschaften und den Naturwissenschaften zu beschäftigen. Vor diesem Hintergrund kann man sich vorstellen, dass Marx überrascht gewesen sein muss, als er in den 1870er Jahren die Verhältnisse der russischen Dorfgemeinde untersuchte und auch dort »im Ältesten das Neuste« fand. Und tatsächlich las er 1876 abermals Maurers *Einleitung*, zusammen mit zwei anderen von dessen Büchern.[86]

Im »Dritten Entwurf« seines Briefes an Sassulitsch bezieht sich Marx erneut auf Maurer, als er den Punkt über das Überdauern des Typus der germanischen Dorfgemeinde wiederholt, den er bereits im Brief vom März 1868 dargelegt hatte:

> Aber am wichtigsten ist, wir finden das Gepräge dieser »Ackerbaugemeinde« so gut auf die neue Gemeinde, die daraus hervorging, übertragen, daß Maurer, da er die eine

> erforscht hatte, die andere rekonstruieren konnte. Die neue Gemeinde, in der das Ackerland den Ackerbauern als *Privateigentum* gehört, während Wälder, Weiden, Ödland etc. immer noch *Gemeineigentum* bleiben, wurde von den Germanen in allen eroberten Ländern eingeführt. (*MEW* 19, 402 f.)

Die »natürliche Lebensfähigkeit« (ebd., 402) der Ackerbaugemeinde war so stark, dass, während andere Gemeindeformen durch Kriege und Invasionen zusammengebrochen und verschwunden sind, diese Form als »neue Gemeinde« in Deutschland lange und bis in Marx' Zeiten überlebte.[87] In Russland war die Dorfgemeinde die gefestigtere Form, sodass sie einer sozialistischen Revolution als Grundlage dienen konnte.

Dies ist allerdings nur ein Teil der Geschichte. Marx interessierte sich dafür, wie das Überdauern jener nichtwestlichen Form für den Sprung in eine postkapitalistische Gesellschaft in Westeuropa genutzt werden könnte. Es ist nicht übertrieben festzustellen, dass das Hauptanliegen seiner langjährigen Beschäftigung mit den Naturwissenschaften und den ländlichen Gemeinwesen nicht die Frage nach deren revolutionärem Potential im Allgemeinen war, sondern vielmehr die nach *ihrer Bedeutung für Westeuropa*. Da Sassulitsch ihn unumwunden darum bat, sah er sich veranlasst, »von der reinen Theorie in die russische Realität hinabsteigen« (*MEGA* I/25, 226)[88] zu müssen und in seiner Antwort direkt über den Weg der russischen Revolution zu schreiben. Doch eigentlich untersuchte Marx vorkapitalistische und nichtwestliche Gesellschaften, weil deren »natürliche Lebensfähigkeit« durchaus inspirierend war, um sich eine postkapitalistische Gesellschaft in Westeuropa vorzustellen.

Das mag zunächst wie ein Widerspruch klingen; verständlich wird es, wenn wir den Brief von Marx an Sassulitsch aus einer ökologischen Perspektive betrachten.

Wie bereits erörtert, sah sich Marx in den 1860er Jahren veranlasst, aufgrund der durch die kapitalistische Entwicklung verursachten ökologischen Schäden seinen bisherigen theoretischen Ansatz kritisch zu überdenken. Der Riss im Stoffwechsel ist nichts anderes als ein Sichtbarwerden der Schädigung von »natürlicher Lebensfähigkeit«, verursacht durch die kapitalistische Zerstörung der gemeinschaftlichen Produktion und des Gemeineigentums. In diesem Sinne haben die Entstehung der Klassengesellschaft und die Umweltzerstörung die gleiche Ursache. Dies ließ Marx daran zweifeln, dass Westeuropa mit seinen »höher entwickelten« Produktivkräften nichtwestlichen und vorkapitalistischen Gesellschaften tatsächlich überlegen war. Wenn er in den Briefentwürfen mit Blick auf die vorkapitalistische Dorfgemeinde von einer »ökonomischen Überlegenheit« schreibt, belegt das seine Zweifel. Obwohl beispielsweise die Produktivkräfte der Markgenossenschaft viel geringer sind als die einer westlichen kapitalistischen Gesellschaft, ist jene insofern »überlegen«, als sie ihren Stoffwechsel mit der Natur viel »rationeller« regelt und gleichzeitig soziale Gleichheit und Bodenfruchtbarkeit sichert. Daraus schöpfte sie ihre langanhaltende natürliche Lebensfähigkeit. Da die Produktivkräfte des Kapitals keine Grundlage für eine postkapitalistische Gesellschaft bilden, kommt Marx zu der Auffassung, die Gesellschaften im Westen müssten von jenen Gemeindeformen lernen, den Stoffwechsel anders zu organisieren. Diese Haltung markiert eine absolute Abkehr vom früheren Eurozentrismus.

Es ist ein Lernprozess, in dessen Verlauf sich Marx' Analyse des westlichen Kapitalismus und seine Vision einer postkapitalistischen Gesellschaft mit der Zeit erheblich veränderten. Einen Hinweis auf diesen theoretischen Wandel lässt sich im Brief an Sassulitsch entdecken, wenn Marx die »Krise« des Kapitalismus in Westeuropa anspricht. Ein für die russische Gemeinde günstiger Umstand sei,

> daß sich dieses Gesellschaftssystem heute, in Westeuropa ebensogut wie in den Vereinigten Staaten, im Kampfe befindet gegen die Wissenschaft, gegen die Volksmassen und gegen die Produktivkräfte, die es erzeugt. Mit einem Wort, sie findet den Kapitalismus in einer Krise (*MEW* 19, 385 f.).

Interessanterweise bringt Marx hier die Krise des Kapitalismus nicht nur in Verbindung mit Bewegungen der »Volksmassen«, sondern auch mit »Wissenschaft« und »Produktivkräften«. Der Marxismus-Leninismus hat die Bedeutung von »Krise« hier fast schon selbstverständlich produktivistisch gelesen, nämlich so, dass die weitere Entwicklung von Wissenschaft und Technik den Kapitalismus letztlich sprengen und die Krise des Kapitalismus beenden werde. Betrachtet man jedoch Marx' Ökologie im *Kapital*, so ist eine solche produktivistische Lesart der Passage nicht mehr länger überzeugend.

Liest man die Passage des Entwurfs aus der Perspektive von Marx als *Kritiker des Produktivismus*, so verkehrt sich ihre Bedeutung ins Gegenteil. Der Kapitalismus befindet sich inmitten ständiger Krisen, und er sieht sich der scharfen Kritik der »Wissenschaft« ausgesetzt, zu einem Hindernis für die nachhaltige Entwicklung der Produktivkräfte geworden zu sein. Liebig und Fraas machten beispielsweise geltend, der Raubbau an der Natur werde durch die neuen

Technologien im Kapitalismus nur verstärkt. Deren nicht nachhaltiger Charakter ist weit entfernt von der »rationellen« Anwendung der modernen Wissenschaft im Sinne der beiden Forscher. Als ökologisch denkende Wissenschaftler stellten sie die Legitimität des Kapitalismus als fortschrittliches Gesellschaftssystem in Frage. Anders gesagt: Sie offenbarten das Scheitern des modernen prometheischen Projekts einer Unterwerfung und Manipulation der Natur. Stellt sich die Naturwissenschaft in den Dienst eines solchen kapitalistischen Zwecks, erweist sie sich unweigerlich als »ausbeuterisch« und »destruktiv«.

Im dritten Band des *Kapitals* erklärt Marx, die Erde sei Gemeingut, und der irrationale Umgang mit ihr inakzeptabel:

> [D]er ganze Geist der kapitalistischen Produktion, der auf den unmittelbaren nächsten Geldgewinn gerichtet ist, widerspricht der Agrikultur, die mit den gesamten ständigen Lebensbedingungen der sich verkettenden Menschengenerationen zu wirtschaften hat. (*MEW* 25, 631)

Das kapitalistische System des Privateigentums, einschließlich des Privateigentums an Grund und Boden, legitimiere die Willkür im Umgang mit diesem. Die Schäden, die durch das egoistische Fehlverhalten der atomisierten Einzelnen entstünden, würden zudem in unverhältnismäßiger Weise die gesamte Gesellschaft in Mitleidenschaft ziehen. Dagegen stellte Marx die Forderung, dass »der vergesellschaftete Mensch, die assoziierten Produzenten, diesen ihren Stoffwechsel mit der Natur rationell regeln« (ebd., 828). Genau das forderten auch Liebig und Fraas, was jene im dritten Entwurf des Briefs an Sassulitsch angesprochene Krise des Kapitalismus verschärfte.

Wie wird diese Krise enden? Im ersten Entwurf argumentierte Marx, sie werde erst »mit der Beseitigung des Kapitalismus und *der Rückkehr der modernen Gesellschaft zu einer höheren Form des ›archaischen‹ Typus des kollektiven Eigentums und der kollektiven Produktion enden*« (*MEW* 19, 390; Hervorh. K. S.). Ein weiteres Mal ist »im Ältesten das Neuste zu finden«. Marx vertritt nicht die Ansicht, die Zeit des Kommunismus sei gekommen, nachdem die kapitalistische Entwicklung so weit wie möglich vorangetrieben wurde. Unumwunden erklärt er nun, Westeuropa müsse zu einer vorkapitalistischen Gesellschaft »zurückkehren«. Ist das Romantik? Tatsächlich muss die Frage lauten, was genau Westeuropa aus nichtwestlichen Gesellschaften integrieren muss, damit es zu einer höheren Form des archaischen Typus »zurückkehren« kann.

Wir nähern uns nun endlich dem theoretischen Kern des späten Marx. Wie wir bereits sahen, nahm er, nachdem er in den 1870er Jahren über den Zusammenhang von »Nachhaltigkeit« und »sozialer Gleichheit« nachgedacht hatte, Sassulitschs Frage zum Anlass, eine neue Form der rationellen Regelung des menschlichen Stoffwechsels mit der Natur für Westeuropa und die Vereinigten Staaten zu umreißen. Dabei revidierte er aus ökologischen Gründen seine früheren Annahmen von der Überlegenheit westlicher Gesellschaften. Nunmehr forderte er nachdrücklich, die westlichen Gesellschaften müssten auf dem Weg in den Kommunismus die überlegenen Elemente des archaischen Gemeineigentums wiederbeleben. Es geht also nicht um die Pluralisierung der historischen Wege oder die Provinzialisierung Europas, sondern darum, dass Marx seine Vision des Kommunismus als solche bedeutend verändert hat.

Die Formulierung von »der Rückkehr […] zu einer höheren Form des ›archaischen‹ Typus« ist durch Lewis Henry Morgans *Ancient Society* inspiriert.[89] Morgan vertrat die Auffassung, das Hauptziel der modernen westlichen Gesellschaft sei »das bloße Streben nach Eigentum« geworden. Auch er plädierte für eine Rückkehr zu einem demokratischen Gemeinwesen auf höherer Ebene, um Freiheit, Gleichheit und Geschwisterlichkeit in »höherer Form« zu rehabilitieren. Marx exzerpiert die folgende Passage:

> Dennoch wird die Zeit kommen, *wo* die menschliche Vernunft *erstarken wird zur Herrschaft über das Eigentum …* Das *bloße Streben nach Eigentum ist nicht die letzte Bestimmung* der Menschheit. Die *seit Anbruch der Zivilisation verstrichene Zeit* ist nur ein Bruchteil (und zwar ein sehr kleiner) der verflossenen Lebenszeit der Menschheit; und *auch ein Bruchteil der Zeiten, die noch bevorstehen. Die Auflösung der Gesellschaft verspricht Endpunkt einer Laufbahn zu werden, deren Ende und Ziel Eigentum ist; denn solch eine Laufbahn enthält Elemente der Selbstzerstörung.* … Sie (eine höhere Stufe der Gesellschaft) *wird eine Wiederbelebung sein, in einer höheren Form, von Freiheit, Gleichheit, Brüderlichkeit der alten Gentes.*[90]

Obgleich Morgan nicht im Detail ausführte, wie diese höhere Stufe der Gesellschaft aussehen sollte, verwendete er wiederholt die Formulierung vom »Kommunismus in der Lebensführung«, wohl im Gegensatz zum Leben in einer kapitalistischen Gesellschaft, wobei er insbesondere die syndyasmische Form des Zusammenlebens der *Iroquois* in den Mittelpunkt stellte.[91] Erwähnenswert sind die von Marx in Klammern hinzugefügten Bemerkungen über deren Ähnlichkeit mit den russischen Dorfgemeinden:

> *Kommunismus in der Lebensführung* scheint seinen Ursprung in den *Bedürfnissen der blutsverwandten Familie* gehabt zu haben, hat in der punaluanischen fortgedauert und wurde der *syndyasmischen* bei den amerikanischen Ureinwohnern überliefert, bei denen er eine Praxis blieb bis in die Epoche ihrer Entdeckung – (und die *Südslawen*? und auch die *Russen* zu einem bestimmten Grad?).[92]

Das Exzerpt kommt noch einmal auf den gleichen Punkt zurück. Marx' Kommentare in Klammern verweisen auf die Rezeption von Haxthausens Untersuchung zur Aufhebung der Leibeigenschaft in Russland im Jahr 1861:

> Verschiedene der *syndyasmischen Familien wurden gewöhnlich in einem Haus gefunden* [wie bei den *Südslawen*: die *monogamen Familien*], *einen gemeinsamen Haushalt bildend* [wie Südslawen und in gewissem Grad: russische Bauern vor und nach der Leibeigenen-Emanzipation], worin das *Prinzip des Kommunismus in der Lebensführung praktiziert* wurde. Diese Tatsache beweist, daß *die Familie als Organisation zu schwach* war, die Härten des Lebens allein zu bestehen[.][93]

Wie auch später Peter Kropotkin hervorheben sollte, zwang die Härte der natürlichen Umgebung die Russen dazu, auf gegenseitige Hilfe zu setzen, um dem *bellum omnium contra omnes* einer darwinistischen »natürlichen Auslese« zu trotzen.

Im Grunde wiederholt der Kommunismus in der Lebensführung jedes Jahr denselben Produktionszyklus, in dem alle gemeinsam regeln, wie Land und Eigentum zu nutzen sind. Das heißt, das Wirtschaften in einer solchen dauerhaften, traditionellen Produktionsweise realisiert sich als *stationäre, zir-*

kuläre Ökonomie ohne Wachstum, was Marx einst als Merkmal der regressiven Stetigkeit primitiver Gesellschaften abtat, die in seinen Augen »überhaupt keine Geschichte« hatten. Dieses Prinzip einer stationären Ökonomie in Ackerbaugemeinden unterscheidet sich radikal vom Kapitalismus, den fortwährende Kapitalakkumulation und Wirtschaftswachstum charakterisieren. Marx war sich dessen bewusst, als er zu Morgans *Ancient Society* die Beschreibung der germanischen Gemeinwesen aus Caesars *De bello Gallico* notiert:

> Ackerbau betreiben sie nicht, und der größere Teil ihrer Nahrung besteht aus Milch, Käse und Fleisch. Keiner hat ein bestimmtes Stück Land oder eigenen Grund für sich: die Anführer und Häuptlinge weisen jedes Jahr den Geschlechtern und Sippen, die sich versammelt haben, so viel Land und dort zu, wie es ihnen gut für sie scheint, und versammeln die Inhaber nach einem Jahr, um es woandershin zu geben. Sie führen für dieses Verfahren viele Gründe an: daß sie nicht durch Gewöhnung an Seßhaftigkeit ergriffen ihre Kriegslust durch Ackerbau ersetzten; daß sie nicht begierig auf die Erwerbung weiterer Güter würden und dann der Mächtigere den Niedrigeren von seinem Gebiet vertriebe; daß sie nicht mit größerer Sorge bauen würden, um den Extremen von Hitze und Kälte zu entgehen; daß keine Leidenschaft für Geld aufkommen könnte, was Parteien und Streit verursachen würde. Schließlich will man das gemeine Volk in Zufriedenheit halten, indem jedermann sieht, daß sein Besitz dem des Mächtigsten gleich ist.[94]

Auf das Gemeinwesen bezogene Regeln und Beschränkungen waren notwendig, um dessen Reproduktion sicherzustellen; die Entwicklung der Produktivkräfte verlief recht langsam, da die Technologie, wie Marx exzerpierte, »beständig« war: »Die Künste, mit denen Wilde ihr Leben erhielten, erhalten sich bemerkenswert lange.«[95] Das niedrige und stationäre Niveau der Produktivkräfte war jedoch nicht dem Umstand geschuldet, dass die Menschen »barbarisch« oder Wissen und Erfindungen gegenüber »ignorant« waren. Selbst wenn die Möglichkeit bestand, die Produktivkräfte zu steigern oder länger zu arbeiten, haben die Gemeinwesen dies *mit Vorbedacht* vermieden. Wie Pierre Clastres betont, verhinderten sie auf diese Weise konsequent eine Machtkonzentration, die Herrschafts- und Unterwerfungsverhältnisse erzeugt.[96]

Das von Marx im Brief an Sassulitsch formulierte Gebot, zum archaischen Typus zurückzukehren, ist weder leichtfertig noch willkürlich. Anfang der 1880er Jahre hatte er erkannt, dass die beständige Stabilität von Gemeinwesen ohne ökonomisches Wachstum die eigentliche Grundlage darstellt, um einen nachhaltigen und egalitären Stoffwechsel zwischen Mensch und Natur zu etablieren. Dies steht im deutlichen Gegensatz zu früheren negativen Äußerungen, mit denen er in den 1850er Jahren und auch im ersten Band des *Kapitals* den stationären Zustand und die Unveränderlichkeit der asiatischen Dorfgemeinschaften bedacht hatte. Die beiden scheinbar nebensächlichen Forschungsfelder Naturwissenschaft und Dorfgemeinde erweisen sich somit als eng miteinander verwoben, wenn Marx seine frühere Vorstellung des historischen Materialismus verwirft. Nach 14 Jahren Forschung kam er zu dem Schluss, Nachhaltigkeit und soziale Gleichheit in einer stationären Ökonomie seien die Kraftquelle für den Widerstand gegen den Kapitalismus; zudem wäre es nicht verwunderlich, wenn die russischen Dorfgemeinden das kapitalistische Stadium überspringen könnten, um zum Kommunismus zu gelangen. Dieselbe Art von Nachhaltigkeit und sozialer Gleichheit in einer stationären Ökonomie – im Sinne einer höheren Form des archaischen Typus als Lösung für die Krise des Kapitalismus – ist es auch, zu der die westlichen Gesellschaften bewusst »zurückkehren« müssten. Kurzum, Marx' letztendliche Vision des Postkapitalismus ist der *Degrowth-Kommunismus*.

Sein Ansinnen einer »Rückkehr« zu einer nichtkapitalistischen Gesellschaftsform bedingt, dass jeder ernsthafte Versuch, den Kapitalismus in westlichen Gesellschaften zu überwinden, von nichtwestlichen Gesellschaften lernt und das neue Prinzip einer stationären Ökonomie einbezieht. Die Ablehnung des Produktivismus ist *nicht* identisch mit dem romantischen Ruf nach einer »Rückkehr aufs Land«. Wiederholt findet sich Marx' Hinweis, die russischen Gemeinden müssten sich die positiven Errungenschaften der kapitalistischen Entwicklung aneignen. Die Kritik an den Produktivkräften des Kapitals ist nicht gleichbedeutend mit einer Ablehnung aller Technologie. Für Westeuropa besteht kein Anlass, die gesamte bisherige Entwicklung aufzugeben, und es ist die Kombination der Früchte dieser kapitalistischen Entwicklung und des Prinzips der stationären Ökonomie aus nichtwestlichen Gesellschaften, die den westlichen Gesellschaften den Sprung in den Kommunismus als höheres Stadium des archaischen Gesellschaftstypus erlauben würde. Dieses Revival des Kommunismus in der Lebensführung als Degrowth-Kommunismus unterscheidet sich grundlegend vom produktivistischen Ansatz des traditionellen Marxismus im 20. Jahrhundert, steht aber im Einklang mit Marx' Erkenntnis, dass die weitere Entwicklung der Produktivkräfte des Kapitals nicht zur Errichtung einer postkapitalistischen Gesellschaft führt.

Die Idee des Degrowth-Kommunismus markiert nicht nur einen deutlichen Gegensatz zum Prometheanismus des jungen Marx, sondern unterscheidet sich auch von den Positionen des »Ökosozialismus«, die er im *Kapital* entwickelte, nachdem er Liebigs Kritik des Raubbaus in der Landwirtschaft rezipiert hatte. Ökosozialismus schließt die Möglichkeit eines weiteren nachhaltigen Wirtschaftswachstums nicht aus, sobald die *kapitalistische* Produktion überwunden ist, doch Degrowth-Kommunismus besagt, Wachstum könne auch im Sozialismus weder nachhaltig noch wünschenswert sein. Dementsprechend unterscheidet sich der Degrowth-Kommunismus auch von Engels' Vision des Postkapitalismus. Dieser war überzeugt, der Sozialismus werde, sei der Kapitalismus nur erst überwunden, die Produktivkräfte zum Wohle der Arbeiterklasse vollständig emanzipieren: Der Sozialismus stehe für die Verwirklichung »einer ununterbrochenen, stets rascher fortschreitenden Entwicklung der Produktivkräfte und damit einer praktisch *schrankenlosen Steigerung der Produktion* selbst« (*MEW* 20, 263; Hervorh. K.S.). Marx hingegen wandte sich 1881 davon ab, endloses Wachstum gutzuheißen, und verwies auf die Notwendigkeit sozialer Gleichheit und Nachhaltigkeit auf der Grundlage des Prinzips eines Kommunismus in der Lebensführung. Diese große Transformation kommt einem epistemologischen Einschnitt, einer *coupure épistémologique* im Sinne Louis Althussers, gleich.[97]

Erst nachdem Marx den Produktivismus und den Eurozentrismus gänzlich aufgegeben hatte, war er in der Lage, das Prinzip einer stationären Ökonomie als Grundlage einer künftigen Gesellschaft umfassend aufzunehmen. Der Degrowth-Kommunismus, den Marx in der letzten Phase seines Lebens andeutet, war indes keine willkürliche Interpretation – schließlich hatte er die Narodniki mit Leidenschaft unterstützt. Im Übrigen gehört die Idee eines »endlosen Wachstums« dem 20. Jahrhundert an, in dem das Wachstum einzig des Bruttoinlandsprodukts zum hegemonialen Parameter wurde, als gäbe es keine substantiellen Grenzen menschlicher Wirtschaftstätigkeit.[98] Im 19. Jahrhundert hingegen war bei allem vordergründigen Optimismus über den künftigen technischen Fortschritt die Skepsis über die Möglichkeit eines endlosen Wachstums recht deutlich spürbar. David Ricardo und Thomas Malthus beispielsweise waren sich der unüberwindbaren natürlichen Grenzen bewusst, als sie das Gesetz vom abnehmenden Grenzertrag diskutierten. Bekannter noch ist John Stuart Mill, der ausgehend von der sinkenden Profitrate im fortgeschrittenen Kapitalismus von der »Unmöglichkeit, schließlich dem stationären Zustande zu entgehen«, sprach.[99] Anarchistische Kommunisten wie Peter Kropotkin und Élisée Reclus sowie Ökosozialisten wie William Morris entwickelten ebenfalls Vorstellungen einer zukünftigen Gesellschaft, die nicht auf einem endlosen materiellen Konsum beruhte.[100] Auch in diesem Sinne ist Marx' Wertschätzung der Pariser *Commune* wie auch der ländlichen Kommunen in nichtwestlichen Gesellschaften nicht verwunderlich.[101]

Marx' Hinwendung zum Degrowth-Kommunismus war indes eine Entwicklung, die selbst Engels trotz ihrer engen Zusammenarbeit nicht in der Lage war zu erkennen. Im 20. Jahrhundert verwarfen der Staatssozialismus in der Sowjetunion und die Sozialdemokratie in Westeuropa die Möglichkeit, die gesellschaftliche Produktion und Reproduktion in kommunalen, gemeinwesenbasierten Formen zu regeln. In beiden Fällen heißt die Perspektive stattdessen Modernisierung und Wirtschaftswachstum. Im Ergebnis unterstellte man Marx ein lineares und produktivistisches Geschichtsbild – das dem kapitalistischen Ziel endlosen Wachstums des Bruttoinlandsprodukts verblüffend ähnlich sieht. Umweltfragen wurden dadurch an den Rand gedrängt und andere emanzipatorische Vorstellungen unterdrückt.[102] Und immer noch sind viele der Meinung, Marxismus und Degrowth seien unvereinbar.[103] Marxistinnen und Marxisten halten an dem Glauben fest, dass weiteres Wachstum notwendig sei, um die Lebensbedingungen der Arbeiterklasse zu verbessern. Selbst diejenigen ökologischen Marxisten, die sich klar von einer solch naiven Vorstellung von Überfluss distanzieren, zögern, die Idee des Degrowth zu akzeptieren, und da, wie Michael Löwy schreibt, »drastische Sparmaßnahmen recht unpopulär sein können, spielen einige [Verfechter des Degrowth …] mit der Idee einer Art ›ökologischer Diktatur‹«.[104]

Es war schließlich John Bellamy Foster, der unter Bezugnahme auf den »elementaren Kommunismus« von Lewis Mumford darauf hinwies, dass die Länder mit hohen Einkommen zu einer stationären Ökonomie übergehen müssen, um einen ökologischen Zusammenbruch zu vermeiden:

> Die Gesellschaft, vor allem in den reichen Ländern, muss sich hin zu einem stationären Zustand oder einer *Steady-State-Economy* bewegen. Dies verlangt den Übergang zu einer Wirtschaft ohne erweiterte Kapitalbildung, zu einer Wirtschaft, die innerhalb des Budgets der Sonneneinstrahlung bleibt. Entwicklung, maßgeblich der reichen Wirtschaften, muss eine neue Form annehmen: qualitativ, kollektiv und kulturell – eine nachhaltige menschliche Entwicklung in Harmonie mit Marx' eigentlicher Sicht auf Sozialismus.[105]

Dennoch macht Foster, der für gewöhnlich die Kohärenz der Marx'schen Ökologie leidenschaftlich verteidigt, nicht klar, ob eine stationäre Ökonomie mit Marx' Sicht des Postkapitalismus vereinbar ist. Wenn wir die theoretischen Potentiale des späten Marx verstehen, eröffnen sich neue Wege, die marxistische Vorstellung einer Alternative zum Kapitalismus zu erweitern. Das abschließende Kapitel versucht, Marx' unvollendete Kapitalismuskritik über das *Kapital* hinaus voranzutreiben, indem es die dort vorliegende Analyse aus der Perspektive des Degrowth-Kommunismus aufgreift, um für das Anthropozän eine Ökonomie jenseits des Mangels zu umreißen.

Kapitel 7

Degrowth-Kommunismus und Reichtum im Überfluss*

In seinen Thesen »Über den Begriff der Geschichte« kritisierte Walter Benjamin einmal den vulgärmarxistischen Begriff der Arbeit dafür, dass er auf die »Ausbeutung der Natur« hinauslaufe.[1] Und in den Paralipomena seiner Thesen schreibt er, bestrebt, die prometheische Sicht auf die Revolution zu überwinden:

> Marx sagt, die Revolutionen sind die Lokomotive der Weltgeschichte. Aber vielleicht ist dem gänzlich anders. Vielleicht sind die Revolutionen der Griff des in diesem Zuge reisenden Menschengeschlechts nach der Notbremse.[2]

Das Bild der Notbremse ist heute bedeutsamer denn je. Angesichts ökologischer Katastrophen fordern Umweltschutzbewegungen einen radikalen Systemwandel, der dem gren-

* Ein Teil dieses Kapitels stützt sich auf meinen Beitrag »Primitive Accumulation as the Cause of Economic and Ecological Disaster«, in: Marcello Musto (Hg.): *Rethinking Alternatives with Marx*, New York: Palgrave, 2021, S. 93–112. Die Veröffentlichung erfolgt mit freundlicher Genehmigung; der Inhalt wurde für das vorliegende Buch stark überarbeitet, erweitert und aktualisiert.

zenlosen Wirtschaftswachstum ein Ende setzt, um die unaufhörliche Ausbeutung der Menschheit und den Raubbau an der Natur zu stoppen. Kurz gesagt, der Griff nach der Notbremse geht heute mit dem Ruf nach Degrowth einher.[3]

Der Marxismus war jedoch bislang nicht in der Lage, auf diese Forderung nach Degrowth angemessen zu reagieren. Selbst Ökomarxisten, die dem Produktivismus kritisch gegenüberstehen, zögern, die Idee des Degrowth zu akzeptieren, da sie sie für politisch unattraktiv und ineffektiv halten. Stattdessen halten sie daran fest, auf die Möglichkeit weiteren nachhaltigen Wachstums im Sozialismus zu setzen, sobald die Anarchie des Marktwettbewerbs im Kapitalismus überwunden sei.[4] Selbst nachdem die Idee des Ökosozialismus das langjährige Gegeneinander von Grün und Rot ein wenig abgeschwächt hat, besteht also weiterhin eine erhebliche Spannung zwischen Ökosozialismus und Degrowth. Die Situation ist jedoch im Fluss. Einer der tonangebenden Wachstumskritiker, Serge Latouche, hat die Idee des Ökosozialismus als mögliche Grundlage der Décroissance gutgeheißen und plädiert dafür, »politische Formen aufzuzeigen, die mit den Zielen des ökosozialistischen Projekts für die nächste Ära in Einklang stehen«.[5] In Anbetracht der Tatsache, dass Degrowth häufig als »dritter Weg«, als Alternative zu Kapitalismus und Sozialismus begriffen wird, hat es in den letzten Jahren unter Befürwortern von Degrowth eine bemerkenswerte Verschiebung in eine unverkennbar *antikapitalistische* Richtung gegeben.[6] Dies bietet Raum für einen neuen Dialog mit marxistischen Positionen, die der Wachstumskritik bislang kritisch begegneten, da diese in ihrem Verhältnis zur kapitalistischen Marktwirtschaft eher mehrdeutig blieb. Darüber hinaus lohnt es sich zu untersuchen, ob ein »Sozialismus ohne Wachstum«, wie ihn Giorgos Kallis umreißt, oder die von Michael Löwy und anderen geforderte »ökosozialistische Wachstumsrücknahme« mit Marx' Vision des Postkapitalismus vereinbar sind.[7]

Ausgehend von der im vorhergehenden Kapitel aufgezeigten Vorstellung von Degrowth-Kommunismus, zu der Marx letztendlich gelangt war, unternimmt das vorliegende Kapitel den Versuch, den seit langem bestehenden Gegensatz von Rot und Grün vollständig zu überwinden und Raum für die Wiederbelebung des Marx'schen theoretischen Erbes im Anthropozän zu schaffen. Da Marx selbst nicht mehr dazu kam, den Degrowth-Kommunismus auszuarbeiten, ist es notwendig, das unvollendete *Kapital*-Projekt *rückblickend*, aus der Perspektive des Degrowth-Kommunismus, erneut aufzunehmen und dessen Inhalte zu aktualisieren. Damit wird versucht, über das *Kapital* hinauszugehen, um Marx' letztendliche Vision des Postkapitalismus zu konkretisieren. Der Schlüssel zu einer solchen Rekonstruktion ist der Begriff der »Negation der Negation«, wie er in einer der bekanntesten Passagen im ersten Band des *Kapitals* entwickelt wird. Es handelt sich um einen Abschnitt, dem Marx große Bedeutung beimaß, was sich unter anderem auch darin zeigt, dass er ihn zwischen der zweiten und der dritten Auflage des *Kapitals* neu bearbeitete.

Das Kapitel beginnt mit Marx' Theorie der »ursprünglichen Akkumulation« als der ersten Negation einer radikalen Transformation des menschlichen Stoffwechsels mit der Natur. Während sich die Literatur zur ursprünglichen Akkumulation in der Regel eher auf deren zerstörerische Auswirkungen auf das menschliche Leben konzentriert, befasst sich Marx' Stoffwechseltheorie auch mit den negativen Auswirkungen auf die Natur. Versteht man die tatsächliche theoretische Tragweite der Erörterung der ursprünglichen

Akkumulation im *Kapital*, lässt sich die zweite Negation, als Negation der Negation, aus ökologischer Sicht konkretisieren und als Wiederherstellung der ursprünglichen Einheit von Mensch und Natur auf höherer Stufenleiter vorstellen (I). Marx' Theorie der ursprünglichen Akkumulation zeigt ferner, dass der Kapitalismus letztlich ein Gesellschaftssystem ist, das den *Mangel* ständig vergrößert, anstatt durch die unaufhörliche Steigerung der Produktivkräfte Reichtum im Überfluss zu schaffen. Um diese paradoxe Situation zu verstehen, gilt es, sich erneut den Begriff des Reichtums zu vergegenwärtigen, mit dem der erste Band des *Kapitals* einsetzt. So wird gleich zu Beginn der Marx'schen Kritik der politischen Ökonomie die Problematik des engen Begriffs von Reichtum in kapitalistischen Kategorien deutlich, der verschiedene Dimensionen der Wirklichkeit auf eine einfache Wertlogik reduziert und damit den Reichtum von Gesellschaft und Natur zerstört (II). Marx zufolge erweist sich dieses enge kapitalistische Verständnis von Reichtum zwangsläufig als unvereinbar mit den materiellen Bedingungen für eine nachhaltige Entwicklung des menschlichen Stoffwechsels mit der Natur. Durch die Kritik an dem einzig im Sinn des Kapitals verstandenen Reichtum wird Marx' Vorstellung von »Überfluss« auf eine nichtkonsumistische und nichtproduktivistische Weise neu bestimmt. Diese Neubestimmung und -begründung ermöglicht es uns, verschiedene Passagen, die sich im *Kapital* und anderen Schriften auf Reichtum und Überfluss beziehen, auf eine völlig andere und konsistentere Weise zu lesen. Dazu gehört etwa Marx' Erörterung der Fülle des »genossenschaftlichen Reichtums« in der *Kritik des Gothaer Programms*. Obwohl sich dies in einer der bekanntesten Beschreibungen des Kommunismus in Marx' Schriften findet, blenden Ökosozialistinnen und

Ökosozialisten die betreffenden Textpassagen häufig aus, weil sie ihnen »prometheisch« erscheinen. Verstehen wir jedoch das »Paradox des Reichtums« im skizzierten Sinn, lassen sich jene Aussagen auf eine nichtproduktivistische Weise interpretieren (III). Eine solche Neuinterpretation löst letztlich das grundlegende Problem, das Marx im *Kapital* offen ließ, nämlich die Frage, wie in einer postkapitalistischen Gesellschaft der »unheilbare Riss« im Stoffwechsel der Menschheit mit ihrer Umwelt zu beheben wäre. Der Degrowth-Kommunismus eröffnet eine Zukunft jenseits des Mangels ohne ökonomisches Wachstum und zielt darauf ab, das »Reich der Notwendigkeit« zu reduzieren und das »Reich der Freiheit« zu erweitern, ohne notwendigerweise die Produktivkräfte zu steigern (IV).

I Die ursprüngliche Akkumulation als Ursache der ökonomischen und ökologischen Katastrophe

Marx war der Auffassung, das typische Beispiel für den historischen Prozess der sogenannten ursprünglichen Akkumulation des Kapitals als Ausgangspunkt und Vorbedingung der Entwicklung des Kapitalismus sei der Verlauf der *Inclosures of Commons*, der Einhegung und Usurpation des Gemeindelandes in England. Im Gegensatz zur Darstellung von Adam Smith, der die Entstehung der kapitalistischen Ökonomie auf tüchtige Kapitalisten zurückführte, die sparsam waren und ihr Geld sorgfältig investierten, damit es sich vermehrte, beschreibt Marx die ursprüngliche Akkumulation des Kapitals als den gewalttätigen und blutigen historischen »Scheidungsprozeß von Produzent und Produktionsmittel« (*Kapital I*, 742). Wie David Harvey prägnant zusammenfasst, war jene ursprüngliche Akkumulation »verbunden mit der Landnahme, etwa durch dessen Einhegung, und der Vertreibung der dort angesiedelten Bevölkerung zur Schaffung eines landlosen Proletariats sowie der anschließenden Eröffnung des Landes für die private Kapitalakkumulation«.[8] Nachdem die Masse der Landbevölkerung ihre Produktions- und Subsistenzmittel aufgrund der Aneignung und Monopolisierung des Landes durch einige wenige verloren hatte, wurde aus ihr ein prekäres Proletariat, für das der Verkauf der eigenen Arbeitskraft das einzige Mittel war, um durch Lohnarbeit das zum Leben notwendige Geld zu verdienen. Dieser Prozess der ursprünglichen Expropriation setzt sich im Übrigen bis heute fort, denn ist die kapitalistische Produktion einmal etabliert, »erhält sie nicht nur jene Scheidung, sondern reproduziert sie auf stets wachsender Stufenleiter« (*Kapital I*, 742) und steigert so die Verelendung der Arbeiterklasse.

Die zerstörerischen Auswirkungen des gewalttätigen Prozesses auf die unmittelbaren Produzenten ebenso wie die Verschlechterung ihrer Lebensbedingungen gilt es hervorzuheben; zugleich müssen wir uns in Erinnerung rufen, dass Marx Arbeit als eine zielgerichtete Vermittlungstätigkeit des unaufhörlichen Stoffwechsels zwischen Mensch und Natur definiert hat.[9] So betrachtet bringt die ursprüngliche Akkumulation als Prozess, der die originäre Einheit zerstört und die Produzentinnen und Produzenten von ihren objektiven Produktionsbedingungen trennt, große Veränderungen für das Leben der Arbeitenden *und* für ihr Verhältnis zur Natur mit sich.[10] Aufgrund der ursprünglichen Akkumulation des Kapitals entsteht eine historisch eigentümliche Kluft zwischen Mensch und Natur, wie Marx in den *Grundrissen der Kritik der politischen Ökonomie* hervorhebt, wo er schreibt:

> Nicht die *Einheit* der lebenden und tätigen Menschen mit den natürlichen, unorganischen Bedingungen ihres Stoffwechsels mit der Natur, und daher ihre Aneignung der Natur – bedarf der Erklärung oder ist Resultat eines historischen Prozesses, sondern die *Trennung* zwischen diesen unorganischen Bedingungen des menschlichen Daseins und diesem tätigen Dasein, eine Trennung, wie sie vollständig erst gesetzt ist im Verhältnis von Lohnarbeit und Kapital. (*Grundrisse*, 397; Hervorh. im Orig.)

In vorkapitalistischen Gesellschaften bewahrte der Mensch, wie Marx feststellt, seine »Einheit« mit der Natur. Gewiss, Sklaven und Leibeigene waren Herrschaft und Ausbeutung unterworfen. Sie waren unfrei und wurden sogar wie eine Sache behandelt. Anders gesagt: Sie wurden darauf reduziert, ein Teil der objektiven Produktions- und Reproduktionsbedingungen zu sein, in einer Reihe mit dem Vieh. Diese Art der Existenz verhinderte jedoch zugleich, trotz der offenkundigen Unfreiheit, das Entstehen eines Risses in ihrem Stoffwechsel mit der Natur. Wie Sklavenhalter oder Feudalherren das Vieh nicht verhungern ließen, war zumindest die Befriedigung der Grundbedürfnisse von Sklaven und Leibeigenen in vorkapitalistischen Gesellschaften mehr oder weniger gewährleistet. Kurzum, gerade da ihre Existenz, wie die des Viehs, auf einen Bestandteil der unorganischen und natürlichen Bedingungen der Produktion reduziert war, war paradoxerweise realisiert, was Marx die »ursprüngliche Einheit zwischen Arbeiter und Arbeitsbedingungen« nennt (*MEW* 26.3, 414).

Die Auflösung einer solchen ursprünglichen Einheit ist eine Voraussetzung für die Kommodifizierung der Arbeitskraft, damit die Warenproduktion umfassend in Gang kommt. Erst wenn die überwiegende Mehrheit der Subsistenzmittel zur Ware wird, sind die unmittelbaren Produzentinnen und Produzenten gezwungen, ihre Arbeitskraft als Ware zu verkaufen.[11] Diesem historischen Prozess liegt die »Trennung« im Stoffwechsel zwischen Mensch und Natur zugrunde, wie sie der modernen kapitalistischen Gesellschaft eigen ist.[12] Die Entfremdung von der Natur hat zur Folge, dass die Arbeit als die Vermittlerin menschlicher Interaktion mit der Natur auf eine völlig andere Art und Weise ausgeführt wird – der gesamte Produktionsprozess wird nun zum Zweck der maximalen Kapitalverwertung von Grund auf verändert und neu organisiert –, sodass auch die Verausgabung menschlicher Arbeit und der menschliche Stoffwechsel mit der Natur eine vollkommen andere Form anzunehmen beginnen. Diese Transformation beeinflusst nicht nur die ökonomische, sondern auch die ökologische Sphäre in gewaltigem Ausmaß. Die veränderte Organisation der gesellschaftlichen Arbeit und die damit einhergehende Reorganisation des Stoffwechsels zwischen Mensch und Natur im Kapitalismus ziehen *alle* Arten von Reichtum in Mitleidenschaft. Samir Amin formuliert es so: »Marx schließt seine radikale Kritik im *Kapital* mit der Feststellung, die kapitalistische Akkumulation beruhe auf der Zerstörung der Grundlagen allen Reichtums: des Menschen und seiner natürlichen Umwelt.«[13] Auch Stefania Barca weist auf den engen Zusammenhang zwischen der Verschlechterung der Lebensbedingungen und der Schädigung der natürlichen Umwelt durch die ursprüngliche Akkumulation hin: »Aus einer historisch-materialistischen Perspektive haben die Arbeiterklasse beziehungsweise das Proletariat und der metabolische Bruch ihren Ursprung in einem einzigen, globalen Prozess der gewaltsamen Trennung der Menschen von ihren

Lebensgrundlagen, der auch die Biosphäre in Mitleidenschaft zieht. Die ökologische Krise ist somit eine direkte Folge der Herausbildung der Klassen«.[14]

Mit dem Plädoyer für eine Wiederherstellung der »ursprünglichen Einheit« in der zukünftigen Gesellschaft jenseits der entfremdenden Trennung von der Natur im Kapitalismus steht Marx im Einklang mit seiner Stoffwechseltheorie: »Auf der materiellen Basis, die es schafft, und vermittelst der Revolutionen, die im Prozeß dieser Schöpfung die Arbeiterklasse und the whole society undergoes*, kann erst wieder die ursprüngliche Einheit hergestellt werden« (*MEW* 26.3, 414 f.). Darüber hinaus entsprechen auch seine Ausführungen zur »Negation der Negation« im ersten Band des *Kapitals* in ihrer Logik einer solchen Wiederherstellung der »ursprünglichen Einheit« im Sinne der Überwindung der antagonistischen Trennung im Stoffwechselprozess zwischen Mensch und Natur. Doch um zu klären, was es im Kommunismus wiederherzustellen gilt, ist es zunächst notwendig, genauer zu begreifen, was bei der Entstehung des Kapitalismus durch die Auflösung der »ursprünglichen Einheit« von Mensch und Natur zerstört wurde. Um es ganz klar zu sagen: Es ist der *Reichtum* der Gesellschaft und der Natur, der im Kapitalismus unermesslich verarmt. Es mag paradox klingen zu behaupten, der Kapitalismus zerstöre Reichtum, obwohl er die Produktivkräfte so enorm steigert. Tatsächlich ist unsere Gesellschaft im Übermaß voller Waren. Dennoch ist es gerade, wie John Bellamy Foster und Brett Clark anmerken, diese Armut in der Fülle, die das »Paradox des Reichtums« begründet.[15]

* die ganze Gesellschaft durchmacht

II Marx' Begriff des Reichtums oder: Wie beginnt *Das Kapital*?

Um das Paradox zu verstehen, muss man zunächst die Marx'sche Kategorie des »Reichtums« angemessen erfassen. Der Anfang des ersten Bandes von *Das Kapital* liefert hier einen nützlichen Anhaltspunkt. Obwohl das *Kapital* logisch aufgebaut ist und mit der »Analyse der Ware« beginnt, hat die Beschreibung, mit der diese Analyse einsetzt, den historischen Prozess der ursprünglichen Akkumulation des Kapitals zur Vorbedingung. Mit dieser historischen Bestimmung im Hinterkopf fällt auf, dass bereits die ersten Sätze auf den grundlegenden Widerspruch des Kapitalismus hinweisen, der durch die historische Kluft im Stoffwechsel zwischen Mensch und Natur entsteht.

Marx beginnt seine Erörterung im *Kapital* mit den Worten:

> Der Reichtum der Gesellschaften, in welchen kapitalistische Produktionsweise herrscht, erscheint als eine »ungeheure Warensammlung«, die einzelne Ware als seine Elementarform. Unsere Untersuchung beginnt daher mit der Analyse der Ware. (*Kapital I*, 49)

Nun trifft es zwar zu, dass das *Kapital* mit der »Analyse der Ware« einsetzt, doch müssen wir, wie John Holloway fordert, auf den tatsächlichen Anfang achten, den ersten Satz.[16] Das Subjekt des ersten Satzes ist nicht die »Ware«, sondern es ist der »Reichtum der Gesellschaften«. Auch das Verb spielt eine Rolle: Der Reichtum der Gesellschaften »erscheint« im Kapitalismus als ungeheure Warensammlung. Das Verb »erscheinen« impliziert, dass Reichtum und Waren (in ihrem »Sein«, also ihrem »Wesen« nach) tatsächlich nicht identisch sind, und in der Tat »erscheint« ein Großteil des Reichtums in nichtkapitalistischen Gesellschaften nicht als Waren, insofern dieser nichtkapitalistische Reichtum ohne einen vermittelnden Austausch auf dem Markt produziert, verteilt und konsumiert wird. Einzig unter ganz bestimmten gesellschaftlichen Verhältnissen »erscheint« der Reichtum einer Gesellschaft als Ware, oder in Marx'scher Terminologie: nimmt das Arbeitsprodukt die »Warenform« an. Mit der Unterscheidung von *Wesen* und *Erscheinung* ging Marx auf eine Weise vor, die seiner Methode des analytischen Dualismus von Stoff und Form vom ersten Satz des *Kapitals* an treu bleibt. Demnach ist »Reichtum« der materiell-stoffliche Aspekt des Arbeitsprodukts, während »Ware« als dessen ökonomische Formbestimmung erscheint.

Die Nichtidentität von Reichtum und Ware birgt eine grundlegende Spannung, obwohl sie im Kapitalismus identisch erscheinen. Karl Polanyi warnte einst, dass es sich bei »Boden«, »Arbeit« und »Geld« um »fiktive Waren« handle, die nicht vollständig kommodifiziert und dem Diktat des Marktes unterworfen werden dürften.[17] Andernfalls sei die gesellschaftliche Reproduktion ernsthaft bedroht, weil jene fiktiven Waren sich gegen ihre totale Unterordnung unter die Logik des Warenaustauschs sperren. Alle drei Kategorien können als typische Formen von Reichtum betrachtet werden und sind tatsächlich mit einer im Kapitalismus angelegten vollständigen Kommodifizierung unvereinbar. Der Marx'sche Begriff »Reichtum« ist jedoch sogar noch weiter gefasst als der von Polanyi und schließt auch andere Arten von Arbeitsprodukten ein. Die dahinterstehende Absicht mag zunächst schwer nachvollziehbar sein, da die heutige Vorstellung von Reichtum oft auf dessen kapitalistische

Form reduziert wird, sodass »reich zu sein«, in der Regel bedeutet, jede Menge Geld und Immobilien zu besitzen. Allerdings muss Reichtum nicht zwangsläufig so verstanden werden. Wie Holloway erläutert, kann der Ausdruck *Reichtum* zwar bedeuten, »reich zu sein«, und damit auf den Besitz eines großen Geldvermögens bezogen sein. Aber *Reichtum* hat auch breitere Konnotationen, wie etwa wenn von Geschmacksreichtum, dem Reichtum an Lebenserfahrung oder dem Reichtum der Natur die Rede ist.[18] Daher kann das Nomen *Reichtum*, über seine Bedeutung als monetärer Reichtum hinaus, in einem umfassenderen Sinn verstanden werden, wenn es möglich ist, die kapitalistischen Beschränkungen, die ihm aufgeprägt sind, zu überwinden.

Das ist keine willkürliche Behauptung. In den *Grundrissen* schreibt Marx über die unermesslichen Möglichkeiten nichtkapitalistischen Reichtums:

> In fact aber, wenn die bornierte bürgerliche Form abgestreift wird, was ist der Reichtum anders, als die im universellen Austausch erzeugte Universalität der Bedürfnisse, Fähigkeiten, Genüsse, Produktivkräfte etc. der Individuen? Die volle Entwicklung der menschlichen Herrschaft über die Naturkräfte, die der sog. Natur sowohl wie seiner eignen Natur? Das absolute Herausarbeiten seiner schöpferischen Anlagen, ohne andre Voraussetzung als die vorhergegangne historische Entwicklung, die diese Totalität der Entwicklung, d. h. der Entwicklung aller menschlichen Kräfte als solcher, nicht gemessen an einem *vorgegebnen* Maßstab, zum Selbstzweck macht? Wo er sich nicht reproduziert in einer Bestimmtheit, sondern seine Totalität produziert? Nicht irgend etwas Gewordnes zu bleiben sucht, sondern in der absoluten Bewegung des Werdens ist? In

> der bürgerlichen Ökonomie – und der Produktionsepoche, der sie entspricht – erscheint diese völlige Herausarbeitung des menschlichen Innern als völlige Entleerung; diese universelle Vergegenständlichung als totale Entfremdung und die Niederreißung aller bestimmten einseitigen Zwecke als Aufopferung des Selbstzwecks unter einen ganz äußeren Zweck. (*Grundrisse*, 395 f.)

Marx betrachtete die Vielfalt der Kultur und der Fertigkeiten, eine Fülle an freier Zeit und an Wissen als den Reichtum von Gesellschaften. Mit anderen Worten: Der Wohlstand oder Reichtum von Gesellschaften lässt sich nicht an einer immer größeren Menge produzierter Waren und deren monetärem Ausdruck messen, sondern an der vollen und ständigen Entfaltung und Verwirklichung der Potentiale der Individuen. Die vollständige und allseitige Entwicklung der menschlichen Fähigkeiten und schöpferischen Anlagen wird jedoch im Kapitalismus stark eingeschränkt, weil sie immer an einem »vorgegebnen Maßstab« gemessen werden, nämlich daran, wie sehr sie auf der Jagd nach Profit von Nutzen sind. Die kapitalistische Produktion opfert den gesellschaftlichen Reichtum der »totalen Entfremdung« und der »völligen Entleerung« menschlicher Tätigkeiten, indem sie den Produzentinnen und Produzenten allein um der Kapitalverwertung willen »einen ganz äußeren Zweck« aufnötigt. Marx problematisierte diese Tendenz des Kapitals als *Verarmung des gesellschaftlichen Reichtums*, die mit der Anhäufung einer »ungeheuren Warensammlung« einhergeht. Die volle Verwirklichung der schöpferischen Potentiale des Menschen indes erfordert, wie Marx gegen jene Tendenz festhielt, die als Ware auftretende »bürgerliche Form« des Reichtums abzustreifen.

Der Reichtum der Gesellschaft ist nicht auf den gesellschaftlich produzierten Reichtum beschränkt. Marx verwendete den Ausdruck »natürlicher Reichtum«, um die natürlichen und materiellen Bedingungen der Produktion und Reproduktion zu bezeichnen. Darüber schreibt er zum Beispiel im ersten Band des *Kapitals*:

> Die äußeren Naturbedingungen zerfallen ökonomisch in zwei große Klassen, natürlichen Reichtum an Lebensmitteln, also Bodenfruchtbarkeit, fischreiche Gewässer usw., und natürlichen Reichtum an Arbeitsmitteln, wie lebendige Wassergefälle, schiffbare Flüsse, Holz, Metalle, Kohle usw. (*Kapital I*, 535)

Der Reichtum der Natur in Form von Boden, Wasser und Wäldern ist offensichtlich unverzichtbar für das menschliche Wohlergehen, als Lebens- und Produktionsmittel ebenso wie für ein gesundes Leben. Die Fülle und Qualität des natürlichen Reichtums, den die Erde bietet, sind sicherlich der grundlegende »Reichtum« aller Gesellschaften, Daher »ist die Erde das Reservoir der Gebrauchswerte, die ihren bowels* entrissen werden sollen« (*MEW* 26.2, 244). Diese Aussage steht im Einklang mit der Anerkennung des essentiellen Beitrags der Natur zum Produktionsprozess: »Die Arbeit ist nicht die Quelle alles Reichtums. Die Natur ist ebensosehr die Quelle der Gebrauchswerte (und aus solchen besteht doch wohl der sachliche Reichtum!) als die Arbeit« (*MEW* 19, 15).

Aus der Kommodifizierung von gesellschaftlichem und natürlichem Reichtum ergibt sich jedoch eine zunehmende

* Eingeweiden

Spannung zwischen Reichtum und Ware, da Waren einseitig auf den Wert des Arbeitsprodukts ausgerichtet sind und alles, was keinen Wert besitzt, an den Rand drängen, weil der »vorgegebne Maßstab« dafür nicht richtig funktioniert. Diese Spannung wird mit Blick auf die Natur deutlich. Einerseits werden Naturkräfte als »freie Gaben« durchaus vom Kapital ausgebeutet: »Naturelemente, die in die Produktion als Agentien eingehn, ohne zu kosten, welche Rolle sie immer in der Produktion spielen mögen, gehn nicht als Bestandteile des Kapitals in sie ein, sondern als Gratisnaturkraft des Kapitals« (*Kapital III*, 753 f.). Natur tritt in den Arbeitsprozess ein und dient neben der Arbeitskraft der Produktion von Waren, aber sie tritt nicht in den Verwertungsprozess ein, da sie kein Produkt der Arbeit ist. Die Natur ist kostenlos, und das Kapital ist bestrebt, ihre Kraft möglichst umfassend zu nutzen. Dieser Umgang des Kapitals mit der Natur verstärkt die Zerstörung und Vergeudung des Reichtums der Natur im Dienst der unablässigen Verwertung. Dennoch bleibt die Natur stofflicher »Träger« sowohl des Reichtums als auch des Wertes. Reichtum ist dabei häufig etwas, das das Kapital nicht selbst hervorbringt (das Kapital schafft weder Wissen und Kultur noch Land und Wasser), und Reichtum hat seine eigenen Eigenschaften und Dynamiken, die von den Zielsetzungen des Kapitals unabhängig und mit diesen auch nicht vereinbar sind. Doch da gemäß der Logik der Kapitalverwertung, die ihrer eigenen materiellen Substanz gegenüber blind ist, der Gebrauchswert dem Tauschwert untergeordnet ist, manifestiert sich der Widerspruch zwischen natürlichem Reichtum und Kapital als Riss im Stoffwechsel.

Andererseits wird Natur zunehmend zur Ware, weil »wilde«, sich selbst überlassene Natur aus Sicht des Kapitals wertlos ist. Die Kommodifizierung liquidiert die Fülle des gesellschaftlichen und natürlichen Reichtums. Einhegungen lösten das Gemeindeland auf, das Land wurde zur Ware und die darauf lebende Bevölkerung verjagt. Diese Vertreibung von Menschen, die sich um das Land gekümmert hatten, hatte auch für die Natur verheerende Folgen. Die kapitalistische Landnutzung orientierte sich an kurzfristigen Profiten, ohne sich hinreichend um den Boden zu kümmern. Im ersten Band des *Kapitals*, vor allem in der französischen Übersetzung, weist Marx unter Berufung auf verschiedene Quellen auf die Tatsache hin, dass die fruchtbarsten Ländereien in Schottland nach der Einfriedung vollkommen verwahrlosten. Man ließ die Flächen brach liegen, um eine profitablere Nutzung zu ermöglichen. Marx zitiert einen Bericht:

> Ungeheure Landstriche, welche in der Statistik Schottlands als Weiden von ausnahmsweiser Fruchtbarkeit und Ausdehnung figurierten, sind jetzt von aller Kultur und Verbesserung ausgeschlossen und einzig dem Jagdpläsier weniger Personen – und dies dauert nur für eine kurze Periode während des Jahrs – gewidmet. (*Kapital I*, 761 [Anm.])

Die veränderte Landnutzung hatte ganz offenkundig immense Auswirkungen auf den Alltag der Landbevölkerung. Deutlich zeigte sich dies an der allgemeinen Verschlechterung der Lebensbedingungen und der Verarmung der Menschen infolge der zweiten Welle der Landnahme im 18. Jahrhundert. Während die durch das sogenannte Norfolk-System der Fruchtwechselwirtschaft ausgelöste Revolution in der Landwirtschaft die Weizenproduktion erheblich steigerte, wurde der bäuerlichen Bevölkerung der Zugang zu Gemeindeland und -wald verwehrt, wo sie traditionell

Schweine mit Eicheln aufgezogen, Pilze, Hölzer und Früchte gesammelt und Vögel gefangen hatte. Das Leben auf dem Land hatte zudem Zugang zu Bächen und Flüssen geboten, um dort Wasser zu schöpfen oder Fische zu fangen. In die Stadt vertrieben, verloren die Menschen fast völlig den Zugang zu solchem natürlichen Reichtum und konnten beispielsweise viel seltener Fleisch essen. Denjenigen, die auf dem Lande blieben, wurde nun ihr früheres alltägliches Tun versagt und als unbefugtes Eindringen und Diebstahl kriminalisiert und behördlich verfolgt. Zudem konzentrierten die *Enclosures* das Land in den Händen weniger kapitalistischer Grundbesitzer. Da diese nur während der arbeitsreichen Jahreszeiten Landarbeiterinnen und Landarbeiter anstellten und sie danach wieder entließen, verschwanden die Bauerndörfer, und die kleinen, von den Landbewohnern gepflegten Bauerngärten lieferten kein frisches Gemüse mehr für den Mittagstisch. Da unklar war, wie und von wem die auf dem Markt angebotenen Lebensmittel produziert wurden – Salat und Gemüse konnten beispielsweise mit Geflügel- oder Viehexkrementen in Berührung gekommen sein –, wurde Gemüse ohne Kochen ungenießbar, und frischer Salat verschwand vom Speiseplan.

Um den Lebensunterhalt in der Stadt zu bestreiten, waren alle Familienmitglieder gezwungen, in einer der Fabriken zu arbeiten. Der Verlust des Zugangs zum Gemeindeland erhöhte die finanziellen Bürden der Haushalte erheblich, da sie nun all ihre Lebensmittel auf dem Markt kaufen mussten. Fabrikarbeit war von klein auf die Regel, sodass die Kinder nicht zur Schule gehen konnten. In den Haushalten fehlte es grundlegend an Wissen, wie man Essen zubereitet, was man in früheren Zeiten zu Hause oder bei Festen in den Bauerndörfern gelernt hatte, wo allen kostenlos und reichlich aufgetischt worden war. Und selbst wenn es in den proletarischen Haushalten in der Stadt noch die eine oder den anderen mit ein wenig Geschick zum Kochen gab, konnten sie sich kein teures Fleisch und andere Zutaten mehr leisten, sondern nur noch die billigen Kartoffeln, die auf der Straße angeboten wurden. Die traditionellen englischen Rezepte, die auf Zutaten basierten, die in den Dörfern auf dem Land verfügbar waren, waren für die Arbeiterhaushalte in den großen Städten nutzlos.

Schließlich wurde die englische Ernährungskultur auch durch die Manipulation von Lebensmitteln zerstört. Marx verweist auf diese Praxis im ersten Band des *Kapitals*, wo er im Rückgriff auf Arthur Hill Hassalls Bericht *Adulterations Detected* aus dem Jahr 1861 erläutert, wie dem Brot Alaun, Seife, Pottasche, Kalk und andere Substanzen beigemischt wurden. Brotverfälschung war weit verbreitet, um die Produktionskosten zu senken und billige Nahrung für verarmte Proletarierhaushalte anzubieten; der Arbeiter, so Marx, »wußte nicht, daß er in seinem Brote täglich ein gewisses Quantum Menschenschweiß essen muß, getränkt mit Eiterbeulenausleerung, Spinnweb, Schaben-Leichnamen und fauler deutscher Hefe, abgesehn von Alaun, Sandstein und sonstigen angenehmen mineralischen Ingredienzien« (*Kapital I*, 264). Das Problem war nicht auf Brot beschränkt. Hassalls Bericht dokumentiert verschiedene Manipulationen von Milch, Butter, Gemüse und Bier.[19] Solche Lebensmittel waren zweifellos ungesund und bedenklich, doch sie kosteten wenig, und den verarmten Proletariern blieb keine Wahl, wollten sie ihre hungrigen Mägen füllen.

Kultur, Fertigkeiten und Kenntnisse verkümmerten, die finanzielle Belastung der Arbeiterhaushalte nahm zu, und die Qualität des natürlichen Reichtums wurde geopfert, während die Welt zunehmend zur Ware wurde. Aus der Perspektive des Kapitals sieht die gleiche Situation freilich ganz anders aus. Paradoxerweise ist das genau die Art, wie der Kapitalismus sich etablierte, indem er nämlich das volle Potential der Produktivkräfte freisetzte, während die unmittelbaren Produzentinnen und Produzenten immer stärker in Abhängigkeit vom Warenangebot auf dem Markt gerieten.

Diese Spannung zwischen Reichtum und Ware liegt dem »Lauderdale-Paradoxon« zugrunde.[20] James Maitland, der 8. Earl of Lauderdale, verwies Anfang des 19. Jahrhunderts auf ein umgekehrt proportionales Verhältnis zwischen *public wealth*, dem »öffentlichen Wohlstand«, und *private riches*, dem »privaten Reichtum« oder »Reichtum des Einzelnen«. Wenn nämlich der eine zunehme, nehme der andere ab.[21] Lauderdale zufolge ist dies ein Paradoxon, das Adam Smith übersehen hatte, der lediglich davon ausging, der »Wohlstand der Nationen« sei die aggregierte Summe des vorhandenen »privaten Reichtums«. Um seinen Punkt zu verdeutlichen, führte Lauderdale als dritten Begriff daher den des öffentlichen Wohlstands ein.

Der öffentliche Wohlstand, definiert Lauderdale, »besteht hiernach in dem Besitze alles dessen, was dem Menschen nützlich und angenehm ist«. Den Gegensatz bildet der Reichtum des Einzelnen, bei dem eine Bestimmung hinzutritt: Dieser nämlich »besteht in dem Besitze alles dessen, was dem Menschen angenehm und nützlich, und woran nicht allgemeiner Ueberfluß ist«.[22] Der Unterschied zwischen beiden Begriffen ist also der »Mangel« (als das, »woran nicht allgemeiner Ueberfluß ist«). Marxistisch gesprochen, besitzt der öffentliche Wohlstand einen »Gebrauchswert«, aber keinen »Wert«, weil er in der Natur im Überfluss vorhanden ist und allen zur Verfügung steht, die ihn zur Befriedigung ihrer Bedürfnisse nutzen möchten. Zum öffentlichen Wohlstand gehören etwa Luft, Gemeindeland, Wälder und Fließgewässer. Güter des öffentlichen Wohlstands können jedoch in privaten Reichtum verwandelt werden, wenn sie verknappt werden. Lauderdale vertrat die Ansicht, Knappheit oder Mangel entstünden nicht unbedingt durch die Erschöpfung natürlicher Ressourcen. Mangel werde oft *absichtlich geschaffen*, etwa durch die Einhegung des Gemeindelandes und die gewaltsame Vertreibung der Bevölkerung. Mit anderen Worten: Land, Wasser und Nahrungsmittel werden künstlich verknappt, um den (monetär ausgedrückten) privaten Reichtum der Eigentümer zu vergrößern (sowie den Wohlstand der Nation, der sich aus der Summe der einzelnen Reichtümer ergibt). Das offensichtliche Problem dabei ist, so Lauderdale, dass die Vermehrung des privaten Reichtums unweigerlich mit der Zunahme des Mangels in einer Gesellschaft einhergeht, also mit der Einschränkung des freien und im Überfluss vorhandenen öffentlichen Wohlstands für die Mehrheit der Menschen. Wie bei der ursprünglichen Akkumulation des Kapitals zu beobachten, als Gemeindeland und Wälder eingehegt und der freien Nutzung durch die Landbevölkerung entzogen wurden, vergrößern sich dadurch zum einen das Elend der Massen und die Zerstörung der natürlichen Umwelt, während andererseits das Herbeiführen künstlicher Verknappung den privaten Reichtum einiger weniger vermehrt.

Während ganz offenkundig so etwas wie »natürliche« Knappheit existiert, weil etwa Ackerland oder Wasser unabhängig vom Menschen nur begrenzt zur Verfügung steht, ist der Mangel im Kapitalismus ein anderer: Er ist gesellschaftlich bedingt. Dieser gesellschaftliche Mangel ist auch deshalb ein »künstlicher«, weil die Fülle des gesellschaftlichen und natürlichen Reichtums ursprünglich in dem Sinne im Überfluss vorhanden war, dass der Reichtum keinen Wert besaß und für die Mitglieder der Gemeinde frei zugänglich war. Durch die Zerstörung der Commons, des Gemeindelandes und allgemeiner der Gemeingüter, werden Knappheit und Mangel vorsätzlich *geschaffen*, auch wenn dies die Vielen in ökonomischer und ökologischer Hinsicht in eine katastrophale Situation bringt. Lauderdale führt Fälle an, in denen verzehrbare Lebensmittel vernichtet wurden oder man Ackerland brach liegen ließ, um das Marktangebot zu begrenzen und die Warenpreise hoch zu halten. Hier manifestiert sich die grundlegende Spannung zwischen Reichtum und Ware, und wir begegnen dem von Foster und Clark angesprochenen »Paradox des Reichtums«, das die historische Besonderheit des kapitalistischen Systems kennzeichnet.[23]

Der Gegensatz von Überfluss und Mangel muss vor diesem Hintergrund diskutiert werden. Egal wie sehr der Kapitalismus die Produktivkräfte steigert, das Paradox des Reichtums verschwindet nicht, sondern wird durch das ständige Herbeiführen künstlicher Verknappung noch verstärkt. Gleichzeitig ist es nicht notwendig, die Produktivkräfte zu maximieren, um diese Art von Mangel zu überwinden. Eine Gesellschaft jenseits des Mangels könnte auf der Rekonstruktion des Reichtums der Gemeingüter beruhen, wie er in vorkapitalistischen Gesellschaften in größerem Umfang anzutreffen war, und zwar durch die Überwindung künstlicher Verknappung. Marx' Degrowth-Kommunismus zielt darauf ab, den »unheilbaren Riss« im Stoffwechsel zu beheben und durch die »Negation der Negation« den nichtkonsumistischen Überfluss des gesellschaftlichen und natürlichen Reichtums – jenseits des Lauderdale-Paradoxons – wiederherzustellen.

III Die Negation der Negation und der Überfluss im Kommunismus

Die ursprüngliche Akkumulation des Kapitals löst – als erste Negation – das auf der Arbeit der Arbeitskraftbesitzenden beruhende individuelle Eigentum auf. Demgegenüber zielt der Kommunismus auf die »Negation der Negation« ab, die die »Expropriateurs expropriiert« und die originäre Einheit von Menschheit und Natur rekonstituiert. In einer berühmten Passage im ersten Band des *Kapitals* schreibt Marx:

> Aber die kapitalistische Produktion erzeugt mit der Notwendigkeit eines Naturprozesses ihre eigne Negation. Es ist Negation der Negation. Diese stellt nicht das Privateigentum wieder her, wohl aber das individuelle Eigentum auf Grundlage der Errungenschaft der kapitalistischen Ära: der Kooperation und des Gemeinbesitzes der Erde und der durch die Arbeit selbst produzierten Produktionsmittel. (*Kapital I*, 791)

Interessanterweise wurde diese Passage in der dritten Auflage des *Kapitals* ausgehend von Marx' Anmerkungen in seinem Handexemplar der zweiten Auflage geändert. Die Veränderungen nahm er in den 1880er Jahren vor, kurz vor seinem Tod. In der zweiten Auflage von 1872 hieß es noch:

> Es ist Negation der Negation. Diese stellt das individuelle Eigenthum wieder her, aber auf Grundlage der Errungenschaft der kapitalistischen Aera, der Kooperation freier Arbeiter und ihrem Gemeineigenthum an der Erde und den durch die Arbeit selbst producirten Produktionsmitteln. (*MEGA* II / 6: 683)

Marx änderte diese Passage für die dritte Auflage, um den Unterschied zwischen »Privateigentum« und »individuellem Eigentum« deutlicher zu akzentuieren. Doch was bedeutet diese Änderung?

In der 1871 veröffentlichten Schrift *Der Bürgerkrieg in Frankreich* kommt Marx ebenfalls auf das Problem des individuellen Eigentums im Kommunismus zu sprechen, und zwar mit der gleichen Logik, was etwa auch die Formulierung von der »Enteignung der Enteigner« verdeutlicht:

> [D]ie Kommune wollte jenes Klasseneigentum abschaffen, das die Arbeit der vielen in den Reichtum der wenigen verwandelt. Sie beabsichtigte die Enteignung der Enteigner. Sie wollte das individuelle Eigentum zu einer Wahrheit machen, indem sie die Produktionsmittel, den Erdboden und das Kapital, jetzt vor allem die Mittel zur Knechtung und Ausbeutung der Arbeit, in bloße Werkzeuge der freien und assoziierten Arbeit verwandelt. [...] Wenn aber die genossenschaftliche Produktion nicht eitel Schein und Schwindel bleiben, wenn sie das kapitalistische System verdrängen, wenn die Gesamtheit der Genossenschaften die nationale Produktion nach einem gemeinsamen Plan regeln, sie damit unter ihre eigne Leitung nehmen und der beständigen Anarchie und den periodisch wiederkehrenden Konvulsionen, welche das unvermeidliche Schicksal der kapitalistischen Produktion sind, ein Ende machen soll – was wäre das andres, meine Herren, als der Kommunismus, der »mögliche« Kommunismus? (*MEW* 17, 342 f.)

Die Pariser *Commune* war ein Versuch, durch die Negation der Negation »das individuelle Eigentum zu einer Wahrheit« zu machen. Wie im zweiten Teil der zitierten Passage erläutert, zielt die »genossenschaftliche Produktion« darauf ab, die gesellschaftliche Produktion durch gemeinsame Planung und gemeinsame Kontrolle der Produktionsmittel zu regeln. Durch eine demokratische und gemeinsame Leitung teilt sie den Genossinnen und Genossen individuelle Anteile zu. Auf diese Weise wird das individuelle Eigentum rehabilitiert. In gewissem Sinn ist es dabei gleichbedeutend mit »genossenschaftlichem« Eigentum. Für Marx ist das der »›mögliche‹ Kommunismus«. Er scheint an dieser Stelle den Begriff »individuelles Eigentum« in klarer Abgrenzung zu »Privateigentum« entwickelt zu haben, was ihn zur Änderung der entsprechenden Formulierung in der dritten Auflage des *Kapitals* bewog.[24]

Die *Commune* war indes nicht der einzige Grund für diese Änderung. Da Marx die betreffende Passage über die postkapitalistische Gesellschaft in den 1880er Jahren für die dritte Auflage des *Kapitals* abänderte, gilt es, sie auch im Zusammenhang mit seiner in dem Brief an Vera Sassulitsch dargelegten Ansicht über die Dorfgemeinden zu untersuchen. Im zweiten Entwurf des Briefs kommt Marx auf das Thema zu sprechen und schreibt:

> Die Völker, bei denen sie in Europa und in [den Vereinigten Staaten von] Amerika den größten Aufschwung genommen hat, streben nur danach, ihre Ketten zu sprengen, indem sie die kapitalistische Produktion durch die genossenschaftliche Produktion [*la production coopérative*] und das kapitalistische Eigentum durch eine höhere Form des archaischen Eigentumtyps, d. h. durch das kommunistische Eigentum, ersetzen wollen. (*MEW* 19, 397 f.)

Wieder einmal erklärt Marx hier, die entwickelten kapitalistischen Gesellschaften müssten zu einer »höheren Form« des archaischen Eigentumstypus zurückkehren, nachdem sie das System des Privateigentums im Kapitalismus überwunden haben. In gewissem Sinn geht er an dieser Stelle allerdings weiter als im *Bürgerkrieg in Frankreich*. Was er dort als »Gesamtheit der Genossenschaften« ansprach, wird nun dahingehend präzisiert, dass diese durch die Prinzipien der stationären Ökonomie realisiert werden soll, wie sie der archaischen Gemeinde innewohnt. »Kommunistisches Eigentum« basiert nicht nur auf »genossenschaftlicher« Produktion, sondern zielt zugleich darauf ab, eine kommunale Form des Eigentums im Sinne der von Maurer beschriebenen »Markgenossenschaft« wiederherzustellen. Wie im vorangegangenen Kapitel erörtert, war die archaische Gemeinde durch einen »Dualismus« von kollektiven und individuellen Momenten gekennzeichnet. Diesen Dualismus gilt es in Westeuropa zu rehabilitieren, und zwar nicht durch eine Rückkehr zur isolierten Kleinproduktion in ländlichen Gemeinden, sondern durch die Transformation der im Kapitalismus entwickelten Großproduktion in eine genossenschaftliche Produktion. Das Privateigentum wird in individuelles Eigentum verwandelt, aber was gemeint ist, kann besser als »genossenschaftliches« gemeinsames Eigentum im Sinne der höheren Form des archaischen Typus ausgedrückt werden. Dieser Punkt wird sich als entscheidend für das Verständnis des Begriffs »genossenschaftlicher Reichtum« erweisen, den Marx in seiner berühmten Beschreibung des Kommunismus in der *Kritik des Gothaer Programms* verwendet.

In der Passage über die »Negation der Negation« im *Kapital* gibt es einen weiteren wichtigen Terminus, der Beachtung verdient, nämlich den der »Erde«. Tatsächlich spricht Marx von »Erde«, um damit auch solche natürlichen Ressourcen zu bezeichnen, die nicht Land oder Grund und Boden sind. Und er hält fest, dass die Erde, die natürlichen Ressourcen, »Gemeinbesitz« seien, was bedeutet, sie umsichtig zu nutzen, um den Interessen künftiger Generationen Sorge zu tragen. Im dritten Band des *Kapitals* kommt Marx darauf zurück, wenn er schreibt:

> Vom Standpunkt einer höhern ökonomischen Gesellschaftsformation wird das Privateigentum einzelner Individuen am Erdball ganz so abgeschmackt erscheinen wie das Privateigentum eines Menschen an einem andern Menschen. Selbst eine ganze Gesellschaft, eine Nation, ja alle gleichzeitigen Gesellschaften zusammengenommen, sind nicht Eigentümer der Erde. Sie sind nur ihre Besitzer, ihre Nutznießer, und haben sie als boni patres familias* den nachfolgenden Generationen verbessert zu hinterlassen. (*Kapital III*, 784)

Die heutige Generation hat die Erde von der vorhergehenden ererbt, und sie ist verpflichtet, sie an die nächste Generation weiterzugeben, ohne sie zu zerstören. Das ist jedoch etwas, wozu der Kapitalismus nicht in der Lage ist, da dessen Fokus allein auf der endlosen Vermehrung privaten Reichtums liegt. Angesichts eines kapitalistischen Systems, das auf Profitstreben, Privateigentum und anarchischem Wettbewerb beruht, bedarf es, um den gesellschaftlichen und natürlichen Reichtum zu mehren, ganz wesentlich einer Perspektive der Nachhaltigkeit. Gegen die Logik der Kom-

* gute Familienväter

modifizierung durch das Kapital strebt der Kommunismus die *Commonifizierung* von Reichtum an. Diese Aussage darf indes nicht so verstanden werden, als wäre der menschliche Wunsch, die Reichtümer der Welt umfassend zu genießen, uneingeschränkt realisierbar. Marx war sich sehr wohl bewusst, dass natürlicher Reichtum unvermeidlich nur begrenzt zur Verfügung steht und daher nicht willkürlich genutzt werden kann, um menschlichen Wünschen unbegrenzt nachzukommen. Daher überwindet die Negation der Negation den künstlich erzeugten Mangel, nicht aber die Knappheit als solche.

Diese ökosozialistische Einsicht soll der popularisierten Vision einer sozialistischen Gesellschaft gegenübergestellt werden, in der ein nahezu unendlicher materieller Überfluss es der Arbeiterklasse ermöglichen wird, ein luxuriöses Leben ohne natürliche Grenzen zu genießen. In seinem Buch *Self-Ownership, Freedom, and Equality* beschreibt Gerald A. Cohen den Überfluss im Kommunismus auf diese Art. Cohens Interpretation zufolge hängt Marx' »linkslibertäre« Vision einer gleichberechtigten Gesellschaft immer noch »bestimmten radikalen bürgerlichen Werten« nach.[25] Marx halte fest an »der *Überzeugung, der industrielle Fortschritt* beschere der Gesellschaft einen Zustand so *überbordenden Überflusses, dass alles bereitgestellt werden* kann, was jeder für ein reiches, erfülltes Leben braucht«.[26] Unendlicher materieller Überfluss sei die Voraussetzung einer materiellen Gleichheit aller, aber eine solche produktivistische Leugnung natürlicher Grenzen in der zukünftigen Gesellschaft sei absolut unvereinbar mit den planetarischen Grenzen, die unabhängig vom menschlichen Willen existieren. So kommt Cohen zu dem Schluss, dass es nicht mehr möglich sei, »den extravaganten, prä-grünen, materialistischen

Optimismus von Marx aufrechtzuerhalten«, da es notwendig sei, »die Vision des Überflusses aufzugeben«. [27]

Sicherlich zu Recht betont Cohen, dass es gilt, eine solch extravagante und produktivistische Vision gesellschaftlicher und ökonomischer Gleichheit im Sozialismus zu verwerfen. Doch heißt das nicht, sich von der »Vision des Überflusses« in Marx' Kritik des Kapitalismus zu verabschieden. Die Kritik der politischen Ökonomie wäre inkonsistent und unerheblich, wenn Marx derart naiv »bürgerliche Werte« propagierte. Um Verwirrung zu vermeiden, ist es notwendig, die Kategorie der »Knappheit« oder des »Mangels« als inhärent sozio-historisch zu begreifen. Marx zufolge hat Knappheit zwei Aspekte, einen gesellschaftlichen und einen natürlichen. Natürliche Knappheit kann nicht vollständig überwunden werden, ganz gleich, wie sehr die technologische Entwicklung auch fortschreiten mag. Auf der anderen Seite nimmt der Mangel im Kapitalismus angesichts der unbegrenzten Expansion des Kapitals zu. Im Kapitalismus ist per definitionem alles knapp, betont István Mészáros: »*Kapital ist immer* – und, was nicht stark genug betont werden kann, *bleibt notwendigerweise immer*, aufgrund innerer systemischer Bestimmtheit – unvermeidlich *knapp*, selbst wenn es unter bestimmten Umständen in widersprüchlicher Weise *überproduziert* wird«.[28] Je mehr sich das Kapital entwickelt, um den selbst herbeigeführten Mangel zu überwinden, desto zerstörerischer wird das gesamte System, denn der Überfluss, den es hervorbringt, kann niemals jenen *künstlich erzeugten*, vom Kapital selbst geschaffenen Mangel beseitigen. Das ist das grundlegende Paradox des Reichtums im Kapitalismus.

Cohen unterstellt, Marx habe sich den Überfluss einer postkapitalistischen Gesellschaft ausgehend von dem der kapitalistischen Gesellschaft vorgestellt, das heißt als einen Überfluss privaten Reichtums für alle, jenseits der natürlichen Knappheit. Wäre das der Fall, so stünde eine solche Auffassung im Widerspruch zu der in den *Grundrissen* formulierten Forderung, die bornierte bürgerliche Form des Reichtums »abzustreifen«. Viel stimmiger ist es daher anzunehmen, dass eine postkapitalistische Gesellschaft nicht die Knappheit als solche zu überwinden hat, sondern die »objektiven Bedingungen der gesellschaftlich spezifischen *kapitalakkumulierenden Knappheit*«.[29] Dennoch bleibt eine gewisse Ambivalenz auch in den *Grundrissen* bestehen, wenn Marx explizit die »volle Entwicklung der menschlichen *Herrschaft über die Naturkräfte*, die der sog. Natur sowohl wie seiner eignen Natur« anspricht (*Grundrisse*, 396; Hervorh. K. S.). Eine solche Aussage lässt sich leicht als eindeutiger Beleg dafür interpretieren, dass Marx naiv »bürgerliche Werte« propagiert, zumal er an anderer Stelle auch den »große[n] zivilisierende[n] Einfluß des Kapitals« (*Grundrisse*, 323) lobt.[30]

Doch wie bereits in vorangegangenen Kapiteln erörtert, betrachtete Marx die Natur in den 1860er Jahren differenzierter. Ausgehend von einem ökosozialistischen Verständnis des *Kapitals* lohnt es sich, noch einmal auf Cohens Kritik an Marx' Begriff des Überflusses zurückzukommen. Als Beleg für die angeblich produktivistische Vorstellung von Überfluss verweist Cohen auf die berühmte Passage in Marx' *Kritik des Gothaer Programms*, wo es über die zukünftige kommunistische Gesellschaft heißt:

> In einer höheren Phase der kommunistischen Gesellschaft, nachdem die knechtende Unterordnung der Individuen unter die Teilung der Arbeit, damit auch der Ge-

> gensatz geistiger und körperlicher Arbeit verschwunden ist; nachdem die Arbeit nicht nur Mittel zum Leben, sondern selbst das erste Lebensbedürfnis geworden; nachdem mit der allseitigen Entwicklung der Individuen auch ihre Produktivkräfte gewachsen und *alle Springquellen des genossenschaftlichen Reichtums voller fließen* – erst dann kann der enge bürgerliche Rechtshorizont ganz überschritten werden und die Gesellschaft auf ihre Fahne schreiben: Jeder nach seinen Fähigkeiten, jedem nach seinen Bedürfnissen! (*MEW* 19, 21, Hervorh. K. S.)

Cohen ist nicht allein. Herman E. Daly behauptet mit ähnlicher Stoßrichtung, dass für Marx, als »materialistischen Deterministen, Wirtschaftswachstum entscheidend ist, um den überwältigenden materiellen Überfluss zu schaffen, der die objektive Voraussetzung für die Entstehung des neuen sozialistischen Menschen ist. Eine ökologische Begrenzung des Wachstums würde den ›historischen Notwendigkeiten‹ widersprechen«.[31] Tatsächlich scheint die Passage aus der *Kritik des Gothaer Programms* völlig im Einklang mit Formulierungen aus den *Grundrissen* zu stehen, in denen Marx naiv den unendlichen Reichtum begrüßte, der dank der Entwicklung der Produktivkräfte und der fortgesetzten absoluten Herrschaft über die Naturkräfte geschaffen werde. Dementsprechend ist es kein Zufall, dass Ökosozialisten wie John Bellamy Foster und Paul Burkett sich nicht auf diese bekannte Passage beziehen, obwohl es eine der wenigen Stellen ist, an denen Marx unmittelbar die zukünftige Gesellschaft erörtert.

Mit Blick auf den ökosozialistischen Hintergrund des *Kapitals* ist es jedoch nicht schlüssig, diese Passage als Loblied auf die produktivistische Herrschaft über die Natur, die der zukünftigen Gesellschaft Reichtum im Überfluss beschert, zu lesen. Und wenn Cohen Marx' Position »linkslibertär« nennt und darin das Prinzip des Selbsteigentums am Werk sieht, so wird nicht klar, warum Letzterer glauben sollte, durch den Reichtum im Kommunismus sei der »enge bürgerliche Rechtshorizont« zu überwinden.[32] Wenn Marx fordert, frei assoziierte, vom Druck der Kapitalakkumulation befreite Produzentinnen und Produzenten sollten den Stoffwechsel zwischen Mensch und Natur rationell regeln, dann gerade deshalb, weil er sich der Tatsache bewusst ist, dass der universelle Stoffwechsel der Natur aus einer Vielzahl biophysikalischer Prozesse besteht, die auch im Sozialismus nicht gesellschaftlich zu überwinden sind. Aufgrund dieses fortdauernden Vorhandenseins natürlicher Knappheit ist die bewusste Regelung des gesellschaftlichen und natürlichen Reichtums erforderlich, auch in einer postkapitalistischen Gesellschaft.

Es ist also nicht zwingend davon auszugehen, Marx' Begriff des Überflusses verlange die grenzenlose Befriedigung aller Wünsche.[33] Es ist auch möglich, sich eine andere Art des Überflusses vorzustellen, nämlich eine, die auf dem Überfluss des *genossenschaftlichen Reichtums* beruht. An dieser Stelle ist an das Lauderdale-Paradoxon zu erinnern, an die für den Kapitalismus charakteristische künstliche Verknappung. Die Überwindung der künstlichen Verknappung privaten Reichtums, als Negation der Negation, erfordert die Wiederherstellung des Überflusses des gemeinsamen genossenschaftlichen Reichtums, der allen ohne die Vermittlung des Geldaustauschs zur Verfügung steht. Wichtig ist: Diese Wiederherstellung des gemeinsamen genossenschaftlichen Überflusses muss die natürliche Knappheit nicht negieren.

Interessanterweise beschreibt Marx in der angeführten Passage den *genossenschaftlichen Reichtum* als eine seinen eigenen »Springquellen« entfließende Form des Überflusses im Postkapitalismus. Marx verwendete diesen Ausdruck nur ein einziges Mal, doch ist er äußerst signifikant. Um das zu verstehen, ist es sinnvoll, ihn dem ersten Satz der Schrift *Zur Kritik der Politischen Ökonomie* aus dem Jahr 1859 gegenüberzustellen. Wie das *Kapital* auch beginnt *Zur Kritik der Politischen Ökonomie* mit der Analyse der Ware, und Marx schreibt: »Auf den ersten Blick erscheint der bürgerliche Reichtum als eine ungeheure Warensammlung, die einzelne Ware als sein elementarisches Dasein.« (*MEW* 13, 15) Marx bezeichnet hier die Ware als den »bürgerlichen Reichtum«, dem der postkapitalistische, das heißt der *genossenschaftliche Reichtum*, der nicht als Ware erscheint, gegenübergestellt werden kann. Genossenschaftlicher Reichtum wird von den assoziierten Produzentinnen und Produzenten demokratisch verwaltet, nach deren Fähigkeiten produziert sowie nach deren Bedürfnissen verteilt. Genau auf diese Weise wird das »individuelle Eigentum« auf der Grundlage der »genossenschaftlichen Produktion« wiederhergestellt, wie in *Der Bürgerkrieg in Frankreich* erörtert. Obwohl Marx nicht der Auffassung war, dass es möglich sei, unendlich viel Reichtum zu produzieren, ohne an natürliche Grenzen zu stoßen, war er davon überzeugt, dass es, sei der Kapitalismus erst einmal überwunden, genug geben werde, damit alle satt würden. Mit anderen Worten: Überfluss ist keine technologische Schwelle, sondern ein gesellschaftliches Verhältnis. Diese Einsicht ist grundlegend, um den Überfluss des genossenschaftlichen Reichtums jenseits des künstlich erzeugten Mangels des bürgerlichen Reichtums wiederherzustellen.

Kristin Ross nennt diese Art des Überflusses genossenschaftlichen Reichtums *luxe communal*, Luxus für alle, und fordert »ein Ende des Mangels, den der Kapitalismus durch Verschwendung, Anhäufung von persönlichem Reichtum und Privatisierung erzeugt«.[34] Jason Hickel spricht in vergleichbarer Weise von »radikalem Überfluss«, der dem allen gemeinsamen Reichtum innewohnt und sich *radikal* von der bürgerlichen Form materiellen Reichtums unterscheidet, die zwangsläufig auf immer höherer Produktivität und endlosem Massenkonsum von Gütern beruht.[35] »Luxus für alle« und »radikaler Überfluss« sind nicht gleichbedeutend mit einem auf Konsum ausgerichteten, unbegrenzten Zugang zu im Überfluss vorhandenen Gütern in Privateigentum; andernfalls würde die kommunistische Gesellschaft lediglich die bürgerliche Form des privaten Reichtums bewahren und zur weiteren Zerstörung der natürlichen Umwelt beitragen. Während die ursprüngliche Akkumulation künstlichen Mangel geschaffen hat, kehrt die Negation der Negation die Logik des Lauderdale-Paradoxons um und zielt darauf ab, den »radikalen Überfluss« des gemeinsamen Reichtums zurückzugewinnen und ihn auf Kosten privaten Reichtums allen gleichermaßen zugänglich zu machen. Mit anderen Worten: Ein allen gemeinsamer genossenschaftlicher Reichtum bedeutet Teilen und Kooperieren, indem sowohl Nutzen als auch Lasten gleichmäßiger und gerechter unter den Mitgliedern der Gesellschaft verteilt werden. Nur wenn dieser Punkt erkannt wird, »kann der enge bürgerliche Rechtshorizont ganz überschritten werden«.

Im Unterschied zu – in Kapitel 5 diskutierten – linken Verfechtern der Akzeleration, die eine Gesellschaft jenseits des Mangels aufgrund beispielloser technologischer Durchbrüche erhoffen, dachten Marx und andere »Theoretiker einer Überwindung von Mangel« [36], etwa Thomas Morus, Étienne Cabet oder Peter Kropotkin, nicht an eine Automatisierung der Produktion, um die Arbeit abzuschaffen oder sich von ihr zu emanzipieren. Daher ist Marx' Bemerkung über die Entwicklung der Produktivkräfte in der *Kritik des Gothaer Programms* nicht mit einer »bloßen« Steigerung der Produktivität gleichzusetzen, denn Produktivkräfte sind sowohl quantitativ als auch qualitativ zu verstehen. So verschwinden in einer höheren Phase des Kommunismus die Produktivkräfte des Kapitals, die »die knechtende Unterordnung der Individuen unter die Teilung der Arbeit« ebenso wie den »Gegensatz geistiger und körperlicher Arbeit« – die Trennung von »Vorstellung« und »Ausführung« – zur Grundlage haben, sodass die Arbeit »das erste Lebensbedürfnis« wird, da sie als Gelegenheit zur »allseitigen Entwicklung der Individuen« vielfältiger wird. Diese Reorganisation des Arbeitsprozesses mag die Produktivität verringern, insofern sie die exzessive Arbeitsteilung aufhebt und die Arbeit demokratischer und attraktiver macht, aber sie gilt dennoch als »Entwicklung« der Produktivkräfte gesellschaftlicher Arbeit, da sie die freie und selbstbestimmte *Tätigkeit der einzelnen* Arbeiterinnen und Arbeiter gewährleistet.

Dies Verständnis vorausgesetzt, lässt sich auch der berühmte Ausruf »Jeder nach seinen Fähigkeiten, jedem nach seinen Bedürfnissen!« auf eine nichtproduktivistische Weise interpretieren. Marx stellte sich eine Gesellschaft vor, in der die natürlichen und gesellschaftlichen Unterschiede der Fähigkeiten und Begabungen zwischen den einzelnen nicht als gesellschaftliche und ökonomische Ungleichheit erscheinen, sondern als individuelle Einzigartigkeiten, die einander wechselseitig ergänzen und ausgleichen können. Was eine oder einer nicht gut kann – und das wird trotz allseitiger Entwicklung immer so bleiben –, das können andere, und mit dem, was man selbst gut kann, kann man anderen helfen. Was niemand gerne tut – unangenehme und langweilige Arbeit lässt sich nicht völlig beseitigen – kann unter allen gerechter aufgeteilt werden. In diesem Sinne erzwingt der Kommunismus nicht Konformität und Uniformität für alle um der Gleichheit willen, sondern es geht darum, Formen gesellschaftlicher Organisation und Institution zu erfinden, um lästige Arbeit gerechter zu verteilen und dafür zu sorgen, dass sich unterschiedliche Fähigkeiten und Fertigkeiten nicht – wie im Kapitalismus – in gesellschaftlicher und *ökonomischer Ungleichheit* niederschlagen.

Eine solche alternative Interpretation der *Kritik des Gothaer Programms* aus der Perspektive des Degrowth-Kommunismus verdeutlicht die Bedeutung der Negation der Negation: Es geht um die Rücknahme jeglicher Zugangsbeschränkung und um die Ausweitung der Commons zum Wohle der Vielen. Marx verwendete den Begriff »genossenschaftlich«, um die zukünftige assoziierte Produktionsweise zu bezeichnen – in diesem Fall kann man ihn einfach mit »kooperativ« übersetzen –, aber seine Bedeutung verschiebt sich allmählich, hin zum archaischen Typus der Markgenossenschaften – der Begriff »genossenschaftlich« bedeutet also auch »kommunal« oder »allen gemeinsam«. Es ist die Rehabilitierung des allen gemeinsamen, kommunalen Reichtums in einer höheren Form, ohne zur isolierten Kleinproduktion der vorkapitalistischen Gemeindeform zurückzukehren. Vielmehr wird die vergesellschaftete Produktion im Kapitalismus vorausgesetzt, jedoch verhindern gesellschaftliche Planung und Regelung ein unbegrenztes Wirtschaftswachstum und verringern den Output besonders in jenen Branchen, die den exzessiven Konsum antreiben. Die Mehrung des kommunalen Wohlstands durch die Verbesserung der Grundversorgung und die Ausweitung öffentlicher Aufgaben versetzt die Menschen in die Lage, ihre Bedürfnisse zu befriedigen, ohne ständig nach einem höheren Einkommen durch längere Arbeitszeiten oder Beförderungen zu streben. Im Gegenteil: Der Druck zu endloser Konkurrenz wird verringert, und die Möglichkeiten freier Wahl außerhalb des Marktes werden mehr.

An dieser Stelle lassen sich Marx' berühmte Überlegungen aus dem dritten Band des *Kapitals* zum »Reich der Freiheit« im Unterschied zu dem der »Notwendigkeit« einbeziehen:

> Mit seiner Entwicklung erweitert sich dies Reich der Naturnotwendigkeit, weil die Bedürfnisse; aber zugleich erweitern sich die Produktivkräfte, die diese befriedigen. Die Freiheit in diesem Gebiet kann nur darin bestehn, daß der vergesellschaftete Mensch, die assoziierten Produzenten, diesen ihren Stoffwechsel mit der Natur rationell regeln, unter ihre gemeinschaftliche Kontrolle bringen, statt von ihm als von einer blinden Macht beherrscht zu werden; ihn mit dem geringsten Kraftaufwand und unter den ihrer menschlichen Natur würdigsten und adäquatesten Bedingungen vollziehn. Aber es bleibt dies immer ein Reich der Notwendigkeit. Jenseits desselben beginnt die menschliche Kraftentwicklung, die sich als Selbstzweck gilt, das wahre Reich der Freiheit, das aber nur auf jenem Reich der Notwendigkeit als seiner Basis aufblühn kann. Die Verkürzung des Arbeitstags ist die Grundbedingung. (*Kapital III*, 828)

Wie die oben angeführte Passage aus der *Kritik des Gothaer Programms* wurde auch diese hier häufig gefeiert, weil Marx darin vermeintlich das unbegrenzte Wachstum der Produktivkräfte durch umfassende Automatisierung begrüßt und zur absoluten Herrschaft über die Natur aufruft, damit sich das Reich der Freiheit durch eine Verkürzung des Arbeitstages entfalten kann.

Doch auch in diesem Fall ist eine solche Interpretation unvereinbar mit dem ökosozialistischen Charakter des *Kapitals.* Die Ausweitung des Reichs der Freiheit kann aus der Perspektive radikalen Überflusses und des Degrowth-Kommunismus nicht einzig und allein von der ständigen Steigerung der Produktivkräfte abhängen. Vielmehr verfügten die Menschen, sobald der künstlich erzeugte Mangel des Kapitalismus überwunden ist, dank des sich ausweitenden, allen gemeinsamen Reichtums nun befreit von dem Druck, ständig Geld verdienen zu müssen, über die attraktive Möglichkeit, weniger zu arbeiten, ohne sich um die Verschlechterung ihrer Lebensqualität zu sorgen. Jason Hickel bringt dies auf den Punkt: »Befreit vom Druck künstlich erzeugten Mangels würde für die Menschen der erzwungene Wettbewerb um immer höhere Produktivität dahinschwinden. Wir müssten unsere Zeit und Energie nicht dem Moloch von immer mehr Produktion, Konsum und Umweltzerstörung opfern.«[37] Ohne Marktkonkurrenz und den ständigen Druck der Kapitalakkumulation *könnten frei* assoziierte Arbeit und genossenschaftliche Produktion den Arbeitstag *möglicherweise auf* gerade mal drei bis sechs Stunden reduzieren. Erst dann bliebe den Menschen genügend Zeit für nicht konsumorientierte Aktivitäten wie Muße, Bewegung, Bildung und Liebe. Anders ausgedrückt: Es ist möglich, das Reich der Notwendigkeit nicht durch eine Steigerung der Produktivkräfte zu verkleinern, sondern durch die Rehabilitierung des Luxus für alle, der es den Menschen ermöglicht, beständiger zu leben, ohne dem Druck der Unterwerfung unter das System der Lohnarbeit ausgesetzt zu sein.

Im Degrowth-Kommunismus wird weniger produziert, was nicht nur dazu beiträgt, die freie Zeit auszuweiten, sondern auch gleichzeitig die Belastung der natürlichen Umwelt verringert. Die Verkürzung des Arbeitstages ist zweifellos eine Voraussetzung, um das Reich der Freiheit zu vergrößern, doch durch eine gerechte (Um-)Verteilung von Einkommen und Ressourcen lässt sich der Arbeitstag auch ohne die Steigerung der Produktivkräfte verkürzen. Durch den Abbau unnötiger Kapazitäten in Bereichen wie Werbung, Marketing, Consulting und Finanzen wäre es außerdem möglich, sinnlose Arbeit loszuwerden und sowohl eine *übersteigerte* Produktion als auch einen exzessiven Konsum zu reduzieren. Befreit von ständiger Werbung, geplanter Obsoleszenz und unablässiger Konkurrenz entstünde mehr Raum für eine autonome »Selbstbegrenzung« sowohl der Produktion als auch des Konsums.[38] Wenn Marx feststellt, dass die Menschen ihren Stoffwechsel mit der Umwelt auf bewusste Art und Weise organisieren können, bedeutet dies auch, dass sie in der Lage sind, ihre gesellschaftlichen Bedürfnisse bewusst zu reflektieren und sie gegebenenfalls einzuschränken. Solche Akte der Selbstbeschränkung tragen dazu bei, das Reich der Notwendigkeit, das gegenwärtig – aus der Perspektive von Wohlbefinden und Nachhaltigkeit betrachtet – voller *unnötiger* Dinge und Beschäftigungen steckt, bewusst zu verkleinern. Denn »notwendig« sind jene Dinge nur für die Kapitalakkumulation und das Wirtschaftswachstum, jedoch keineswegs für die »allseitige Entwicklung der Individuen«. Da das Kapital uns zu endlosem Konsum antreibt, verfügt Selbstbeschränkung heute, insbesondere angesichts, so Mészáros, »der *völligen Abwesenheit* identifizierbarer *selbstbeschränkender* Ziele des produktiven Strebens, die vom Standpunkt der Reproduktion des gesellschaftlichen Stoffwechsels, wie das Kapital sie erfordert, annehmbar wären«[39], tatsächlich über ein revolutionäres Potential.

Gleichzeitig gibt Kate Soper zu bedenken, selbst wenn die derzeitige Lebensweise dank einer beispiellosen technologischen Entwicklung völlig nachhaltig würde, geschähe dies dennoch nicht in einer erstrebenswerten Welt, in der sich menschliche Potentiale und ein gutes Leben verwirklichen ließen.[40] Der Grund dafür ist der ständige Druck, wettbewerbsbetont zu arbeiten und zu konsumieren, sowie die Tendenz, Gelegenheiten *für befriedigende Erfahrungen und ein sinnvolleres Leben außerhalb des Marktgeschehens* verkümmern zu lassen. Der Postkapitalismus muss ganz andere Wertmaßstäbe und gesellschaftliche Verhaltensweisen erfinden, und an die Stelle des weit verbreiteten Strebens nach einer Position in der oberen Mittelschicht muss ein neuer Sinn für Suffizienz und Wohlbefinden treten. Sopers Plädoyer für einen »alternativen Hedonismus« in einer Postwachstumsgesellschaft bedeutet dabei nicht Entbehrung und Armut, zielt dieser doch gleichzeitig auf eine Bereicherung des Lebens durch verschiedene nichtkommerzielle Beschäftigungen ab, die sich nicht unbedingt im Bruttoinlandsprodukt widerspiegeln. Die Menschen werden andere Bedürfnisse haben. Statt sich mit umweltschädlichen, extravaganten und unnützen Produkten zu umgeben, werden sie gesündere, solidarischere und demokratischere Lebensweisen anstreben. Auf diese Weise *erweitert der Degrowth-Kommunismus das Reich der Freiheit*; dazu bedarf es nicht nur *keiner Steigerung der Produktivität*, sogar eine *Verringerung des Produktionsvolumens* ist möglich. Auf diese Weise rekonstituiert die Negation der Negation den radikalen Überfluss des gemeinsamen Reichtums und stärkt die Chancen einer freien und nachhaltigen menschlichen Entwicklung, ohne das Versagen des real existierenden Sozialismus im 20. Jahrhundert zu wiederholen.

IV Genossenschaftliche Arbeit behebt den Riss im Stoffwechsel

Marx' Idee des Degrowth-Kommunismus beruht auf dem radikalen Überfluss des allen gemeinsamen Reichtums. Er erfordert kein unbegrenztes Wachstum, da sein Überfluss vervielfacht werden kann: indem zum einen mit der Beseitigung von Waren- und Geldform auch der künstlich erzeugte Mangel verschwindet und zum anderen der gesellschaftliche und natürliche Reichtum mit anderen geteilt wird. Dies liefert eine wichtige Einsicht, um zu rekonstruieren, wie Marx nach 1868 nach Wegen suchte, den Riss im Stoffwechsel zu beheben, den er im dritten Band des *Kapitals* als »unheilbar« bezeichnet (*Kapital III*, 821). Carl-Erich Vollgrafs Einschätzung zufolge ist Marx' Ausdrucksweise an dieser Stelle allerdings von einer »apokalyptischen Metapher« geprägt, die keinen Raum für Zukunftsoptimismus lasse; hätte er Band III vollenden können, so hätte er diesen Ausdruck im endgültigen Manuskript nicht verwendet.[41] Tatsächlich findet sich bei der Lektüre des dritten Bandes kein Hinweis von Marx darüber, wie die »assoziierten Produzenten« in der Lage sein würden, »ihren Stoffwechsel mit der Natur rationell [zu] regeln« und »unter ihre gemeinschaftliche Kontrolle [zu] bringen, statt von ihm als von einer blinden Macht beherrscht zu werden« (*Kapital III*, 828). Marx' Schweigen an dieser Stelle verweist auf den unvollendeten Charakter des *Kapitals.*

Produktivistisch interpretiert, ließe sich die Bemerkung, die »assoziierten Produzenten« regelten ihren Stoffwechsel mit der Natur »mit dem geringsten Kraftaufwand«, »statt von ihm als von einer blinden Macht beherrscht zu werden«, so verstehen, dass Marx hier die Manipulation von Naturphänomenen durch intensive und extensive Nutzung von Technologie ins Auge fasst. Selbstverständlich ist es für ein erfolgreiches Arbeiten wesentlich, Naturgesetze vernünftig anwenden zu können. Es sei aber auch daran erinnert, dass der menschliche Stoffwechsel mit der Natur nicht nur aufgrund unzureichender naturwissenschaftlicher Kenntnisse, sondern auch durch die verdinglichten gesellschaftlichen Verhältnisse im Kapitalismus wie »von einer blinden Macht« beherrscht wird. Für Marx ist dies der Hauptgrund dafür, dass Arbeit im Kapitalismus auch beim heutigen Stand der Technik nicht »unter den ihrer menschlichen Natur würdigsten und adäquatesten Bedingungen« verrichtet werden kann. Die fremde gesellschaftliche Macht des Kapitals ist so stark, dass die bloße Kenntnis der Naturgesetze es den Menschen nicht erlaubt, ihren Stoffwechsel mit der Umwelt »rationell« (das heißt nachhaltig) zu regeln, was zur Verschwendung von Unmengen an Energie und Ressourcen im Interesse unendlicher Kapitalakkumulation führt. So gesehen erweist sich der menschliche Stoffwechsel mit der Natur im Kapitalismus als völlig irrational, denn er ist weit davon entfernt, die gesellschaftlichen Bedürfnisse »mit dem geringsten Kraftaufwand« zu befriedigen. Solange die Herrschaft dieser blinden Macht, der verdinglichten gesellschaftlichen Verhältnisse, anhält, wird der Riss im Stoffwechsel »unheilbar« bleiben.

Bleibt die Frage, warum die bewusste Planung und Steuerung der Produktions- und Subsistenzmittel im Sozialismus einen rationelleren Stoffwechsel mit der Natur ermöglichen soll. Dieser Punkt wird im *Kapital* nicht wirklich deutlich; gleichzeitig kann die Nachhaltigkeit des Sozialismus nicht als selbstverständlich angesehen werden. Tatsächlich wäre es allerdings eine Katastrophe für die Umwelt, wenn eine sozialistische Gesellschaft die Entwicklung der Produktivkräfte forciert, um alle Arten von menschlichen Bedürfnissen zu befriedigen. Eine egalitärere Gesellschaft ist nicht notwendigerweise nachhaltiger.[42] Die Erde hat biophysikalische Grenzen, die gesellschaftlichen Ansprüche sind jedoch potentiell grenzenlos. Marx gelangte daher zu der Einsicht, dass die westlichen Gesellschaften wieder zu den Prinzipien einer stationären Wirtschaft zurückfinden müssten. An diesem Punkt erscheint es sinnvoll, noch einmal auf das *Kapital* zurückzukommen, um, vom Standpunkt des Degrowth-Kommunismus aus, eine Vorstellung einer nachhaltigeren Zukunft zu entwickeln. Mindestens fünf Gründe lassen sich dafür anführen, warum der Degrowth-Kommunismus im Vergleich zur kapitalistischen Produktion die Chance erhöht, den metabolischen Bruch zu überwinden.

Erstens findet eine Verschiebung in der Zielsetzung der gesellschaftlichen Produktion statt: Statt am Profit orientiert sie sich an Gebrauchswerten. Die kapitalistische Produktion expandiert immer weiter, um den Profit zu maximieren. Dabei interessiert sich das Kapital nur insoweit für Gebrauchswerte, als sie für den Absatz der Produkte erforderlich sind. Aufgrund dieser Marginalisierung der Gebrauchswertseite werden Produkte, die für die gesellschaftliche Reproduktion verzichtbar oder für Mensch und Umwelt verheerend sind – zum Beispiel SUVs, Fast Fashion und Industriefleisch –, massenhaft produziert, solange sie sich gut verkaufen lassen. Gleichzeitig werden zu wenige Waren und Dienstleistungen produziert, die keinen Profit abwerfen, ganz gleich, wie essentiell sie sind. Marx zufolge ermöglicht es die Überwindung des Wertgesetzes, den Fokus der gesellschaftlichen Produktion auf die Produktion gesellschaftlich wichtiger Gebrauchswerte zu verlagern, deren Qualität vom ständigen Druck unendlichen Wirtschaftswachstums befreit wäre. In einigen Bereichen müsste die Produktion *verbessert* werden (*ohne zu wachsen*); zugleich sind einige wesentliche Sektoren – etwa die Bereiche Bildung, Pflege, Kultur, Sport und öffentliche Verkehrsmittel – im derzeitigen Kapitalismus *unter*entwickelt. Es erfordert eine Umverteilung von Geld und Ressourcen, um Verbesserungen in diesen Bereichen zu unterstützen. Im Übrigen gibt es hier kein Streben nach grenzenlosem Wachstum, und in diesem Sinne stehen diese Sektoren bereits heute für eine stationäre Wirtschaft – beispielsweise wäre eine Universität mit einem jährlichen Wachstum von 3 Prozent vollkommen absurd. Und qualitative Verbesserungen im Bildungswesen lassen sich nicht am Bruttoinlandsprodukt ablesen.

Aus einem anderen Blickwinkel betrachtet, sind diese Sektoren nicht dafür geschaffen, die Produktivität zu steigern.[43] Viele wesentliche Tätigkeiten können nicht automatisiert werden, sondern bleiben weiterhin arbeitsintensiv. Infolgedessen werden die genannten Bereiche im Vergleich zu anderen Branchen, die durch Mechanisierung und Automatisierung immer kapitalintensiver werden, oft als »unproduktiv« angesehen. Im Unterschied zur Industrie, deren Produktionsleistung sich mit der Einführung neuer Maschinen verdoppeln und verdreifachen kann, lässt sich die Produktivität von Berufstätigkeiten wie Krankenpflege oder

Unterricht nicht vergleichbar steigern. In der Regel können Branchen personenbezogener Dienstleistungen, wie etwa die Pflege, ihre Produktivität nicht erhöhen, ohne den Gebrauchswert zu opfern und das Risiko von Fehlern und Unfällen zu erhöhen. Der Entwicklung der Produktivkräfte sind also durch die Art der Arbeit natürliche Grenzen gesetzt, was zu den als »Baumolscher Kosteneffekt« bekannten Problemen führt. Auf der anderen Seite: Je weiter sich die gesellschaftliche Produktion auf essentielle Tätigkeiten verlagert, die grundlegende Gebrauchswerte erzeugen, desto »langsamer« wird die gesamte Ökonomie wahrscheinlich werden.

Zweitens stellt Marx im *Kapital* fest, die »Verkürzung des Arbeitstages ist die Grundbedingung« für das Reich der Freiheit. Allerdings hat sich, offenkundig unabhängig davon, wie sehr der Kapitalismus die Produktivkräfte entwickelte, die Arbeitszeit im 20. und 21. Jahrhundert nicht wesentlich verkürzt. Im Gegenteil: Die zunehmende Zahl prekärer und schlecht bezahlter Jobs zwingt immer mehr Menschen dazu, länger zu arbeiten. Zugleich führt die Massenproduktion überflüssiger Güter im Dienste der Kapitalverwertung auch zu immer mehr überflüssigen Jobs in Bereichen wie Werbung, Marketing, Finanzen und Consulting. Über solche entbehrlichen Tätigkeiten, von denen im Laufe der kapitalistischen Entwicklung unweigerlich immer mehr entstehen, schreibt Marx:

> Während die kapitalistische Produktionsweise in jedem individuellen Geschäft Ökonomie erzwingt, erzeugt ihr anarchisches System der Konkurrenz die maßloseste Verschwendung der gesellschaftlichen Produktionsmittel und Arbeitskräfte, neben einer Unzahl jetzt unentbehr-

licher, aber an und für sich überflüssiger Funktionen. (*Kapital I*, 552)

Durch die Verringerung der Produktion nicht notwendiger Güter und Dienstleistungen, die nur um des Profits willen hergestellt werden, ist es möglich, unnötige Arbeit deutlich zu reduzieren. Mit anderen Worten: Durch das Beseitigen dieser unnötigen Arbeit und das Verteilen der verbliebenen Aufgaben auf alle lässt sich das Reich der Notwendigkeit verkleinern und das Reich der Freiheit entsprechend erweitern.

Ein Paradox der kapitalistischen Produktion besteht darin, dass »notwendige Arbeitszeit«, die sich aus den Notwendigkeiten der Reproduktion der Arbeitskraft ergibt, in Wirklichkeit für die Herstellung einer ungeheuren Ansammlung unnötiger Produkte aufgewendet wird. Mit anderen Worten: Aus sozialer und ökologischer Sicht ist ein großer Teil der notwendigen Arbeit bereits *unnötige* Arbeit. Dies schlägt sich in dem weit verbreiteten Phänomen von, so David Graeber, »Bullshit-Jobs« nieder, also von Jobs, bei denen auch die Beschäftigten wissen, dass sie für die Gesellschaft vollkommen bedeutungslos sind.[44] Solche sinnentleerten Jobs im Sozialismus abzuschaffen, wirkt sich weder auf den Wohlstand der Gesellschaft noch das Wohlbefinden der Menschen negativ aus: Die Gesellschaft tangiert es nicht, da die Arbeit schon immer sinnlos war und nur Güter und Dienstleistungen mit fast keinem Gebrauchswert wie Werbung, Einschüchterungsklagen oder Hochfrequenzhandel geschaffen hat, und das Wohlbefinden derjenigen, die solche Jobs machen, kann sich sogar verbessern, denn einen großen Teil des Lebens mit sinnentleerten Tätigkeiten zu verbringen, ist schädlich für die psychische Gesundheit. Darüber hinaus verbraucht diese Art hohler Tätigkeit eine Menge Energie und Ressourcen. Die Abschaffung von Bullshit-Jobs würde daher nicht nur die gesellschaftliche Arbeitszeit reduzieren, sondern sich auch sofort positiv auf die Umwelt auswirken, ohne dass man auf unrealistische technologische Fortschritte in der Zukunft warten müsste.

Zweifellos werden Mehrarbeit und das Produzieren von Überschüssen bis zu einem gewissen Grad notwendig bleiben, um die Gesellschaft gegen unerwartete Naturkatastrophen oder Hungersnöte abzusichern.[45] Sobald jedoch die gesellschaftliche Produktion vom Druck der rastlosen Akkumulation des Kapitals befreit ist, besteht keine Notwendigkeit mehr, verschwenderisch und in enormer Menge Überschüsse zu produzieren. Die Beseitigung überflüssiger Überschüsse ist nicht nur mit Marx' Vorstellung einer stationären Ökonomie völlig vereinbar, sondern würde ebenfalls zu jener »Grundbedingung« beitragen, damit das Reich der Freiheit in einer vom Mangel befreiten Ökonomie wirklich aufblühen kann. Viele der utopischen Entwürfe einer solchen Ökonomie gehen dabei typischerweise von einer Wochenarbeitszeit von 15 bis 25 Stunden aus, was nicht einmal eine vollständige Automatisierung der Arbeitsprozesse erforderte.[46] Es ist im Gegenteil sogar möglich, die »Arbeitsgesellschaft« dadurch zu überwinden, dass die notwendige Arbeit unter allen Mitgliedern der Gesellschaft aufgeteilt wird. Eine solche Art der Arbeitszeitverkürzung ist freilich mit den Prinzipien der Profitmaximierung und des Wirtschaftswachstums unvereinbar.

Drittens transformiert der Degrowth-Kommunismus das verbleibende Reich der Notwendigkeit, um die Autonomie der assoziierten Produzentinnen und Produzenten im Arbeitsprozess zu erhöhen und den Inhalt der Arbeit attraktiver zu machen. Diese Umgestaltung der Arbeit selbst ist unerlässlich, weil das Reich der Notwendigkeit in einer postrevolutionären Gesellschaft unweigerlich erhalten bleibt. Doch besteht zu Pessimismus kein Anlass. Wie wir oben gesehen haben, sprach sich Marx dafür aus, die »knechtende Unterordnung der Individuen unter die Teilung der Arbeit« und damit auch den »Gegensatz geistiger und körperlicher Arbeit« abzuschaffen, und betonte insbesondere auch den Aspekt einer »allseitigen Entwicklung der Individuen«, wenn Arbeit »das erste Lebensbedürfnis geworden« ist (*MEW* 19, 21).[47] Marx vertritt hier, so James C. Klagge, eine »eher optimistische Sicht« emanzipatorischer Arbeit.[48]

Aufgrund der reellen Subsumtion der Arbeit unter das Kapital verstärken Kooperation und Arbeitsteilung die Herrschaft über die Arbeiter und ihre Disziplinierung im Produktionsprozess. Die Entwicklung der Produktivkräfte des Kapitals wird durch den Wettbewerb beschleunigt, nur um die »Despotie des Kapitals« zu festigen (*Kapital I*, 669). Der erste Schritt des Degrowth-Kommunismus in diesem Bereich ist daher die Beseitigung der exzessiven Arbeitsteilung, die die Arbeitenden zu einer partiellen Existenz verdammt, sodass sie nicht in der Lage sind, selbstbestimmt mit anderen zusammenzuarbeiten, um den Produktionsprozess als Ganzen in die eigenen Hände zu nehmen. Dabei unterscheidet sich Marx' nichtproduktivistische Vorstellung einer Transformation der Arbeitsteilung grundlegend von der Idee einer Befreiung von Arbeit durch umfassende Automatisierung.[49] Denn ein Problem des kapitalistischen Produktionsprozesses besteht nach Marx darin, dass die Arbeit durch die langweilige Wiederholung einfacher Aufgaben ohne Kreativität oder Autonomie ihren »Inhalt« verloren hat. Automatisierung kann diese Tendenz sogar noch verstärken, ohne dass die Arbeit »das erste Lebensbedürfnis geworden« wäre. Um diese Entfremdung der Arbeit zu beenden, ist es notwendig, wie Marx feststellt, »die knechtende Unterordnung der Individuen unter die Teilung der Arbeit« zu beseitigen. Die Aufhebung der Arbeitsteilung und die Abschaffung derjenigen Maschinen, welche die unmittelbaren Produzentinnen und Produzenten im Arbeitsprozess ihrer Autonomie und Unabhängigkeit berauben, verlangsamt die Ökonomie und schafft zugleich attraktivere Tätigkeiten, die individueller Selbstverwirklichung als Grundlage dienen können.[50]

Dies steht für Marx im Mittelpunkt: Bedingungen zu schaffen, damit die Arbeit »travail attractif*, Selbstverwirklichung des Individuums« ist (*Grundrisse*, 512), doch wird notwendige Arbeit damit selbst in einer postkapitalistischen Gesellschaft nicht zum »Spiel«. So warnte Marx, dass dies »keineswegs meint, daß sie bloßer Spaß sei, bloßes amusement, wie Fourier es sehr grisettenmäßig naiv auffaßt« (ebd.). Und er fährt fort:

> Wirklich freie Arbeiten, z. B. Komponieren, ist grade zugleich verdammtester Ernst, intensivste Anstrengung. Die Arbeit der materiellen Produktion kann diesen Charakter nur erhalten, dadurch, daß 1. ihr gesellschaftlicher Charakter gesetzt ist, 2. daß sie wissenschaftlichen Charakters, zugleich allgemeine Arbeit ist (ebd.).

Marx konstatiert ferner, dass auch im Postkapitalismus bestimmte Arten von Arbeit fortbestehen, die unangenehm oder quälend sind, langweilig oder ermüdend. Solche Arbei-

* attraktive Arbeit

ten gilt es, mit Hilfe neuer Technologien zu reduzieren. Eine gerechte Gesellschaft muss zudem schmutzige oder unangenehme Aufgaben durch ein Rotationsprinzip gerecht verteilen, anstatt sie den Schwächeren aufzunötigen.[51] Wenn die exzessive Arbeitsteilung durch eine gerechtere Rotation der Arbeit und eine gleichmäßige Verteilung der kooperativen Arbeit ersetzt wird, wird diese Bewahrung des »allgemeinen Charakters« der Arbeit den Produktionsprozess wahrscheinlich ebenfalls verlangsamen, was im Degrowth-Kommunismus jedoch willkommen ist.

Viertens wird auch die Abschaffung der profitgetriebenen Marktkonkurrenz im Degrowth-Kommunismus die Wirtschaft entschleunigen. Aaron Benanav beschreibt die daraus resultierende Dynamik:

> Mit dem Wegfall von Marktzwängen ist jedoch eher zu erwarten, dass es [das Reich der Notwendigkeit] sich nur langsam verändern wird, indem es Innovationen aus dem Reich der Freiheit aufnimmt. Deren praktische Umsetzung könnte mitunter lange dauern, da der Schrittmacher der Marktkonkurrenz entfiele und Veränderungen der Arbeitsprozesse stattdessen in Abstimmung zwischen verschiedenen Komitees beschlossen werden müssten.[52]

Insofern wird es, so Benanav, in solch einem postkapitalistischen System auch keinen »Wachstumszwang, ein Wachstum um des Wachstums willen«, mehr geben.[53]

Fünftens schließlich ist von großer Bedeutung, was Marx in der *Kritik des Gothaer Programms* als Beseitigung des Gegensatzes von geistiger und körperlicher Arbeit anspricht. Der Gegensatz, dessen Überwindung hier gefordert wird, ist nicht zu verwechseln mit der Trennung zwischen materieller und immaterieller Arbeit. Marx verwendet das Begriffspaar »geistige« und »körperliche Arbeit« vielmehr im gleichen Sinn wie Harry Braverman die Begriffe »Vorstellung« und »Ausführung«.[54] Die Despotie des Kapitals beruht nicht zuletzt darauf, dass die Arbeiterinnen und Arbeiter umfassend ihrer subjektiven Fähigkeit zur Planung der Produktion beraubt werden, sodass sie dem Kommando des Kapitals unterworfen sind, das unabhängig von ihrem Wollen und Wünschen entscheidet, was, wie und wie viel produziert wird. Die reelle Subsumtion macht die Arbeitenden zu Ausführenden unter der Vorgabe und dem Kommando des Kapitals. Im Gegensatz dazu erfordert die Wiederherstellung der Einheit von Planung und Ausführung, im Produktionsprozess eine tatsächliche Gleichheit zwischen den einzelnen zu etablieren, die über die formale Gleichheit des Marktes hinausgeht. So schreibt Marx über die gemeinschaftliche Produktion:

> Der gemeinschaftliche Charakter der Produktion würde von vornherein das Produkt zu einem gemeinschaftlichen, allgemeinen machen. Der ursprünglich in der Produktion stattfindende Austausch – der *kein Austausch von Tauschwerten wäre, sondern von Tätigkeiten*, die durch *gemeinschaftliche Bedürfnisse bestimmt* wären, durch *gemeinschaftliche Zwecke* – würde von vornherein die Teilnahme des einzelnen an der gemeinschaftlichen Produktenwelt einschließen. (*Grundrisse*: 171; Hervorh. K.S.)

Der Schlüssel dazu ist die aktive Beteiligung der Beschäftigten an der Entscheidung darüber, was, wie und wie viel produziert wird. Eine solche demokratische Produktion ist das genaue Gegenteil der ihrem Charakter nach »despotischen« kapitalistischen. Die assoziierten Produzentinnen und Produzenten nehmen aktiv an den Entscheidungsprozessen teil, ohne dass ihnen der Wille einiger weniger aufgezwungen wird. Eine hierarchische Kontrolle ist unvereinbar mit der Marx'schen Vision, den assoziierten Individuen mehr Autonomie zu geben, auch wenn man ohne Hierarchie mehr Zeit braucht, um zwischen verschiedenen Meinungen zu vermitteln und einen Konsens zu erreichen. Insofern die Steigerung der Produktivkräfte im Kapitalismus nicht zuletzt auf undemokratischen und von oben nach unten verlaufenden Entscheidungsprozessen sowie der Konzentration der Macht in den Händen einiger weniger beruht, verlangsamt eine demokratische Entscheidungsfindung am Arbeitsplatz unweigerlich den gesamten Produktionsprozess. Das zu akzeptieren, war man im real existierenden Sozialismus nicht in der Lage und zwang der gesellschaftlichen Produktion eine bürokratische Kontrolle auf. Doch durch kollektive Entscheidungsprozesse haben alle Beteiligten mehr Raum, um über die Notwendigkeit ihrer Produkte, über egalitäre Beziehungen im Hinblick auf Klasse, Geschlecht und Ethnie sowie über die Auswirkungen auf die Umwelt nachzudenken. Giorgos Kallis kommt zu dem Schluss: »Ein echter demokratischer Sozialismus kann nicht mit dem Tempo des Kapitalismus wachsen, der das, was ihn bremst, beiseiteschiebt und vernichtet.«[55]

Berücksichtigt man diese fünf Transformationen, die Marx als Voraussetzungen des Sozialismus nannte, mag man sich fragen, wie sie ohne Degrowth erreicht werden könnten. Mit ihnen fällt es zudem leichter zu verstehen, warum der Degrowth-Kommunismus eher geeignet ist, den Riss im Stoffwechsel zu beheben als der Kapitalismus. Doch wird Wirtschaftswachstum nicht grün, nur weil es im Sozialismus stattfindet. Solange Wachstum auf den biophysikalischen Prozessen von Produktion und Konsum beruht, ist Wachstum ab einem bestimmten Punkt in jeder Gesellschaftsform nicht mehr nachhaltig. Mit anderen Worten: Marx' Ökosozialismus muss genauer als Degrowth-Sozialismus beschrieben werden, und zu dieser Schlussfolgerung kam Marx, nachdem er sich nach 1868 ernsthaft mit Naturwissenschaften und vorkapitalistischen Gesellschaften auseinandergesetzt hatte.

Es sollte inzwischen klar geworden sein, dass der Sozialismus den gesellschaftlichen Übergang zu einer Degrowth-Ökonomie fördert. Die Eindämmung des rücksichtslosen Strebens des Kapitals nach Selbstverwertung bietet eine größere Chance, die Arbeitszeit und damit die Umweltbelastung zu verringern. Befreit von der Konkurrenz des Marktes erlangen Arbeiterinnen und Arbeiter mehr Autonomie, was ihnen auch Möglichkeiten eröffnet, über den Sinn von Arbeit und Konsum nachzudenken. Gesellschaftliche Planung ist unverzichtbar, um überflüssige und umweltschädliche Fertigung zu verhindern, innerhalb der planetarischen Grenzen zu bleiben und gleichzeitig die sozialen Grundbedürfnisse zu befriedigen. Diese Transformationen verstärken die Möglichkeiten einer Verlangsamung und Verkleinerung der Ökonomie, um eine nachhaltigere und egalitärere Produktionsweise zu schaffen. Marx' Idee des Degrowth-Kommunismus ist, auch wenn sie während des gesamten 20. Jahrhunderts nie erkannt wurde, heute wichtiger denn je, denn sie erhöht die Chance menschlichen Überlebens im Anthropozän.

Schluss

Joseph A. Schumpeter hat einmal geschrieben: »Der Kapitalismus ist ein Prozeß; stationärer Kapitalismus wäre eine *contradictio in adjecto.*«[1] Degrowth ist mit dem Kapitalismus unvereinbar und ganz wesentlich ein antikapitalistisches Projekt. Allerdings kam es in der Vergangenheit nur sehr selten zu einem intellektuellen Dialog zwischen Wachstumskritik und Marxismus, hauptsächlich wegen des vermeintlichen Prometheanismus des Letzteren. Das muss sich ändern, und erfreulicherweise sind die Dinge bereits in Bewegung geraten, etwa mit dem Plädoyer für eine Begegnung von Ökosozialismus und Degrowth.[2] Diese Situation spiegelt auch den theoretischen und praktischen Fortschritt der politischen Ökologie in den letzten zwei Jahrzehnten wider.

Die Existenz von Marx' Ökologie ist heute unbestreitbar geworden, nicht zuletzt dank belastbarer Forschungsansätze aus jüngerer Zeit, die darauf abzielen, die historische Dynamik der Kapitalakkumulation und ihre Widersprüche aus einer kritisch-ökologischen Perspektive zu verstehen, unternommen insbesondere von Ökosozialistinnen und -sozialisten, die mit dem Begriff des metabolischen Bruchs arbeiten. Die Diskussion um diesen Begriff eröffnete einen Raum der kritischen Auseinandersetzung mit anderen Traditionslinien in der kritischen Umweltforschung und der politischen Ökologie, einschließlich der Wachstumskritik. In diesem Zusammenhang bietet die jüngste Renaissance der wachstumskritischen Theorie eine großartige Gelegenheit, Marx' Vision einer Ökonomie jenseits des Mangels zu überprüfen und zu aktualisieren. Nicht zuletzt auch inspiriert durch neue Erkenntnisse aus der *Marx-Engels-Gesamtausgabe (MEGA)* versucht dieses Buch, den Marxismus von Grund auf vom produktivistischen »Sozialismus« zu befreien, indem es den späten Marx als »Degrowth-Kommunisten« neu interpretiert.

Die von Marx entwickelte Vision einer postkapitalistischen Gesellschaft in diesem Buch herauszuarbeiten, ist auch der Versuch einer Entgegnung auf all jene, die den Ertrag der Untersuchung von Marx' Ökologie in seinen Notizbüchern anzweifeln. Gewiss bedeutet die Existenz der Marx'schen Ökologie allein nicht unbedingt, dass seine Erkenntnisse auch heute noch nützlich sind oder die Notwendigkeit rechtfertigen, sich mit seiner politischen Ökonomie zu beschäftigen. Manche kritischen Stimmen äußern Bedenken, ob Marx' Ökologie auf die heutige Welt angewandt werden kann, da sich die wirtschaftliche und ökologische Situation im 21. Jahrhundert völlig anders darstellt als zu seiner Zeit und zudem der Kenntnisstand der Wissenschaft heute viel weiter fortgeschritten ist. Andere wenden ein, solch ein »Ergrünen« der Kapitalismuskritik von Marx sei eine bloße Projektion »unserer« Anliegen auf seine Fragestellungen, wodurch die entscheidenden Mängel und Grenzen der Theorie ausgeblendet würden und unbeachtet blieben. Die »Obsoleszenz« der Marx'schen Theorie lässt manche sogar zu dem Schluss gelangen, dass »der Marxismus theoretisch so marginal geworden ist, dass die Hoffnungen auf einen ›ökologischen Marx‹ jetzt bestenfalls als illusorisch angesehen werden können«.[3]

In der Tat argumentiert Marx nicht immer konsistent, in einer Reihe von Punkten bleibt er ambivalent. Das dürfte keine Überraschung sein. Sein Denken war unvermeidlich durch persönliche Erfahrungen, die gesellschaftlichen und ökonomischen Verhältnisse sowie vorherrschenden Wertmaßstäbe und Normen im Westeuropa des 19. Jahrhunderts geprägt. Man kann daher produktivistische und eurozentrische Bemerkungen in seinen Schriften finden und das auch kritisieren, aber es greift zu kurz, seinen gesamten theoretischen Beitrag aufgrund einiger isolierter Bemerkungen abzulehnen, ohne ihren historischen, theoretischen und politischen Kontext und die Absichten von Marx ausreichend zu berücksichtigen. Eine solche verkürzende Wahrnehmung ist insbesondere deshalb problematisch, weil Marx häufig über frühere fehlerhafte Annahmen nachdachte und differenziertere Ansichten entwickelte. Wie ich im vorliegenden Buch ausführlich dargelegt habe, hat Marx seine produktivistischen und eurozentrischen Positionen ab den 1860er Jahren deutlich korrigiert. Wenn man die theoretische Entwicklung von Marx im Laufe seines Lebens sorgfältig nachverfolgt, kann man unergiebige Polemiken vermeiden, die entweder die Richtigkeit der Theorie dogmatisch verteidigen oder aufgrund von Verallgemeinerungen noch unausgereifter Ansichten ihre Nützlichkeit blind leugnen. Während die erste Haltung offensichtlich unangemessen ist, ist die zweite bedauerlich, da Marx zweifellos einer der wenigen Theoretiker ist, die eine systematische Kritik des Kapitalismus ausformuliert haben. Angesichts der heutigen Umweltkrise, deren offensichtliche Ursache die endlose Kapitalakkumulation ist, Marx' intellektuelles Erbe vorschnell zu verwerfen, macht es schwieriger, den Kapitalismus zu kritisieren. Gestärkt und reproduziert wird so lediglich der »kapitalistische Realismus«.

Anzumerken ist, dass die auf die *MEGA* gestützte Beschäftigung mit den unveröffentlichten Schriften von Karl Marx *keineswegs* lediglich einen Versuch darstellt, seine allmächtige Weltanschauung zu rühmen, die die Umweltkatastrophe im Anthropozän umfassend vorhersagt. Noch zielte die ausführliche Untersuchung von Marx' Notizbüchern in meiner früheren Studie *Natur gegen Kapital* darauf ab, Marx dadurch zu retten, dass ich nachweise, dass er sich für ökologische Fragen interessierte.[4] Solche philologischen Spitzfindigkeiten wären lediglich etwas für Marxisten, die das *Kapital* als eine Art Bibel betrachten. Die Diskussion im vorliegenden Buch sollte hingegen einmal mehr deutlich machen, dass Marx' Projekt der politischen Ökonomie im Wesentlichen unvollendet bleibt und das *Kapital* nicht alles erklärt.[5]

Auch wenn sich Marx' ökologisches Projekt nicht direkt auf die heutige Situation im Anthropozän anwenden lässt, bieten seine Notizbücher nützliche Hinweise, die es uns ermöglichen, darüber nachzudenken, wie Marx seine Kritik weiterentwickelt hätte, wenn er in der Lage gewesen wäre, die jüngsten wissenschaftlichen Erkenntnisse in seine Kritik der politischen Ökonomie zu integrieren. Dies ist die Aufgabe, die von Marxisten heute erwartet wird, denn *sie eröffnet eine gänzlich neue Vision des Postkapitalismus* nach dem Zusammenbruch der UdSSR. In diesem Sinne war *Natur gegen Kapital* eine Vorbereitung darauf, über *das* Kapital *hinauszugehen*, um einen neuen Dialog mit anderen Strömungen der politischen Ökologie im Anthropozän zu eröffnen und die Vision einer postkapitalistischen Zukunft konkreter auszuformulieren. Über das *Kapital* hinauszugehen, ist indes nicht gleichbedeutend damit, es zu verwerfen. Die ökologische Kapitalismuskritik von Marx im *Kapital* bietet eine unverzichtbare methodische Grundlage für ein kritisches Verständnis der kapitalistischen Umweltzerstörung. Darauf aufbauend können neuere wissenschaftliche Erkenntnisse über das Erdsystem, die Boden- und Meeresökologie sowie den Klimawandel genutzt werden, um die ökosozialistische Kapitalismuskritik von Marx weiter auszuarbeiten und die Idee des Degrowth-Kommunismus zu konkretisieren.

Marx hat diese Idee leider nicht weiter ausgeführt. Bis zu seinem Tod rang er mit verschiedenen theoretischen Inkonsistenzen und offenen Fragen, insbesondere im Hinblick auf das Problem der Entwicklung der Produktivkräfte. Letzten Endes war er nicht in der Lage, frühere Überlegungen aus den 1870er Jahren im zweiten und dritten Band des *Kapitals* vollständig zu korrigieren und zu erweitern, was manchmal den Eindruck hinterlässt, dass er an einem produktivistischen und eurozentrischen Denken festhielt. Dieser negative Eindruck verstärkte sich nach seinem Tod, auch weil selbst Friedrich Engels, der Begründer des Marxismus, nicht vollständig zu verstehen vermochte, was Marx über das *Kapital* hinaus anstrebte. Die großen Leistungen von Engels in der Geschichte des Marxismus soll dies keineswegs schmälern. Ohne seine Arbeit an der Zusammenstellung der Marx'schen Theorie wäre der enorme Einfluss des Marxismus im 20. Jahrhundert nicht möglich gewesen.

Dennoch ist der Erfolg von Engels neben seinen eigenen scharfen Analysen konkreter sozialer und politischer Ereignisse vor allem auf seine »Vereinfachung« der Marx'schen Theorie zurückzuführen. Engels erkannte, dass die enorme Bandbreite des Marx'schen Projekts weit über die kurzfristigen Interessen der Arbeiterklasse hinausging, was die breite Rezeption der Theorie unter Arbeitern erschweren würde. Engels ist also keine »Deformation« der Marx'schen Theorie auf der Grundlage eines unzureichenden Verständnisses vorzuwerfen, sondern der Kern seiner theoretischen Bemühungen war eine bewusste »Rekonstruktion« der Schlüsselelemente der Theorie in einer Weise, die an die Arbeiter- und sozialistischen Bewegungen seiner Zeit anschlussfähig und ihnen angemessen war. Der Marxismus bot in Engels' Augen der Arbeiterklasse eine umfassende intellektuelle Orientierung als Gegenmittel zur herrschenden kapitalistischen Modernisierungsideologie. Bei diesem Bemühen überbetonte Engels jedoch einige Aspekte der Marx'schen Theorie, wie »Rationalismus«, »Positivismus« und die »progressive Geschichtsauffassung«, aber auch »Produktivismus« und »Eurozentrismus«.

Da Engels' Erfolg nicht zuletzt auf einer unkritischen Haltung zur Modernisierung beruhte, war der Marxismus nicht in der Lage, den notwendigen theoretischen Rahmen zu bieten, um wirklich über die moderne kapitalistische Gesellschaft hinauszugehen. Wie Immanuel Wallerstein feststellte, verwandelte sich der Marxismus in den »Zentren« des kapitalistischen Weltsystems in eine Sozialdemokratie, die Reformen der kapitalistischen Ökonomie und eine repräsentative Demokratie forderte.[6] In den »Semiperipherien« und »Peripherien«, in denen sozialistische Revolutionen erfolgreich waren, so Wallerstein, fungierte der Marxismus als eine Ideologie, die Industrialisierung und Modernisierung in Form eines undemokratischen »Staatskapitalismus« legitimierte.[7] Infolgedessen blieben die »real existierenden sozialistischen Länder« im globalen kapitalistischen System souveräner Staaten gefangen.

Die theoretische Intervention von Engels wurde also – mehr oder weniger zu Recht – für die politische Dogmatisierung des Marxismus und für die »Deformation« der Marx'schen Theorie verantwortlich gemacht. Viele Positionen teilten Engels und Marx zwar, doch gab es auch theoretische Unterschiede zwischen beiden. Das ist nicht verwunderlich, denn schließlich waren sie zwei unterschiedliche Menschen. Das philosophische Projekt von Engels jedenfalls stand mit den späten theoretischen Bestrebungen von Marx nicht ganz im Einklang. Deshalb ist es eine unabdingbare Voraussetzung, die Unterschiede zwischen Marx und Engels zu verdeutlichen, um über das *Kapital* hinauszugehen.

Wie im vorliegenden Buch erörtert, lohnt es sich, in diesem Zusammenhang auf Georg Lukács zurückzugreifen, der zur Entstehung des westlichen Marxismus beitrug und Engels bereits in den 1920er Jahren kritisierte. Auch wenn diese Kritik aufgrund ungenauer Formulierungen zu gravierenden Missverständnissen führte und in der Folge von anderen Marxisten wegen mancher Inkonsistenz oder Ambivalenz kritisiert wurde, nahm Lukács im Gegensatz zum späteren westlichen Marxismus den Marx'schen Begriff des Stoffwechsels ernst. Er entwickelte schließlich eine marxistische Herangehensweise, um das angespannte Verhältnis von Mensch und Natur im Kapitalismus zu thematisieren. Lukács' »methodologischer« – und nicht »ontologischer« – Dualismus, den er in der Schrift *Chvostismus und Dialektik* ausgearbeitet hat, entspricht Marx' Methode der politischen Ökonomie. Der hegelianische Begriff der »Identität von Identität und Nichtidentität« trägt zudem wesentlich dazu bei, ein kritisches Verständnis der historischen Dynamik der Kapitalakkumulation und ihrer Grenzen im Anthropozän zu entwickeln.

Der methodologische Dualismus von Marx ist für das Anthropozän von großer Bedeutung, da er eine Alternative zum in jüngerer Zeit populär gewordenen Diskurs über eine postkartesiansche Ontologie von Mensch und Natur bietet. Manche Formen von Dualismus sind sicherlich unzureichend, um auf die vielschichtige Krise des Anthropozäns zu reagieren, eine Krise, die durch die Verflechtung des Natürlichen und des Sozialen gekennzeichnet ist. Doch flache Ontologien oder andere Formen des Monismus sind nicht die einzigen Alternativen zum kartesianischen Dualismus. Da eine analytische Unterscheidung von Gesellschaft und Natur nicht notwendigerweise mit einem kartesianischen Dualismus gleichzusetzen ist, bringen viele monistische Kritiken, die dem Marxismus eine solche Denkweise zuschreiben, nur Scheinargumente vor, da sie die Möglichkeit produktiverer »dualistischer« Ansätze von vornherein ausschließen. Jason W. Moore etwa bedient sich eines solchen Scheinarguments gegen Ansätze, die mit dem Begriff des metabolischen Bruchs arbeiten. Der methodologische Dualismus von Marx beruht indes auf der Unterscheidung von »Stoff« und »Form«, was essentiell ist, um die historische Besonderheit der kapitalistischen Produktion und den Widerspruch zu begreifen, in dem sie zu den materiellen Bedingungen einer nachhaltigen Produktion steht. Auch wenn das Soziale und das Natürliche in der Realität eng ineinander verflochten sind und es auch keine »unberührte« Natur mehr gibt, ist es dennoch notwendig, analytisch zwischen Gesellschaft und Natur zu unterscheiden.

Alf Hornborg und Andreas Malm haben die Gültigkeit eines solchen analytischen Dualismus bereits gegen Bruno Latour und Moore verteidigt, doch das vorliegende Buch zielt darauf ab, noch weiter zu gehen und zu zeigen, dass der methodologische Dualismus von Marx theoretische Konsequenzen für seine Vision des Postkapitalismus hat.[8] Im Gegensatz zum jüngsten Revival des Postkapitalismus, das sich auf die *Grundrisse* stützt und immer noch häufig von produktivistischen Haltungen – wie etwa der Vorstellung eines technologiegestützten »Sachwaltertums« über die Erde – geprägt ist, änderte Marx sein Verständnis der Produktivkräfte des Kapitals zu Beginn der 1860er Jahre auf eine Weise, die seinen methodologischen Dualismus deutlich werden lässt. Indem er der Verflechtung von Stoff und Form mehr Beachtung schenkte, gelangte Marx im Alter zu der Erkenntnis, dass die Beseitigung der Produktivkräfte des Kapitals zum einen vermutlich zu einer Verringerung der gesellschaftlichen Produktivität führen wird, was aber zum anderen einer stärker selbstbestimmten und nachhaltigen Produktion im demokratischen Sozialismus zugutekommt. Eine solche Erkenntnis steht in einem deutlichen Gegensatz zum linken Akzelerationismus, der auf Vollautomatisierung setzt, und bietet eine völlig neue Vision des Postkapitalismus. Für Marx in den 1870er Jahren beruht eine Gesellschaft, die den Mangel hinter sich gelassen hat, nicht notwendigerweise auf einer technokratischen Entwicklung der Produktivkräfte. Die Fülle und der Überfluss des »genossenschaftlichen Reichtums«, die Marx in seiner *Kritik des Gothaer Programms* anreißt, verweisen auf die Möglichkeit, Degrowth in eine sich auf Marx berufende Vision der postkapitalistischen Gesellschaft zu integrieren, obwohl eine solche Möglichkeit lange Zeit völlig vernachlässigt wurde. In diesem Sinne habe ich im letzten Kapitel das *Kapital* erneut aufgegriffen, um wirklich darüber hinauszugehen und aufzuzeigen, warum Marx' Vision des Degrowth-Kommunismus die Chance erhöhen kann, eine gerechtere und nachhaltigere Gesellschaft zu errichten, die das kapitalistische Regime unendlichen Wachstums auf Kosten unseres unschätzbaren Planeten hinter sich lässt.

In Anbetracht der derzeitigen politischen Unpopularität des Degrowth-Kommunismus soll der Begriff nicht nur die Unterschiede zu der zunehmend populären Vision des grünen Kapitalismus, sondern auch zum technokratischen Ökosozialismus hervorheben. Beide, Ökosozialismus wie grüner Kapitalismus, setzen auf Wachstum, aber sie sind nicht nachhaltig. Der Degrowth-Kommunismus als eine Variante des Ökosozialismus strebt eine Gesellschaft ohne Mangel und ohne Wirtschaftswachstum an. Er zielt darauf ab, die Fülle des allen gemeinsamen Reichtums gegenüber der vom Kapital künstlich geschaffenen Knappheit zu rehabilitieren. In diesem Fall muss der Marxismus vom Standpunkt eines solchen »ökosozialistischen Wachstumsverzichts« aus grundlegend überdacht werden, ohne Marx' Theorie oder zentrale Begriffe wie Wert, Verdinglichung, Klasse oder Sozialismus zu verwerfen. Eine unerschrockene Erneuerung des Marx'schen Postkapitalismus nach dem Zusammenbruch der UdSSR ist unverzichtbar, um den Dialog mit der nicht-marxistischen politischen Ökologie zu bereichern und zugleich eine Perspektive menschlichen Überlebens im Anthropozän zu entwickeln. Ob das politische Projekt des Degrowth-Kommunismus zwangsläufig »illusorisch« bleiben wird, wird die Geschichte zeigen.

Literatur

Adamiak, Richard: »Marx, Engels and Dühring«, in: *Journal of the History of Ideas* 35 (1), 1974, S. 98–112.

Adorno, Theodor W.: *Philosophische Terminologie. Zur Einleitung* [1962/63], Bd. II, Frankfurt am Main: Suhrkamp, 1974.

Ders.: *Zur Lehre von der Geschichte und von der Freiheit* [1964/65], Frankfurt am Main: Suhrkamp, 2006.

Ders.: *Negative Dialektik*, Frankfurt am Main: Suhrkamp, 1966.

Akashi, Hideto: »The Elasticity of Capital and Ecological Crisis«, in: *Marx-Engels Jahrbuch* 2015/16, 2016, S. 45–58.

Ders.: »Rate of Profit, Cost Price and Turnover of Capital. An Examination of the Manuscript for *Capital* in MEGA II/4.3«, in: *Marxism 21* 18 (3), 2021, S. 140–176.

Althusser, Louis: *Für Marx* [1965], hg. von Frieder Otto Wolf, übers. von Werner Nitsch, Karin Priester, Klaus Riepe, Elin Sanders, Peter Schöttler, Gabriele Sprigath u. Frieder Otto Wolf, Berlin: Suhrkamp, 2011.

Ders.: *Lenin und die Philosophie* [1968], übers. von Klaus-Dieter Thieme, Reinbek bei Hamburg: Rowohlt, 1974.

Amin, Samir: *Modern Imperialism, Monopoly Finance Capital and Marx's Law of Value*, New York: Monthly Review Press, 2018.

Anderson, Kevin B: *Marx at the Margins. On Nationalism, Ethnicity and Non-Western Societies*, Chicago: Chicago University Press, 2010.

Anderson, Perry: *Über den westlichen Marxismus*, übers. von Reinhard Kaiser, Frankfurt am Main: Syndikat, 1978.

Anguélov, Stefan: »Reflection and Practice«, in: D'Angelo, Edward; DeGrood, David H.; Russo, Pasquale N.; Stein, William W. (Hg.): *Contemporary East European Marxism*, Bd. 1, Amsterdam: Gruener, 1980, S. 125–134.

Arato, Andrew; Breines, Paul: *The Young Lukács and the Origins of Western Marxism*, London: Pluto Press, 1979.

Arboleda, Martin: *Planetary Mine. Territories of Extraction under Late Capitalism*, London: Verso, 2020.

Aronoff, Kate; Battistoni, Alyssa; Aldana Cohen, Daniel; Riofrancos,

Thea: *A Planet to Win. Why We Need a Green New Deal*, London: Verso, 2019.

Avineri, Shlomo: *The Social and Political Thought of Karl Marx*, Cambridge: Cambridge University Press, 1970.

Avineri, Shlomo (Hg.): *Karl Marx on Colonialism and Modernization. His Despatches and Other Writings on China, India, Mexico, the Middle East and North Africa*, eingel. von Shlomo Avineri, New York: Anchor Books, 1969.

Badiou, Alain: »Live Badiou: Interview with Alain Badiou«, in: Feltham, Oliver: *Alain Badiou: Live Theory*, London: Continuum, 2008, S. 136–139.

Ball, Terence: »Marx and Darwin. A Reconsideration«, in: *Political Theory* 7 (4), 1979, S. 469–483.

Barca, Stefania: *Forces of Reproduction. Notes for a Counter-Hegemonic Anthropocene*. Oxford: Oxford University Press, 2020.

Bastani, Aaron: *Fully Automated Luxury Communism. A Manifesto*, London: Verso, 2019.

Battistoni, Alyssa: »Bringing in the Work of Nature. From Natural Capital to Hybrid Labor«, in: *Political Theory* 45 (1), 2017, S. 5–31.

Beck, Ulrich: *Risikogesellschaft. Auf dem Weg in eine andere Moderne*. Frankfurt am Main: Suhrkamp, 1986.

Benanav, Aaron: *Automatisierung und die Zukunft der Arbeit*, übers. von Felix Kurz, Berlin: Suhrkamp, 2021.

Benjamin, Walter: *Gesammelte Schriften. Werkausgabe*, hg. von Tiedemann, Rolf; Schweppenhäuser, Herrman, 12 Bde., Frankfurt am Main: Suhrkamp, 1980.

Benton, Ted: »Marxism and Natural Limits. An Ecological Critique and Reconstruction«, in: *New Left Review* I / 178 (November / Dezember), 1989, S. 51–86.

Berlin, Isaiah: *Karl Marx. Sein Leben und sein Werk* [1948], übers. von Curt Meyer-Clason, rev. u. erw. Ausg., Frankfurt am Main / Berlin: Ullstein, 1968.

Blackledge, Paul: »Engels vs Marx? Two Hundred Years of Frederick Engels«, in: *Monthly Review* 72 (1), 2020, S. 21–39.

Boggs, Carl: »Was Karl Marx an Ecosocialist?«, in: *Fast Capitalism* 17 (2), 2020, S. 67–94.

Bonneuil, Christophe; Fressoz, Jean-Baptiste: *The Shock of the Anthropocene. The Earth, History and Us*, übers. von David Fernbach, London: Verso, 2016.

Boyd, William; Prudham, W. Scott; Schurman, Rachel A.: »Industrial Dynamics and the Problem of Nature«, in: *Society and Natural Resources* 14 (7), 2001, S. 555–570.

Brand, Ulrich; Wissen, Markus: *Imperiale Lebensweise. Zur Ausbeutung von Mensch und Natur im globalen Kapitalismus*, München: oekom, 2017.

Brassier, Ray: »Prometheanism and Its Critics«, in: Mackay, Robin;
Avanessian, Armen (Hg.): *#Accelerate. The Accelerationist Reader*, Falmouth: Urbanomic. 2014, S. 467–487.

Braverman, Harry: *Die Arbeit im modernen Produktionsprozess* [1974], übers. von Karin de Sousa Ferreira u. Hans-G. Nutzinger, Frankfurt am Main / New York: Campus, 1980.

Breakthrough Institute: *Ökomodernes Manifest*, 2015 (https://www.ecomodernism.org/deutsch [aufgerufen am 31.01.2025]).

Brock, William H.: *Justus von Liebig. The Chemical Gatekeeper*, Cambridge: Cambridge University Press, 1997.

Brownhill, Leigh, Engel-Di Mauro, Salvatore; Giacomini, Terran; Isla, Ana; Löwy, Michael; Turner, Terisa E. (Hg.): *The Routledge Handbook of Ecosocialism*, London: Routledge, 2022.

Buck-Morss, Susan: *The Origin of Negative Dialectics. Theodor W. Adorno, Walter Benjamin and the Frankfurt Institute*, New York: The Free Press, 1977.

Burkett, Paul: *Marx and Nature. A Red and Green Perspective*, New York: St. Martin's Press, 1999.

Ders.: »Lukács on Science. A New Act in the Tragedy« [2001], in: *Historical Materialism* 21 (3), 2013, S. 3–15.

Ders.: »Marx's Vision of Sustainable Human Development«, in: *Monthly Review* 57 (5), 2005, S. 34–62.

Ders.: *Marxism and Ecological Economics. Toward a Red and Green Political Economy*, Leiden: Brill, 2006.

Carr, Edward Hallett: *Karl Marx. A Study in Fanaticism*, New York: Dent, 1934.

Carver, Terrell: *Marx and Engels. The Intellectual Relationship*, Brighton: Wheatsheaf, 1983.

Cassegård, Carl: »Eco-Marxism and the Critical Theory of Nature. Two Perspectives on Ecology and Dialectics«, in: *Distinktion* 18 (3), 2017, S. 314–332.

Ders.: *Toward a Critical Theory of Nature. Capital, Ecology and Dialectics*, New York: Bloomsbury, 2021.

Castree, Noel: »Socializing Nature. Theory, Practice and Politics«, in: Ders., Braun, Bruce (Hg.): *Social Nature. Theory, Practice and Politics*, Malden, MA: Blackwell Publishers, 2001, S. 1–21.

Ders.: »Marxism, Capitalism, and the Production of Nature«, in: Ders., Braun, Bruce (Hg.): *Social Nature. Theory, Practice and Politics*, Malden, MA: Blackwell Publishers, 2001, S. 189–207.

Ders.: »False Antitheses? Marxism, Nature and Actor–Networks«, in: *Antipode* 34 (1), 2002, S. 111–146.

Ders.: *Nature*, London: Routledge, 2005.

Ders.: *Making Sense of Nature. Representation, Politics and Democracy*, London: Routledge, 2013.

Césaire, Aimé: *Über den Kolonialismus* [1950], übers. von Heribert Becker, Berlin: Alexander Verlag, 2017.

Chakrabarty, Dipesh: »Vier Thesen« [2009], in: Ders.: *Das Klima der Geschichte im planetarischen Zeitalter*, übers. von Christine Pries, Berlin: Suhrkamp, 2022, S. 47–89.

Ders.: *Europa als Provinz. Perspektiven postkolonialer Geschichtsschreibung*, übers. von Robin Crackett. Frankfurt (M.): Campus, 2010.

Clark, Brett: »The Indigenous Environmental Movement in the United States. Transcending Borders in Struggles against Mining, Manufacturing and the Capitalist State«, in: *Organization and Environment* 15 (4), 2002, S. 410–442.

Clark, Brett; Foster, John Bellamy: »Ecological Imperialism and the Global Metabolic Rift. Unequal Exchange and the Guano / Nitrates Trade«, in: *International Journal of Comparative Sociology* 50 (3–4), 2009, S. 311–334.

Dies.: »The Dialectic of Social and Ecological Metabolism. Marx, Mészáros and the Absolute Limits of Capital«, in: *Socialism and Democracy* 24 (2), 2010, S. 124–138.

Clark, Brett, York, Richard: »Carbon Metabolism. Global Capitalism, Climate Change and the Biospheric Rift«, in: *Theory and Society* 34 (4), 2005, S. 391–428.

Dies.: »Rifts and Shifts. Getting to the Root of Environmental Crisis«, in: *Monthly Review* 60 (6), 2008, S. 13–24.

Clark, John: *The Anarchist Moment. Reflections on Culture, Nature and Power*, Montréal: Black Rose Books, 1984.

Clastres, Pierre: *Staatsfeinde. Studien zur politischen Anthropologie* [1974], übers. von Eva Moldenhauer, Frankfurt am Main: Suhrkamp, 1976.

Cohen, Gerald A.: *Karl Marx's Theory of History. A Defence* [1978], Princeton: Princeton University Press, 2000.

Ders.: *Self-Ownership, Freedom, and Equality*, Cambridge: Cambridge University Press, 1995.

Colletti, Lucio: *Hegel und der Marxismus*, übers. von Jürgen Gehler, Frankfurt am Main / Berlin / Wien: Ullstein, 1976.

Commoner, Barry: *Wachstumswahn und Umweltkrise*, übers. von Elena Schöfer, München / Gütersloh / Wien: Bertelsmann, 1973.

Congdon, Lee: »Apotheosizing the Party. Lukács's ›Chvostismus und Dialektik‹«, in: *Studies in East European Thought* 59 (4), 2007, S. 281–292.

Cook, Deborah: *Adorno on Nature*, London: Routledge, 2011.

Crutzen, Paul J.: »Albedo Enhancement by Stratospheric Sulfur Injections: A Contribution to Resolve a Policy Dilemma?«, in: *Climate Change* 77 (Juli), 2006, S. 211–219.

Crutzen, Paul J.; Stoermer, Eugene F.: »The ›Anthropocene‹«, in: *Global Change Newsletter* 41 (Mai), 2000, S. 17 f.

Cushman, Gregory T.: *Guano and the Opening of the Pacific World. A Global Ecological History*, Cambridge: Cambridge University Press, 2013.

Cuyvers, Ludo: »Why Did Marx's *Capital* Remain Unfinished? On Some Old and New Arguments«, in: *Science and Society* 84 (1), 2020, S. 13–41.

Daly, Herman E.: *Steady-State Economics*, 2., erw. Aufl., London: Earthscan, 1992.

Ders.: »The Return of Lauderdale's Paradox«, in: *Ecological Economics* 25 (1), 1998: S. 21 ff.

Deborin, Abram: »Lukács und seine Kritik des Marxismus«, in: *Arbeiter-Literatur* [Wien] 1 (10), 1924, S. 615–640.

Dellheim, Judith, Wolf, Frieder Otto (Hg.): *The Unfinished System of Karl Marx. Critically Reading Capital as a Challenge for our Time*, New York: Palgrave, 2018.

Deutscher, Isaac: *Die unvollendete Revolution 1917–1967*, übers. von Harry Maor, Frankfurt am Main: Europäische Verlagsanstalt, 1967.

Drapeau, Thierry: »›Look at Our Colonial Struggles‹. Ernest Jones and the Anti-colonialist Challenge to Marx's Conception of History«, in: *Critical Sociology* 45 (7–8), 2017, S. 1195–1208.

Drucker, Peter: *Die postkapitalistische Gesellschaft*, übers. von Ursel

Reineke u. Christiane Ferdinand-Gonzalez, Düsseldorf: Econ, 1993.

Dunayevskaya, Raya: *Algebra der Revolution. Philosophie der Befreiung von Hegel bis Sartre* [1973], übers. von Oskar Itzinger, Wien / München / Zürich: Europaverlag, 1981.

Ehrlich, Paul R., Ehrlich, Anne H.: *The Population Explosion*, New York: Simon & Schuster, 1990.

Engel-Di Mauro, Salvatore: *Ecology, Soils and the Left. An Ecosocial Approach*, New York: Palgrave, 2014.

Extinction Rebellion: *Wann wenn nicht wir*. Ein Extinction Rebellion Handbuch*, übers. von Ulrike Bischof, Frankfurt am Main: S. Fischer, 2019.

Federici, Silvia: *Caliban und die Hexe. Frauen, der Körper und die ursprüngliche Akkumulation* [2004], übers. von Max Henninger, Wien: Mandelbaum, 2012.

Feenberg, Andrew: *Lukács, Marx and the Sources of Critical Theory*, Totowa, NJ: Rowman and Littlefield, 1981.

Ders.: »Fracchia and Burkett on Tailism and the Dialectic«, in: *Historical Materialism* 23 (2), 2015, S. 228–238.

Ders.: »Why Students of the Frankfurt School Will Have to Read Lukács«, in: Thompson, Michael J. (Hg.): *The Palgrave Handbook of Critical Theory*, New York: Palgrave, 2017, S. 109–133.

Ferkiss, Victor C.: *Nature, Technology, and Society. Cultural Roots of the Current Environmental Crisis*, New York: New York University Press, 1993.

Ferraris, Maurizio: *Manifest des neuen Realismus*, übers. von Malte Osterloh, Frankfurt am Main: Klostermann, 2014.

Fischer-Kowalski, Marina: »Society's Metabolism«, in: Redclift, Michal R.; Woodgate, Graham (Hg.): *International Handbook of Environmental Sociology*, Northampton: Edward Elgar, 1997, S. 119–137.

Fisher, Mark: *Kapitalistischer Realismus ohne Alternative? Eine Flugschrift*, übers. von Christian Werthschulte, Peter Scheiffele u. Johannes Springer, Hamburg: VSA, 2013.

Ford, Martin: *Aufstieg der Roboter. Wie unsere Arbeitswelt gerade auf den Kopf gestellt wird – und wie wir darauf reagieren müssen*, übers. von Matthias Schulz, Kulmbach: Plassen, 2016.

Foster, John Bellamy: »The Communist Manifesto and the Environment«, in: Panitch, Leo; Leys, Colin (Hg.), *The Socialist Register*, London: Merlin Press, 1998, S. 169–189.

Ders.: »Hesitations before ecology. David Harvey's dilemma«, in: *Capitalism Nature Socialism* 9 (3), 1998, S. 55–59.

Ders.: *Marx' Ökologie. Materialismus und Natur* [2000], übers. von Alp Kayserilioğlu u. Max Zirngast, Münster: edition assemblage, 2024.

Ders.: »Marx's *Grundrisse* and the Ecological Contradiction of Capitalism«, in: Musto, Marcello (Hg.): *Karl Marx's Grundrisse. Foundations of the Critique of Political Economy – 150 Years Later*, London: Routledge, 2008, S. 93–106.

Ders.: »Marx and the Rift in the Universal Metabolism of Nature«, in: *Monthly Review* 65 (7), 2013, S. 1–19.

Ders.: »Paul Burkett's Marx and Nature Fifteen Years After«, in: *Monthly Review* 66 (7), 2014, S. 56–62.

Ders.: »Marxismus und Ökologie. Gemeinsame Quellen einer Großen Transformation«, übers. von Michael Brie, in: Michael Brie (Hg.): *Lasst uns über Alternativen reden*, Hamburg: VSA, 2015, S. 57–76.

Ders.: »Marxism in the Anthropocene. Dialectical Rifts on the Left«, in: *International Critical Thought* 6 (3), 2016, S. 393–421.

Ders.: »The Return of Engels«, in: *Monthly Review* 68 (10), 2017, S. 46–50.

Ders.: *The Return of Nature. Socialism and Ecology*, New York: Monthly Review Press, 2020.

Foster, John Bellamy; Angus, Ian: »In Defence of Ecological Marxism. John Bellamy Foster Responds to a Critic« [Interview], in: *Climate and Capitalism*, 6. Juni 2016 (https://climateandcapitalism.com/2016/06/06/in-defense-of-ecological-marxism-john-bellamy-foster-responds-to-a-critic/ [aufgerufen am 31. 01. 2025]).

Foster, John Bellamy; Burkett, Paul: *Marx and the Earth. An Anti-Critique*, Leiden: Brill, 2016.

Foster, John Bellamy; Clark, Brett: »The Paradox of Wealth. Capitalism and Ecological Destruction«, in: *Monthly Review* 61 (6), 2009, S. 1–18.

Dies.: *The Robbery of Nature. Capitalism and the Ecological Rift*, New York: Monthly Review Press, 2020.

Foster, John Bellamy; Holleman, Hannah; Clark, Brett: »Imperialism in the Anthropocene«, in: *Monthly Review* 7 (3), 2019, S. 70–88.

Foster, John Bellamy; Clark, Brett; York, Richard: *Der ökologische Bruch. Der Krieg des Kapitals gegen den Planeten*, übers. von Klaus E. Lehmann, Hamburg: Laika, 2011.

Fraas, Carl: *Klima und Pflanzenwelt in der Zeit. Ein Beitrag zur Geschichte beider*, Landshut: Wölfle, 1847.

Ders.: *Die Ackerbaukrisen und ihre Heilmittel. Ein Beitrag zur Wirthschaftspolitik des Ackerbauschutzes*, Leipzig: Brockhaus, 1866.

Fracchia, Joseph: »The Philosophical Leninism and Eastern ›Western Marxism‹ of Georg Lukács«, in: *Historical Materialism* 21 (1), 2013, S. 69–93.

Fraser, Nancy: »Beyond Marx's Hidden Abode. For an Expanded Conception of Capitalism«, in: *New Left Review* 86 (März / April), 2014, S. 55–72.

Frey, Carl Benedikt; Osborne, Michael A.: »The Future of Employment. How Susceptible Are Jobs to Computerisation?«, in: *Technological Forecasting and Social Change* 114 (Januar), 2017, S. 254–280.

Fuchs, Christian: »Henryk Grossmann 2.0. Eine Kritik an Paul Masons Buch *Postkapitalismus. Grundrisse einer kommenden Ökonomie*«, übers. von Alan Ruben van Keeken, in: Z. *Zeitschrift Marxistische Erneuerung* 107, 2016, S. 98–114.

Fukutomi, Masami: *Kyodotai Ronso to Syoyu no Genri* [Debatten über die Gemeinde und das Eigentumsprinzip], Tokio: Miraisha, 1970.

Fukuyama, Francis: *Das Ende der Geschichte. Wo stehen wir?*, übers. von Helmut Dierlamm, Ute Mihr u. Karlheinz Dürr, München: Kindler, 1992.

Gabriel, Markus: *I Am Not a Brain. Philosophy of Mind for the 21st Century*, Cambridge: Polity, 2019.

Ghosh, Suniti: »Marx on India«, in: *Monthly Review* 35 (8), 1984, S. 39–53.

Giddens, Anthony: *A Contemporary Critique of Historical Materialism*, Berkeley: University of California Press, 1981.

Goodman, David C.: »Chemistry and the Two Organic Kingdoms of Nature in the Nineteenth Century«, in: *Medical History* 16 (2), 1972, S. 113–130.

Görg, Christoph: *Gesellschaftliche Naturverhältnisse*, Münster: Westfälisches Dampfboot, 1999.

Ders.: »Societal Relationships with Nature. A Dialectical Approach to Environmental Politics«, in: Biro, Andrew (Hg.): *Critical Ecologies. The Frankfurt School and Contemporary Environmental Crises*, Toronto: University of Toronto Press, 2011, S. 43–72.

Gorz, André: *Ökologie und Politik*, übers. von Hubert Gaethe, Reinbek bei Hamburg: Rowohlt, 1977.

Ders.: »Destruktives Wachstum und produktives Schrumpfen«, in: Gorz, André: *Abschied vom Proletariat. Jenseits des Sozialismus*, übers. von Heinz Abosch, Frankfurt am Main: Europäischer Verlagsanstalt, 1980, S. 109–114.

Ders.: »Die politische Ökologie zwischen Expertokratie und Selbstbegrenzung«, übers. von Klaus Laabs, in: *Berliner Debatte Initial* 3 (1), 1993, S. 17–25

Ders.: *Wissen, Wert und Kapital. Zur Kritik der Wissensökonomie*, übers. von Jadja Wolf, Zürich: Rotpunkt, 2004.

Ders.: *Auswege aus dem Kapitalismus. Beiträge zur politischen Ökologie*, übers. von Eva Moldenhauer, Zürich: Rotpunkt, 2009.

Gouldner, Alvin W.: *The Two Marxisms. Contradictions and Anomalies in the Development of Theory*, New York: Seabury Press, 1980.

Graeber, David: *Bullshit Jobs. Vom wahren Sinn der Arbeit*, übers. von Sebastian Vogel, Stuttgart: Klett-Cotta, 2018.

Gramsci, Antonio: »Die ›Objektivität des Realen‹ und Prof. Lukács« [ca. 1930], übers. von Wolfgang Fritz Haug, in: Gramsci, Antonio: *Gefängnishefte*, Bd. 3, Hamburg: Argument, 1992, S. 508.

Graßmann, Timm: *Der Eklat aller Widersprüche. Marx' Theorie und Studien der wiederkehrenden Wirtschaftskrisen*, Berlin: De Gruyter, 2022.

Griese, Anneliese; Pawelzig, Gerd: »Why Did Marx and Engels Concern Themselves with Natural Science?«, in: *Nature, Society and Thought* 8 (2), 1995, S. 125–137.

Gunderson, Ryan: »The Metabolic Rifts of Livestock Agribusiness«, in: *Organization and Environment* 24 (4), 2011, S. 404–422.

Hailwood, Simon: *Alienation and Nature in Environmental Philosophy*, Cambridge: Cambridge University Press, 2015.

Haraway, Donna: »Sich verwandt machen. Anthropozän, Kapitalozän, Plantagozän, Chthuluzän« [2015], in: Dies.: *Unruhig bleiben. Die Verwandtschaft der Arten im Chthuluzän*, übers. von Karin Harrasser, Frankfurt am Main / New York: Campus, 2018, S. 137–142.

Hardt, Michael; Negri, Antonio: *Multitude. Krieg und Demokratie im Empire*, übers. von Thomas Atzert u. Andreas Wirthensohn, Frankfurt am Main / New York: Campus, 2004.

Harvey, David: »Population, Resources and the Ideology of Science«, in: *Economic Geography* 50 (3), 1974, S. 256–277.

Ders.: »Zwischen Raum und Zeit. Reflektionen zur Geographischen Imagination« [1990], übers. von Bernd Belina, in: Bernd Belina, Boris Michel (Hg.): *Raumproduktionen. Beiträge der Radical Geography. Eine Zwischenbilanz*, Münster: Westfälisches Dampfboot, 2007, S. 36–60.

Ders.: *Justice, Nature and the Geography of Difference*, Oxford: Wiley-Blackwell, 1996.

Ders.: »Marxism, Metaphors and Ecological Politics«, in: *Monthly Review* 49 (11), 1998, S. 17–31.

Ders.: *Der neue Imperialismus. Akkumulation durch Enteignung*, übers. von Britta Dutke, Hamburg: VSA, 2003.

Ders.: *Der neue Imperialismus*, übers. von Britta Dutke, Hamburg: VSA, 2005.

Ders.: »The Enigma of Capital and the Crisis this Time«, in: Calhoun, Craig; Derluguian, Georgi M. (Hg.): *Business as Usual. The Roots of the Global Financial Meltdown*, New York: NYU Press, 2011, S. 89–112.

Harstick, Hans-Peter (Hg.): *Karl Marx über Formen vorkapitalistischer Produktion: Vergleichende Studien zur Geschichte des Grundeigentums 1879–80*, Frankfurt am Main / New York: Campus, 1977.

Hassall, Arthur Hill: *Adulterations Detected, or Plain Instructions for the Discovery of Frauds in Food and Medicine*, 2. Aufl., London: Longman, Green, Longman and Roberts, 1861.

Haxthausen, August von: *Studien über die innern Zustände, das Volksleben und insbesondere die ländlichen Einrichtungen Rußlands*, 3 Bde., Hannover: Hahn, 1847 (Bde. 1 u. 2) / Berlin: B. Behr, 1852 (Bd. 3).

Hegel, Georg Wilhelm Friedrich: *Werke 3. Phänomenologie des Geistes* [1807], Frankfurt am Main: Suhrkamp, 1970.

Heilmann, Sebastian: »Leninism Upgraded. Xi Jinping's Authoritarian Innovations«, in: *China Economic Quarterly* 20 (4), 2016, S. 15–22.

Heinrich, Michael: *Kritik der politischen Ökonomie. Eine Einführung* [2003], 14., durchges. Aufl., Stuttgart: Schmetterling, 2018.

Ders.: »Marx' Ökonomiekritik nach der *MEGA*. Eine Zwischenbilanz nach dem Abschluss der II. Abteilung«, in: *Marx-Engels Jahrbuch* 2012/13, 2013, S. 144–167.

Ders.: »*Capital* after *MEGA*: Discontinuities, Interruptions and New Beginnings«, in: *Crisis and Critique* 3 (3), 2016, S. 92–138.

Henning, Christoph: »The Politics of Nature, Left and Right. Comparing the Ontologies of Georg Lukács and Bruno Latour«, in: Thompson, Michael J. (Hg.): *Georg Lukács and the Possibility of Critical Social Ontology*, Leiden: Brill, 2020, S. 289–317.

Hickel, Jason: »Degrowth. A Theory of Radical Abundance«, in: *Real-World Economic Review* 87, 2019, S. 54–68.

Hîнada, Shizuma: »On the Meaning in Our Time of the Drafts of Marx's Letter to Vera. Zasulich. 1881. With Textual Criticism«, in: *Sulavu Kenkyu* 20 (1), 1975, S. 69–80.

Hobsbawm, Eric: »Marx on pre-Capitalist Formations« [1964], in: Ders.: *How to Change the World. Reflections on Marx and Marxism*, New Haven: Yale University Press, 2011, S. 127–175.

Hochuli, Alex; Hoare, George; Cunliffe, Philip: *Das Ende des Endes der Geschichte. Post-Politik, Anti-Politik und der Zerfall der liberalen Demokratie*, übers. von Stefan Kraft, Wien: Promedia, 2022.

Holleman, Hannah: *Dust Bowls of Empire. Imperialism, Environmental Politics, and the Injustice of Green Capitalism*, New Haven: Yale University Press, 2018.

Holloway, John: »*Das Kapital* lesen: Der erste Satz. Oder: *Das Kapital* beginnt mit dem Reichtum, nicht mit der Ware«, übers. von Redaktion Grundrisse, in: *Grundrisse* 50, 2014, S. 4–15.

Holloway, John; Picciotto, Sol: »Introduction. Towards a Materialist Theory of the State«, in: Dies. (Hg.): *State and Capital. A Marxist Debate*, London: Edward Arnold, 1978, S. 1–31.

Holz, Hans Heinz; Kofler, Leo; Abendroth, Wolfgang: *Gespräche mit Georg Lukács*, hg. von Theo Pinkus, Reinbek b. Hamburg: Rowohlt, 1967.

Honneth, Axel: *Verdinglichung. Eine anerkennungstheoretische Studie*, Frankfurt am Main: Suhrkamp, 2005.

Ders.: *Die Idee des Sozialismus. Versuch einer Aktualisierung*, erw. Ausg., Berlin: Suhrkamp, 2017.

Horkheimer, Max: *Zur Kritik der instrumentellen Vernunft* [1947], übers. von Alfred Schmidt, in: *Max Horkheimer: Gesammelte Schriften*, Bd. 6, hg. von Alfred Schmidt, Frankfurt am Main: S. Fischer, 1991, S. 21–186.

Horkheimer, Max; Adorno, Theodor W.: *Dialektik der Aufklärung. Philosophische Fragmente* [1944], in: *Max Horkheimer: Gesam-*

melte Schriften, Bd. 5, hg. von Schmid Noerr, Gunzelin. Frankfurt am Main: S. Fischer, 1987, S. 13–290.

Hornborg, Alf: *Global Ecology and Unequal Exchange. Fetishism in a Zero-Sum World*, London: Routledge, 2012.

Ders.: »The Political Ecology of the Technocene. Uncovering Ecologically Unequal Exchange in the World-System«, in: Hamilton, Clive; Bonneuil, Christophe; Gemenne, François (Hg.): *The Anthropocene and the Global Environmental Crisis. Rethinking Modernity in a New Epoch*, London: Routledge, 2015, S. 57–69.

Ders.: *Global Magic. Technologies of Appropriation from Ancient Rome to Wall Street*, New York: Palgrave, 2016.

Ders.: *Nature, Society and Justice in the Anthropocene. Unravelling the Money-Energy-Technology Complex*, Cambridge: Cambridge University Press, 2020.

Hornborg, Alf; Martinez-Alier, Joan: »Ecologically Unequal Exchange and Ecological Debt«, in: *Journal of Political Ecology* 23 (1), 2016, S. 328–333.

Illich, Ivan: »Disabling Professions«, in: Ders., Zola, Irving Kenneth; McKnight, John; Caplan, Jonathan; Shaiken, Harley: *Disabling Professions*, London: Marion Boyars, 1977, S. 11–40.

Infranca, Antonio; Vedda, Miguel: »Ontology and Labor in Lukács' Late Thought«, in: Thompson, Michael J. (Hg.): *Georg Lukács and the Possibility of Critical Social Ontology*, Leiden: Brill, 2020, S. 13–27.

Jackson, Tim: *Wie wollen wir leben? Wege aus dem Wachstumswahn*, übers. von Eva Leipprand u. Linda Geßner, München: oekom, 2021.

Jacoby, Russell: »Western Marxism«, in: Bottomore, Tom (Hg.): *A Dictionary of Marxist Thought*, Oxford: Blackwell, 1983, S. 581–584.

Jahn, Thomas; Wehling, Peter: »Gesellschaftliche Naturverhältnisse – Konturen eines theoretischen Konzepts«, in: Brand, Karl-Werner (Hg.): *Soziologie und Natur. Theoretische Perspektiven*, Opladen: Leske und Budrich, 1998, S. 75–93.

Jameson, Fredric: »Dresdens Uhren. Über Uwe Tellkamps *Der Turm*«, übers. von Christine Pries, in: *WestEnd. Neue Zeitschrift für Sozialforschung* 9 (1/2), 2012, S. 194–204.

Ders.: »An American Utopia«, in: Žižek, Slavoj (Hg.): *An American Utopia. Dual Power and the Universal Army*, London: Verso, 2016, S. 1–96.

Jani, Pranav: »Karl Marx, Eurocentrism and the 1857 Revolt in British India«, in: Bartolovich, Crystal; Lazarus, Neil (Hg.): *Marxism, Modernity and Postcolonial Studies*, Cambridge: Cambridge University Press, 2002, S. 81–97.

Jay, Martin: *Marxism and Totality. The Adventures of a Concept from Lukács to Habermas*, Berkeley: University of California Press, 1984.

Jevons, W. Stanley: *The Coal Question. An Inquiry Concerning the Progress of Nation, and the Probable Exhaustion of Our Coal-Mines*, London: Macmillan, 1865.

Jordan, Zbigniew A.: *The Evolution of Dialectical Materialism. A Philosophical and Sociological Analysis*, London: Macmillan, 1967.

Kallis, Giorgos: »Socialism Without Growth«, in: *Capitalism Nature Socialism* 30 (2), 2017, S. 189–206.

Ders.: *Grenzen. Warum Malthus falschlag und warum uns das alle angeht*, übers. von Max Henninger, Berlin: Matthes & Seitz, 2021.

Kangal, Kaan: *Friedrich Engels and the Dialectics of Nature*, New York: Palgrave, 2020.

Kapp, Karl William: *Soziale Kosten der Marktwirtschaft*, übers. von Lore L. Kapp, Frankfurt am Main: S. Fischer, 1979.

Keynes, John Maynard: »Wirtschaftliche Möglichkeiten für unsere Enkelkinder« [1930], übers. von Norbert Reuter, in: Reuter, Norbert (Hg.): *Wachstumseuphorie und Verteilungsrealität. Wirtschaftspolitische Leitbilder zwischen Gestern und Morgen*, 2., vollst. überarb. und aktualis. Aufl., Marburg: Metropolis, 2007, S. 135–147.

Klagge, James C.: »Marx's Realms of ›Freedom‹ and ›Necessity‹«, in: *Canadian Journal of Philosophy* 16 (4), 1986, S. 769–777.

Klein, Naomi: *Die Schock-Strategie. Der Aufstieg des Katastrophen-Kapitalismus*, übers. von Michael Bischoff, Hartmut Schickert u. Karl Heinz Siber, Frankfurt am Main: S. Fischer, 2007.

Dies.: *Die Entscheidung. Kapitalismus vs. Klima*, übers. von Christa Prummer-Lehmair, Sonja Schuhmacher u. Gabriele Gockel, Frankfurt am Main: S. Fischer, 2015.

Dies.: *Gegen Trump. Wie es dazu kam und was wir jetzt tun müssen*, übers. von Gabriele Gockel, Sonja Schuhmacher u. Claudia Varrelmann, Frankfurt am Main: S. Fischer, 2017.

Dies.: *Warum nur ein Green New Deal unseren Planeten retten kann*, übers. von Gabriele Gockel, Sonja Schuhmacher u. Barbara Steckhan, Hamburg : Hoffmann und Campe, 2019.

Dies.: »Democratic Socialism for a Climate-Changed Century«, in:

Aronoff, Kate; Dreier, Peter; Kazin, Michael (Hg.): *We Own the Future. Democratic Socialism–American Style*, New York: The New Press, 2020, S. 78–91.

Kliman, Andrew: *The Failure of Capitalist Production. Underlying Causes of the Great Recession*, London: Pluto Press, 2011.

Kloppenburg, Jack R.: *First the Seed. The Political Economy of Plant Biotechnology 1492–2000*, Cambridge: Cambridge University Press, 1988.

Koch, Max: »Growth and Degrowth in Marx's Critique of Political Economy«, in: Chertkovskaya, Ekaterina; Paulsson, Alexander; Barca, Stefania (Hg.): *Towards a Political Economy of Degrowth*, London: Rowman & Littlefield, 2019, S. 69–82.

Kołakowski, Leszek: *Main Currents of Marxism. Its Rise, Growth and Dissolution*, Bd. 1, Oxford : Clarendon Press, 1978.

Korsch, Karl: *Marxismus und Philosophie*, hg. von Gerlach, Erich. Frankfurt am Main: Europäische Verlagsanstalt, 1966.

Kovel, Joel: »A Materialism Worthy of Nature«, in: *Capitalism Nature Socialism* 12 (2), 2001, S. 73–84.

Ders.: *The Enemy of Nature. The End of Capitalism or the End of the World?* 2. Aufl., London: Zed Books, 2007.

Krader, Lawrence: *The Asiatic Mode of Production: Sources, Development and Critique in the Writings of Karl Marx*, Assen: Van Gorcum, 1975.

Krader, Lawrence (Hg.): *The Ethnological Notebooks by Karl Marx*, transkr. u. eingel. von Lawence Krader, 2. Aufl., Assen: Van Gorcum, 1974.

Ders. (Hg.): *Karl Marx. Die ethnologischen Exzerpthefte*, übers. von Angelika Schweikhart, transkr. u. eingel. von Lawence Krader, Frankfurt am Main: Suhrkamp, 1976.

Laclau, Ernesto; Mouffe, Chantal: *Hegemonie und radikale Demokratie. Zur Dekonstruktion des Marxismus*, übers. von Michael Hintz und Gerd Vorwallner, Wien: Passagen, 1991.

Lamb, Peter: *Marx and Engels'* Communist Manifesto. *A Reader's Guide*, New York: Bloomsbury, 2015.

Latouche, Serge: *Le pari de la décroissance*, Paris: Fayard, 2006.

Ders.: *La décroissance*, Paris: Humensis, 2019.

Latour, Bruno: *Wir sind nie modern gewesen. Versuch einer symmetrischen Anthropologie* [1991], übers. von Gustav Roßler, Frankfurt am Main: Suhrkamp, 2008.

Ders.: *Das Parlament der Dinge. Für eine politische Ökologie* [1999], übers. von Gustav Roßler, Frankfurt am Main: Suhrkamp, 2001.

Ders.: »Love Your Monsters. Why We Must Care for Our Technologies as We Do Our Children«, in: *Breakthrough Journal* 2, 2011, S. 19–26.

Ders.: *Kampf um Gaia. Acht Vorträge über das neue Klimaregime*, übers. von Achim Russer u. Bernd Schwibs, Berlin: Suhrkamp, 2017.

Latour, Bruno; Lépinay, Vincent Antonin: *Die Ökonomie als Wissenschaft der leidenschaftlichen Interessen. Eine Einführung in die ökonomische Anthropologie Gabriel Tardes*, übers. von Gustav Roßler, Berlin: Suhrkamp, 2010.

Lauderdale, James Maitland, Earl of: *An Inquiry into the Nature and Origin of Public Wealth* [1804], 2. Aufl., Edinburgh: Archibald Constable & Co, 1819.

Ders.: *Ueber National-Wohlstand*, übers. von N. N., Wien: B. P. Bauer, 1814.

Lebowitz, Michael A.: *Following Marx. Method, Critique and Crisis*, Leiden: Brill, 2009.

Lessenich, Stephan: *Neben uns die Sintflut. Wie wir auf Kosten anderer leben*, München: Piper, 2018.

Levine, Norman: *The Tragic Deception. Marx contra Engels*, Oxford: Clio Books, 1975.

Lichtheim, George: *Marxism. An Historical and Critical Study*, New York: Frederick A. Praeger, 1961.

Liebig, Justus von: *Chemische Briefe*, 4. umgearb. u. verm. Aufl., 2 Bde., Leipzig/Heidelberg: C. F. Winter, 1859.

Ders.: *Die Chemie in ihrer Anwendung auf Agricultur und Physiologie*, Teil 1, 7. Aufl., Braunschweig: Vieweg, 1862.

Liedman, Sven-Eric: *A World to Win. The Life and Works of Karl Marx*, übers. von Jeffrey N. Skinner, London: Verso, 2018.

Lindner, Kolja: »Eurozentrismus bei Marx. Marx-Debatte und Postcolonial Studies im Dialog«, in: Bonefeld, Werner; Heinrich, Michael (Hg.): *Kapital & Kritik. Nach der »neuen« Marx-Lektüre*, Hamburg: VSA, 2011, S. 93–129.

Lipietz, Alain: »Die politische Ökologie und die Zukunft des Marxismus«, übers. von Hans-Peter Krebs, in: Ders.: *Nach dem Ende des »Goldenen Zeitalters«. Regulation und Transformation kapitalistischer Gesellschaften*, Hamburg: Argument, 1998, S. 59–76.

Loftus, Alex: *Everyday Environmentalism. Creating an Urban Political Ecology*, Minneapolis: University of Minnesota Press, 2012.

Longo, Stefano; Clausen, Rebecca; Clark, Brett: *The Tragedy of the Commodity. Oceans, Fisheries, and Aquaculture*, New Brunswick: Rutgers University Press, 2015.

Löwy, Michael: »Globalisierung und Internationalismus«, übers. von Joachim Wilke, in: *Das Manifest – heute*, Hamburg: VSA, 1998, S. 112–121.

Ders.: »Revolutionary Dialectics against ›Tailism‹: Lukács' Answer to the Criticisms of *History and Class Consciousness*«, in: Thompson, Michael J. (Hg.): *Georg Lukács Reconsidered. Critical Essays in Politics, Philosophy and Aesthetics*, New York: Continuum, 2013, S. 65–72.

Ders.: *Ökosozialismus. Die radikale Alternative zur ökologischen und kapitalistischen Katastrophe*, übers. von Roland Holst, Hamburg: Laika, 2016.

Ders.: »Marx, Engels and Ecology«, in: *Capitalism Nature Socialism* 28 (2), 2017, S. 10–21.

Ders.: »From Marx to Ecosocialism«, in: *New Politics*, 3. Februar 2019 (https://newpol.org/review/from-marx-to-ecosocialism/ [aufgerufen am 31. 01. 2025]).

Ders.: »Ökosozialismus und / oder ›Degrowth‹?«, übers. von Wilfried Dubois, in: *Die Internationale* 592/593 (März / April), 2021, S. 3 ff.

Löwy, Michael; Akbulut, Bengi; Fernandes, Sabrina; Kallis, Giorgos: »Ökosozialismus und Degrowth – eine gemeinsame Bewegung«, in: *emanzipation*, 6 (1), 2022, S. 59 *ff.*

Lukács, Georg: *Geschichte und Klassenbewußtsein. Studien über marxistische Dialektik* [1923], in: Ders.: *Werke*, Bd. 2: *Frühschriften II*, Neuwied / Berlin: Luchterhand, 1968, S. 161–517.

Ders.: *Chvostismus und Dialektik* [1925/26], in: *Magyar Filozófiai Szemle*, hg. von Illés, László Budapest: Áron, 1996, S. 7–79.

Ders.: *Prolegomena. Zur Ontologie des gesellschaftlichen Seins*, 2 Halbbde., in: Ders.: *Werke*, Bd. 13 u. 14, Darmstadt / Neuwied: Luchterhand, 1984 u. 1986.

Luxemburg, Rosa: *Die Akkumulation des Kapitals. Ein Beitrag zur ökonomischen Erklärung des Imperialismus* [1913], in: Dies.: *Gesammelte Werke*, Bd. 5, Berlin: Dietz, [4]1990.

Magdoff, Fred; van Es, Harold: *Building Soils for Better Crops. Sustain-*

able Soil Management, College Park, MD: SARE Outreach, 2010.

Malm, Andreas: *Fossil Capital. The Rise of Steam Power and the Roots of Global Warming*, London: Verso, 2016.

Ders.: *Der Fortschritt dieses Sturms. Natur und Gesellschaft in einer sich erwärmenden Welt* [2018], übers. von David Frühauf, Berlin: Matthes & Seitz, 2021.

Ders.: *Klima|x*, übers. von David Frühauf, Berlin: Matthes & Seitz, 2020.

Ders.: *Wie man eine Pipeline in die Luft jagt. Kämpfen lernen in einer Welt in Flammen*, übers. von David Frühauf, Berlin: Matthes & Seitz, 2020.

Malm, Andreas; Hornborg, Alf: »The Geology of Mankind? A Critique of the Anthropocene Narrative«, in: *The Anthropocene Review* 1 (1), 2014, S. 62–69.

Mancus, Philip: »Nitrogen Fertilizer Dependency and Its Contradictions. A Theoretical Exploration of Social-Ecological Metabolism«, in: *Rural Sociology* 72 (2), 2007, S. 269–288.

Mandel, Ernest: *Die langen Wellen im Kapitalismus. Eine marxistische Erklärung* [1978], übers. von Angelika Meixner, Frankfurt am Main: ISP, 1983.

Ders.: *Macht und Geld. Eine marxistische Theorie der Bürokratie* [1992], übers. von Björn Krüger, Köln: ISP, 2000.

Marcuse, Herbert: *Die Gesellschaftslehre des sowjetischen Marxismus* [1957], übers. von Alfred Schmidt, in: *Herbert Marcuse: Schriften*, Bd. 6, Frankfurt am Main: Suhrkamp, 1989.

Ders.: *Versuch über die Befreiung* [1969], übers. von Helmut Reinicke u. Alfred Schmidt, in: *Herbert Marcuse: Schriften*, Bd. 8, Frankfurt am Main: Suhrkamp, 1984 S. 237–317.

Ders.: *Die Permanenz der Kunst. Wider eine bestimmte marxistische Ästhetik* [1977], in: Ders.: *Schriften*, Bd. 9, Frankfurt am Main: Suhrkamp, 1987, S. 191–241.

Ders.: »Ökologie und Gesellschaftskritik« [1979], übers. von Eva Maria Krampe u. Peter-Erwin Jansen, in: *Herbert Marcuse: Nachgelassene Schriften*, Bd. 6, hg. von Jansen, Peter-Erwin., Springe: zu Klampen, 2009, S. 165–176.

Martinez-Alier, Joan: *Environmentalism of the Poor. A Study of Ecological Conflicts and Valuation*, New York: Edward Elgar, 2002.

Marx, Karl: *Resultate des unmittelbaren Produktionsprozesses* (Öko-

nomisches Manuskript 1863–1865), in: *Archiv sozialistischer Literatur* 17, Frankfurt am Main: Neue Kritik, 1969.
Ders.: *Economic Manuscript of 1864–1865*, übers. von Ben Fowkes, hg. von Moseley, Fred. Leiden: Brill, 2015.
Marx, Karl; Engels, Friedrich: *Werke* [zitiert als *MEW*], 44 Bde., hg. v. Institut für Marxismus-Leninismus beim ZK der SED / Institut für Geschichte der Arbeiterbewegung / Rosa-Luxemburg-Stiftung, Berlin: Dietz 1956–2018.
Marx, Karl; Engels, Friedrich: *Gesamtausgabe*, Abteilung I–IV, Berlin: Dietz Verlag, Akademie Verlag, De Gruyter, 1975 ff.
Mason, Paul: *Postkapitalismus. Grundrisse einer kommenden Ökonomie*, übers. von Stephan Gebauer, Berlin: Suhrkamp, 2016.
Ders.: *Klare, lichte Zukunft. Eine radikale Verteidigung des Humanismus*, übers. von Gebauer, Stephan. Berlin: Suhrkamp, 2019.
Maurer, Georg Ludwig von: *Einleitung zur Geschichte der Mark-, Hof-, Dorf-, und Stadtverfaßung und der öffentlichen Gewalt*, München: Kaiser, 1854.
Ders.: *Die Geschichte der Dorfverfassung in Deutschland*, Bd. 1, Erlangen: F. Enke, 1865.
McKibben, Bill: *Das Ende der Natur. Die globale Umweltkrise bedroht unser Überleben*, übers. von Udo Rennert, München: Piper, 1992.
Ders.: *Deep Economy. The Wealth of Communities and the Durable Future*, New York: Henry Holt and Company, 2007.
David McLellan: *Engels*, London: Fontana / Collins, 1977.
McMichael, Philip: »Agro-fuels, Food Security and the Metabolic Rift«, in: *Kurswechsel* 23 (3), 2008, S. 14–22.
McNeill, John R.; Engelke, Peter: »Mensch und Umwelt im Zeitalter des Anthropozän«, übers. von Thomas Atzert, in: Iriye, Akira; Osterhammel, Jürgen (Hg.): *Geschichte der Welt. 1945 bis heute: Die globalisierte Welt*, München: C. H. Beck, 2013, S. 357–534.
Merleau-Ponty, Maurice: *Die Abenteuer der Dialektik* [1955], übers. von Alfred Schmidt u. Herbert Schmitt, Frankfurt am Main: Suhrkamp, 1968.
Mészáros, István: *Der Entfremdungsbegriff bei Marx* [1970], übers. von Wilhelm Höck, München: List, 1973.
Ders.: *The Necessity of Social Control* [1972], New York: Monthly Review Press, 2014.
Ders.: *Philosophy, Ideology and Social Science. Essays in Negation and Affirmation*, Brighton: Wheatsheaf Books, 1986.

Ders.: *Beyond Capital. Toward a Theory of Transition*, New York: Monthly Review Press, 1995.

Ders.: *The Work of Sartre. Search for Freedom and the Challenge of History*, New York: Monthly Review Press, 2012.

Milanović, Branko: *Kapitalismus global. Über die Zukunft des Systems, das die Welt beherrscht*, übers. von Stephan Gebauer, Berlin: Suhrkamp, 2020.

Mill, John Stuart: *Grundsätze der politischen Oekonomie, nebst einigen Anwendungen auf die Gesellschaftswissenschaft*, übers. von Adolph Soetbeer, 2 Bde., Hamburg: Perthes-Besser und Mauke, 1852.

Mitchell, Timothy: *Carbon Democracy. Political Power in the Age of Oil*, London: Verso, 2013.

Miyamoto, Kenichi: *Shakai Shihon Ron* [Theorie des sozialen Kapitals], Tokio: Yuhikaku, 1967.

Moore, Jason W.: »Environmental Crises and the Metabolic Rift in World-Historical Perspective«, in: *Organization and Environment* 13 (2), 2000, S. 123–157.

Ders.: »The Crisis of Feudalism. An Environmental History«, in: *Organization and Environment* 15 (3), 2002, S. 301–322.

Ders.: »Toward a Singular Metabolism. Epistemic Rifts and Environment-Making in the Capitalist World-Ecology«, in: *New Geographies* 6 (August), 2014, S. 10–19.

Ders.: *Kapitalismus im Lebensnetz. Ökologie und die Akkumulation des Kapitals* [2015], übers. von Dirk Höfer, Berlin: Matthes & Seitz, 2020.

Ders.: »The Rise of Cheap Nature«, in: Ders. (Hg.): *Anthropocene or Capitalocene? Nature, History, and the Crisis of Capitalism*, Oakland: PM Press, 2016, S. 78–115.

Ders.: »Anthropocenes and the Capitalocene Alternative«, in: *Azimuth* 9 (1), 2017, S. 71–79.

Ders.: »Metabolic Rift or Metabolic Shift? Dialectics, Nature and the World-Historical Method«, in: *Theory and Society* 46 (4), 2017, S. 285–318.

Ders.: »Capitalocene and Planetary Justice«, in: *Maize* 6 (Juli), 2019, S. 49–54.

Moore, Jason W. (Hg.): *Anthropocene or Capitalocene? Nature, History, and the Crisis of Capitalism*, Oakland: PM Press, 2016.

Moseley, Fred: »Introduction«, in: Karl Marx: *Economic Manuscript of 1864–1865*, hg. von Moseley, Fred. Leiden: Brill, 2015, S. 1–44.

Mouffe, Chantal: *Für einen linken Populismus*, übers. von Richard Barth, Berlin: Suhrkamp, 2018.

Musto, Marcello: *The Last Years of Karl Marx, 1881–1883. An Intellectual Biography*, Redwood City: Stanford University Press, 2020.

Næss, Arne: »The Shallow and the Deep, Long-Range Ecology Movement. A Summary«, in: *Inquiry* 16 (1), 1973, S. 95–100.

Napoletano, Brian M.; Foster, John Bellamy; Clark, Brett; Urquijo, Pedro S.; McCall, Michael K.; Paneque-Gálvez, Jaime: »Making Space in Critical Environmental Geography for the Metabolic Rift«, in: *Annals of the American Association of Geographers* 109 (6), 2019, S. 1811–1828.

Neckel, Sighard: »Scholastische Irrtümer? Rückfragen an das Anthropozän«, in: Adloff, Frank; Neckel, Sighard (Hg.): *Gesellschaftstheorie im Anthropozän*, Frankfurt am Main / New York: Campus, 2020, S. 157–168.

Negri, Antonio: *Über das Kapital hinaus* [1978/79], übers. von Thomas Atzert u. Andreas Löhrer, Berlin: Dietz, 2019.

Neyrat, Frédéric: *The Unconstructable Earth. An Ecology of Separation*, übers. von Drew S. Burk, New York: Fordham University Press, 2019.

Nordhaus, William D: »To Slow or Not to Slow. The Economics of the Greenhouse Effect«, in: *Economic Journal* 101 (407), 1991, S. 920–937.

Noys, Benjamin: *Need for Speed. Tod und Tempo im Kapitalismus* [2014], übers. von Melanie Sindelar, Berlin: Matthes & Seitz, 2025.

O'Connor, James: *Natural Causes. Essays in Ecological Marxism*, New York: The Guilford Press, 1998.

Ohno, Sadao: »Marx ni okeru Shakai Kouseitai to Seisan Yoshiki« [Marx' Begriff der Gesellschaftsformation und der Produktionsweise], in: *Keizai* 198 (Mai), 1983, S. 290–302.

Ohno, Sadao; Satake, Hiroaki: »Marx Inyonoto no Sakuseikatei. 1859–1861« [Die Entstehung von Marx' Exzerpten 1859–1861]. *Keizaigaku Ronso* 32 (1/2), 1984, S. 11–46.

O'Rourke, James J.: *The Problem of Freedom in Marxist Thought. An Analysis of the Treatment of Human Freedom by Marx, Engels, Lenin and Contemporary Soviet Philosophy*, Dordrecht: Reidel, 1974.

Otani, Teinosuke: »Das *Kapital* in Marx' Selbstverständnis«, in: *Marx-Engels Jahrbuch* 2012/13, 2013, S. 134–143.

Ders.: *Marx no Rishiumi Shihonron* [Marx' Theorie des zinstragenden Kapitals], Tokio: Sakurai Shoten, 2016.

Ders.: *A Guide to Marxian Political Economy. What Kind of a Social System Is Capitalism?*, New York: Springer, 2018.

Pasquinelli, Matteo: »On the Origins of Marx's General Intellect«, in: *Radical Philosophy* 2 (6), 2019, S. 43–56.

Pepper, David: *Eco-Socialism. From Deep Ecology to Social Justice*, London: Routledge, 2004.

Perry, Marvin: *Western Civilization. Ideas, Politics and Society*, Bd. 2, Boston: Cengage Learning, 2015.

Phillips, Leigh: *Austerity Ecology and the Collapse-Porn Addicts. A Defence of Growth, Progress, Industry and Stuff*, Winchester, UK: Zero Books, 2015.

Piketty, Thomas: *Der Sozialismus der Zukunft. Interventionen*, übers. von André Hansen, München: C. H. Beck, 2021.

Ders.: *Kapital und Ideologie*, übers. von André Hansen, Enrico Heinemann, Stefan Lorenzer, Ursel Schäfer u. Nastasja S. Dresler, München: C. H. Beck, 2022.

Plumwood, Val: *Environmental Culture. The Ecological Crisis of Reason*, London: Routledge, 2002.

Polanyi, Karl: *The Great Transformation. Politische und ökonomische Ursprünge von Gesellschaften und Wirtschaftssystemen* [1944], übers. von Heinrich Jelinek, Frankfurt am Main: Suhrkamp, 1978.

Popper, Karl R.: *Die offene Gesellschaft und ihre Feinde*, Bd. 2: *Falsche Propheten. Hegel, Marx und die Folgen* [1945], übers. von Paul K. Feyerabend, Bern: Francke, 1958.

Postone, Moishe: *Zeit, Arbeit und gesellschaftliche Herrschaft. Eine neue Interpretation der kritischen Theorie von Marx*, übers. von Christoph Seidler, Wolfgang Kukulies, Petra Haarmann, Norbert Trenkle u. Manfred Dahlmann, Freiburg: ça ira, 2003.

Pradella, Lucia: *Globalization and the Critique of Political Economy. New Insights from Marx's Writings*, London: Routledge, 2016.

Purdy, Jedediah: *After Nature. A Politics for the Anthropocene*, Cambridge, MA: Harvard University Press, 2015.

Rancière, Jacques: *Das Unvernehmen. Politik und Philosophie*, übers. von Richard Steurer, Frankfurt am Main: Suhrkamp, 2002.

Raupach, Michael R.; Canadell, Joseph G.: »Carbon and the Anthropocene«, in: *Current Opinion in Environmental Sustainability* 2 (4), 2010, S. 210–218.

Rifkin, Jeremy: *Die Null-Grenzkosten-Gesellschaft. Das Internet der Dinge, kollaboratives Gemeingut und der Rückzug des Kapitalismus*, übers. von Bernhard Schmid, Frankfurt am Main / New York: Campus, 2014.

David Rjazanov: »Neueste Mitteilungen über den literarischen Nachlaß von Karl Marx und Friedrich Engels«, in: Grünberg, Carl (Hg.): *Archiv für die Geschichte des Sozialismus und der Arbeiterbewegung*, 11. Jg., Leipzig: C. L. Hirschfeld, 1925, S. 385–400.

Rojahn, Jürgen: »The Emergence of a Theory. The Importance of Marx's Notebooks Exemplified by Those from 1844«, in: *Rethinking Marxism*, 14 (4), 2002, S. 29–46.

Rosa, Hartmut; Henning, Christoph; Bueno, Arthur (Hg.): *Critical Theory and New Materialisms*, London: Routledge, 2021.

Ross, Kristin: *Luxus für alle. Die politische Gedankenwelt der Pariser Kommune* [2015], übers. von Felix Kurz, Berlin: Matthes & Seitz, 2021.

Roth, Regina: »The Author Marx and His Editor Engels. Different Views on Volume 3 of *Capital*«, in: *Rethinking Marxism* 14 (4), 2002, S. 59–72.

Royle, Camilla: »Engels as an Ecologist«, in: Saito, Kohei (Hg.): *Engels's Legacy in the 21st Century*, New York: Palgrave, 2020, S. 171–193.

Rudas, Ladislaus: »Orthodoxer Marxismus?«, in: *Arbeiter-Literatur* [Wien] 1 (9), 1924, S. 493–517.

Said, Edward: *Orientalismus* [1978], übers. von Hans Günter Holl, Frankfurt am Main: S. Fischer, 2009.

Saito, Kohei: *Natur gegen Kapital. Marx' Ökologie in seiner unvollendeten Kritik des Kapitalismus*, Frankfurt am Main / New York: Campus, 2016.

Ders.: »Profit, Elasticity and Nature«, in: Dellheim, Judith; Wolf, Frieder Otto (Hg.): *The Unfinished System of Karl Marx. Critically Reading Capital as a Challenge for our Time*, New York: Palgrave, 2018, S. 187–217.

Ders.: *Systemsturz. Der Sieg der Natur über den Kapitalismus*, übers. von Gregor Wakounig, München: dtv, 2023.

Salleh, Ariel; Goodman, James; Hosseini, S. A. Hamed: »From Sociological Imagination to ›Ecological Imagination‹«, in: Marshall, Jonathan Paul; Connor, Linda H. (Hg.): *Environmental Change and the World's Futures. Ecologies, Ontologies, Mythologies*, London: Routledge, 2015, S. 96–109.

Sartre, Jean-Paul: »Die Transzendenz des Ego« [1936/37], übers. von Herbert Schmitt, in: Sartre, Jean-Paul: *Die Transzendenz des Ego. Drei Essays*, Reinbek bei Hamburg: Rowohlt, 1964, S. 5–50.

Sasaki, Ryuji: »Karl Marx: Economic Manuscript of 1864–1865. Translated by Ben Fowkes. Edited and with an Introduction by Fred Moseley«, in: *Marx-Engels Jahrbuch* 2017/18, 2018, S. 238–245.

Ders.: *A New Introduction to Karl Marx. New Materialism, Critique of Political Economy, and the Concept of Metabolism*, übers. von Michael Schauerte, New York: Palgrave Macmillan, 2021.

Schmelzer, Matthias: *The Hegemony of Growth. The OECD and the Making of the Economic Growth Paradigm*, Cambridge: Cambridge University Press, 2017.

Schmidt, Alfred: *Der Begriff der Natur in der Lehre von Marx* [1971], 4., überarb. u. verb. Aufl., Hamburg: Europäische Verlagsanstalt, 1993.

Schneider, Mindi; McMichael, Philip: »Deepening, and Repairing, the Metabolic Rift«, in: *Journal of Peasant Studies* 37 (3), 2010, S. 461–484.

Schumpeter, Joseph A.: »Das ›Kommunistische Manifest‹ in der Soziologie und in der Ökonomik« [1949], in: Ders.: *Beiträge zur Sozialökonomik*, hg., übers. u. eingel. von Stephan Böhm, Graz/Wien: Böhlau, 1987, S. 95–115.

Schwartzman, David: »Solar Communism«, in: *Science and Society* 60 (3), 1996, S. 307–331.

Shanin, Teodor: *Late Marx and the Russian Road. Marx and the Peripheries of Capitalism*, New York: Monthly Review Press, 1984.

Shiva, Vandana: »We Are Soil«, in: Richardson, Barbara (Hg.): *Dirt. A Love Story*, Lebanon: University Press of New England, 2015, S. 173–177.

Smith, Adam: *Der Wohlstand der Nationen. Eine Untersuchung seiner Natur und seiner Ursachen* [1789], übers. von Horst Claus Recktenwald, München: dtv, 1978.

Smith, David Norman: »Accumulation and the Clash of Cultures. Marx's Ethnology in Context«, in: *Rethinking Marxism* 14 (4), 2002, S. 73–83.

Smith, Neil: *Uneven Development. Nature, Capital, and the Production of Space* [1984], Athens, GA: University of Georgia Press, 32008.

Soper, Kate: *What Is Nature? Culture, Politics and the Non-Human*, Oxford: Blackwell, 1995.

Dies.: *Post-Growth Living. For an Alternative Hedonism*, London: Verso, 2020.

Srnicek, Nick: *Plattform-Kapitalismus*, übers. von Ursel Schäfer. Hamburg: Hamburger Edition, 2018.

Srnicek, Nick; Williams, Alex: *Die Zukunft erfinden. Postkapitalismus und eine Welt ohne Arbeit*, übers. von Thomas Atzert, Berlin: Edition Tiamat, 2016.

Stanley, John L.: *Mainlining Marx*, Piscataway, NJ: Transaction, 2002.

Stedman Jones, Gareth: »The Marxism of the Early Lukács. An Evaluation«, in: *New Left Review* 1 (70), 1971, S. 27–64.

Ders.: *Karl Marx. Die Biographie* [2016], übers. von Thomas Atzert u. Andreas Wirthensohn, Frankfurt am Main: S. Fischer, 2020.

Steffen, Will; Grinevald, Jacques; Crutzen, Paul; McNeill, John: »The Anthropocene. Conceptual and Historical Perspective«, in: *Philosophical Transactions of the Royal Society A* 369 (1938), 2011, S. 842–867.

Sweezy, Paul: »Cars and Cities«, in: *Monthly Review* 24 (11), 1973, S. 1–18.

Symons, Jonathan: *Ecomodernism. Technology, Politics and the Climate Crisis*, Cambridge: Polity, 2019.

Tairako, Tomonaga: *Shakaishyugi to Gendaishakai* [Sozialismus und die moderne Welt], Tokio: Aoki Shoten, 1991.

Ders.: »Marx no Maurer Kenkyu no Shatei« [Die Bedeutung von Marx' Untersuchung zu Maurer], in: Otani, Teinosuke; Tairako, Tomonaga (Hg.): *Marx Bassuinoto kara Marx wo Yomu*, Tokio: Shakurai Shoten, 2016, S. 217–257.

Ders.: »Versachlichung and Verdinglichung. Basic Categories of Marx's Theory of Reification and their Logical Construction«, in: *Hitotsubashi Journal of Social Studies* 48 (1), 2017, S. 1–26.

Tanuro, Daniel: *Green Capitalism. Why It Can't Work*, London: Merlin, 2003.

Therborn, Göran: *From Marxism to Post-Marxism?* London: Verso, 2009.

Thomas, Paul: »Marx and Science«, in: *Political Studies* 24 (1), 1976, S. 1–23.

Ders.: »Nature and Artifice in Marx«, in: *History of Political Thought* 9 (3), 1988, S. 485–503.

Ders.: *Marx and Scientific Socialism. From Engels to Althusser*, London: Routledge, 2008.

Toscano, Alberto: »The Prejudice against Prometheus«, in: *Stir Magazine*, 15. August 2011 (https://stirtoaction.wordpress.com/2011/08/15/the-prejudice-against-prometheus/ [aufgerufen am 31.01.2025]).

Tsuru, Shigeto: *Towards a New Political Economy*, Tokio: Kodansha, 1976.

United States Congress: *Energy Reorganization Act of 1973. Hearings. Ninety-Third Congress. First Session on H.R. 11510*, Washington, DC: U.S. Government Printing Office, 1973.

Venable, Vernon: *Human Nature. The Marxian View*, New York: Alfred A. Knopf, 1945.

Vergara-Camus, Leandro: »Capitalism, Democracy and the Degrowth Horizon«, in: *Capitalism Nature Socialism* 30 (2), 2019, S. 217–233.

Vernadskij, Vladimir I.: *Der Mensch in der Biosphäre. Zur Naturgeschichte der Vernunft* [1926], hg. von Hofkirchner, Wolfgang; übers. von Eder, Felix; Krüger, Peter. Frankfurt am Main: Lang, 1997.

Vogel, Steven: *Against Nature. The Concept of Nature in Critical Theory*, Albany: SUNY Press, 1996.

Ders.: *Thinking Like a Mall. Philosophy after the End of Nature*, Cambridge, MA: MIT Press, 2015.

Vollgraf, Carl-Erich: »Marx über die sukzessive Untergrabung des Stoffwechsels der Gesellschaft bei entfalteter kapitalistischer Massenproduktion«, in: *Beiträge zur Marx-Engels-Forschung Neue Folge* 2014/15, 2016, S. 106–132.

Wada, Haruki: *Marx, Engels, to Kakumei Russia* [Marx, Engels und das revolutionäre Russland], Tokio: Keiso Shobo, 1975.

Walicki, Andrzej: *The Controversy Over Capitalism. Studies in the Social Philosophy of the Russian Populists*, Oxford: Clarendon, 1969.

Wallace-Wells, David: *The Uninhabitable Earth. A Story of the Future*, London: Allen Lane, 2019.

Wallerstein, Immanuel: *Das moderne Weltsystem – Die Anfänge kapitalistischer Landwirtschaft und die europäische Weltökonomie im 16. Jahrhundert* [1974], übers. von Angelika Schweikhart, Frankfurt am Main: Syndikat, 1986.

Ders.: *The Capitalist World Economy. Essays*, Cambridge: Cambridge University Press, 1979.

Ders.: *Der historische Kapitalismus* [1983], übers. von Uta Lehmann-Grube, Berlin: Argument, 1984.

Ders.: »Ecology and Capitalist Costs of Production. No Exit«, in: Goldfrank, Walter L; Goodman, David; Szasz, Andrew (Hg.): *Ecology and the World System*, Westport, CT: Greenwood Press, 1999, S. 3–11.

Ders.: »Die strukturelle Krise oder Warum der Kapitalismus sich nicht mehr rentieren könnte«, übers. von Thomas Laugstien, in: Immanuel Wallerstein, Randall Collins, Michael Mann, Georgi Derluguian, Craig Calhoun: *Stirbt der Kapitalismus? Fünf Szenarien für das 21. Jahrhundert*, Frankfurt am Main / New York: Campus, 2014, S. 17–47.

Welty, Gordon: »Marx, Engels and ›Anti-Dühring‹«, in: *Political Studies* 31 (2), 1983, S. 284–294.

Wendling, Amy E.: *Karl Marx über Technologie und Entfremdung*, übers. von Dorothea Schmidt, Berlin: Dietz, 2022.

Weston, Del: *The Political Economy of Global Warming. The Terminal Crisis*, London: Routledge, 2014.

White, Hylton: »Materiality, Form and Context. Marx contra Latour«, in: *Victorian Studies* 55 (4), 2013, S. 667–682.

White, James: *Marx and Russia. The Fate of a Doctrine*, New York: Bloomsbury, 2019.

Wood, Allen: *Karl Marx*, London: Routledge and Kegan Paul, 1981.

Wood, Ellen Meiksins: *The Retreat from Class. A New »True« Socialism*, London: Verso, 1986.

Dies.: *Demokratie contra Kapitalismus. Beiträge zur Erneuerung des historischen Materialismus* [1995], übers. von Ingrid Scherf u. Christoph Jünke, Köln / Karlsruhe: ISP, 2010.

Dies.: »Historical Materialism in ›Forms Which Precede Capitalist Production‹«, in: Musto, Marcello (Hg.): *Karl Marx's Grundrisse. Foundations of the Critique of Political Economy – 150 Years Later*, London: Routledge, 2008, S. 79–92.

Yaşın, Zehra Taşdemir: »The Adventure of Capital with Nature. From the Metabolic Rift to the Value Theory of Nature«, in: *Journal of Peasant Studies* 44 (2), 2017, S. 377–401.

Yoshida, Fumikazu: *Kankyo to gijyutu no keizaigaku: Ningen to shizen no bussitsutaishya no riron* [*Die Ökonomie von Umwelt und Technologie. Zur Theorie des Stoffwechsels von Mensch und Natur*], Tokio: Aoki Shoten, 1980.

Žižek, Slavoj: *Auf verlorenem Posten*, übers. von Frank Born, Frankfurt am Main: Suhrkamp, 2009.

Ders.: »Ecology«, in: Taylor, Astra (Hg.): *Examined Life. Excursions with Contemporary Thinkers*, New York: The New Press, 2009, S. 155–183.

Ders.: *Living in the End Times*, London: Verso, 2010.

Ders.: *Der Mut der Hoffnungslosigkeit*, übers. von Frank Born, Frankfurt am Main: S. Fischer, 2018.

Ders.: *Pandemie! COVID-19 erschüttert die Welt* [2020], übers. von Aaron Zielinski, Wien: Passagen, 2021.

Ders.: »Where Is the Rift? Marx, Lacan, Capitalism and Ecology«, in: *Res Pública. Revista de Historia de las Ideas Politicas* 23 (3), 2020, S. 375–385.

Zuboff, Shoshana: *Das Zeitalter des Überwachungskapitalismus*, übers. von Bernhard Schmid, Frankfurt am Main / New York: Campus, 2018.

Anmerkungen

Einleitung

1 Alex Hochuli, George Hoare, Philip Cunliffe: *Das Ende des Endes der Geschichte. Post-Politik, Anti-Politik und der Zerfall der liberalen Demokratie*, übers. von Stefan Kraft, Wien: Promedia, 2022.

2 Francis Fukuyama: *Das Ende der Geschichte. Wo stehen wir?*, übers. von Helmut Dierlamm, Ute Mihr u. Karlheinz Dürr, München: Kindler, 1992.

3 John R. McNeill, Peter Engelke: »Mensch und Umwelt im Zeitalter des Anthropozän«, übers. von Thomas Atzert, in: Akira Iriye, Jürgen Osterhammel (Hg.): *Geschichte der Welt. 1945 bis heute: Die globalisierte Welt*, München: C. H. Beck, 2013, S. 357–534.

4 Extinction Rebellion: *Wann wenn nicht wir*. Ein Extinction Rebellion Handbuch*, übers. von Ulrike Bischof, Frankfurt am Main: S. Fischer, 2019.

5 Bill McKibben: *Das Ende der Natur. Die globale Umweltkrise bedroht unser Überleben*, übers. von Udo Rennert, München, Zürich: Piper, 1992. McKibben streitet keineswegs ab, dass auch vor den 1990er Jahren eine unberührte Natur nicht existierte. Er hebt indes hervor, selbst eine »Idee« von Natur als einer von menschlichen Eingriffen unabhängigen könne aufgrund des zunehmenden menschlichen Einwirkens nicht mehr als brauchbares konzeptionelles Werkzeug gelten. Eine solche Positionierung passt zu den in jüngerer Zeit populären monistischen Ansätzen, wie sie in Kapitel 4 erörtert werden, obwohl McKibben sich nicht an diesen Debatten beteiligt.

6 Paul J. Crutzen, Eugene F. Stoermer: »The ›Anthropocene‹«, in: *Global Change Newsletter* 41 (Mai), 2000, S. 17–18, hier S. 18. Eugene F. Stoermer sprach bereits in den 1980er Jahren vom »Anthropozän«, verwendete den Ausdruck damals allerdings in einem anderen Sinn. Der russische Geochemiker Vladimir I. Vernadskij entwickelte in den 1920er Jahren das Konzept der »Biosphäre«, um den Einfluss des Menschen auf das biologische Leben im planetarischen Maßstab hervorzuheben, was

auch für die aktuelle Diskussion über das Anthropozän von Bedeutung ist; vgl. Vladimir I. Vernadskij: *Der Mensch in der Biosphäre. Zur Naturgeschichte der Vernunft* [1926], hrsg. von Wolfgang Hofkirchner, übers. von Felix Eder u. Peter Krüger, Frankfurt am Main: Lang, 1997; Will Steffen, Jacques Grinevald, Paul Crutzen, John McNeill: »The Anthropocene. Conceptual and Historical Perspective«, in: *Philosophical Transactions of the Royal Society A* 369 (1938), 2011, S. 842–867, hier S. 844.

7 John Bellamy Foster: *The Return of Nature. Socialism and Ecology*, New York: Monthly Review Press, 2020.

8 Hartmut Rosa, Christoph Henning, Arthur Bueno (Hg.): *Critical Theory and New Materialisms*, London: Routledge, 2021.

9 Bruno Latour: *Kampf um Gaia. Acht Vorträge über das neue Klimaregime*, übers. von Achim Russer u. Bernd Schwibs, Berlin: Suhrkamp, 2017; Jason W. Moore: *Kapitalismus im Lebensnetz. Ökologie und die Akkumulation des Kapitals*, übers. von Dirk Höfer, Berlin: Matthes & Seitz, 2020.

10 Mark Fisher: *Kapitalistischer Realismus ohne Alternative? Eine Flugschrift*, übers. von Christian Werthschulte, Peter Scheiffele u. Johannes Springer, Hamburg: VSA, 2013, S. 8; vgl. Fredric Jameson: »An American Utopia«, in: Slavoj Žižek (Hg.): *An American Utopia. Dual Power and the Universal Army*, London: Verso, 2016, S. 1–96, hier S. 3.

11 Slavoj Žižek: *Living in the End Times*, London: Verso, 2010, S. 334.

12 Slavoj Žižek: *Pandemie! COVID-19 erschüttert die Welt*, übers. von Aaron Zielinski, Wien: Passagen, 2021; Andreas Malm: *Klima|x*, übers. von David Frühauf, Berlin: Matthes & Seitz, 2020; Foster: *The Return of Nature*, a. a. O.; Michael Löwy: Ökosozialismus. *Die radikale Alternative zur ökologischen und kapitalistischen Katastrophe*, übers. von Roland Holst, Hamburg: Laika, 2016.

13 Tim Jackson: *Wie wollen wir leben? Wege aus dem Wachstumswahn*, übers. von Eva Leipprand u. Linda Geßner, München: oekom, 2021.

14 Thomas Piketty: *Der Sozialismus der Zukunft. Interventionen*, übers. von André Hansen, München: C. H. Beck, 2021, S. 10.

15 Naomi Klein: *Warum nur ein Green New Deal unseren Planeten retten kann*, übers. von Gabriele Gockel, Sonja Schuhmacher u.

Barbara Steckhan, Hamburg: Hoffmann und Campe, 2019, S. 282; Hervorh. K. S. Für einen »demokratischen Sozialismus« spricht sich Klein ferner in einem Beitrag jüngeren Datums aus, vgl. Naomi Klein: »Democratic Socialism for a Climate-Changed Century«, in: Kate Aronoff, Peter Dreier, Michael Kazin (Hg.): *We Own the Future. Democratic Socialism – American Style*, New York: The New Press, 2020, S. 78–91. Und auch Thomas Piketty plädiert für einen »partizipativen Sozialismus«, nicht nur im Interesse sozialer Gleichheit, sondern auch aus Gründen der Nachhaltigkeit angesichts des Klimawandels, vgl. Thomas Piketty, *Kapital und Ideologie*, übers. von André Hansen, Enrico Heinemann, Stefan Lorenzer, Ursel Schäfer u. Nastasja S. Dresler, München: C. H. Beck, 2022, Kap. 17. Die Befürwortung des »Sozialismus« markiert in beiden Fällen eine deutliche Akzentverlagerung im politischen Grundton nach links.

16 Ellen Meiksins Wood: *Demokratie contra Kapitalismus. Beiträge zur Erneuerung des historischen Materialismus* [1995], übers. von Ingrid Scherf u. Christoph Jünke, Köln / Karlsruhe: ISP, 2010, S. 269.

17 John Bellamy Foster, Brett Clark, Richard York: *Der ökologische Bruch. Der Krieg des Kapitals gegen den Planeten*, übers. von Klaus E. Lehmann, Hamburg: Laika, 2011, S. 51.

18 Kohei Saito: *Natur gegen Kapital. Marx' Ökologie in seiner unvollendeten Kritik des Kapitalismus*, Frankfurt am Main / New York: Campus, 2016.

19 Foster, Clark, York: *Der ökologische Bruch*, a. a. O.; John Bellamy Foster, Paul Burkett: *Marx and the Earth. An Anti-Critique*, Leiden / Boston: Brill, 2016.

20 Brett Clark: »The Indigenous Environmental Movement in the United States. Transcending Borders in Struggles against Mining, Manufacturing and the Capitalist State«, in: *Organization and Environment* 15 (4), 2002, S. 410–442; Brett Clark, Richard York: »Carbon Metabolism. Global Capitalism, Climate Change and the Biospheric Rift«, in: *Theory and Society* 34 (4), 2005, S. 391–428; Stefano Longo, Rebecca Clausen, Brett Clark: *The Tragedy of the Commodity. Oceans, Fisheries, and Aquaculture*, New Brunswick: Rutgers University Press, 2015; Hannah Holleman: *Dust Bowls of Empire. Imperialism, Environmental Politics,* *and the Injustice of Green Capitalism*, New Haven: Yale University Press, 2018. Ferner sind Studien aus jüngerer Zeit zu nennen, die mit dem Begriff des metabolischen Bruchs arbeiten: Jason W. Moore: »Environmental Crises and the Metabolic Rift in World-Historical Perspective«, in: *Organization and Environment* 13 (2), 2000, S. 123–157; ders.: »The Crisis of Feudalism. An Environmental History«, in: *Organization and Environment* 15 (3), 2002, S. 301–322; Philip Mancus: »Nitrogen Fertilizer Dependency and Its Contradictions. A Theoretical Exploration of Social-Ecological Metabolism«, in: *Rural Sociology* 72 (2), 2007, S. 269–288; Philip McMichael: »Agro-fuels, Food Security and the Metabolic Rift«, in: *Kurswechsel* 23 (3), 2008, S. 14–22; Ryan Gunderson: »The Metabolic Rifts of Livestock Agribusiness«, in: *Organization and Environment* 24 (4), 2011, S. 404–422; Del Weston: *The Political Economy of Global Warming. The Terminal Crisis*, London: Routledge, 2014.

21 Noel Castree: *Making Sense of Nature. Representation, Politics and Democracy*, London: Routledge, 2013, S. 177.

22 Moore: *Kapitalismus im Lebensnetz*, a. a. O., S. 9 u. passim.

23 Frédéric Neyrat: *The Unconstructable Earth. An Ecology of Separation*, übers. von Drew S. Burk, New York: Fordham University Press, 2019.

24 Paul Mason: *Postkapitalismus. Grundrisse einer kommenden Ökonomie*, übers. von Stephan Gebauer, Berlin: Suhrkamp, 2016; Nick Srnicek, Alex Williams: *Die Zukunft erfinden. Postkapitalismus und eine Welt ohne Arbeit*, übers. von Thomas Atzert, Berlin: Edition Tiamat, 2016; Aaron Bastani: *Fully Automated Luxury Communism. A Manifesto*, London: Verso, 2019.

25 Louis Althusser: *Für Marx* [1965], hg. von Frieder Otto Wolf, übers. von Werner Nitsch, Karin Priester, Klaus Riepe, Elin Sanders, Peter Schöttler, Gabriele Sprigath u. Frieder Otto Wolf, Berlin: Suhrkamp, 2011.

Kapitel 1

1 Paul Burkett: *Marxism and Ecological Economics. Toward a Red and Green Political Economy*, Leiden: Brill, 2006.

2 Göran Therborn: *From Marxism to Post-Marxism?* London: Verso, 2009, S. 90.

3 Rosa Luxemburg: *Die Akkumulation des Kapitals. Ein Beitrag zur*

ökonomischen Erklärung des Imperialismus [1913], in: Dies.: *Gesammelte Werke*, Bd. 5, Berlin: Dietz, [4]1990, S. 5–411.

4 Anthony Giddens: *A Contemporary Critique of Historical Materialism*, Berkeley: University of California Press, 1981, S. 60.

5 Victor C. Ferkiss: *Nature, Technology, and Society. Cultural Roots of the Current Environmental Crisis*, New York: New York University Press, 1993, S. 108.

6 Leszek Kołakowski: *Main Currents of Marxism. Its Rise, Growth and Dissolution*, Bd. 1, Oxford: Clarendon Press, 1978, S. 412.

7 John Clark: *The Anarchist Moment. Reflections on Culture, Nature and Power*, Montréal: Black Rose Books, 1984, S. 27.

8 Ted Benton: »Marxism and Natural Limits. An Ecological Critique and Reconstruction«, in: *New Left Review* I/178 (November/Dezember), 1989, S. 51–86, hier S. 82.

Nicht alle Marxisten schoben, als die Umweltzerstörung in den 1960er und 1970er Jahren zu einem drängenden Problem wurde, ökologische Bedenken beiseite. So äußert sich Ernest Mandel in einer Vorlesung unter Bezugnahme auf den Bericht *Die Grenzen des Wachstums* besorgt:

Man muss nicht unbedingt die Vorhersagen der unvermeidbaren absoluten Energie- und Rohstoffknappheit z. B. des *Club of Rome* akzeptieren, um zu verstehen, dass die heutige Generation der Menschheit eine kollektive Verantwortung hat, zukünftigen Generationen eine Umwelt und einen Bestand an natürlichen Reichtümern zu sichern, die die notwendigen Voraussetzungen für das Überleben und Gedeihen einer menschlichen Zivilisation darstellen. (Ernest Mandel, *Die langen Wellen im Kapitalismus. Eine marxistische Erklärung* [1978], übers. von Angelika Meixner, Frankfurt am Main: ISP, 1983, S. 96)

Auch wenn Mandel sich in dieser Passage nicht ausdrücklich auf Marx bezieht, war die Marx'sche Kapitalismuskritik auch für Umweltökonomen wie Karl William Kapp (*Soziale Kosten der Marktwirtschaft*, übers. von Lore L. Kapp, Frankfurt am Main: S. Fischer, 1979), Barry Commoner (*Wachstumswahn und Umweltkrise*, übers. von Elena Schöfer, München/Gütersloh/Wien: Bertelsmann, 1973) und Shigeto Tsuru (*Towards a New Political Economy*, Tokio: Kodansha, 1976) eine Inspiration. Die weit verbreitete Charakterisierung des Marxismus als ökologiefeindlich vergisst diese lange Tradition des Umweltthemas im klassischen

Marxismus. Eine umfangreichere Liste marxistischer Umweltökonomen findet sich bei John Bellamy Foster, Paul Burkett: *Marx and the Earth. An Anti-Critique*, Leiden: Brill, 2016.

9 Alain Lipietz: »Die politische Ökologie und die Zukunft des Marxismus«, übers. von Hans-Peter Krebs, in: Ders.: *Nach dem Ende des »Goldenen Zeitalters«. Regulation und Transformation kapitalistischer Gesellschaften*, Hamburg: Argument, 1998, S. 59–76. Der Postmarxismus steht für den Versuch, verschiedene wertvolle Aspekte aus Marx' theoretischem Vermächtnis auf dem Feld der Sozialphilosophie – wenn auch nicht seiner politischen Ökonomie – zu retten, nachvollziehbarerweise begleitet von einer dezidierten Ablehnung des marxistischen ökonomischen Determinismus. Letztlich führte dies zu einer Verschiebung des theoretischen Fokus von der ökonomischen Basis zur »Autonomie des Politischen«, vgl. Ernesto Laclau, Chantal Mouffe: *Hegemonie und radikale Demokratie. Zur Dekonstruktion des Marxismus*, übers. von Michael Hintz u. Gerd Vorwallner, Wien: Passagen, 1991; Jacques Rancière: *Das Unvernehmen. Politik und Philosophie*, übers. von Richard Steurer, Frankfurt am Main: Suhrkamp, 2002. Auch der Postmarxismus hat so dazu beigetragen, die Frage der Natur von der Agenda des Marxismus zu tilgen. Verständlich, bedenkt man, dass der Postmarxismus den westlichen Marxismus beerbt hat. Dieses Problem wird Gegenstand des folgenden Kapitels sein.

10 Fredric Jaeson: »Dresdens Uhren. Über Uwe Tellkamps *Der Turm*«, übers. von Christine Pries, in: *WestEnd. Neue Zeitschrift für Sozialforschung* 9 (1/2), 2012, S. 194–204, hier S. 203.

11 Axel Honneth: *Die Idee des Sozialismus. Versuch einer Aktualisierung*, erw. Ausg., Berlin: Suhrkamp, 2017, S. 76.

12 Nancy Fraser: »Beyond Marx's Hidden Abode. For an Expanded Conception of Capitalism«, in: *New Left Review* 86 (März/April), 2014, S. 55–72, hier S. 56.

13 Sven-Eric Liedman: *A World to Win. The Life and Works of Karl Marx*, übers. von Jeffrey N. Skinner, London: Verso, 2018, S. 480. Liedman zufolge liegt das daran, dass Marx »sich vorstellte, die Gesellschaft, die den Kapitalismus ersetzen würde, wäre auch in der Lage, das Gleichgewicht zwischen Menschheit und Natur in der Landwirtschaft wiederherzustellen« (ebd.). Diese Kritik ergibt keinen Sinn, und sie hält einen großen Teil

der heutigen Umweltbewegungen für unökologisch »im modernen Sinne«, insofern diese ebenfalls darauf abzielen, das Gleichgewicht von Mensch und Natur »wiederherzustellen«. Es bleibt unklar, welche Art von Umweltbewegung im Lichte der Definition Liedmans als »ökologisch bewusst« anzusehen wäre.

14 Paul Burkett: *Marx and Nature. A Red and Green Perspective*, New York: St. Martin's Press, 1999; John Bellamy Foster: *Marx' Ökologie. Materialismus und Natur*, übers. von Alp Kayserilioğlu u. Max Zirngast, Münster: edition assemblage, 2024; James O'Connor: *Natural Causes. Essays in Ecological Marxism*, New York: The Guilford Press, 1998; Joel Kovel: *The Enemy of Nature. The End of Capitalism or the End of the World?* 2. Aufl., London: Zed Books, 2007; Michael Löwy: *Ökosozialismus. Die radikale Alternative zur ökologischen und kapitalistischen Katastrophe*, übers. von Roland Holst, Hamburg: Laika, 2016.

15 Zu den Meinungsverschiedenheiten zwischen der *Monthly Review* und *Capitalism Nature Socialism* gehört auch, dass Foster und Burkett die Validität von Marx' eigenem ökologischen Ansatz verteidigen, während Kovel (in *The Enemy of Nature*, a. a. O.) die Ansicht vertritt, Marx selbst habe keine systematische ökologische Kapitalismuskritik ausgearbeitet. Mein eigener Ansatz steht Foster und Burkett näher, darüber hinaus inspirieren mich aber auch japanische Marxisten wie Shigeto Tsuru, Kenichi Miyamoto, Shigeru Iwasa, Tomonaga Tairako und Ryuji Sasaki.

16 Das Interesse an Marx' Forschungsarbeit nahm in Japan einen anderen Weg, wo die Umweltökonomik in den 1960er Jahren von marxistischen Ökonomen wie Shigeto Tsuru und Kenichi Miyamoto vorangetrieben wurde; vgl. Shigeto Tsuru: *Towards a New Political Economy*, a. a. O; Kenichi Miyamoto: *Shakai Shihon Ron*, Tokio: Yuhikaku, 1967. Die Diskussion über Marx' Rezeption der *Agriculturchemie* Liebigs war auch bereits in den 1970er Jahren in Arbeiten von Fumikazu Yoshida, Shigeaki Shiina und Masami Fukutomi präsent. Als Fosters Arbeit 2004 ins Japanische übersetzt wurde, hinterließ seine Interpretation in der japanischen Fachwelt keinen allzu großen Eindruck, da man mit Marx' Beschäftigung mit Liebig und deren Übertragung auf Umweltthemen durchaus vertraut war. Während Fosters bahnbrechende Formulierung vom »metabolischen Bruch« in der Folgezeit außerhalb Japans recht erfolgreich Verbreitung fand, verpassten japanische Marxisten eine große Chance, den Niedergang ihres theoretischen und praktischen Einflusses nach 1991 zu verhindern.

17 Foster: *Marx' Ökologie*, a. a. O.

18 David Pepper: *Eco-Socialism. From Deep Ecology to Social Justice*, London: Routledge, 2004; Leigh Brownhill, Salvatore Engel-Di Mauro, Terran Giacomini, Ana Isla, Michael Löwy, Terisa E. Turner (Hg.): *The Routledge Handbook of Ecosocialism*, London: Routledge, 2022.

19 Marina Fischer-Kowalski: »Society's Metabolism«, in: Michael R. Redclift, Graham Woodgate (Hg.): *International Handbook of Environmental Sociology*, Northampton: Edward Elgar, 1997, S. 119–137, hier S. 122.

20 Man kann sich auch fragen, warum sich manche so hartnäckig weigern, die Existenz von Marx' Ökologie anzuerkennen. Der Grund hierfür hängt mit der späteren Rezeption der Marx'schen Theorie durch Engels und den westlichen Marxismus zusammen. Dieses Thema erörtert Kapitel 2.

21 Kohei Saito: *Natur gegen Kapital. Marx' Ökologie in seiner unvollendeten Kritik des Kapitalismus*, Frankfurt am Main / New York: Campus, 2016; *MEGA* IV / 18.

22 David Rjazanov: »Neueste Mitteilungen über den literarischen Nachlaß von Karl Marx und Friedrich Engels«, in: Carl Grünberg (Hg.): *Archiv für die Geschichte des Sozialismus und der Arbeiterbewegung*, 11. Jg., Leipzig: C. L. Hirschfeld, 1925, S. 385–400, hier S. 399.

23 Salvatore Engel-Di Mauro: *Ecology, Soils and the Left. An Ecosocial Approach*, New York: Palgrave, 2014, S. 137. Das heißt natürlich nicht, Marx habe in allem recht. Ich stimme Engel-Di Mauro voll und ganz zu, dass die Kapitalismuskritik von heute sich nicht auf überholte naturwissenschaftliche Erkenntnisse des 19. Jahrhunderts stützen lässt.

24 So sind beispielsweise die naturwissenschaftlichen Notizbücher von Marx jetzt in *MEGA* IV / 18, IV / 26 und IV / 31 verfügbar.

25 István Mészáros: *Beyond Capital. Toward a Theory of Transition*, New York: Monthly Review Press, 1995.

26 Isaac Deutscher: *Die unvollendete Revolution 1917–1967*, übers. von Harry Maor, Frankfurt am Main: Europäische Verlagsanstalt, 1967, S. 133.

27 István Mészáros: *The Necessity of Social Control* [1972], New York: Monthly Review Press, 2014, S. 49–50.

28 Man erinnere sich an die berühmte Bemerkung des US-Ökonomen Kenneth E. Boulding: »Wer glaubt, exponentielles Wachstum könne in einer Welt begrenzter Ressourcen ewig anhalten, ist entweder verrückt oder Wirtschaftswissenschaftler.« (Zit. n. United States Congress: *Energy Reorganization Act of 1973. Hearings. Ninety-Third Congress. First Session on H.R. 11510*, Washington, DC: U.S. Government Printing Office, 1973, S. 248).

29 István Mészáros: *Philosophy, Ideology and Social Science. Essays in Negation and Affirmation*, Brighton: Wheatsheaf Books, 1986; S. 195.

30 Ebd.

31 Ebd., S. 183.

32 Unter den Ökosozialisten, die sich mit Marx' Stoffwechselbegriff befassen, ist Mészáros derjenige, der ausgehend vom intellektuellen Vermächtnis Lukács' den methodischen Kern der Argumentation von Marx am besten erfasst. In Japan hat sich Fumikazu Yoshida ausführlich mit der Marx'schen Stoffwechseltheorie beschäftigt; vgl. Fumikazu Yoshida: *Kankyo to gijyutu no keizaigaku. Ningen to shizen no bussitsutaishya no riron* [Die Ökonomie von Umwelt und Technologie. Zur Theorie des Stoffwechsels von Mensch und Natur], Tokio: Aoki Shoten, 1980.

33 Diesen Punkt diskutiert Kapitel 4 ausführlicher, insofern die sozial-konstruktivistischen Verfechter einer »Produktion von Natur« den Unterschied zwischen »erster« und »zweiter Natur« tilgen, was der Beziehung zwischen Mensch und Natur nicht angemessen Rechnung zu tragen vermag. Vgl. auch Brian M. Napoletano, John Bellamy Foster, Brett Clark, Pedro S. Urquijo, Michael K. McCall, Jaime Paneque-Gálvez: »Making Space in Critical Environmental Geography for the Metabolic Rift«, in: *Annals of the American Association of Geographers* 109 (6), 2019, S. 1811–1828.

34 Diese im *Kapital* zum Ausdruck gebrachte Auffassung findet sich im Grunde bereits in der *Deutschen Ideologie* wieder, wo Marx deutlich macht, dass eine materialistische Analyse von der Frage der »Arbeit« als einem einzig dem Menschen vorbehaltenen Akt der Produktion ausgehen muss:

Alle Geschichtschreibung muß von diesen natürlichen Grundlagen und ihrer Modifikation im Lauf der Geschichte durch die Aktion der Menschen ausgehen. [...] Sie selbst fangen an, sich von den Tieren zu unterscheiden, sobald sie anfangen, ihre Lebensmittel *zu produzieren*, ein Schritt, der durch ihre körperliche Organisation bedingt ist. (*MEW* 3, S. 21)

35 Mészáros: *Beyond Capital*, a. a. O., S. 138.

36 István Mészáros: *The Work of Sartre. Search for Freedom and the Challenge of History*, New York: Monthly Review Press, 2012, S. 246.

37 Kate Soper: *What Is Nature? Culture, Politics and the Non-Human*, Oxford: Blackwell, 1995, S. 132.

38 Mészáros: *Beyond Capital*, a. a. O., S. 139.

39 Ebd., S. 139 f. Mészáros' Methode, die »Vermittlungen zweiter Ordnung« hervorzuheben, steht mit seiner früher entstandenen Analyse von Marx' Theorie der Entfremdung, bei der er diesen Begriff bereits nutzte, in bemerkenswerter Übereinstimmung. Obwohl er zu jener Zeit den Ausdruck »Stoffwechsel« nicht verwendete, drückt die Charakterisierung als »historisch spezifische Vermittlung der ontologisch fundamentalen Selbstvermittlung des Menschen mit der Natur« im Wesentlichen dasselbe aus (István Mészáros: *Der Entfremdungsbegriff bei Marx* [1970], übers. von Wilhelm Höck, München: List, 1973, S. 99).

40 Mészáros: *Beyond Capital*, a. a. O., S. 140.

41 Mészáros: *Entfremdungsbegriff bei Marx*, a. a. O., S. 134, 139. Die Unterscheidung zwischen primären und sekundären Vermittlungen ist nicht ganz einfach, da die historischen Aspekte des Kapitalismus »untrennbar mit seiner transhistorischen Dimension verwoben sind« (Mészáros: *Necessity of Social Control*, a. a. O., S. 73). An dieser Stelle ist daran zu erinnern, dass Marx' Kritik der politischen Ökonomie eine Kritik der Fetischisierung ist. Sie zielt darauf ab aufzuzeigen, wie die Vermittlungen zweiter Ordnung des menschlichen Stoffwechsels mit der Natur spezifische gesellschaftliche Dynamiken in Gang setzen und vielfältige Krisen vertiefen. Ohne eine angemessene Unterscheidung dieser Dimensionen verfällt eine Analyse leicht in eine fetischisierende Sichtweise, die eine »historische Notwendigkeit« unter dem Kapitalismus mit »Naturnotwendigkeit« gleichsetzt. Die Kritik der Fetischisierung spielt eine wichtige Rolle in Kapitel 4,

das sich mit der jüngsten Popularität monistischer Ansätze in der politischen Ökologie befasst.

42 Mészáros: *Beyond Capital*, a. a. O., S. 599.

43 Mészáros: *The Work of Sartre*, a. a. O., S. 316.

44 Vgl. Kapitel 4.

45 Foster: *Marx' Ökologie*, a. a. O.; Burkett: *Marx and Nature*, a. a. O.

46 Alex Loftus: *Everyday Environmentalism. Creating an Urban Political Ecology*, Minneapolis: University of Minnesota Press, 2012, S. 31.

47 Daniel Tanuro: *Green Capitalism. Why It Can't Work*, London: Merlin, 2003; Kovel: *The Enemy of Nature*, a. a. O.

48 Kohei Saito: *Natur gegen Kapital*, a. a. O. In Teil III des vorliegenden Buches werde ich darlegen, dass es Gründe gab, warum Marx das *Kapital* nicht beenden konnte. Ein Grund hat mit der raschen Entwicklung seines ökologischen Denkens nach 1868 zu tun.

49 Justus von Liebig: *Die Chemie in ihrer Anwendung auf Agricultur und Physiologie*, Teil 1, 7. Aufl., Braunschweig: Vieweg, 1862; Foster: *Marx' Ökologie*, a. a. O.; Saito: *Natur gegen Kapital*, a. a. O.

50 Die Passage wurde von Engels hinzugefügt. Das ist völlig verständlich angesichts seiner Beschäftigung mit dem sozialen Elend der Arbeiterklasse in der Stadt in seinem Pionierwerk aus dem Jahr 1845, das eine seiner bedeutendsten Leistungen ist.

51 Andreas Malm: *Fossil Capital. The Rise of Steam Power and the Roots of Global Warming*, London: Verso, 2016.

52 Timothy Mitchell weist ferner darauf hin, dass diese Trennung durch die Ölpipeline im 20. Jahrhundert noch verstärkt wurde. Während die Förderung von Kohle eine räumliche Konzentration von Bergleuten in der Mine erfordert, wodurch sich das Risiko stärkeren Widerstands erhöht, reduziert sich dieses Risiko bei der Förderung und dem Transport von Öl deutlich; Timothy Mitchell: *Carbon Democracy. Political Power in the Age of Oil*, London: Verso, 2013.

53 Kohei Saito: »Profit, Elasticity and Nature«, in: Judith Dellheim, Frieder Otto Wolf (Hg.): *The Unfinished System of Karl Marx. Critically Reading Capital as a Challenge for our Time*, New York: Palgrave, 2018, S. 187–217.

54 Michael A. Lebowitz: *Following Marx. Method, Critique and Crisis*, Leiden: Brill, 2009, S. 138.

55 W. Stanley Jevons: *The Coal Question. An Inquiry Concerning the*

Progress of Nation, and the Probable Exhaustion of Our Coal-Mines, London: Macmillan, 1865. Marx' Beschäftigung mit Jevons ist Gegenstand von Kapitel 6.

56 David Harvey: »Zwischen Raum und Zeit. Reflektionen zur Geographischen Imagination«, übers. von Bernd Belina, in: Bernd Belina, Boris Michel (Hg.): *Raumproduktionen. Beiträge der Radical Geography. Eine Zwischenbilanz*, Münster: Westfälisches Dampfboot, 2007, S. 36–60.

57 James O'Connor und in jüngerer Zeit Jason W. Moore heben dies als einen grundlegenden Widerspruch der kapitalistischen Akkumulation hervor. Diese Frage erörtert detailliert Kapitel 4.

58 Insbesondere die »reale« und die »ideelle« Überwindung von Schranken stellt Marx in den *Grundrissen* gegenüber:

Daraus aber, daß das Kapital jede solche Grenze als Schranke setzt und daher *ideell* darüber weg ist, folgt keineswegs, daß es sie *real* überwunden hat, und da jede solche Schranke seiner Bestimmung widerspricht, bewegt sich seine Produktion in Widersprüchen, die beständig überwunden, aber ebenso beständig gesetzt werden. (*Grundrisse*, S. 323)

Das Ideelle steht für die Seite des Kapitals, das Reale hingegen für die Seite der materiellen Welt. Die Grenze lässt sich in der realen Welt nicht überwinden, weil sie nicht gesellschaftlich produziert ist. Selbst wenn sie elastisch ist, bleibt sie objektiv vorhanden.

59 Brett Clark, Richard York: »Rifts and Shifts. Getting to the Root of Environmental Crisis«, in: *Monthly Review* 60 (6), 2008, S. 13–24.

60 Mészáros: *The Work of Sartre*, a. a. O., S. 87.

61 Fred Magdoff, Harold van Es: *Building Soils for Better Crops. Sustainable Soil Management*, College Park, MD: SARE Outreach, 2010.

62 Die Nahrungsmittelproduktion soll für ein Viertel der weltweiten Treibhausgasemissionen verantwortlich sein.

63 Vandana Shiva: »We Are Soil«, in: Barbara Richardson (Hg.): *Dirt. A Love Story*, Lebanon: University Press of New England, 2015, S. 173–177.

64 Jack R. Kloppenburg Jr.: *First the Seed. The Political Economy of Plant Biotechnology 1492–2000*, Cambridge: Cambridge University Press, 1988, S. 8.

65 William Boyd, W. Scott Prudham, Rachel A. Schurman: »Indus-

trial Dynamics and the Problem of Nature«, in: *Society and Natural Resources* 14 (7), 2001, S. 555–570.

66 Ebd., S. 564.

67 Gregory T. Cushman: *Guano and the Opening of the Pacific World. A Global Ecological History*, Cambridge: Cambridge University Press, 2013.

68 Ulrich Brand, Markus Wissen: *Imperiale Lebensweise. Zur Ausbeutung von Mensch und Natur im globalen Kapitalismus*, München: oekom, 2017.

69 Brett Clark, John Bellamy Foster: »Ecological Imperialism and the Global Metabolic Rift. Unequal Exchange and the Guano/Nitrates Trade«, in: *International Journal of Comparative Sociology* 50 (3–4), 2009, S. 311–334.

70 Alf Hornborg: *Global Ecology and Unequal Exchange. Fetishism in a Zero-Sum World*, London: Routledge, 2012.

71 Joan Martinez-Alier: *Environmentalism of the Poor. A Study of Ecological Conflicts and Valuation*, New York: Edward Elgar, 2002, S. 213. Hier liegt der Grund für die sogenannte *Netherlands fallacy* (den »Niederlande-Trugschluss«): Hierbei wird unterstellt, technologische Entwicklung allein könne das Problem der Umweltverschmutzung lösen. Paul und Anne Ehrlich prägten den Ausdruck und bezeichnen damit das Fehlurteil, das entsteht, wenn die ständige räumliche Externalisierung negativer Auswirkungen, die der Riss im Stoffwechsel verursacht, ignoriert wird (Paul R. Ehrlich, Anne H. Ehrlich: *The Population Explosion*, New York: Simon & Schuster, 1990). Im Übrigen kennzeichnet den ungleichen Tausch die Aneignung von Raum und Zeit. Der Import von Baumwolle beispielsweise ermöglicht es, Raum und Zeit im kapitalistischen Zentrum einzusparen, und zwar auf Kosten von Zeit und Raum, die in der Peripherie konsumiert wurden. Formen solcher »Zeit-Raum-Aneignung« untersucht Alf Hornborg (*Global Magic. Technologies of Appropriation from Ancient Rome to Wall Street*, New York: Palgrave, 2016).

72 Der ökologisch ungleiche Tausch besteht im heutigen globalen Kapitalismus in verschiedenen Formen fort. Als Lösung für die Klimakrise sind Solarmodule und Elektroautos unverzichtbar, aber die damit verbundene Batterietechnologie ist ressourcenintensiv, insbesondere im Hinblick auf seltene Metalle wie etwa Lithium. Dieses Element kommt an trockenen Orten wie bei-

spielsweise großen Salzsenken vor, wo es sich nur allmählich und über einen langen Zeitraum in der Sole niederschlägt. Das größte Lithiumvorkommen befindet sich in der Andenhochebene, weshalb Chile zum zweitgrößten Lithiumexporteur geworden ist. Das gesamte Lithium Chiles wird in der Salzsenke Salar de Atacama abgebaut. Die Gewinnung von Lithium erfolgt, indem man die Sole unter dem Salz des Salar de Atacama absaugt und das Wasser verdunsten lässt, um eine weitere Konzentration des Metalls zu erreichen. Unter diesen Umständen liegt es auf der Hand, dass das übermäßige Abpumpen von Sole das Gebiet noch trockener macht und das Ökosystem schädigt. Es gefährdet den Andenflamingo, der sich von Salinenkrebsen ernährt. Darüber hinaus führt es zu einer Absenkung des Grundwasserspiegels, wodurch für die indigenen Antacameño der Zugang zu Trinkwasser eingeschränkt wird (Kate Aronoff, Alyssa Battistoni, Daniel Aldana Cohen, Thea Riofrancos: *A Planet to Win. Why We Need a Green New Deal*, London: Verso, 2019, S. 148–149). Noch verschlimmert wird die Situation durch Kupferbergbau in der Region, der dem Salar ebenfalls große Mengen Süßwasser entzieht. Paradoxerweise verstärkt das »Ergrünen« des globalen Nordens eher den Raubbau bei der Extraktion von Lithium, Kobalt, Nickel und Kupfer im globalen Süden (Martin Arboleda: *Planetary Mine. Territories of Extraction under Late Capitalism*, London: Verso, 2020).

73 Hideto Akashi: »The Elasticity of Capital and Ecological Crisis«, in: *Marx-Engels Jahrbuch* 2015/16, 2016, S. 45–58.

74 William D. Nordhaus: »To Slow or Not to Slow. The Economics of the Greenhouse Effect«, in: *Economic Journal* 101 (407), 1991, S. 920–937.

75 Commoner: *Wachstumswahn*, a. a. O., S. 144.

76 Mészáros: *Necessity of Social Control*, a. a. O., S. 29.

77 Bill McKibben: *Deep Economy. The Wealth of Communities and the Durable Future*, New York: Henry Holt and Company, 2007, S. 18.

78 Naomi Klein: *Warum nur ein Green New Deal unseren Planeten retten kann*, übers. von Gabriele Gockel, Sonja Schuhmacher u. Barbara Steckhan, Hamburg: Hoffmann und Campe, 2019, S. 47.

79 Stephan Lessenich: *Neben uns die Sintflut. Wie wir auf Kosten anderer leben*, aktual. Neuaufl., München: Piper, 2018, S. 166.

80 Luxemburg: *Akkumulation des Kapitals*, a. a. O., S. 364 f.
81 Ebd., S. 363 f.; Hervorh. K. S.
82 Jason W. Moore: »Environmental Crises and the Metabolic Rift in World-Historical Perspective«, in: *Organization and Environment* 13 (2), 2000, S. 123–157, hier S. 138.
83 Luxemburg: *Akkumulation des Kapitals*, a. a. O., S. 307.
84 Ebd., S. 411.
85 Immanuel Wallerstein: »Die strukturelle Krise oder Warum der Kapitalismus sich nicht mehr rentieren könnte«, übers. von Thomas Laugstien, in: Immanuel Wallerstein, Randall Collins, Michael Mann, Georgi Derluguian, Craig Calhoun: *Stirbt der Kapitalismus? Fünf Szenarien für das 21. Jahrhundert*, Frankfurt am Main / New York: Campus, 2014, S. 17–47, hier S. 33.
86 Immanuel Wallerstein: »Ecology and Capitalist Costs of Production. No Exit«, in: Walter L. Goldfrank, David Goodman, Andrew Szasz (Hg.): *Ecology and the World System*, Westport, CT: Greenwood Press, 1999, S. 3–11, hier S. 10. Allerdings trägt Wallersteins Weltsystemtheorie der ökologischen Dimension insgesamt kaum Rechnung. Einen wichtigen Beitrag leistet Jason W. Moore, wenn er Weltökologie mit der Theorie des metabolischen Bruchs verbindet (»Environmental Crises and the Metabolic Rift«, a. a. O.).
87 Mészáros: *Necessity of Social Control*, a. a. O., S. 34.
88 Luxemburg: *Akkumulation des Kapitals*, a. a. O., S. 313.
89 Diese Kritik soll nicht ausschließen, ökologische Anliegen auch bei Engels, Kautsky und Liebknecht formuliert zu finden. Es geht vielmehr darum, dass sie das Thema Ökologie nicht systematisch im Rückgriff auf Marx' Stoffwechselbegriff bearbeitet haben, weshalb sie in ihren Texten den Eindruck eines bei Marx nur »sporadisch« vorhandenen Interesses an der Frage der Umweltzerstörung vermitteln.

Kapitel 2

1 David Harvey: *Justice, Nature and the Geography of Difference*, Oxford: Wiley-Blackwell, 1996, S. 194.
2 Slavoj Žižek: »Ecology«, in: Astra Taylor (Hg.): *Examined Life. Excursions with Contemporary Thinkers*, New York: The New Press, 2009, S. 155–183, hier S. 158.
3 Alain Badiou: »Live Badiou: Interview with Alain Badiou«, in:

Oliver Feltham: *Alain Badiou. Live Theory*, London: Continuum, 2008, S. 136–139, hier S. 139.

4 Terrell Carver: *Marx and Engels. The Intellectual Relationship*, Brighton: Wheatsheaf, 1983.

5 Theodor W. Adorno: *Philosophische Terminologie. Zur Einleitung* [1962/63], Bd. II, Frankfurt am Main: Suhrkamp, 1974, S. 268.

6 John Bellamy Foster: *Marx' Ökologie. Materialismus und Natur* [2000], übers. von Alp Kayserilioğlu u. Max Zirngast, Münster: edition assemblage, 2024; Paul Burkett: *Marx and Nature. A Red and Green Perspective*, New York: St. Martin's Press, 1999.

7 Burkett: *Marx and Nature*, a. a. O., S. 9; Hervorh. K. S.

8 Paul Burkett: *Marxism and Ecological Economics. Toward a Red and Green Political Economy*, Leiden: Brill, 2006.

9 So schreiben Foster und Burkett etwa:

Engels' Beiträge sind ebenfalls außerordentlich brillant, auch wenn sie häufig im Schatten der von Marx verfassten stehen. Doch obgleich beide Denker nicht identisch und voneinander zu unterscheiden sind, sind Versuche, sie völlig zu trennen, wie sie in einigen Kreisen des westlichen Marxismus in den letzten Jahren üblich geworden sind, unserer Ansicht nach selbstzerstörerisch und fehlgeleitet. In Bezug auf die ökologische Kritik des Kapitalismus haben beide einen wesentlichen Beitrag geleistet. (John Bellamy Foster, Paul Burkett: *Marx and the Earth. An Anti-Critique*, Leiden: Brill, 2016, S. 10.)

10 Foster und Burkett beziehen sich häufig auf Marx' Notizbücher, achten aber weder auf deren Chronologie noch auf das eigentliche Thema. Gerade die Chronologie ist, wie ich hervorheben werde, von Bedeutung, weil sich so die Entwicklung von Marx' Theorie offenbart.

11 Michael Heinrich: *Kritik der politischen Ökonomie. Eine Einführung* [2003], 14., durchges. Aufl., Stuttgart: Schmetterling, 2018, S. 22.

12 Wie Michael Heinrich darlegt, begann der Versuch, den Marxismus als proletarische Weltanschauung zu etablieren, angesichts des wachsenden Einflusses von Eugen Dühring in Deutschland mit Engels (Heinrich: *Kritik der politischen Ökonomie*, a. a. O., S. 23). Engels hatte so gesehen sicherlich ein politisches Interesse daran, den systematischen Charakter des Marx'schen Denkens

zu betonen und es zu vereinfachen, damit es für die Arbeiterklasse nachvollziehbar war.

13 Ein Beispiel bietet die Veröffentlichung der sogenannten Ökonomisch-philosophischen Manuskripte aus dem Jahre 1844 als Teil der *MEGA*[1] im Jahr 1932, die zu einer »humanistischen« Kritik am sowjetischen Marxismus führte. Erwähnenswert ist zudem, dass die russischen Herausgeber dieses Textkonvolut als zusammenhängende »Manuskripte« behandelten und der allgemeinen Struktur der Texte einen systematischen Charakter verleihen wollten, obwohl Marx eigentlich gar nicht vorhatte, sie zu veröffentlichen. Vielmehr war der Text ein spontanes Produkt des Marx'schen Studiums der politischen Ökonomie, wie Jürgen Rojahn zeigt (»The Emergence of a Theory. The Importance of Marx's Notebooks Exemplified by Those from 1844«, in: *Rethinking Marxism*, 14 (4), 2002, S. 29–46).

14 Mit Ausnahme einiger weniger Marxisten (darunter etwa Michael Heinrich oder Teinosuke Otani) wird den ökonomischen Manuskripten zum *Kapital* von der Marx-Forschung allerdings bis heute kaum Beachtung geschenkt. In gewisser Weise bleibt diese in ihren Positionen nahe am traditionellen Marxismus. So erschien eine englische Übersetzung des Marx'schen Manuskripts von 1864/65, des Hauptmanuskripts für den dritten Band des *Kapitals*, im Jahr 2015. In seiner Einleitung stellt Fred Mosely jedoch fest, das Manuskript unterscheide sich bis auf wenige Punkte nicht wesentlich von Engels' Ausgabe des *Kapitals*. Das ist die vorherrschende Haltung der Marx-Forschung in der anglophonen Welt, eine grundsätzliche Unterbewertung der Bedeutung der *MEGA*; vgl. Michael Heinrich: »Marx' Ökonomiekritik nach der *MEGA*. Eine Zwischenbilanz nach dem Abschluss der II. Abteilung«, in: *Marx-Engels Jahrbuch* 2012/13, 2013, S. 144–167; Teinosuke Otani: »Das *Kapital* in Marx' Selbstverständnis«, in: Ebd., S. 134–143; Karl Marx: *Economic Manuscript of 1864–1865*, übers. von Ben Fowkes, hg. von Fred Moseley, Leiden: Brill, 2015; Fred Moseley: »Introduction«, in: Ebd., S. 1–44, hier S. 41.

15 Richard Adamiak: »Marx, Engels and Dühring«, in: *Journal of the History of Ideas* 35 (1), 1974, S. 98–112. Ironischerweise blieb auch die *Dialektik der Natur* unvollendet, aber die Debatte ging weiter, als wäre Engels' philosophisches Werk abgeschlossen. Kaan Kangal stellt diese weit verbreitete Annahme des mehr

oder weniger abgeschlossenen Charakters in Frage und unternimmt den Versuch einer nuancierteren Rekonstruktion und Bewertung von Engels' Philosophie; Kaan Kangal: *Friedrich Engels and the Dialectics of Nature*, New York: Palgrave, 2020.

16 Carver: *Marx and Engels*, a. a. O., S. 119.

17 George Lichtheim: *Marxism. An Historical and Critical Study*, New York: Frederick A. Praeger, 1961, S. 235.

18 Carver: *Marx and Engels*, a. a. O., S. 153.

19 Stefan Anguélov: »Reflection and Practice«, in: Edward D'Angelo, David H. DeGrood, Pasquale N. Russo, William W. Stein (Hg.): *Contemporary East European Marxism*, Bd. 1, Amsterdam: Gruener, 1980, S. 125–134., hier S. 132.

20 Paul Thomas: »Marx and Science«, in: *Political Studies* 24 (1), 1976, S. 1–23.

21 Norman Levine: *The Tragic Deception. Marx contra Engels*, Oxford: Clio Books, 1975, S. 241.

22 Maurice Merleau-Ponty: *Die Abenteuer der Dialektik* [1955], übers. von Alfred Schmidt u. Herbert Schmitt, Frankfurt am Main: Suhrkamp, 1968, Kap. II. Wie Merleau-Ponty anmerkt, stammt der Ausdruck selbst jedoch ursprünglich aus Karl Korschs *Marxismus und Philosophie* (Karl Korsch: *Marxismus und Philosophie*, hg. von Erich Gerlach, Frankfurt am Main: Europäische Verlagsanstalt, 1966, S. 63). Der betreffende Abschnitt in Korschs Schrift wurde nicht ins Englische übersetzt, und das ist wahrscheinlich der Grund, warum Merleau-Ponty zum Bezugspunkt in der anglophonen Welt wurde.

23 Georg Lukács: *Geschichte und Klassenbewußtsein. Studien über marxistische Dialektik* [1923], in: Ders.: *Werke*, Bd. 2: *Frühschriften II*, Neuwied / Berlin: Luchterhand, 1968, S. 161–517. Kapitel 3 des vorliegenden Buches befasst sich ausführlicher mit dem sogenannten Lukács-Problem; vgl. John Bellamy Foster, Brett Clark, Richard York: *Der ökologische Bruch. Der Krieg des Kapitals gegen den Planeten*, übers. von Klaus E. Lehmann, Hamburg: Laika, 2011, Kap. 11.

24 Russell Jacoby: »Western Marxism«, in: Tom Bottomore (Hg.): *A Dictionary of Marxist Thought*, Oxford: Blackwell, 1983, S. 581–584, hier S. 583.

25 Perry Anderson: *Über den westlichen Marxismus*, übers. von Reinhard Kaiser, Frankfurt am Main: Syndikat, 1978, S. 77.

26 Louis Althusser: *Lenin und die Philosophie* [1968], übers. von Klaus-Dieter Thieme, Reinbek bei Hamburg: Rowohlt, 1974, S. 36.

27 Jean-Paul Sartre: »Die Transzendenz des Ego« [1936/37], übers. von Herbert Schmitt, in: Jean-Paul Sartre: *Die Transzendenz des Ego. Drei Essays*, Reinbek bei Hamburg: Rowohlt, 1964, S. 5–50, hier S. 42.

28 Lucio Colletti: *Hegel und der Marxismus*, übers. von Jürgen Gehler, Frankfurt am Main / Berlin / Wien: Ullstein, 1976, S. 117.

29 Alfred Schmidt: *Der Begriff der Natur in der Lehre von Marx* [1971], 4., überarb. u. verb. Aufl., Hamburg: Europäische Verlagsanstalt, 1993, S. 194, 46.

30 Paul Blackledge: »Engels vs Marx? Two Hundred Years of Frederick Engels«, in: *Monthly Review* 72 (1), 2020, S. 21–39, hier S. 29.

31 Ironischerweise teilt der westliche Marxismus aufgrund seiner Ablehnung des evolutionär-ökologischen Themas Natur mit dem sowjetischen Marxismus die Annahme, dass die Sphäre der Natur in das Reich des Mechanismus und Positivismus gehöre.

32 Im vorliegenden Buch unterscheide ich durchgängig zwischen dem »traditionellen« und dem »klassischen Marxismus«. Beide Denktraditionen halten an der Allgemeingültigkeit des im *Kapital* ausgearbeiteten Marx'schen Ansatzes fest. Erstere steht eher dem dialektischen Materialismus sowjetischer Provenienz nahe, während Letztere an Grundbegriffen der Marx'schen Theorie wie Arbeitswert, Verdinglichung, Klasse und Sozialismus festhält, ohne in Determinismus und Reduktionismus zu verfallen.

33 Gordon Welty: »Marx, Engels and ›Anti-Dühring‹«, in: *Political Studies* 31 (2), 1983, S. 284–294, hier S. 183; Karl Marx: »Marx an Moritz Kaufmann« [Entwurf, 3. Oktober 1878], in: *MEW* 34, S. 346.

34 John L. Stanley: *Mainlining Marx*, Piscataway, NJ: Transaction, 2002, S. 43.

35 John Bellamy Foster: *The Return of Nature. Socialism and Ecology*, New York: Monthly Review Press, 2020, S. 241.

36 Alvin W. Gouldner: *The Two Marxisms. Contradictions and Anomalies in the Development of Theory*, New York: Seabury Press, 1980, S. 251.

37 Kangal: *Friedrich Engels and the Dialectics of Nature*, a. a. O., S. 15, 185.

38 John Bellamy Foster: »The Return of Engels«, in: *Monthly Review* 68 (10), 2017, S. 46–50, hier S. 48.

39 Teinosuke Otani: *Marx no Rishiumi Shihonron* [Marx' Theorie des zinstragenden Kapitals], Tokio: Sakurai Shoten, 2016.

40 Anneliese Griese, Gerd Pawelzig: »Why Did Marx and Engels Concern Themselves with Natural Science?«, in: *Nature, Society and Thought* 8 (2), 1995, S. 125–137.

41 Foster: *Marx' Ökologie*, a. a. O.; Kohei Saito: *Natur gegen Kapital. Marx' Ökologie in seiner unvollendeten Kritik des Kapitalismus*, Frankfurt am Main / New York: Campus, 2016.

42 *MEGA* IV / 31.

43 Carver: *Marx and Engels*, a. a. O., S. 123.

44 Das schmälert im Übrigen nicht Engels' Beitrag zum Problemkreis der Ökologie, insbesondere im Hinblick auf das Thema Entropie und den zweiten Hauptsatz der Thermodynamik (Foster, Burkett: *Marx and the Earth*, a. a. O.; Foster: *The Return of Nature*, a. a. O.; Camilla Royle: »Engels as an Ecologist«, in: Kohei Saito (Hg.): *Engels's Legacy in the 21st Century*, New York: Palgrave, 2020, S. 171–193). Das vorliegende Kapitel zielt vielmehr darauf ab, die Unterschiede zwischen Marx und Engels zu verstehen.

45 Natürlich sind nicht alle Vertreter des westlichen Marxismus gleichermaßen kritikwürdig. Obgleich Lukács zunächst die Übertragung der Dialektik auf die Natur monierte, räumte er ein, dass Marx das Verhältnis von »Gesellschaft« und »Natur« nicht als das vollständig getrennter Sphären betrachte, sondern beide in ihrer Integrität erfasst habe (John Bellamy Foster: »Marx and the Rift in the Universal Metabolism of Nature«, in: *Monthly Review* 65 (7), 2013, S. 1–19). Wie das folgende Kapitel erörtern wird, konstatiert Lukács in *Chvostismus und Dialektik*, dass der Begriff des Stoffwechsels eine solche Einheit zum Ausdruck bringt, wobei er zudem die Existenz einer Dialektik der Natur anerkennt (Georg Lukács: *Chvostismus und Dialektik* [1925/26], in: *Magyar Filozófiai Szemle*, hg. von László Illés, Budapest: Áron, 1996, S. 7–79). Auch Herbert Marcuse schreibt: »Die Geschichte hat einen naturhaften Boden, und die Marxsche Theorie hat am wenigsten Grund, von dieser zum Stoffwechsel zwischen Mensch und Natur gehörigen Konstellation zu abstrahieren« (Herbert Marcuse: *Die Permanenz der Kunst.*

Wider eine bestimmte marxistische Ästhetik [1977], in: Ders.: *Schriften*, Bd. 9, Frankfurt am Main: Suhrkamp, 1987, S. 191–241, hier S. 207 f.). In seinen letzten Lebensjahren führte das Marcuse zu einer viel aktiveren Auseinandersetzung mit der ökologischen Krise (»Ökologie und Gesellschaftskritik« [1979], übers. von Eva Maria Krampe u. Peter-Erwin Jansen, in: Herbert Marcuse: *Nachgelassene Schriften*, Bd. 6, hg. von Peter-Erwin Jansen, Springe: zu Klampen, 2009, S. 165–176). Das ist kein Zufall, denn wie im vorigen Kapitel gesehen, ist »Stoffwechsel« der Schlüsselbegriff für die an Marx orientierte ökologische Kapitalismuskritik. Im deutlichen Gegensatz dazu steht Alfred Schmidt (*Der Begriff der Natur*, a. a. O.), der ökologische Kritik nur als Kritik an Marx und im Rückgriff auf die Romantik Ludwig Feuerbachs integrieren kann (Saito: *Natur gegen Kapital*, a. a. O., S. 87 f.). Es gibt jedoch auch die Möglichkeit, eine kritische Theorie der Natur ausgehend von Adornos Philosophie der Nichtidentität zu entwickeln (Carl Cassegård: *Toward a Critical Theory of Nature. Capital, Ecology and Dialectics*, New York: Bloomsbury, 2021). Ich komme auf diese Frage in Kapitel 4 zurück.

46 *MEGA* II / 4.3; *MEGA* II / 14; Michael Heinrich: »*Capital* after *MEGA*: Discontinuities, Interruptions and New Beginnings«, in: *Crisis and Critique* 3 (3), 2016, S. 92–138.

47 Regina Roth: »The Author Marx and His Editor Engels. Different Views on Volume 3 of *Capital*«, in: *Rethinking Marxism* 14 (4), 2002, S. 59–72.

48 Otani: *Marx no Rishiumi Shihonron*, a. a. O.

49 *MEGA* II / 12.

50 Das »Fünfte Kapitel« entspricht dem 5. Abschnitt (21.–36. Kapitel) der von Engels herausgegebenen Ausgabe von 1894 (*MEW* 25, S. 350–626).

51 Vgl. *MEGA* II / 4.2.

52 Foster: *Marx' Ökologie*, a. a. O.

53 Die zweite Änderung könnte Marx' schwer entzifferbarer Schrift geschuldet sein, da *Boden* und *Leben* im handgeschriebenen Manuskript ähnlich aussehen.

54 In Anbetracht der Bedeutung der genannten Passage ist es sehr misslich, dass die jüngste englische Übersetzung von Marx' Manuskript zum dritten Band des *Kapitals* (Karl Marx: *Economic Manuscript of 1864–1865*, übers. von Ben Fowkes, Leiden: Brill,

2015) stark an Ben Fowkes' frühere Übersetzung der bei Penguin erschienenen Engels-Ausgabe angelehnt ist. Der Originaltext von Marx wird dabei oft ignoriert, was die grundlegende Bedeutung dieses Übersetzungsprojekts im Grunde zunichtemacht. Leider ist die hier zitierte Schlüsselstelle eines der Beispiele dafür. Auch Fred Mosely, der die Einleitung zur genannten Übersetzung schrieb, berücksichtigt Engels' Änderungen nicht. Doch wenn man solchen »geringfügigen« Änderungen keine Beachtung schenkt, ist es auch nicht notwendig, das ursprüngliche Manuskript zu lesen, und es genügt weiterhin die Lektüre der Engels'schen Ausgabe. Ohne die sorgfältige Durchsicht der Änderungen kommt man unweigerlich zu dem Schluss, dass es keinen wesentlichen Unterschied zwischen der von Engels besorgten Ausgabe und dem Originalmanuskript von Marx gibt. Weitere Kritik an der Übersetzung formuliert Ryuji Sasaki: »Karl Marx: Economic Manuscript of 1864–1865. Translated by Ben Fowkes. Edited and with an Introduction by Fred Moseley«, in: *Marx-Engels Jahrbuch* 2017/18, 2018, S. 238–245.

55 Welty: »Marx, Engels and ›Anti-Dühring‹«, a. a. O., S. 294.

56 David McLellan: *Engels*, London: Fontana / Collins, 1977, S. 73.

57 Zbigniew A. Jordan: *The Evolution of Dialectical Materialism. A Philosophical and Sociological Analysis*, London: Macmillan, 1967, S. 167.

58 Carver: *Marx and Engels*, a. a. O., S. 107.

59 Shlomo Avineri: *The Social and Political Thought of Karl Marx*, Cambridge: Cambridge University Press, 1970, S. 4. Allerdings hat Engels, wie man gerechterweise feststellen muss, nicht lediglich objektive Naturgesetze und menschliches Bewusstsein voneinander geschieden. Seine bekannte Erörterung über den Anteil der Arbeit an der Menschwerdung des Affen lässt sich kaum auf eine mechanistische Erklärung verkürzen. Auch in seinem Interesse an Darwins Evolutionstheorie sowie an der Thermodynamik lehnt Engels eine mechanistische Weltsicht eindeutig ab. Entgegen dem ihm unterstellten Positivismus (vgl. Paul Thomas: »Nature and Artifice in Marx«, in: *History of Political Thought* 9 (3), 1988, S. 485–503), ist Engels' Dialektik eine Untersuchung der vernetzten Allgemeinheit der Natur, die sich durch eine kontinuierliche Integration qualitativ neuer emergenter Eigenschaften auszeichnet (Foster: *The Return of Nature*, a. a. O.).

60 Auch in diesem Punkt ist Engels' Denken keineswegs mechanistisch-materialistisch.

61 Ariel Salleh, James Goodman, S. A. Hamed Hosseini: »From Sociological Imagination to ›Ecological Imagination‹«, in: Jonathan Paul Marshall, Linda H. Connor (Hg.): *Environmental Change and the World's Futures. Ecologies, Ontologies, Mythologies*, London: Routledge, 2015, S. 96–109, hier S. 102.

62 Foster: »The Return of Engels«, a. a. O., S. 50; Hervorh. K. S.

63 Ein weiterer Aspekt ist der Umstand, dass Engels' ökonomisches Verständnis des Kapitalismus durch die so genannte Zusammenbruchstheorie geprägt ist. Marx' Begriffe der »Produktivkräfte des Kapitals« und der »reellen Subsumtion der Arbeit unter das Kapital« hat er nicht geteilt. Wir werden diesen Punkt in Kapitel 5 behandeln.

64 Justus von Liebig: »Dreiundzwanzigster Brief«, in: Ders.: *Chemische Briefe*, 4. umgearb. u. verm. Aufl., Bd. 1, Leipzig / Heidelberg: C. F. Winter, 1859, S. 356–373, hier S. 368.

65 Amy Wendling: *Karl Marx über Technologie und Entfremdung*, übers. von Dorothea Schmidt, Berlin: Dietz, 2022, S. 101.

66 Selbstverständlich war Liebig nicht einfach nur ein naiver Vitalist. In den 1840er Jahren fasste er die Prozesse der Aufnahme, Assimilation und Ausscheidung von Nährstoffen im Begriff des Stoffwechsels und arbeitete an der Erklärung dieser biologischen Vorgänge durch chemische Prozesse. Eine seiner großen Leistungen als Chemiker war damals die Entdeckung der organischen Verbindung Hippursäure und damit der Möglichkeit, das vermeintlich Trennende der »beiden Reiche«, nämlich des Pflanzen- und des Tierreichs, zu überwinden (David C. Goodman: »Chemistry and the Two Organic Kingdoms of Nature in the Nineteenth Century«, in: *Medical History* 16 (2), 1972, S. 113–130). Bis dahin ging man davon aus, dass Tiere lediglich verzehren, was Pflanzen liefern, doch Liebig konnte nachweisen, dass der Stoffwechsel von Pferden (und selbstverständlich auch von anderen Tieren) auch organische Verbindungen produziert. Liebig steht in seiner Stoffwechseltheorie dem vorherrschenden vitalistischen Dualismus eines Jean-Baptiste André Dumas und eines Jean Baptiste Boussignault im Grunde recht kritisch gegenüber, doch auch er konnte die Vorstellung vom Vorhandensein einer Lebenskraft nicht ganz aufgeben (William H. Brock:

Justus von Liebig. The Chemical Gatekeeper, Cambridge: Cambridge University Press, 1997, S. 313).

67 Georg Lukács geht von einer ähnlichen, vom Menschen unabhängigen Dialektik der Natur aus, verwendet aber zudem den Stoffwechselbegriff, um die weitere Entwicklung der Dialektik in der Sphäre des Sozialen nachzuzeichnen (Lukács: *Chvostismus und Dialektik*, a. a. O.). Siehe die Diskussion in Kapitel 3.

68 Engels prognostiziert allerdings, die technologische Entwicklung und die Planwirtschaft im Sozialismus würden die Bevölkerungskonzentration in den Großstädten überflüssig machen und damit den Gegensatz von Stadt und Land überwinden:
Die Aufhebung des Gegensatzes von Stadt und Land ist hiernach nicht nur möglich. Sie ist eine direkte Notwendigkeit der industriellen Produktion selbst geworden, wie sie ebenfalls eine Notwendigkeit der Agrikulturproduktion und obendrein der öffentlichen Gesundheitspflege geworden ist. […] Die Zivilisation hat uns freilich in den großen Städten eine Erbschaft hinterlassen, die zu beseitigen viel Zeit und Mühe kosten wird. Aber sie müssen und werden beseitigt werden, mag es auch ein langwieriger Prozeß sein. (*MEW* 20, S. 276 f.)

69 Brett Clark, John Bellamy Foster: »Ecological Imperialism and the Global Metabolic Rift. Unequal Exchange and the Guano/Nitrates Trade«, in: *International Journal of Comparative Sociology* 50 (3–4), 2009, S. 311–334. Erinnert sei an dieser Stelle auch an das starke Interesse Engels' an der Umweltzerstörung unter der Kolonialherrschaft:
Die spanischen Pflanzer in Kuba, die die Wälder an den Abhängen niederbrannten und in der Asche Dünger genug für eine Generation höchst rentabler Kaffeebäume vorfanden – was lag ihnen daran, daß nachher die tropischen Regengüsse die nun schutzlose Dammerde herabschwemmten und nur nackten Fels hinterließen? Gegenüber der Natur wie der Gesellschaft kommt bei der heutigen Produktionsweise vorwiegend nur der erste, handgreiflichste Erfolg in Betracht; und dann wundert man sich noch, daß die entfernteren Nachwirkungen der hierauf gerichteten Handlungen ganz andre, meist ganz entgegengesetzte sind […]. (*MEW* 20, S. 455)

70 Paul Thomas: *Marx and Scientific Socialism. From Engels to Althusser*, London: Routledge, 2008, S. 42.

71 Jason W. Moore: *Kapitalismus im Lebensnetz. Ökologie und die Akkumulation des Kapitals*, übers. von Dirk Höfer, Berlin: Matthes & Seitz, 2020, S. 128.

72 Neil Smith: *Uneven Development. Nature, Capital, and the Production of Space* [1984], Athens, GA: University of Georgia Press, ³2008, S. 247.

73 Ganz zweifellos war im Übrigen auch Engels an revolutionären Bewegungen interessiert, statt in Pessimismus zu verfallen.

74 Thomas: »Nature and Artifice in Marx«, a. a. O., S. 496.

75 Stanley: *Mainlining Marx*, a. a. O., S. 23.

76 Schmidt: *Der Begriff der Natur in der Lehre von Marx*, a. a. O., S. 138.

77 *MEGA* IV / 18; Saito: *Natur gegen Kapital*, a. a. O., S. 251–253.

78 Carl Fraas: *Klima und Pflanzenwelt in der Zeit. Ein Beitrag zur Geschichte beider*, Landshut: Wölfle, 1847; *MEGA* IV / 18.

79 *MEGA* IV / 31.

80 Stanley: *Mainlining Marx*, a. a. O., S. 18.

81 Saito: *Natur gegen Kapital*, a. a. O.

82 »5–6° R.« (d. h. auf der Réaumur-Skala) entsprechen 6,25–7,5° Celsius.

83 Georg Ludwig von Maurer: *Einleitung zur Geschichte der Mark-, Hof-, Dorf-, und Stadtverfaßung und der öffentlichen Gewalt*, München: Kaiser, 1854.

84 Carl Fraas: *Die Ackerbaukrisen und ihre Heilmittel. Ein Beitrag zur Wirthschaftspolitik des Ackerbauschutzes*, Leipzig: Brockhaus, 1866, S. 210.

85 *MEGA* IV / 18, S. 359.

86 Diese Frage wird in Kapitel 6 eingehender erörtert.

87 Marx vermied zudem die romantische Sichtweise, alle vorkapitalistischen Gesellschaften für nachhaltig und den Kapitalismus für die Wurzel aller Übel zu halten.

88 Vgl. *MEGA* IV / 9, S. 312.

89 Leszek Kołakowski: *Main Currents of Marxism. Its Rise, Growth and Dissolution*, Bd. 1, Oxford: Clarendon Press, 1978, S. 413. In den 1850er Jahren vertrat Marx unter dem Einfluss von Liebig eine solche Auffassung, doch beide distanzierten sich später deutlich von ihr; Saito: *Natur gegen Kapital*, a. a. O.

90 James J. O'Rourke: *The Problem of Freedom in Marxist Thought. An Analysis of the Treatment of Human Freedom by Marx, Engels,*

Lenin and Contemporary Soviet Philosophy, Dordrecht: Reidel, 1974, S. 50.

91 Ryuji Sasaki: *A New Introduction to Karl Marx. New Materialism, Critique of Political Economy, and the Concept of Metabolism*, übers. von Michael Schauerte, New York: Palgrave 2021, S. 35.

92 Stanley: *Mainlining Marx*, a. a. O., S. 37.

93 So finden sich etwa auch im *Kapital* Passagen, in denen Engels' Einfluss deutlich wird; vgl. *Kapital I*, S. 242 f.

94 Susan Buck-Morss: *The Origin of Negative Dialectics. Theodor W. Adorno, Walter Benjamin and the Frankfurt Institute*, New York: The Free Press, 1977, S. 62.

Kapitel 3

1 Bill McKibben: *Das Ende der Natur. Die globale Umweltkrise bedroht unser Überleben*, übers. von Udo Rennert, München / Zürich: Piper, 1992.

2 Max Horkheimer: *Zur Kritik der instrumentellen Vernunft* [1947], übers. von Alfred Schmidt, in: Max Horkheimer: *Gesammelte Schriften*, Bd. 6, hg. von Alfred Schmidt, Frankfurt am Main: S. Fischer, 1991, S. 21–186, hier Kap. 3, S. 105–135.

3 Noel Castree: *Nature*, London: Routledge, 2005; Bruno Latour: *Wir sind nie modern gewesen. Versuch einer symmetrischen Anthropologie* [1991], übers. von Gustav Roßler, Frankfurt am Main: Suhrkamp, 2008.

4 Mindi Schneider, Philip McMichael: »Deepening, and Repairing, the Metabolic Rift«, in: *Journal of Peasant Studies* 37 (3), 2010, S. 461–484, hier S. 467.

5 Jason W. Moore: *Kapitalismus im Lebensnetz. Ökologie und die Akkumulation des Kapitals* [2015], übers. von Dirk Höfer, Berlin: Matthes & Seitz, 2020.

6 Steven Vogel: *Against Nature. The Concept of Nature in Critical Theory*, Albany: SUNY Press, 1996.

7 So integrierte István Mészáros, der ein Kollege von Lukács war, schon sehr früh Marx' Theorie eines Risses im Stoffwechsel in die eigene Theorie, da er die Notwendigkeit erkannte, die »letztlich unkontrollierbare Art der Kontrolle [des Kapitals] über den gesellschaftlichen Stoffwechsel« zu kritisieren (István Mészáros: *Beyond Capital. Toward a Theory of Transition*, New York: Monthly Review Press, 1995, S. 41.

8 Joseph Fracchia: »The Philosophical Leninism and Eastern ›Western Marxism‹ of Georg Lukács«, in: *Historical Materialism* 21 (1), 2013, S. 69–93.

9 Georg Lukács: *Geschichte und Klassenbewußtsein. Studien über marxistische Dialektik* [1923], in: Ders.: *Werke*, Bd. 2: *Frühschriften II*, Neuwied / Berlin: Luchterhand, 1968, S. 161–517, hier S. 175.

10 Perry Anderson: *Über den westlichen Marxismus*, übers. von Reinhard Kaiser, Frankfurt am Main: Syndikat, 1978, S. 51.

11 Ein weiteres grundlegendes Merkmal des westlichen Marxismus ist der Rückgriff auf die Philosophie Hegels. Dies spielt in der zweiten Hälfte des vorliegenden Kapitels eine wichtige Rolle.

12 Allen Wood: *Karl Marx*, London: Routledge and Kegan Paul, 1981, S. 223.

13 Antonio Gramsci: »Die ›Objektivität des Realen‹ und Prof. Lukács« [ca. 1930], übers. von Wolfgang Fritz Haug, in: Antonio Gramsci: *Gefängnishefte*, Bd. 3, Hamburg: Argument, 1992, S. 508.

14 Martin Jay: *Marxism and Totality. The Adventures of a Concept from Lukács to Habermas*, Berkeley: University of California Press, 1984.

15 Steven Vogel: *Against Nature. The Concept of Nature in Critical Theory*, Albany: SUNY Press, 1996, S. 18; Hervorh. im Orig.

16 Ebd., S. 41.

17 Lukács: *Geschichte und Klassenbewußtsein*, a. a. O., S. 182; Hervorh. K. S.

18 Ebd., S. 312.

19 Ebd., S. 176.

20 Ebd., S. 336.

21 Ebd., S. 280.

22 Ebd., S. 178.

23 Ebd., S. 264.

24 Ebd., S. 272.

25 Ebd., S. 260.

26 Ebd., S. 309.

27 Vogel steht damit nicht allein. Angesichts der theoretischen Ambiguitäten kommen Andrew Arato und Paul Breines zu dem Schluss, Lukács' Ausweitung der soziologischen Kritik der Verdinglichung auf alle Wissenschaften sei »angesichts seiner

Schwierigkeiten mit der ›Natur‹ wenig überzeugend« (*The Young Lukács and the Origins of Western Marxism*, London: Pluto Press, 1979, S. 121). Auch Andrew Feenberg urteilt: »Lukács mangelt es an einer vollständig kohärenten Theorie sowohl der Natur als auch der Naturwissenschaft« (*Lukács, Marx and the Sources of Critical Theory*, Totowa, NJ: Rowman and Littlefield, 1981, S. 204).

28 Vogel: *Against Nature*, a. a. O., S. 7; Hervorh. im Orig.

29 Ebd.; Vogel schreibt in *Thinking Like a Mall*:

Die Umwelt ist gesellschaftlich konstruiert, die Gesellschaft ist ökologisch konstruiert. Mensch und Umwelt sind nicht voneinander zu trennen – eine Schlussfolgerung, die nicht bedeutet, dass wir die Welt beherrschen oder dass sie uns beherrscht, sondern dass »Welt« und »wir« so tief miteinander verbunden sind, dass es keine Möglichkeit gibt zu sagen, wo das eine aufhört und das andere beginnt. (Steven Vogel: *Thinking Like a Mall. Philosophy after the End of Nature*, Cambridge, MA: MIT Press, 2015, S. 44 f.).

30 Vogel: *Against Nature*, a. a. O., S. 40.

31 Diese Tendenz hält bis heute an. Axel Honneth etwa reduziert bezeichnenderweise die gesamte theoretische Relevanz von Lukács' Theorie der Verdinglichung auf das Problem gegenseitiger Anerkennung und der Anerkennungsvergessenheit (*Verdinglichung. Eine anerkennungstheoretische Studie*, Frankfurt am Main: Suhrkamp, 2005).

32 Honneth: *Verdinglichung*, a. a. O.

33 Lukács: *Geschichte und Klassenbewußtsein*, a. a. O., S. 18 f.

34 Ebd., S. 19.

35 Georg Lukács: *Chvostismus und Dialektik* [1925/26], in: *Magyar Filozófiai Szemle*, hg. von László Illés, Budapest: Áron, 1996, S. 7–79. Der Ausdruck »Chvostismus« – »Nachtrabpolitik« – im Titel geht auf das russische Wort *chwost* zurück; Lenin verwendete den Ausdruck in *Was tun?* (Michael Löwy: »Revolutionary Dialectics against ›Tailism‹: Lukács' Answer to the Criticisms of *History and Class Consciousness*«, in: Michael J. Thompson [Hg.]: *Georg Lukács Reconsidered. Critical Essays in Politics, Philosophy and Aesthetics*, New York: Continuum, 2013, S. 65–72, hier S. 69). Lukács' Kritik richtete sich gegen jene Marxisten, die dem objektiven Lauf der Geschichte, der unabhängig vom

menschlichen Bewusstsein abläuft, passiv folgen – »hinterhertraben«.

36 Allein dieser Umstand ist mit Blick auf die bisherige Literatur recht interessant. Arato und Breines (*The Young Lukács*, a. a. O., S. 190) behaupten, Lukács habe bereits in den Jahren 1924 bis 1926 einen »substantiellen Schwenk« gegenüber seinen früheren, in *Geschichte und Klassenbewußtsein* dargelegten Positionen vollzogen. Dies ist jedoch nicht der Fall, denn Lukács verteidigte zu jener Zeit noch die frühere Auffassung.

37 Lukács: *Geschichte und Klassenbewußtsein*, a. a. O., S. 18; Hervorh. K. S.

38 Ladislaus Rudas: »Orthodoxer Marximsus?«, in: *Arbeiter-Literatur* [Wien], 1 (9), 1924, S. 493–517, hier S. 502. Die Beziehung zwischen Rudas und Lukács untersucht Lee Congdon: »Apotheosizing the Party. Lukács's ›Chvostismus und Dialektik‹«, in: *Studies in East European Thought* 59 (4), 2007, S. 281–292.

39 Rudas: »Orthodoxer Marxismus?«, a. a. O., S. 504.

40 Ebd., S. 515.

41 Abram Deborin: »Lukács und seine Kritik des Marxismus«, in: *Arbeiter-Literatur* [Wien], 1 (10), 1924, S. 615–640, hier S. 617 f. u. 639.

42 Löwy: »Revolutionary Dialectics against ›Tailism‹«, a. a. O., S. 66 f.

43 Ebd.

44 Georg Lukács: *Prolegomena. Zur Ontologie des gesellschaftlichen Seins*, 2 Halbbde., in: Ders.: *Werke*, Bd. 13 u. 14, Darmstadt / Neuwied: Luchterhand, 1984 u. 1986.

45 Lukács: *Chvostismus und Dialektik*, a. a. O., S. 46; Hervorh. im Orig.

46 Lukács: *Geschichte und Klassenbewußtsein*, a. a. O., S. 410; Hervorh. K. S.

47 Feenberg: *Lukács, Marx and the Sources of Critical Theory*, a. a. O., S. 130.

48 Lukács: *Chvostismus und Dialektik*, a. a. O., S. 51; Hervorh. im Orig.

49 Ebd., S. 52.

50 Ebd., S. 51; Hervorh. im Orig.

51 Terence Ball: »Marx and Darwin. A Reconsideration«, in: *Political Theory* 7 (4), 1979, S. 469–483, hier S. 471.

52 Lukács: *Geschichte und Klassenbewußtsein*, a. a. O., S. 312.

53 Paul Burkett: »Lukács on Science. A New Act in the Tragedy« [2001], in: *Historical Materialism* 21 (3), 2013, S. 3–15, hier S. 8; Hervorh. im Orig.

54 Paul Burkett: *Marx and Nature. A Red and Green Perspective*, New York: St. Martin's Press, 1999.

55 Brett Clark, John Bellamy Foster: »The Dialectic of Social and Ecological Metabolism. Marx, Mészáros and the Absolute Limits of Capital«, in: *Socialism and Democracy* 24 (2), 2010, S. 124–138, hier S. 124.

56 Dieses letzte Werk von Lukács blieb lange Zeit unbeachtet und wurde sogar »verschmäht«, selbst »Lukács' Studenten stritten für einen Boykott des Projekts, da sie die Beschäftigung mit *Geschichte und Klassenbewußtsein* vorzogen«, so Antonio Infranca und Miguel Vedda (»Ontology and Labor in Lukács' Late Thought«, in: Michael J. Thompson [Hg.]: *Georg Lukács and the Possibility of Critical Social Ontology*, Leiden: Brill, 2020, S. 13–27, hier S. 16). Auch Foster ist bewusst, dass Lukács den Begriff bis in die 1960er Jahre weiterverwendet hat, was seine Ablehnung etwas seltsam erscheinen lässt.

57 Lukács: *Chvostismus und Dialektik*, a. a. O., S. 49.

58 Lukács zitiert diese Passage in ebd, S. 49.

59 Hans Heinz Holz, Leo Kofler, Wolfgang Abendroth: *Gespräche mit Georg Lukács*, hg. von Theo Pinkus, Reinbek b. Hamburg: Rowohlt, 1967, S. 33.

60 Lukács: *Chvostismus und Dialektik*, a. a. O., S. 54.

61 Lukács: *Geschichte und Klassenbewußtsein*, a. a. O., S. 396; Hervorh. im Orig.

62 Lukács: *Chvostismus und Dialektik*, a. a. O., S. 49. Lukács wiederholt denselben Punkt an anderer Stelle in seinem Essay:

Daß eine objektive Dialektik in der Wirklichkeit also unabhängig vom Menschen vor dem Auftreten des Menschen vorhanden war und ist, wird gerade in diesem Satz behauptet; […] aber zum Denken der Dialektik, zur Dialektik als Erkenntnis (und davon und nur davon war in dieser Anmerkung die Rede), [sind] denkende Menschen notwendig (ebd., S. 55).

63 Es ist absurd, wie Gareth Stedman Jones *Geschichte und Klassenbewußtsein* als »den ersten großen Einbruch der romantischen antiwissenschaftlichen Tradition« im Marxismus zu bezeichnen

(»The Marxism of the Early Lukács. An Evaluation«, in: *New Left Review* 1 (70), 1971, S. 27–64, hier S. 44).

64 Lukács: *Chvostismus und Dialektik*, a. a. O., S. 60.

65 Eigentlich ist es Rudas, der in einen kartesianischen Dualismus verfällt, wenn er an Lukács' Fußnote kritisiert, die absolute Trennung von Gesellschaft und Natur führe faktisch zu Dualismus und Subjektivismus. Rudas selbst betrachte, so Lukács, lediglich »Subjekt = Mensch (Gesellschaft)« und »Objekt = Natur«, sodass jegliches Produkt des »gesellschaftlich-geschichtlichen Entwicklungsprozesses« zu etwas Subjektivem werde, während nur den Dingen, die unabhängig von diesem historischen Prozess gesellschaftlicher Entwicklung existieren, »eine wirkliche Objektivität« zukommen kann (ebd., S. 49 f.). Konsequenterweise müssten Rudas' Auffassung zufolge alle gesellschaftlichen Formen als rein subjektiv behandelt werden. Die starre Trennung ist verantwortlich für ein mechanistisches Verständnis von Natur, das gleichzeitig deren ewige Objektivität voraussetzt.

66 Ebd., S. 74. Herbert Marcuse hat, ohne *Chvostismus und Dialektik* zu kennen, diesen Punkt zutreffend erfasst und stellt eine Verbindung zwischen »geschichtlicher Realität« und »Stoffwechsel« her, wenn er schreibt:

Wenn die Marxsche Dialektik in ihrer begrifflichen Struktur eine Dialektik der geschichtlichen Realität ist, dann schließt sie die Natur nur insoweit ein, als diese selbst ein Teil der geschichtlichen Realität ist (im ›Stoffwechsel‹ zwischen Mensch und Natur, in der Beherrschung und Ausbeutung der Natur, Natur als Ideologie usf.). Aber genau insoweit, als die Natur unter Abstraktion von diesen historischen Verhältnissen erforscht wird, wie in den Naturwissenschaften, scheint sie außerhalb der Reichweite von Dialektik zu liegen. (*Die Gesellschaftslehre des sowjetischen Marxismus* [1957], übers. von Alfred Schmidt, in: Herbert Marcuse: *Schriften*, Bd. 6, Frankfurt am Main: Suhrkamp, 1989, S. 142).

67 Lukács: *Chvostismus und Dialektik*, a. a. O., S. 61.

68 Lukács findet sein Lieblingsbeispiel in der Beziehung zwischen Darwins Theorie der natürlichen Selektion und dem endlosen atomistischen Wettbewerb einer modernen Marktgesellschaft, ein Beispiel, das er einer Bemerkung von Marx selbst in einem Brief an Engels vom 18. Juni 1862 entlehnt:

Mit dem Darwin, den ich wieder angesehn, amüsiert mich, daß er sagt, er wende die »Malthussche« Theorie auch auf Pflanzen und Tiere an, als ob bei Herrn Malthus der Witz nicht darin bestände, daß sie nicht auf Pflanzen und Tiere, sondern nur auf Menschen – mit der geometrischen Progression – angewandt wird im Gegensatz zu Pflanzen und Tieren. Es ist merkwürdig, wie Darwin unter Bestien und Pflanzen seine englische Gesellschaft mit ihrer Teilung der Arbeit, Konkurrenz, Aufschluß neuer Märkte, »Erfindungen« und Malthusschem »Kampf ums Dasein« wiedererkennt. Es ist Hobbes' *bellum omnium contra omnes*, und es erinnert an Hegel in der »Phänomenologie«, wo die bürgerliche Gesellschaft als »geistiges Tierreich«, während bei Darwin das Tierreich als bürgerliche Gesellschaft figuriert. (*MEW* 30, S. 249).

69 Lukács: *Chvostismus und Dialektik*, a. a. O., S. 53.

70 Kate Soper: *What Is Nature? Culture, Politics and the Non-Human*, Oxford: Blackwell, 1995, S. 43 f.

71 Maurizio Ferraris: *Manifest des neuen Realismus*, übers. von Malte Osterloh, Frankfurt am Main: Klostermann, 2014, S. 39.

72 Lukács: *Chvostismus und Dialektik*, a. a. O., S. 51.

73 Hier liegt der Unterschied zur (vulgär-)materialistischen Stoffwechseltheorie Jacob Moleschotts, die alles auf den ewigen Kreislauf von Stoff und Kraft reduziert und damit den Materialismus jeder historischen Dimension beraubt; Kohei Saito: *Natur gegen Kapital. Marx' Ökologie in seiner unvollendeten Kritik des Kapitalismus*, Frankfurt am Main / New York: Campus, 2016, S. 93.

74 Lukács: *Ontologie des gesellschaftlichen Seins*, a. a. O., Bd. 1, S. 169.

75 Lukács: *Chvostismus und Dialektik*, a. a. O., S. 33.

76 Lukács: *Ontologie des gesellschaftlichen Seins*, a. a. O., Bd. 1, S. 395.

77 Der Begriff stammt ursprünglich aus Diskussionen um eine materialistische Staatstheorie und die Analyse des Verhältnisses von Ökonomischem und Politischem; John Holloway, Sol Picciotto: »Introduction. Towards a Materialist Theory of the State«, in: Dies. (Hg.): *State and Capital. A Marxist Debate*, London: Edward Arnold, 1978, S. 1–31, hier S. 3. Der Begriff erfasst die Besonderheit der Methode von Marx' Kritik der politischen Ökonomie in angemessener Weise.

78 Axel Honneths Kritik an Lukács' »Idealismus«, dass »Geist und

Welt daher letztlich zusammenfallen«, verfehlt den Punkt; Honneth: *Verdinglichung*, a. a. O., S. 26.

79 Lukács: *Chvostismus und Dialektik*, a. a. O., S. 60.

80 Andrew Feenberg stellt treffend fest: »Das Problem, das er [Lukács] mit der Entgegensetzung von naturwissenschaftlicher Untersuchung von Natur und Gesellschaft ansprach, ist ein methodologisches. Es ging dabei nicht darum, einen Dualismus von Natur und Gesellschaft im Allgemeinen einzuführen, sondern nur darum, die Anwendung naturwissenschaftlicher Methoden auf die soziale Welt auszuschließen.« (»Why Students of the Frankfurt School Will Have to Read Lukács«, in: Michael J. Thompson (Hg.): *The Palgrave Handbook of Critical Theory*, 109–33. New York: Palgrave, 2017, S. 109–133, hier S. 121). Feenberg gibt auch zu bedenken, dass eine Kritik an Lukács, die die im Arbeitsprozess angeeignete Natur mit der Natur der Naturwissenschaft verwechselt, »Lukacs' methodologische Unterscheidung von Natur und Gesellschaft weitaus substanzieller [macht], als Lukacs selbst beabsichtigte«, und sie wiederum in eine ontologische verwandelt (»Fracchia and Burkett on Tailism and the Dialectic«, in: *Historical Materialism* 23 (2), 2015, S. 228–238, hier S. 234). An diesem Punkt rückte Feenberg offenbar von seiner früheren Auffassung ab, die »methodologische Spaltung von Geschichte und Natur« habe einen »echten Widerspruch« hervorgebracht, denn Lukács' idealistisches Ziel eines »heroischen Rationalismus«, der keine Grenzen akzeptiert, könne niemals erreicht werden, solange eine solche Spaltung bestehe. (*Lukács, Marx and the Sources of Critical Theory*, a. a. O., S. 210 f.). Eine solche Rekonstruktion der deutschen idealistischen Tradition, als ob Hegel versucht hätte, die ganze Welt in den Geist aufzulösen, klingt absurd, und es ist auch unsinnig anzunehmen, Lukács habe einen solchen Weg verfolgt.

81 Alf Hornborg: *Global Ecology and Unequal Exchange. Fetishism in a Zero-Sum World*, London: Routledge, 2012, S. 34.

82 Andreas Malm: *Der Fortschritt dieses Sturms. Natur und Gesellschaft in einer sich erwärmenden Welt* [2018], übers. von David Frühauf, Berlin: Matthes & Seitz, 2021, S. 70 f.

83 Dieses Thema ist Gegenstand des folgenden Kapitels.

84 Holloway, Picciotto: »Introduction«, a. a. O., S. 3.

85 Brian M. Napoletano, John Bellamy Foster, Brett Clark, Pe-

dro S. Urquijo, Michael K. McCall, Jaime Paneque-Gálvez: »Making Space in Critical Environmental Geography for the Metabolic Rift«, in: *Annals of the American Association of Geographers* 109 (6), 2019, S. 1811–1828, hier S. 1818.

86 Marx unterschied zwei Aspekte und verwendete dafür zwei Begriffe: *Versachlichung* und *Verdinglichung* (die in der englischen Übersetzung beide durch den Ausdruck *reification* wiedergegeben werden). Versachlichung drückt die Verkehrung von Subjekt und Objekt aus, während Verdinglichung die Verschmelzung von ökonomischer Form und materiellem Träger bezeichnet.

87 Lukács: *Geschichte und Klassenbewußtsein*, a. a. O., S. 304.

88 *Geschichte und Klassenbewußtsein* ist geprägt von einem hegelianischen positiven Begriff der Totalität und dementsprechend von der Voraussetzung, im Proletariat verwirkliche sich die absolute Einheit von Subjekt und Objekt. In einem solchen theoretischen Entwurf kann selbst die Einheit und Versöhnung von Gesellschaft und Natur jenseits der modernen Entfremdung von der Natur begründet werden. Die Annahme einer solchen romantischen Versöhnung von Gesellschaft und Natur ist problematisch; Theodor W. Adorno betont daher zu Recht die »Nichtidentität« von Subjekt und Objekt sowie von Gesellschaft und Natur (*Negative Dialektik*, Frankfurt am Main: Suhrkamp, 1966). Der späte Lukács distanziert sich zunehmend von seiner früheren Position in *Geschichte und Klassenbewußtsein* und betont nun die irreduzible Nichtidentität der Natur.

89 Christoph Henning: »The Politics of Nature, Left and Right. Comparing the Ontologies of Georg Lukács and Bruno Latour«, in: Michael J. Thompson (Hg.): *Georg Lukács and the Possibility of Critical Social Ontology*, Leiden: Brill, 2020, S. 289–317, hier S. 306.

90 Lukács: *Geschichte und Klassenbewußtsein*, a. a. O., S. 267. In *Chvostismus und Dialektik* wiederholt Lukács denselben Punkt: Die guten Naturwissenschaftler stehen zur Natur […] dogmatisch unbefangen […]. Dies macht es aber unmöglich, die Widersprüche, die in konkretem Material auftreten, als dialektische Widersprüche klarzumachen, die einzelnen Momente als Momente eines einheitlichen Geschichtsprozesses […] zugleich theoretisch und historisch in den Gesamtzusammenhang einzuordnen (*Chvostismus und Dialektik*, a. a. O., S. 64).

91 Ein weiteres Beispiel für die Eliminierung des Nichtidentischen von Natur bietet die sogenannte Ökomoderne, die Kapitel 5 erörtern wird.

92 Lukács: *Geschichte und Klassenbewußtsein*, a. a. O., S. 276.

93 Ebd., S. 277.

94 Lukács: *Ontologie des gesellschaftlichen Seins*, a. a. O., Bd. 2, S. 91.

Kapitel 4

1 Andreas Malm, Alf Hornborg: »The Geology of Mankind? A Critique of the Anthropocene Narrative«, in: *The Anthropocene Review* 1 (1), 2014, S. 62–69.

2 Vgl. Michael R. Raupach, Josep G. Canadell: »Carbon and the Anthropocene«, in: *Current Opinion in Environmental Sustainability* 2 (4), 2010, S. 210–218, hier S. 211.

3 Die Unfähigkeit eines solchen Ansatzes, die gesellschaftlichen Strukturen zu analysieren, führt dazu, eine Lösung der ökologischen Krise in einer primitivistischen Rückkehr zur Natur (oder gar ins Pleistozän) zu sehen, um auf diese Weise die verlorene Nähe zur Natur wiederherzustellen. Oder es wird, schlimmer noch, die Auslöschung menschlichen Lebens auf der Erde zu einem Thema des philosophischen Nachdenkens über das Anthropozän.

4 Sighard Neckel: »Scholastische Irrtümer? Rückfragen an das Anthropozän«, in: Frank Adloff, Sighard Neckel (Hg.): *Gesellschaftstheorie im Anthropozän*, Frankfurt am Main / New York: Campus, 2020, S. 157–168, hier S. 159.

5 Dipesh Chakrabarty: »Vier Thesen« [2009], in: Ders.: *Das Klima der Geschichte im planetarischen Zeitalter*, übers. von Christine Pries, Berlin: Suhrkamp, 2022, S. 47–89, hier S. 68.

6 Andreas Malm, Alf Hornborg: »The Geology of Mankind?«, a. a. O., S. 65.

7 Paul J. Crutzen: »Albedo Enhancement by Stratospheric Sulfur Injections: A Contribution to Resolve a Policy Dilemma?«, in: *Climate Change* 77 (Juli), 2006, S. 211–219, hier S. 212.

8 André Gorz: *Ökologie und Politik*, übers. von Hubert Gaethe, Reinbek bei Hamburg: Rowohlt, 1977, S. 75; Ivan Illich: »Disabling Professions«, in: Ders., Irving Kenneth Zola, John McKnight, Johnathan Caplan, Harley Shaiken: *Disabling Professions*, London: Marion Boyars,1977, S. 11–40, hier S. 14.

9 Frédéric Neyrat: *The Unconstructable Earth. An Ecology of Sepa-*

ration, übers. von Drew S. Burk, New York: Fordham University Press, 2019, S. 9.

10 Stefania Barca: *Forces of Reproduction. Notes for a Counter-Hegemonic Anthropocene.* Oxford: Oxford University Press, 2020.

11 Val Plumwood: *Environmental Culture. The Ecological Crisis of Reason.* London: Routledge, 2002.

12 Obwohl der größte Teil der übermäßigen Belastung der globalen Umwelt auf die Wirtschaftsweise der Menschen im globalen Norden zurückzuführen ist, wird das dort anzutreffende Modell ökonomischer Entwicklung allgemein als Selbstverständlichkeit angesehen. Wirtschaftswachstum und technologische Innovation gelten daher weiterhin als einzige Lösung für die vielschichtigen Krisen des Anthropozäns. Eine solche Lösung ist freilich heuchlerisch, da gerade die für die Krisen Verantwortlichen nun Lösungen vorschlagen und anpreisen, um letztlich ihre bisherige Herrschaft und Lebensweise zu rechtfertigen. Sie sind Teil des Problems, nicht der Lösung.

13 Jason W. Moore (Hg.): *Anthropocene or Capitalocene? Nature, History, and the Crisis of Capitalism*, Oakland: PM Press, 2016; Andreas Malm: *Fossil Capital. The Rise of Steam Power and the Roots of Global Warming*, London: Verso, 2016; Alf Hornborg: »The Political Ecology of the Technocene. Uncovering Ecologically Unequal Exchange in the World-System«, in: Clive Hamilton, Christophe Bonneuil, Francois Gemenne (hg.): *The Anthropocene and the Global Environmental Crisis. Rethinking Modernity in a New Epoch*, London: Routledge, 2015, S. 57–69; Donna Haraway: »Sich verwandt machen. Anthropozän, Kapitalozän, Plantagozän, Chthuluzän« [2015], in: Dies.: *Unruhig bleiben. Die Verwandtschaft der Arten im Chthuluzän*, übers. von Karin Harrasser, Frankfurt am Main / New York: Campus, 2018, S. 137–142.

14 Andreas Malm: *Fossil Capital*, a. a. O., S. 391.

15 In jüngerer Zeit scheint Andreas Malm (*Der Fortschritt dieses Sturms. Natur und Gesellschaft in einer sich erwärmenden Welt* [2018], übers. von David Frühauf, Berlin: Matthes & Seitz, 2021) von der Verwendung des Begriffs »Kapitalozän« Abstand zu nehmen. Der Hintergrund ist vermutlich, dass Moore (*Kapitalismus im Lebensnetz. Ökologie und die Akkumulation des Kapitals* [2015], übers. von Dirk Höfer, Berlin: Matthes & Seitz, 2020) denselben Begriff propagiert, Malm aber Moores monistischem

Verständnis der aktuellen ökologischen Krise äußerst kritisch gegenübersteht.

16 Neil Smith: *Uneven Development. Nature, Capital, and the Production of Space* [1984], Athens, GA: University of Georgia Press, [3]2008, S. 47.

17 Noel Castree: »Socializing Nature. Theory, Practice and Politics«, in: Ders., Bruce Braun (Hg.): *Social Nature. Theory, Practice and Politics*, Malden, MA: Blackwell Publishers, 2001, S. 1–21, hier S. 3.

18 Noel Castree: *Making Sense of Nature. Representation, Politics and Democracy*, London: Routledge, 2013, S. 6.

19 Ulrich Beck: *Risikogesellschaft. Auf dem Weg in eine andere Moderne*. Frankfurt am Main: Suhrkamp, 1986.

20 Andreas Malm: *Der Fortschritt dieses Sturms*, a. a. O., S. 51.

21 McKibbens Argumentation ist auch deshalb problematisch, weil er den Umstand, mit der Natur in Berührung zu kommen, mit dem Ende von Natur gleichsetzt. Diese Auffassung offenbart ein Denken, das auf einem kartesianischen Dualismus fußt.

22 Steven Vogel: *Thinking Like a Mall. Philosophy after the End of Nature*, Cambridge, MA: MIT Press, 2015.

23 Christoph Görg: *Gesellschaftliche Naturverhältnisse*, Münster: Westfälisches Dampfboot, 1999.

24 Christoph Görg: »Societal Relationships with Nature. A Dialectical Approach to Environmental Politics«, in: Andrew Biro (Hg.): *Critical Ecologies. The Frankfurt School and Contemporary Environmental Crises*, Toronto: University of Toronto Press, 2011, S. 43–72, hier S. 51.

25 Theodor W. Adorno: *Negative Dialektik*, Frankfurt am Main: Suhrkamp, 1966, S. 191. Adorno bezieht sich allerdings in seiner *Negativen Dialektik* nicht auf Fragen der Ökologie. Görgs Vorhaben steht insofern für eine kritische Erweiterung der theoretischen Ansätze aus der ersten Generation der Frankfurter Schule. Adorno etwa schenkt dem Marx'schen Stoffwechselbegriff als Grundlage einer ökologischen Kapitalismuskritik keine Aufmerksamkeit. Auch Alfred Schmidt hat die ökologische Kritik trotz seiner ausführlichen Auseinandersetzung mit dem Marx'schen Naturbegriff nicht weiter ausgearbeitet und beschreibt Marx eher als einen technologischen Deterministen (*Der Begriff der Natur in der Lehre von Marx* [1971], 4., überarb. u. verb. Aufl.,

Hamburg: Europäische Verlagsanstalt, 1993). Zwar würde ich deshalb Carl Cassegård nicht unbedingt zustimmen, wenn er die Sichtweise auf Natur bei Adorno und Schmidt im Sinne ökologischer Kritik verteidigt, doch teile ich durchaus sein Insistieren auf der Nichtidentität von Natur als Grundlage einer »kritischen Theorie der Natur« (»Eco-Marxism and the Critical Theory of Nature. Two Perspectives on Ecology and Dialectics«, in: *Distinktion* 18 (3), 2017, S. 314–332). Cassegårds Hinweis auf die »Relevanz« der Marx'schen Dialektik von »Form« und »Stoff« bestätigt ferner mein Verständnis dieser Dialektik (*Toward a Critical Theory of Nature. Capital, Ecology and Dialectics*, New York: Bloomsbury, 2021, S. 6).

26 Görg: »Societal Relationships with Nature«, a. a. O., S. 51.

27 Genau deshalb ist für Marx Arbeit als »vermittelnde« Tätigkeit des Stoffwechsels zwischen Mensch und Natur bestimmt. »Vermittlung« in diesem Sinne impliziert, dass die Natur nicht ausgelöscht werden kann und ihre Unabhängigkeit behält, ganz gleich, wie sehr Arbeit in der Lage zu sein scheint, diese äußere Natur zu manipulieren.

28 Theodor W. Adorno: *Zur Lehre von der Geschichte und von der Freiheit* [1964/65], Frankfurt am Main: Suhrkamp, 2006, S. 176.

29 Thomas Jahn, Peter Wehling: »Gesellschaftliche Naturverhältnisse – Konturen eines theoretischen Konzepts«, in: Karl-Werner Brand (Hg.): *Soziologie und Natur. Theoretische Perspektiven*, Opladen: Leske und Budrich, 1998, S. 75–93, hier S. 84.

30 Noel Castree: »Marxism, Capitalism, and the Production of Nature«, in: Ders., Bruce Braun (Hg.): *Social Nature. Theory, Practice and Politics*, Malden, MA: Blackwell Publishers, 2001, S. 189–207, hier S. 204.

31 Noel Castree: »False Antitheses? Marxism, Nature and Actor–Networks«, in: *Antipode* 34 (1), 2002, S. 111–146.

32 David Harvey: *Justice, Nature and the Geography of Difference*, Oxford: Wiley-Blackwell, 1996, S. 194.

33 David Harvey: »Marxism, Metaphors and Ecological Politics«, in: *Monthly Review* 49 (11), 1998, S. 17–31, hier S. 19.

34 Ebd., S. 19 f.

35 Smith: *Uneven Development*, a. a. O., S. 247.

36 David Harvey: »The Enigma of Capital and the Crisis this Time«,

in: Craig Calhoun, Georgi M. Derluguian (Hg.): *Business as Usual. The Roots of the Global Financial Meltdown*, New York: NYU Press, 2011, S. 89–112, hier S. 94.

37 Ebd., S. 90. Harvey fügt hinzu: »Nur weil das Kapital dies in der Vergangenheit erfolgreich getan hat, heißt freilich nicht, dass es in der Lage sein wird, dies auch auf Dauer zu tun.« Angesichts der früheren Kritik an Foster ist jedoch fraglich, wie ernst es Harvey mit dieser Aussage wirklich ist. Erst im Jahr 2019 hat er schließlich die ökologische Krise in ihrer Tragweite als epochale Krise anerkannt, ohne einer solchen Feststellung Apokalyptik beizumessen, doch das ist beinahe zu spät. Vgl. Harveys Videopodcasts »CO2 Emissions and Climate Change«, 19. Juli 2019 (https://youtu.be/5oTW9uQitYw), sowie »The Plastics Industry«, 1. August 2019 (https://youtu.be/JVO5CJzQZ5U [beide aufgerufen am 31. 01. 2025]).

38 John Bellamy Foster: »Hesitations before ecology. David Harvey's dilemma«, in: *Capitalism Nature Socialism* 9 (3), 1998, S. 55–59, hier S. 56.

39 Harvey: *Justice, Nature and the Geography of Difference*, a. a. O., S. 195.

40 Smith: *Uneven Development*, a. a. O., S. 245 f.

41 Castree: *Making Sense of Nature*, a. a. O., S. 242 u. 258.

42 David Harvey: »Population, Resources and the Ideology of Science«, in: *Economic Geography* 50 (3), 1974, S. 256–277.

43 Ebd., S. 270.

44 Die Angst vor dem Malthusianismus spielt in der marxistischen Tradition eine bemerkenswerte Rolle. Selbst der junge Marx geriet in eine produktivistische Sichtweise, die das Vorhandensein natürlicher Grenzen negiert; vgl. Kohei Saito: *Natur gegen Kapital. Marx' Ökologie in seiner unvollendeten Kritik des Kapitalismus*, Frankfurt am Main / New York: Campus, 2016.

45 Max Horkheimer, Theodor W. Adorno: *Dialektik der Aufklärung. Philosophische Fragmente* [1944], in Max Horkheimer: *Gesammelte Schriften*, Bd. 5, hg. von Gunzelin Schmid Noerr, Frankfurt am Main: S. Fischer, 1987, S. 13–290, hier S. 222; Deborah Cook: *Adorno on Nature*. London: Routledge, 2011.

46 Max Horkheimer, Theodor W. Adorno: *Dialektik der Aufklärung*, a. a. O., S. 262.

47 Max Horkheimer: *Zur Kritik der instrumentellen Vernunft* [1947], übers. von Alfred Schmidt, in: Max Horkheimer: *Gesammelte Schriften*, Bd. 6, hg. von Alfred Schmidt, Frankfurt am Main: S. Fischer, 1991, S. 21–186, hier S. 119.

48 Die Modifikation der Natur kann, wie Marx betont, nicht beliebig sein. Arbeit selbst vermag keine natürlichen Substanzen hervorzubringen, ihre Macht stößt hier an Grenzen; lediglich deren Formen kann sie entsprechend verschiedenen Zwecken verändern. Arbeit verleiht, schreibt Marx, der »natürlichen Substanz« eine »äußerliche Form« (*Grundrisse*, 277; Hervorh. im Orig.): So bleibt die Form eines Tischs, die der »natürlichen Substanz« des Holzes durch Arbeit verliehen wird, »dieser Substanz selbst äußerlich«, da sie keinem »immanente[n] Gesetz der Reproduktion« folgt (ebd.). Während sich aufgrund dieses immanenten Gesetzes das Holz in seiner besonderen Form als Baum erhält, kann es sich in der neuen Form als Tisch nicht in der gleichen Weise reproduzieren und ist daher von nun an einem natürlichen Prozess der »Auflösung« ausgesetzt (ebd.). Um das Produkt der Arbeit vor der Wirkungsmacht des natürlichen Stoffwechsels zu schützen, bedarf es einer gezielten Regulierung des Stoffwechsels durch produktiven Konsum, der die Naturkräfte dennoch nicht vollständig zu überwinden vermag.

49 Castree: »Marxism, Capitalism, and the Production of Nature«, a. a. O., S. 204.

50 Moore: *Kapitalismus im Lebensnetz*, a. a. O., S. 128.

51 Ebd., S. 264 f.

52 Jason W. Moore: »Environmental Crises and the Metabolic Rift in World-Historical Perspective«, in: *Organization and Environment* 13 (2), 2000, S. 123–157; Ders.: »The Crisis of Feudalism. An Environmental History«, in: *Organization and Environment* 15 (3), 2002, S. 301–322.

53 Moore: *Kapitalismus im Lebensnetz*, a. a. O., S. 8 u. passim.

54 Ebd., S. 353.

55 Ebd., S. 279.

56 Ebd., S. 12.

57 Ebd., S. 40.

58 Ebd., S. 302. Moore mag entgegnen, er habe den Begriff »Aktant« nur an einer Stelle verwendet und seine Sichtweise sei nicht identisch mit der »flachen Ontologie« von Bruno Latour. Er könnte hinzufügen, sein Ansatz sei kein monistischer, da er auch den Begriff »Monismus« nur ein einziges Mal verwende und in *Kapitalismus im Lebensnetz* darüber hinaus auch einen »›weichen‹ Dualismus« anspreche (ebd., S. 27, 130). Doch tatsächlich spielt es keine Rolle, wie oft er Begriffe verwendet. Letzten Endes erklärt er nicht, wie sich seine Sichtweise von Latours flacher Ontologie und anderen Arten von Monismus unterscheidet und was seine Ontologie nach seiner dezidierten Ablehnung des kartesianischen Dualismus eigentlich ist. Und wenn er wirklich einen »weichen« Dualismus akzeptiert, besteht kein wesentlicher Unterschied zwischen seinem Paradigma der Weltökologie und der Vorstellung vom metabolischen Bruch.

59 Ebd., S. 69 u. 73.

60 Bruno Latour: *Wir sind nie modern gewesen. Versuch einer symmetrischen Anthropologie* [1991], übers. von Gustav Roßler, Frankfurt am Main: Suhrkamp, 2008.

61 Bruno Latour, Vincent Antonin Lépinay: *Die Ökonomie als Wissenschaft der leidenschaftlichen Interessen. Eine Einführung in die ökonomische Anthropologie Gabriel Tardes*, übers. von Gustav Roßler, Berlin: Suhrkamp, 2010.

62 Moore: *Kapitalismus im Lebensnetz*, a. a. O., S. 26.

63 »Alle diese entwerteten und unbewerteten Arbeiten befinden sich jedoch außerhalb der Wertform (der Ware). Sie produzieren keinen direkten Wert. Und doch – ein sehr großes *und doch* – kann Wert als abstrakte Arbeit ohne unbezahlte Arbeit / Energie nicht produziert werden« (ebd., S. 105). Andere sprechen deutlich expliziter über den von nichtmenschlichen Agenzien produzierten Wert und sehen die Notwendigkeit einer »Werttheorie der Natur«, doch letztlich kehrt ein solches Ansinnen lediglich zu physiokratischen Vorstellungen zurück (Zehra Taşdemir Yaşın: »The Adventure of Capital with Nature. From the Metabolic Rift to the Value Theory of Nature«, in: *Journal of Peasant Studies* 44 (2), 2017, S. 377–401, hier S. 397).

64 Ders.: »Capitalocene and Planetary Justice«, in: *Maize* 6 (Juli), 2019, S. 49–54, hier S. 53.

65 Barca: *Forces of Reproduction*, a. a. O., S. 19.

66 Ebd., S. 6; Hervorh. im Orig.

67 Latour, *Das Parlament der Dinge. Für eine politische Ökologie* [1999], übers. von Gustav Roßler, Frankfurt am Main: Suhrkamp, 2001, S. 54; Hervorh. im Orig.

68 Latour: *Wir sind nie modern gewesen*, a. a. O., S. 8.

69 Jedediah Purdy: *After Nature. A Politics for the Anthropocene*, Cambridge, MA: Harvard University Press, 2015, S. 271 f.

70 Christophe Bonneuil, Jean-Baptiste Fressoz: *The Shock of the Anthropocene. The Earth, History and Us*, übers. von David Fernbach, London: Verso, 2016, S. 41 u. 47 (Anm. 35). Gewiss ist die Hinwendung zum Monismus angesichts des Interesses an einer Überwindung des kartesianischen Dualismus von Gesellschaft und Natur verständlich. Bonneuil und Fressoz würdigen jedoch auch Marx' Analyse des »Risses im Stoffwechsel zwischen Erde und Gesellschaft, den der Kapitalismus hervorgebracht hat« (Bonneuil und Fressoz 2016: 176), und rekurrieren in diesem Zusammenhang häufig auf Fosters Arbeiten zu diesem metabolischen Bruch. Sie sehen mit anderen Worten ihren Beitrag zur marxistischen Ökologie darin, die Theorie des metabolischen Bruchs im Kontext des Weltökologie-Ansatzes zu erweitern, der sich mit dem ungleichen Tausch von Wert und ökologischen Strömen beschäftigt, ohne wirklich zu hinterfragen, ob eine solche Synthese tatsächlich möglich ist.

71 Slavoj Žižek: *Pandemie! COVID-19 erschüttert die Welt* [2020], übers. von Aaron Zielinski, Wien: Passagen, 2021, S. 90.

72 Eine solche Wendung ist insofern nicht überraschend, als sie mehr oder minder im Einklang mit der von Žižek schon früher formulierten Kritik an einer Vorstellung von Umwelt steht, die ganz naiv von Natur als einer harmonischen Totalität ausgeht (*Auf verlorenem Posten*, übers. von Frank Born, Frankfurt am Main: Suhrkamp, 2009, S. 294 f.). Dies bringt Žižek ferner dazu, mein Verständnis von Natur sowie von abstrakter Arbeit zu kritisieren (»Where Is the Rift? Marx, Lacan, Capitalism and Ecology«, in: *Res Pública. Revista de Historia de las Ideas Politicas* 23 (3), 2020, S. 375–385). Žižek behauptet – und steht damit keineswegs allein –, abstrakte Arbeit sei historisch spezifisch für den Kapitalismus. Dieses Argument vermengt jedoch Wert und abstrakte Arbeit. Der Wert ist rein gesellschaftlich und spezifisch für den Kapitalismus, aber die abstrakte Arbeit ist eine Abstraktion eines Aspekts der menschlichen Arbeit und existiert, solange Menschen arbeiten. Marx' Methode zufolge spricht nichts dagegen, die transhistorische Dimension der abstrakten Arbeit von ihrer gesellschaftlich besonderen Funktion für die Verwer-

tung im Kapitalismus zu trennen. Žižek behauptet ferner, mein Ansatz sei antihegelianisch. Meine Kritik am westlichen Marxismus bestärkt ihn in diesem Eindruck. Die Behandlung von *Form* und *Stoff* ist jedoch dem Erbe von Hegels *Wesenslogik* verpflichtet.

73 Tatsächlich geht auch der Ausdruck *world-ecology* (»Ökologie der Welt«) auf Wallerstein zurück (*Das moderne Weltsystem – Die Anfänge kapitalistischer Landwirtschaft und die europäische Weltökonomie im 16. Jahrhundert* [1974], übers. von Angelika Schweikhart, Frankfurt am Main: Syndikat, 1986, S. 52).

74 Alf Hornborg, Joan Martinez-Alier: »Ecologically Unequal Exchange and Ecological Debt«, in: *Journal of Political Ecology* 23 (1), 2016, S. 328–333.

75 Moore: *Kapitalismus im Lebensnetz*, a. a. O., S. 86.

76 Ebd., S. 89.

77 Aimé Césaire, Über den Kolonialismus [1950], übers. von Heribert Becker, Berlin: Alexander Verlag, 2017, S. 38. Die ökofeministische Tradition trägt ebenfalls ganz wesentlich dazu bei, die lange Geschichte der Marginalisierung der Reproduktionsarbeit im marxistischen Diskurs zu verstehen. Festzuhalten ist in diesem Zusammenhang, dass Silvia Federici, eine führende marxistische Feministin, keinen monistischen Standpunkt vertritt (*Caliban und die Hexe. Frauen, der Körper und die ursprüngliche Akkumulation* [2004], übers. von Max Henninger, Wien: Mandelbaum, 2012). Eine monistische Sicht ist nicht notwendig, um den Ausschluss verschiedener Formen von Arbeit aus dem Begriff der »produktiven« Arbeit zu verstehen.

78 Moore: *Kapitalismus im Lebensnetz*, a. a. O., S. 40.

79 Ebd., S. 121.

80 Kate Soper: *What Is Nature? Culture, Politics and the Non-Human*, Oxford: Blackwell, 1995.

81 Marx konstatiert, dass sich Arbeit ohne Unterstützung der Natur nicht bewerkstelligen lässt (*Kapital I*, 57 f). In diesem Sinne wird die gesamte Welt im Arbeitsprozess »koproduziert«. Rein vom Standpunkt der Zirkulation von Materie und Energie aus betrachtet, gibt es keinen Unterschied zwischen den verschiedenen Arten des Stoffwechsels, an denen Menschen, nichtmenschliche Lebewesen und unbelebte Materie beteiligt sind. Auch wenn Arbeit eine ausschließlich dem Menschen vorbehaltene Tätigkeit ist, findet auch bei Bienen und Bibern ein Stoffwechsel mit der sie umgebenden Umwelt statt, und selbst unbelebte anorganische Materie ist natürlichen Stoffwechselprozessen wie Zerfall und Oxidation ausgesetzt. Die materialistische Sichtweise von Marx ist eine monistische, die den allgemeinen Stoffwechsel der Natur umfassend in den Blick nimmt. Diese einfache Erklärung allein sollte ausreichen, um den gegen Marx und Foster erhobenen Vorwurf des kartesianischen Dualismus zu entkräften.

82 John Bellamy Foster, Ian Angus: »In Defence of Ecological Marxism. John Bellamy Foster Responds to a Critic« [Interview], in: *Climate and Capitalism*, 6. Juni 2016 (https://climateandcapitalism.com/2016/06/06/in-defense-of-ecological-marxism-john-bellamy-foster-responds-to-a-critic/ [aufgerufen am 31. 01. 2025]).

83 Markus Gabriel: *I Am Not a Brain. Philosophy of Mind for the 21st Century*, Cambridge: Polity, 2019.

84 In seiner Kritik an der ANT erkennt Castree diesen Punkt an (»False Antitheses?«, a. a. O., S. 138). Leider unterminiert er durch den Versuch, Harvey und Smith zu verteidigen, die eigene Einsicht.

85 Georg Wilhelm Friedrich Hegel: *Werke 3. Phänomenologie des Geistes* [1807], Frankfurt am Main: Suhrkamp, 1970, S. 22.

86 Ryuji Sasaki: *A New Introduction to Karl Marx. New Materialism, Critique of Political Economy, and the Concept of Metabolism*, übers. von Michael Schauerte, New York: Palgrave Macmillan, 2021, S. 67.

87 Die Kategorie »Arbeit« spielt in Moores Neuorientierung »vom metabolischen Bruch zum metabolischen Wandel« innerhalb eines »einzigen Metabolismus« von »Menschheit-in-Natur« keine nennenswerte Rolle (Moore: *Kapitalismus im Lebensnetz*, a. a. O., S. 130–133). Sein Monismus unterläuft die Bedeutung von Arbeitskraft als einer besonderen Kategorie in der Produktion von Wert. Zwar entsteht durch das Einbeziehen von Naturkräften der Eindruck, auch die Natur produziere Wert, da durch sie die Produktionskosten gesenkt werden, doch insofern Moore ihr deshalb die Rolle von »unbezahlter Arbeit« zuschreibt, verstellt er den Blick auf den Wertbegriff und die gesellschaftlich-historische Besonderheit »unabhängig betriebner Privatarbeiten«, die tatsächlich Wert produzieren. Seine Aussage, dass auch die Natur »arbeitet«, steht im Einklang mit seiner Tendenz, nicht nur dem Menschen, sondern auch der Natur Handlungsmacht zuzuschreiben. Bei Marx hingegen findet sich nirgends die Behauptung, die Natur würde »arbeiten«, denn eine solche Sichtweise wäre ein Rückfall in Physiokratie. Adam Smiths residuale physiokratische Auffassungen bei der Behandlung der Landwirtschaft kritisiert Marx im *Kapital*. In *Der Wohlstand der Nationen* schreibt Smith: »[A]uch die Natur arbeitet gleichsam mit dem Menschen zusammen, denn ihr Ertrag hat ebenso einen Wert wie der der teuersten Arbeitskraft, obwohl ihre Arbeit keine Kosten verursacht« (*Der Wohlstand der Nationen. Eine Untersuchung seiner Natur und seiner Ursachen* [1789], übers. von Horst Claus Recktenwald, München: dtv, 1978, S. 298). Smith zufolge wird auch »Vieh produktiv eingesetzt« und produziert Wert. Dies ähnelt auffallend Moores Sichtweise, die der »Arbeit der Natur« und dem »ökologischen Surplus« zuschreibt, Wert zu produzieren. Durch eine solche Betrachtung der Produktion auf der Erscheinungsebene wird Wert zu einer nichtanthropozentrischen und zugleich transhistorischen Kategorie. Folglich lässt sich auf diese Weise nicht erklären, *warum* Arbeit nur im Kapitalismus Wert produziert und warum die Kategorie des Wertes im Kapitalismus zu einer universellen und objektiven Kategorie wird.

88 Andreas Malm: *Der Fortschritt dieses Sturms*, a.a.O., S. 213.

89 Ryuji Sasaki: *A New Introduction to Karl Marx*, a.a.O., S. 36.

90 Andreas Malm: *Der Fortschritt dieses Sturms*, a.a.O., S. 132.

91 Das Gleiche gilt auch für das Befürworten weiterer technokratischer Eingriffe in die Natur. Um zu entscheiden, wie und in welchem Umfang Geo-Engineering eingeführt werden soll, ist es zunächst notwendig, das gegenwärtige System der Erde zu verstehen. Auch dies setzt die Einheit in der Trennung voraus. Es liegt an den Menschen zu entscheiden, ob ein weiteres Intervenieren über die natürlichen Grenzen hinaus vorgenommen oder um des Respektierens bestimmter Grenzen willen davon abgesehen werden sollte.

92 Andreas Malm: *Der Fortschritt dieses Sturms*, a.a.O., S. 79 f.

93 Stefano Longo, Rebecca Clausen, Brett Clark: *The Tragedy of the Commodity. Oceans, Fisheries, and Aquaculture*, New Brunswick: Rutgers University Press, 2015, S. x; Hervorh. im Orig.

94 Simon Hailwood: *Alienation and Nature in Environmental Philosophy*, Cambridge: Cambridge University Press, 2015, S. 20. Moore

macht geltend, eine solche Sichtweise bleibe »in der Logik des menschlichen Exzeptionalismus gefangen« (Moore: *Kapitalismus im Lebensnetz*, a. a. O., S. 77), aber das muss nicht der Fall sein. Der Punkt ist einfach, dass es Menschen nicht möglich ist, eine nichtmenschliche Perspektive einzunehmen.

95 Kate Soper: *Post-Growth Living: For an Alternative Hedonism*, London: Verso, 2020, S. 22 f.

96 Alf Hornborg: *Global Magic. Technologies of Appropriation from Ancient Rome to Wall Street*, New York: Palgrave, 2016, S. 11.

97 Auch hier soll nicht geleugnet werden, dass das Kapital von materiellen Bedingungen abhängig und durch diese bedingt ist.

98 James O'Connor: *Natural Causes. Essays in Ecological Marxism*, New York: The Guilford Press, 1998.

99 Rosa Luxemburg: *Die Akkumulation des Kapitals. Ein Beitrag zur ökonomischen Erklärung des Imperialismus* [1913], in: Dies.: *Gesammelte Werke*, Bd. 5, Berlin: Dietz, [4]1990.

100 Merkwürdigerweise bezieht sich Moore in *Kapitalismus im Lebensnetz* nur an einer Stelle und in einem nebensächlichen Zusammenhang auf O'Connor.

101 Paul Burkett: *Marx and Nature. A Red and Green Perspective*, New York: St. Martin's Press, 1999, S. 195.

102 Je nachdem, wie das Kapital die materiellen Eigenschaften der einzelnen Produktionsfaktoren ausnutzt, ergeben sich unterschiedliche Veränderungen. Beispielsweise ist auch die Arbeitskraft insofern elastisch, als es möglich ist, sie, um die Profitrate zu steigern, sowohl intensiv als auch extensiv weiter auszubeuten. Anstatt bei einem plötzlichen Anstieg der Nachfrage neue Arbeitskräfte einzustellen, können die vorhandenen Arbeitskräfte veranlasst werden, auch ohne Lohnaufschlag länger zu arbeiten. Die Arbeitskraft kann zudem intensiver eingesetzt werden: Auch der Inhalt der Arbeitsabläufe ist nicht unveränderlich, sondern elastisch, sodass Arbeitskräfte je nach den sich ständig ändernden Anforderungen des Marktes verschiedene Aufgaben zu erfüllen haben.

103 Paul Burkett: *Marxism and Ecological Economics. Toward a Red and Green Political Economy*, Leiden: Brill, 2006, S. 136.

104 Naomi Klein: *Die Schock-Strategie. Der Aufstieg des Katastrophen-Kapitalismus*, übers. von Michael Bischoff, Hartmut Schickert u. Karl Heinz Siber, Frankfurt am Main: S. Fischer, 2007.

105 Auch eine weitere Möglichkeit zieht Moore nicht in Betracht: die Akkumulation von Kapital durch grüne Technologien. Insbesondere die Solarenergie ist eine ideale Quelle für billige Natur, da sie die Grenzkosten auf null reduziert (Jeremy Rifkin: *Die Null-Grenzkosten-Gesellschaft. Das Internet der Dinge, kollaboratives Gemeingut und der Rückzug des Kapitalismus*, übers. von Bernhard Schmid, Frankfurt am Main / New York: Campus, 2014.). Dieses Thema wird teilweise im folgenden Kapitel erörtert.

106 Paul Burkett: »Marx's Vision of Sustainable Human Development«, in: *Monthly Review* 57 (5), 2005, S. 34–62.

107 Bruno Latour: »Love Your Monsters. Why We Must Care for Our Technologies as We Do Our Children«, in: *Breakthrough Journal* 2, 2011, S. 19–26, hier S. 20.

108 Ebd., S. 23.

109 Bruno Latour: *Kampf um Gaia. Acht Vorträge über das neue Klimaregime*, übers. von Achim Russer u. Bernd Schwibs, Berlin: Suhrkamp, 2017, S. 405 f. (Fn 47).

110 Breakthrough Institute: *Ökomodernes Manifest*, 2015 (https://www.ecomodernism.org/deutsch [aufgerufen am 31. 01. 2025]).

111 Fragen von Technologie und Postkapitalismus wird das folgende Kapitel behandeln.

112 Leigh Phillips: *Austerity Ecology and the Collapse-Porn Addicts. A Defence of Growth, Progress, Industry and Stuff*, Winchester, UK: Zero Books, 2015, S. 217.

113 Jason W. Moore: »The Rise of Cheap Nature«, in: Ders. (Hg.): *Anthropocene or Capitalocene? Nature, History, and the Crisis of Capitalism*, Oakland: PM Press, 2016, S. 78–115, hier S. 111.

114 Jason W. Moore: »Anthropocenes and the Capitalocene Alternative«, in: *Azimuth* 9 (1), 2017, S. 71–79, hier S. 78. Tatsächlich kopiert Moore die Passage aus seinem anderen Beitrag und fügt lediglich den letzten Satz hinzu: »Eine Politik der Natur, die sich eher auf deren Zerstörung als auf deren Arbeit konzentriert, macht die radikale Sichtweise anfällig für harsche Kritik. Diese lautet letztlich, dass es eine unberührte Natur nie wirklich gegeben hat; dass wir eine weitere von vielen Epochen einer Veränderung der Umwelt erleben, die aber durch technologische Innovation zu bewältigen ist. Selbstverständlich sind solche Argumente Unsinn.« (Ebd.)

115 John Bellamy Foster: »Marxism in the Anthropocene. Dialecti-

cal Rifts on the Left«, in: *International Critical Thought* 6 (3), 2016, S. 393–421, hier S. 407.

116 Die Risiken des Monismus sind selbst in umweltaktivistischen Kreisen zu erkennen. Während eine Praxis des »Sorgens« auf der Grundlage einer »Kommunikation zwischen den Arten« im Interesse einer »artenübergreifenden Ökogerechtigkeit« im Sinne einer postkartesianischen Rationalität erstrebenswert wäre, riskieren monistische Konzepte wie »Waldbürgerschaft« (Barca: *Forces of Reproduction*, a. a. O., S. 58), »Biotariat« (Moore: »Capitalocene and Planetary Justice«, a. a. O.) und »Hybridarbeit« (Alyssa Battistoni: »Bringing in the Work of Nature. From Natural Capital to Hybrid Labor«, in: *Political Theory* 45 [1], 2017, S. 5–31, hier S. 5), die Nichtidentität der Natur zu verwischen. Das Dilemma besteht darin, »entweder die *Domestizierung* der nichtmenschlichen Natur mit der ›Sorge‹ um sie gleichzusetzen oder menschliche Werte in die nichtmenschliche Natur hineinzulesen« (Hailwood: *Alienation and Nature*, a. a. O., S. 151).

117 Pluralismus ist sicher notwendig (Andreas Malm: *Der Fortschritt dieses Sturms*, a. a. O.), aber für die Zwecke der vorliegenden Untersuchung, und um auf die Kritik am Dualismus zu antworten, reicht es aus, den monistischen Standpunkt zurückzuweisen.

Kapitel 5

1 Herbert Marcuse: »Ökologie und Gesellschaftskritik« [1979], übers. von Eva Maria Krampe u. Peter-Erwin Jansen, in: Herbert Marcuse: *Nachgelassene Schriften*, Bd. 6, hg. von Peter-Erwin Jansen, Springe: zu Klampen, 2009, S. 165–176.

2 Herbert Marcuse: *Versuch über die Befreiung* [1969], übers. von Helmut Reinicke u. Alfred Schmidt, in: Herbert Marcuse: *Schriften*, Bd. 8, Frankfurt am Main: Suhrkamp, 1984, S. 237–317, hier S. 258.

3 Jonathan Symons: *Ecomodernism. Technology, Politics and the Climate Crisis*, Cambridge: Polity, 2019, S. 52.

4 Alberto Toscano: »The Prejudice against Prometheus«, in: *Stir Magazine*, 15. August 2011. (https://stirtoaction.wordpress.com/2011/08/15/the-prejudice-against-prometheus/ [aufgerufen am 31. 01. 2025]).

5 Aaron Bastani: *Fully Automated Luxury Communism. A Manifesto*, London: Verso, 2019, S. 189.

6 Aaron Benanav: *Automatisierung und die Zukunft der Arbeit*, übers. von Felix Kurz, Berlin: Suhrkamp, 2021, S. 30. Ich verwende in diesem Kapitel den Begriff »utopischer Sozialismus« anstelle von »linker Akzelerationismus«, weil die erwähnten Autorinnen und Autoren sich nicht unbedingt als »Akzelerationisten« bezeichnen würden. Christian Fuchs verwendet den Ausdruck »utopischer Sozialist 2.0«, um Paul Mason und dessen Entwurf des Postkapitalismus zu charakterisieren (»Henryk Grossmann 2.0. Eine Kritik an Paul Masons Buch *Postkapitalismus. Grundrisse einer kommenden Ökonomie*«, übers. von Alan Ruben van Keeken, in: *Z. Zeitschrift Marxistische Erneuerung* 107, 2016, S. 98–114). Zweifellos bestehen theoretische Unterschiede zwischen den verschiedenen zeitgenössischen utopischen Sozialistinnen und Sozialisten, und es gibt Aspekte, die zu der in den Kapiteln 6 und 7 erörterten utopischen postkapitalistischen Perspektive dieses Buches beitragen.

7 Nick Srnicek, Alex Williams: *Die Zukunft erfinden. Postkapitalismus und eine Welt ohne Arbeit*, übers. von Thomas Atzert, Berlin: Edition Tiamat, 2016.

8 Carl Benedikt Frey, Michael A. Osborne: »The Future of Employment. How Susceptible Are Jobs to Computerisation?«, in: *Technological Forecasting and Social Change* 114 (Januar), 2017, S. 254–280. Eine überzeugende Kritik an übertriebenen Bedrohungsszenarien durch Vollautomatisierung aus einer marxistischen Perspektive formuliert Aaron Benanav (*Automatisierung und die Zukunft der Arbeit*, a. a. O.). Der linke Akzelerationismus hat in diesem Sinne keine solide empirische Grundlage. Benanav zeigt eine gewisse Sympathie für dessen utopische Vorstellung von Postkapitalismus, wobei er ein Bild einer Gesellschaft jenseits des Mangels entwirft, das mit meiner eigenen Auffassung, wie sie in den nächsten beiden Kapiteln erörtert wird, durchaus im Einklang steht.

9 Martin Ford: *Aufstieg der Roboter. Wie unsere Arbeitswelt gerade auf den Kopf gestellt wird – und wie wir darauf reagieren müssen*, übers. von Matthias Schulz, Kulmbach: Plassen, 2016, S. 257.

10 Shoshana Zuboff: *Das Zeitalter des Überwachungskapitalismus*, übers. von Bernhard Schmid, Frankfurt am Main / New York: Campus, 2018.

11 Sebastian Heilmann: »Leninism Upgraded. Xi Jinping's Authori-

tarian Innovations«, in: *China Economic Quarterly* 20 (4), 2016, S. 15–22. Das verwendete, unscharfe Bild von »Leninismus« hat eigentlich nichts mit den Ideen Lenins zu tun. Es mag angemessener sein, von »digitalem Stalinismus« zu sprechen.

12 Benjamin Noys: *Need for Speed. Tod und Tempo im Kapitalismus* [2014], übers. von Melanie Sindelar, Berlin: Matthes & Seitz, 2025.

13 Die verzweifelte Suche nach einem Arbeitsplatz und das Akzeptieren schlecht bezahlter und prekärer Jobs nehmen Lohnabhängige auch auf sich, um nicht unter dem Stigma der Arbeitslosigkeit zu leiden, um also dem Arbeitsethos des Kapitalismus gerecht zu werden. Eine ausgeprägte Arbeitsmoral ist genau das, was moderne Lohnarbeiter »produktiver« macht als Sklaven oder Leibeigene. Marx stellt hierzu fest, dass – im Gegensatz zum »nur unter äußerem Zwang arbeitenden Sklaven« – »der freie Arbeiter seine Lebensbedürfnisse nur befriedigen kann, sofern er seine Arbeit verkauft; also durch sein eignes Interesse gezwungen ist, nicht durch äußeren Zwang« (*MEW* 43, 186). Arbeiterinnen und Arbeiter verkaufen ihre Arbeitskraft aus freien Stücken, um ihre »eigenen Bedürfnisse« (ebd.) befriedigen zu können, was sie fleißiger und verantwortungsbewusster gegenüber dem Kommando des Kapitals macht. Sie akzeptieren die Logik der Selbstverantwortung, nachdem sie »freiwillig« und als Gleichberechtigte den Vertrag mit dem Kapitalisten unterzeichnet haben.

14 Srnicek, Williams: *Die Zukunft erfinden*, a. a. O., S. 187.

15 Jeremy Rifkin: *Die Null-Grenzkosten-Gesellschaft. Das Internet der Dinge, kollaboratives Gemeingut und der Rückzug des Kapitalismus*, übers. von Bernhard Schmid, Frankfurt am Main / New York: Campus, 2014.

16 Paul Mason: *Postkapitalismus. Grundrisse einer kommenden Ökonomie*, übers. von Stephan Gebauer, Berlin: Suhrkamp, 2016, S. 194.

17 Rifkin: *Die Null-Grenzkosten-Gesellschaft*, a. a. O., S. 39.

18 Bastani: *Fully Automated Luxury Communism*, a. a. O., S. 56.

19 Peter Drucker: *Die postkapitalistische Gesellschaft*, übers. von Ursel Reineke u. Christiane Ferdinand-Gonzalez, Düsseldorf: Econ, 1993, S. 73.

20 André Gorz: *Wissen, Wert und Kapital. Zur Kritik der Wissensökonomie*, übers. von Jadja Wolf, Zürich: Rotpunkt, 2004, S. 48.

21 Rifkin: *Die Null-Grenzkosten-Gesellschaft*, a. a. O.

22 Nick Srnicek: *Plattform-Kapitalismus*, übers. von Ursel Schäfer. Hamburg: Hamburger Edition, 2018.

23 Michael Hardt, Antonio Negri: *Multitude. Krieg und Demokratie im Empire*, übers. von Thomas Atzert u. Andreas Wirthensohn, Frankfurt am Main / New York: Campus, 2004.

24 Mason: *Postkapitalismus*, a. a. O., S. 20.

25 Paul Mason: *Klare, lichte Zukunft. Eine radikale Verteidigung des Humanismus*, übers. von Stephan Gebauer, Berlin: Suhrkamp, 2019. Im Übrigen ist nicht ganz klar, wie Masons leidenschaftliches Abfeiern der Informationstechnologie in *Postkapitalismus* und die unumwundene Verteidigung des Humanismus in *Klare, lichte Zukunft* zusammenpassen.

26 »Fixes Kapital und Entwicklung der Produktivkräfte der Gesellschaft«, in: *Grundrisse*, S. 590–609. Die Popularität dieses Manuskripts ist nicht neu, denn es war für italienische Marxisten wie Antonio Negri, Mario Tronti und Paolo Virno ein Schlüsseltext. Die zeitgenössischen utopischen Sozialisten knüpfen an diese Tradition in einer Form an, die dem Zeitalter der Informationstechnologie angemessen ist.

27 Moishe Postone: *Zeit, Arbeit und gesellschaftliche Herrschaft. Eine neue Interpretation der kritischen Theorie von Marx*, übers. von Christoph Seidler, Wolfgang Kukulies, Petra Haarmann, Norbert Trenkle u. Manfred Dahlmann, Freiburg: ça ira, 2003, S. 303.

28 Marx ist sich bewusst, dass sich das, was für die Reproduktion der Arbeitskraft als »notwendig« gilt, mit der Entwicklung der Produktivkräfte verändert. Er schreibt in den *Grundrissen*, dass das, was früher als Luxus erschien, nun notwendig ist und sogenannte Luxusbedürfnisse z. B. als Notwendigkeit für die naturwüchsigste und in der reinsten Naturnotwendigkeit entstandne Industrie erscheinen. Dieses Wegziehn des naturwüchsigen Bodens unter dem Boden jeder Industrie und Verlegen ihrer Produktionsbedingungen außerhalb derselben in einen allgemeinen Zusammenhang – darum die Verwandlung dessen, was überflüssig erschien, in Notwendiges, geschichtlich erzeugte Notwendigkeit – ist die Tendenz des Kapitals. (*Grundrisse*, S. 434)

29 Antonio Negri: *Über das Kapital hinaus* [1978/79], übers. von Thomas Atzert u. Andreas Löhrer, Berlin: Dietz, 2019.

30 Matteo Pasquinelli geht davon aus, dass Marx' Begriff des »General Intellect« auf William Thompsons *An Inquiry into the Principles of the Distribution of Wealth* (1824) zurückgeht (»On the Origins of Marx's General Intellect«, in: *Radical Philosophy* 2 [6], 2019, S. 43–56). Der Begriff sei im *Kapital* durch den des »Gesamtarbeiters« ersetzt worden. Das mag zutreffen, aber in Anbetracht der Tatsache, dass sich Marx' Verständnis der kapitalistischen Entwicklung zwischen den *Grundrissen* und dem *Kapital* erheblich veränderte, geht es wohl nicht nur um eine Frage der Wortwahl bei gleichbleibender Bedeutung.

31 Sowohl Gerald A. Cohen (*Karl Marx's Theory of History. A Defence* [1978], Princeton: Princeton University Press, 2000, S. 104) als auch Carl Cassegård (*Toward a Critical Theory of Nature. Capital, Ecology and Dialectics*, New York: Bloomsbury, 2021, S. 5) begreifen diese Methode angemessen als die spezifische Vorgehensweise von Marx, die für seine Kritik der politischen Ökonomie essentiell ist.

32 Im Ökonomischen Manuskript 1861–1863 diskutiert Marx im Zusammenhang der Produktion des absoluten Mehrwerts auch die Intensivierung der Arbeit, während er im *Kapital* das Thema in Bezug auf die Produktion des relativen Mehrwerts erörtert. Meiner Meinung nach ist diese Verschiebung angemessen. Marx ist bewusst, dass die Intensivierung der Arbeit nur auf der Grundlage der reellen Subsumtion der Arbeit möglich ist.

33 Harry Braverman: *Die Arbeit im modernen Produktionsprozess* [1974], übers. von Karin de Sousa Ferreira u. Hans G. Nutzinger, Frankfurt am Main / New York: Campus, 1980, S. 94.

34 Auch Marx verwendet »Produktivkraft« mitunter im Sinne von »Produktivität«, beispielsweise wenn er schreibt:

Die Wertgröße einer Ware […] wechselt aber mit jedem Wechsel in der Produktivkraft der Arbeit. Die Produktivkraft der Arbeit ist durch mannigfache Umstände bestimmt, unter anderen durch den Durchschnittsgrad des Geschickes der Arbeiter, die Entwicklungsstufe der Wissenschaft und ihrer technologischen Anwendbarkeit, die gesellschaftliche Kombination des Produktionsprozesses, den Umfang und die Wirkungsfähigkeit der Produktionsmittel, und durch Naturverhältnisse. Dasselbe Quantum Arbeit stellt sich z. B. mit günstiger Jahreszeit in 8 Bushel Weizen dar, mit ungünstiger in nur 4. (*Kapital I*, 54)

35 Cohen: *Karl Marx's Theory of History*, a. a. O., S. 55.

36 »Produktivkräfte« ließen sich in diesem Sinne definieren als Vermögen der Menschen, ihren Stoffwechsel mit der Natur rationell zu regeln.

37 Auch die folgende Feststellung von Marx in den *Grundrissen* ließe sich heranziehen:

Die einfachste und von der Teilung der Arbeit unabhängigste Form ist, daß das Kapital verschiedne selbständig und zerstreut wohnende Handweber, Spinner etc. beschäftigt. (Diese Form existiert noch immer neben der Industrie.) Hier ist also die Produktionsweise selbst noch nicht von ihm bestimmt, sondern von ihm vorgefunden. (*Grundrisse*, 488)

Ausgehend von dieser Passage könnte man meinen, Marx habe bereits in den *Grundrissen* den Begriff »Produktivkräfte des Kapitals« verwendet sowie »reelle« und »formelle« Subsumtion unterschieden. Doch das würde die theoretische Entwicklung nach den *Grundrissen* unterschätzen. Es reicht nicht aus, nur auf das Auftauchen eines Terminus hinzuweisen, denn es ist möglich, dass demselben Ausdruck an anderer Stelle für Marx eine andere Wichtigkeit zukommt, er also eine andere Rolle spielt.

38 Sadao Ohno: »Marx ni okeru Shakai Kouseitai to Seisan Yoshiki« [Marx' Begriff der Gesellschaftsformation und der Produktionsweise], in: Keizai 198 (Mai), 1983, S. 290–302, hier S. 295. Raya Dunayevskaya macht geltend, Marx' Bruch mit seiner ursprünglichen theoretischen Konzeption habe zunächst in der Entscheidung bestanden, das lange Kapitel über den Arbeitstag in den ersten Band des *Kapitals* aufzunehmen, um die Bedeutung des Kampfes für die Verkürzung des Arbeitstages hervorzuheben (*Algebra der Revolution. Philosophie der Befreiung von Hegel bis Sartre* [1973], übersetzt von Oskar Itzinger, Wien / München / Zürich: Europaverlag, 1981, S. 80). Dunayevskayas Argument ist allerdings nicht unbedingt überzeugend, denn Marx hatte immer vor, ein solches Kapitel zu schreiben. Letztlich verleitet die Behauptung dazu, dass wir uns eher auf die Produktion des absoluten Mehrwerts statt auf die des relativen Mehrwerts konzentrieren. Zu einer entscheidenden Verschiebung in der theoretischen Haltung in Bezug auf die Kooperation kam es hingegen dadurch, dass Marx die tatsächliche Organisation des Arbeitsprozesses stärker in den Blick nahm.

39 Selbstverständlich verwendet Marx den Ausdruck »Kooperation« in den *Grundrissen*, und er tut dies im Übrigen auch bereits in der Streitschrift *Das Elend der Philosophie* (1847). Dies steht nicht im Widerspruch zu den in diesem Kapitel getroffenen Aussagen. Kooperation hat offensichtlich eine transhistorische Dimension. Es geht darum, dass Marx die Kooperation erst ab den frühen 1860er Jahren ausdrücklich als Grundform der kapitalistischen Produktionsweise behandelt und begrifflich präzisiert hat.

40 Ohno: »Marx ni okeru Shakai Kouseitai to Seisan Yoshiki«, a. a. O., S. 296.

41 Dieses Notizbuch stand Ohno nicht zur Verfügung, dennoch folgt meine Argumentation hier im Wesentlichen seinen Überlegungen. Der Band *MEGA* IV / 17, der dieses Notizbuch enthält, wird von dem japanischen Team, zu dem auch ich gehöre, herausgegeben. Ein Einblick in die Originalnotizbücher von Marx ist online möglich (https://search.iisg.amsterdam/Record/ARCH00860/ArchiveContentList [aufgerufen 31. 01. 2025]).

42 Die Passage verwendet Marx später in seinem Ökonomischen Manuskript 1861–1863 (MEW 43, S. 271). Der Wortlaut folgt der Übersetzung dort (A. d. Ü.). Nach der Marx'schen Handschrift lautet das Exzerpt:

The principle here referred to is usually called the *division of labour*. The phrase is objectionable, since the fundamental idea is that of *concert* and *cooperation*, not of *division*. The term of division applies only to the *process*; this being *subdivided into several operations*, and these being *distributed* or *parcelled out among a number of operatives*. It is thus a *combination of labourers* effected through a *subdivision of processes*. (IISG Sig. B 91a, 109; Hervorh. im Orig.)

43 Der Wortlaut folgt der Übersetzung in MEW 23, S. 353 (A. d. Ü.). Nach der Marx'schen Handschrift lautet das Exzerpt:

The number of the labourers, and the concentration of their efforts sufficed. We see mighty coral reefs rising from the depths of the ocean into islands and firm land, yet each individual depositor is puny, weak and contemptible. The non-agricultural labourers of an Asiatic monarchy have little but their individual bodily exertions to bring to the task; but *their number is their strength*, and the power of directing theses masses gave rise to the palaces and temples, the pyramids and the armies of gigantic statues, of which the remains astonish and perplex us. It is that *confinement of the revenues which feed them, to one or a few hands, which make such undertakings possible.* (IISG Sig. B 91a, 152; Hervorh. im Orig.)

44 Sadao Ohno, Hiroaki Satake: »Marx Inyonoto no Sakuseikatei. 1859–1861« [Die Entstehung von Marx' Exzerpten 1859–1861]. *Keizaigaku Ronso* 32 (1/2), 1984, S. 11–46, hier S. 22.

45 Diese traditionelle Sichtweise ist indes keine Fehlinterpretation des Marx'schen Texts. Als Lesart des »Vorworts« ist sie zutreffend, verfehlt aber die spätere Entwicklung der Theorie.

46 In der *Deutschen Ideologie* schreiben Marx und Engels: »Die durch die auf allen bisherigen geschichtlichen Stufen vorhandenen Produktionskräfte bedingte und sie wiederum bedingende Verkehrsform [d. h. das Produktionsverhältnis] ist die *bürgerliche Gesellschaft*« (*MEW* 3, S. 36). Sie fahren fort: »In der Entwicklung der Produktivkräfte tritt eine Stufe ein, auf welcher Produktionskräfte und Verkehrsmittel hervorgerufen werden, welche unter den bestehenden Verhältnissen nur Unheil anrichten, welche keine Produktionskräfte mehr sind, sondern Destruktionskräfte« (ebd., S. 69). Marx und Engels vertreten hier die Ansicht, die Produktivkräfte bestimmten die historische Stufe menschlicher Gesellschaft, und sehen die Möglichkeit, die Entwicklung der Produktivkräfte in einer sozialistischen Gesellschaft fortzusetzen, sobald die »Fesseln« beseitigt sind. Das von ihnen nicht in Betracht gezogene Problem aber ist, dass im Sozialismus die Produktivkräfte nicht zwangsläufig nachhaltig werden, sondern ihre Entwicklung sie weiterhin zu »Destruktionskräften« macht.

47 Cohen: *Karl Marx's Theory of History*, a. a. O., S. 135.

48 Michael Heinrich: *Kritik der politischen Ökonomie. Eine Einführung* [2003], 14., durchges. Aufl., Stuttgart: Schmetterling, 2018, S. 175–178. In den *Grundrissen* schreibt Marx:

Sobald die Arbeit in unmittelbarer Form aufgehört hat, die große Quelle des Reichtums zu sein, hört und muß aufhören, die Arbeitszeit sein Maß zu sein und daher der Tauschwert [das Maß] des Gebrauchswerts. Die *Surplusarbeit der Masse* hat aufgehört, Bedingung für die Entwicklung des allgemeinen Reichtums zu sein, ebenso wie die *Nichtarbeit der wenigen* für die Entwicklung der allgemeinen Mächte des menschlichen Kopfes. Damit bricht die auf dem Tauschwert ruhnde Produktion zusammen. (*Grundrisse*, S. 601; Hervorh. im Orig.)

49 Das Problem hängt auch mit Marx' notorisch eurozentrischer Vorstellung vom »große[n] zivilisierende Einfluß des Kapitals« (*Grundrisse*, S. 323) zusammen; vgl. Michael Löwy: »From Marx to Ecosocialism«, in: *New Politics*, 3. Februar 2019 (https://newpol.org/review/from-marx-to-ecosocialism/ [aufgerufen am 31. 01. 2025]). Das Problem wird im folgenden Kapitel erörtert.

50 Michael Löwy: »Marx, Engels and Ecology«, in: *Capitalism Nature Socialism* 28 (2), 2017, S. 10–21, hier S. 11.

51 Tomonaga Tairako: *Shakaishyugi to Gendaishakai* [Sozialismus und die moderne Welt], Tokyo: Aoki Shoten, 1991, S. 60; Hervorh. im Orig.

52 Tairako nennt die Durchdringung der ökonomischen Form und ihre Mystifizierung als ein mit stofflichen Eigenschaften behaftetes Ding »Verdinglichung« und unterscheidet diesen Begriff von »Versachlichung«. Er folgt damit Marx' Verwendung der beiden Begriffe (»Versachlichung and Verdinglichung. Basic Categories of Marx's Theory of Reification and their Logical Construction«, in: *Hitotsubashi Journal of Social Studies* 48 [1], 2017, S. 1–26).

53 Auch wenn Marx es in diesem Zusammenhang nicht direkt erwähnt: Die kapitalistische Produktionsweise geht, unterstützt von Wissenschaft und Technologie, auch mit spezifischen Strömen von natürlichen Ressourcen und Energie einher. Das gilt es im Zuge der Dekonstruktion der Produktivkräfte des Kapitals ebenfalls zu verändern.

54 André Gorz: »Destruktives Wachstum und produktives Schrumpfen«, in: Ders.: *Abschied vom Proletariat. Jenseits des Sozialismus*, übers. von Heinz Abosch, Frankfurt am Main: Europäische Verlagsanstalt, 1980, S. 109–114, hier S. 112; Hervorh. im Orig.

55 István Mészáros: *The Work of Sartre: Search for Freedom and the Challenge of History*, New York: Monthly Review Press, 2012, S. 257; Hervorh. im Orig.

56 Vernon Venable: *Human Nature. The Marxian View*, New York: Alfred A. Knopf, 1945, S. 95.

57 Es liegt auf der Hand, dass dies für den traditionellen Marxismus nicht in Frage kam. Als einzige Option bleibt dann die bürokra-

tische Kontrolle der gesellschaftlichen Produktion nach dem Verschwinden der Produktivkräfte des Kapitals – was beim sowjetischen Weg zum Scheitern führte. Im Mittelpunkt der folgenden beiden Kapitel steht die Notwendigkeit, die Produktion zu vermindern und zu verlangsamen, um den Misserfolg nicht zu wiederholen.

58 Hier liegt ein weiteres Problem des Produktivismus. Es besteht darin, dass für die Maximierung einer quantitativen Steigerung der Produktion Technologien zur Verfügung stehen, die letztendlich die menschliche Subjektivität unterdrücken und die Verkehrung von Subjekt und Objekt verstärken. Denn das Kriterium des Überflusses allein sagt nichts darüber aus, auf welche Art von Technologie der Postkapitalismus aktiv setzen sollte. Gerade die Analyse der reellen Subsumtion hat gezeigt, wie die Autonomie der Arbeitenden unter der Despotie des Kapitals untergraben wird, um die Produktivität durch die Reorganisation des gesamten Arbeitsprozesses zu steigern. Der Ökosozialismus muss deshalb Technologien entwickeln, die dem entgegenwirken und darauf abzielen, bei den Arbeitenden Autonomie und die Fähigkeit zu unterstützen, den Arbeitsprozess selbst zu steuern und zu koordinieren, nachdem die kapitalistische Funktion der Aufsicht und des Kommandos verschwunden ist. Andernfalls besteht die Gefahr einer Machtkonzentration in den Händen einiger weniger: Die Menschen mögen dann zwar gleich sein, sind aber unfrei. Ein Entzug von Autonomie kann auch außerhalb der Kapitalherrschaft stattfinden, etwa wenn um der Gleichheit willen staatliches Eigentum eingeführt wird – was historisch zu brutalem Konformismus geführt hat.
Im Bereich der von utopischen Sozialisten gefeierten Entwicklung der Informationstechnologie können Algorithmen die Produktivität erheblich steigern, da sich die gesellschaftliche Zusammenarbeit auf diese Weise sehr effektiv anpassen und lenken lässt. Werden jedoch Algorithmusfunktionen auf der Grundlage von Big Data ohne Kontrolle und Wissen der Arbeitenden eingesetzt, geraten diese unter das Kommando des Algorithmus. Dessen Funktionen und Befehle sind ihnen völlig fremd, sie wissen nicht, wie der Algorithmus arbeitet. Wenn Sie beispielsweise ein Taxi fahren, verfügen Sie aufgrund Ihrer Erfahrung über ein bestimmtes Wissen. Sie wissen, in welcher Gegend Sie häufig

Fahrgäste finden und in welchen Straßen es zu bestimmten Zeiten Staus gibt. Aufgrund dieses Wissens verfügen Sie über ein gewisses Maß an Autonomie in Ihrer Arbeit. Doch wenn das GPS im Taxi beginnt, Daten über Ihre Fahrten (und die anderer Fahrerinnen und Fahrer) zu sammeln, lassen sich die entstehenden riesigen Datenmengen, die sogenannten Big Data, auswerten – wie Sie fahren, welche Straßen Sie benutzen und so weiter. Die Taxi-Plattform ist so in der Lage, das Wissen der Fahrerinnen und Fahrer zu monopolisieren. Algorithmen und Big Data können genutzt werden, um die Fahrerinnen und Fahrer anzuweisen, welchen Weg sie einschlagen sollen. Das Kapital kann Sie und die anderen, die über autonome Kenntnisse verfügen, durch Leute ersetzen, die nur einen Führerschein besitzen und ohne jegliche Vorkenntnisse einfach den Anweisungen auf ihrem Smartphone-Display folgen. Dies ist die neue Form der reellen Subsumtion als Trennung von »Vorstellung« und »Ausführung« im Zeitalter der Informationstechnologie. Bravermans Erkenntnis bleibt auch im digitalen Kapitalismus gültig.

59 Braverman: *Die Arbeit im modernen Produktionsprozess*, a. a. O., S. 94.

60 André Gorz: *Auswege aus dem Kapitalismus. Beiträge zur politischen Ökologie*, übers. von Eva Moldenhauer, Zürich: Rotpunkt, 2009, S. 12. Kernkraft und Geo-Engineering sind Paradebeispiele für verriegelte Technologien. Sie machen eine demokratische Kontrolle der Ökosysteme unmöglich. Vielmehr werden durch politische Entscheidungen in Industrieländern unumkehrbare Eingriffe in Klima und Ozeane beschlossen, die die Möglichkeit zunichtemachen, in Zukunft wieder autonome Wege zu finden, den Stoffwechsel zwischen Mensch und Natur zu gestalten.

61 Gorz bestreitet nicht die Möglichkeit offener Technologien im Kapitalismus. Seine optimistische Sicht auf das Internet als offene Technologie erscheint heute allerdings angesichts der Herausbildung eines »Überwachungskapitalismus« naiv (Zuboff: *Das Zeitalter des Überwachungskapitalismus*, a. a. O.).

62 Tairako: *Shakaishyugi to Gendaishakai*, a. a. O.

63 Mouffe, Chantal: *Für einen linken Populismus*, übers. von Richard Barth, Berlin: Suhrkamp, 2018.

64 Srnicek und Williams sprechen von »Folk-Politik« und meinen damit eine Politik, die sich als kleinräumig im Hier und Jetzt versteht, deren organisatorische Form typischerweise Versammlungen sind und die auf dem Modell direkter Demokratie basiert (*Die Zukunft erfinden*, a.a.O., S. 13). Gewöhnlich zielen »Versammlungen« darauf ab, unmittelbar und kurzfristig zivilgesellschaftliche Gerechtigkeitsforderungen durchzusetzen. Demnach verzichtet eine solche Folk-Politik in der Regel darauf, globale Themen aufzugreifen oder das Weltwirtschaftssystem in Frage zu stellen, und setzt stattdessen auf »präfigurative« Politik, die auf lokaler Ebene von Angesicht zu Angesicht stattfindet. Möglicherweise ist dieses Zurückschrauben der politischen Ambitionen das Ergebnis des Scheiterns des sowjetischen Sozialismus und davon ausgehend der Herausbildung eines neoliberalen Common Sense. Srnicek und Williams konstatieren, dass lokale Bewegungen wie Initiativen für regionale Lebensmittel oder Occupy Wall Street keine Wirkung entfalten, weil die Probleme, die sie zu lösen versuchen, tief im globalen kapitalistischen System und in den Ökosystemen des Planeten verwurzelt sind. Was dringend benötigt werde, so Srnicek und Williams, sei ein – gegenhegemonial angelegtes – übergreifendes Projekt, das sich Fortschritt und »universelle Emanzipation« (ebd., S. 139) auf die Fahnen schreibt. Das Problem ist allerdings, dass die umfassende Automatisierung, für die beide Autoren plädieren, die damit anvisierte Subjektivität untergräbt.

65 Bastani: *Fully Automated Luxury Communism*, a.a.O., S. 195. Während der Akzelerationismus eine Art kommunistischen Elektoralismus vertritt, steht der Ökomodernismus für eine eher »sozialdemokratische« Variante, die staatliche Regulierung und Intervention in den kapitalistischen Markt befürwortet. So spricht etwa Jonathan Symons von der Bedeutung der »staatlich gesteuerten Innovation«, denn der Staat sei »der einzige Akteur mit der Fähigkeit und dem gesellschaftlichen Mandat, um eine solche Rolle zu übernehmen« (*Ecomodernism*, a.a.O., 12). Zwar besteht kein Anlass, die grundlegende Bedeutung zu leugnen, die dem Staat beim Versuch zukommt, die Folgen der Klimakrise abzumildern, aber das »ökomoderne« Vertrauen auf staatliche Macht ist nicht die einzige Option. Es liegt mir fern, hier Folk-Politik zu verteidigen. Die einseitige Fokussierung auf Technologie verschleiert jedoch oft den irrationalen und ausbeuterischen Cha-

rakter des bestehenden Systems. Folk-Politik stellt zumindest die derzeitige Lebensweise im globalen Norden in Frage und sucht nach einer solidarischeren Lebensweise mit den Menschen im globalen Süden. Vgl. Ulrich Brand, Markus Wissen: *Imperiale Lebensweise. Zur Ausbeutung von Mensch und Natur im globalen Kapitalismus*, München: oekom, 2017.

66 Ellen Meiksins Wood: *The Retreat from Class. A New »True« Socialism*, London: Verso, 1986, S. 114 f.

67 Ebd., S. 150.

68 Solche politischen Entscheidungen dürften die bestehende Asymmetrie der Macht noch verstärken. Wie bereits erwähnt, wird Geo-Engineering, sollte es eingeführt werden, auf die beschriebene Weise im Namen eines »Sachwaltertums« über die Erde gerechtfertigt. Die Technologie zielt darauf ab, die gesamte Ökosphäre zu steuern, allerdings um den Preis der Versklavung der Menschen durch eine auf Technologie gestützte heteronome Regulierung – vor allem im globalen Süden durch die Auslagerung des Risses im Stoffwechsel. Das ist mit Klimagerechtigkeit unvereinbar.

69 André Gorz: »Die politische Ökologie zwischen Expertokratie und Selbstbegrenzung«, übers. von Klaus Laabs, in: *Berliner Debatte Initial* 4 (1), 1993, S. 17–25, hier S. 18.

70 Eine ähnliche Kritik wie Srnicek und Williams mit ihren Einwänden gegen Folk-Politik formuliert auch Andreas Malm. Er plädiert hingegen für einen »ökologischen Leninismus« (*Klima|x*, übers. von David Frühauf, Berlin: Matthes & Seitz, 2020). Die Absicht dahinter ist zwar völlig verständlich, aber auch der Leninismus löst das Problem der Produktivkräfte des Kapitals nicht.

Kapitel 6

1 Die Notizbücher von Engels füllen in der *MEGA* nur wenige Bände, während die 200 Notizbücher von Marx den größten Teil der vierten Abteilung ausmachen. Marx' finanzielle Schwierigkeiten sind nicht der einzige Grund, warum er das Britische Museum besuchen musste, um die für die Abfassung des *Kapitals* notwendigen Materialien zu sammeln. Bereits in jungen Jahren hatte er sich angewöhnt, neues Material zu studieren, indem er sich Notizen machte.

2 Zu nennen wären etwa: Kevin B. Anderson: *Marx at the Margins. On Nationalism, Ethnicity and Non-Western Societies*, Chicago: Chicago University Press, 2010; Michael Heinrich: »Marx' Ökonomiekritik nach der *MEGA*. Eine Zwischenbilanz nach dem Abschluss der II. Abteilung«, in: *Marx-Engels Jahrbuch*, 2012/13, 2013, S. 144–167; Carl-Erich Vollgraf: »Marx über die sukzessive Untergrabung des Stoffwechsels der Gesellschaft bei entfalteter kapitalistischer Massenproduktion«, in: *Beiträge zur Marx-Engels-Forschung Neue Folge* 2014/15, 2016, S. 106–132; Gareth Stedman Jones: *Karl Marx. Die Biographie*, übers. von Thomas Atzert u. Andreas Wirthensohn, Frankfurt am Main: S. Fischer, 2020; Kohei Saito: *Natur gegen Kapital. Marx' Ökologie in seiner unvollendeten Kritik des Kapitalismus*, Frankfurt am Main / New York: Campus, 2016; Marcello Musto: *The Last Years of Karl Marx, 1881–1883. An Intellectual Biography*, Redwood City: Stanford University Press, 2020.

3 Haruki Wada: *Marx, Engels, to Kakumei Russia* [Marx, Engels und das revolutionäre Russland], Tokio: Keiso Shobo, 1975; Teodor Shanin: *Late Marx and the Russian Road. Marx and the Peripheries of Capitalism*, New York: Monthly Review Press, 1984; James White: *Marx and Russia. The Fate of a Doctrine*, New York: Bloomsbury, 2019.

4 Peter Lamb: *Marx and Engels'* Communist Manifesto. *A Reader's Guide*, New York: Bloomsbury, 2015, S. 48.

5 Andrew Kliman: *The Failure of Capitalist Production. Underlying Causes of the Great Recession*, London: Pluto Press, 2011.

6 Ryuji Sasaki: *A New Introduction to Karl Marx. New Materialism, Critique of Political Economy, and the Concept of Metabolism*, übers. von Michael Schauerte, New York: Palgrave Macmillan, 2021.

7 Judith Dellheim, Frieder Otto Wolf (Hg.): *The Unfinished System of Karl Marx. Critically Reading Capital as a Challenge for our Time*, New York: Palgrave, 2018.

8 Diese Markierungen und Linien wurden von Engels nicht in die von ihm herausgegebene Ausgabe übernommen. Auch in der kürzlich erschienenen englischen Übersetzung des Manuskripts fehlen sie; Karl Marx: *Economic Manuscript of 1864–1865*, übers. von Ben Fowkes, hg. von Fred Moseley, Leiden: Brill, 2015.

9 Ein weiterer Grund für diese »Bereinigung« war, dass der schon

betagte Engels das Redaktionsmanuskript Oskar Eisengarten diktierte.

10 Isaiah Berlin: *Karl Marx. Sein Leben und sein Werk* [1948], übers. von Curt Meyer-Clason, rev. u. erw. Ausg., Frankfurt am Main / Berlin: Ullstein, 1968, S. 188.

11 *MEGA* II / 4.3; *MEGA* II / 14; Hideto Akashi: »Rate of Profit, Cost Price and Turnover of Capital. An Examination of the Manuscript for *Capital* in *MEGA* II / 4.3«, in: *Marxism 21* 18 (3), 2021, S. 140–176.

12 *MEGA* IV / 19; Timm Graßmann: *Der Eklat aller Widersprüche. Marx' Theorie und Studien der wiederkehrenden Wirtschaftskrisen*, Berlin: De Gruyter, 2022; *MEGA* IV / 18.

13 Heinrich: »Marx' Ökonomiekritik nach der *MEGA*«, a. a. O., S. 167.

14 Vollgraf: »Marx über die sukzessive Untergrabung des Stoffwechsels«, a. a. O., S. 129.

15 Marvin Perry: *Western Civilization. Ideas, Politics and Society*, Bd. 2, Boston: Cengage Learning, 2015, S. 343.

16 Popper, Karl R.: *Die offene Gesellschaft und ihre Feinde*, Bd. 2: *Falsche Propheten. Hegel, Marx und die Folgen* [1945], übers. von Paul K. Feyerabend, Bern: Francke, 1958.

17 Shlomo Avineri (Hg.): *Karl Marx on Colonialism and Modernization. His Despatches and Other Writings on China, India, Mexico, the Middle East and North Africa*, eingel. von Shlomo Avineri, New York: Anchor Books, 1969, S. 29.

18 Michael Löwy: »Globalisierung und Internationalismus«, übers. von Joachim Wilke, in: *Das Manifest – heute*, Hamburg: VSA, 1998, S. 112–121; Terrell Carver: *Marx and Engels. The Intellectual Relationship*, Brighton: Wheatsheaf, 1983, S. 80. John Bellamy Foster interpretiert die zitierten Passagen unter einem anderen Blickwinkel und bringt Marx und Engels mehr Verständnis entgegen (»The Communist Manifesto and the Environment«, in: Leo Panitch, Colin Leys [Hg.], *The Socialist Register*, London: Merlin Press, 1998, S. 169–189, hier S. 171). Während Foster Marx bereits seit den 1840er Jahren als konsequenten Ökologen betrachtet, würde ich behaupten, dass er erst in den 1860ern dazu wurde.

19 Salvatore Engel-Di Mauro: *Ecology, Soils and the Left. An Ecosocial Approach*, New York: Palgrave, 2014.

20 Saito: *Natur gegen Kapital*, a. a. O.

21 Carl Fraas: *Klima und Pflanzenwelt in der Zeit. Ein Beitrag zur Geschichte beider*, Landshut: Wölfle, 1847; *MEGA* IV / 18, S. 621; Fraas ist heute kaum noch bekannt, seine Schrift hatte aber starken Einfluss auf George Perkins Marsh, dessen Werk *Man and Nature* (1864) für das Entstehen der modernen Naturschutzbewegung in den USA zu einem wichtigen Bezugspunkt wurde.

22 W. Stanley Jevons: *The Coal Question. An Inquiry Concerning the Progress of Nation, and the Probable Exhaustion of Our Coal-Mines*, London: Macmillan, 1865.

23 Die vierte Abteilung der *MEGA* wird online veröffentlicht. Das Notizbuch *London. 1868*, das Marx' Beschäftigung mit Jevons dokumentiert, findet sich in der digitalen Ausgabe von *MEGA* IV / 19 (https://megadigital.bbaw.de/exzerpte/detail.xql?id=M0004847 [aufgerufen am 31. 01. 2025]).

24 Marx' Exzerpt lautet: »Bei der present rate of increase, our coal exhausted in 100 years« (*London. 1868*, *MEGA* IV / 19, 1). Jevons betonte die Bedeutung billiger Kohle für den britischen Kapitalismus und berief sich auf Liebig: »Zivilisation, sagt Baron Liebig, ist *die Ökonomie der Kraft*, und unsere Kraft ist Kohle« (W. Stanley Jevons: *The Coal Question*, a. a. O., S. 105; Hervorh. im Orig.). A. d. Ü.: Der von Jevons Liebig zugeschriebene Ausspruch findet sich in dieser Formulierung bei Theodor Fontane, *Unechte Korrespondenzen*, 2 Bde., hrsg. v. Heide Streiter-Buscher, Berlin: De Gruyter, 1996 (Bd. 2 1866–1870: »London, 13. Februar 1866«).

25 Jevons (*Economist*, 6. 1. 1866; zit. nach Marx' Notiz in: *London. 1868*, *MEGA* IV / 19, 3); Marx' Exzerpt lautet: »Their coal is often better in quality and incomparably more accessible than ours« (ebd.).

26 Marx' Exzerpt lautet:

Mr. Cousmaker said: »Too much importance could not be attached to the *system of breeding* … they ought to *combine the breeding of stocks* with *its fattening: fattening.*« »*He had himself escaped the cattle plague*, although violently raging in his neighbourhood. In August and September they had lost in his parish 270 head of cattle. One of the causes of this escape was that he had not for years bought stock. He bred at one end and fattened on the other, and he never bought or sold, except to the butcher, beyond buying about once every 2 years a yearling bull, for the sake of change of breed.[«] (*London. 1868*, *MEGA* IV / 19, 64; Hervorh. im Orig.)

27 Joel Kovel bezweifelt, dass Marx der Natur einen Eigenwert zuerkannt hat (»A Materialism Worthy of Nature«, in: *Capitalism Nature Socialism* 12 (2), 2001, S. 73–84). Kovel zufolge betrachtet Marx die Natur lediglich als Instrument des Menschen – doch diese Kritik lässt sich durch Marx' Kommentare in seinen Notizbüchern widerlegen. Kovel befürwortet im Übrigen eher eine ästhetisch intuitive Wertschätzung der Natur, wie sie etwa Jakob Böhme vorschlägt, was einen Rückzug in den Idealismus und die Romantik bedeutet. Dies ist eine typische Tendenz innerhalb des Umweltschutzes, wie sie beispielsweise auch in der Tiefenökologie zu beobachten ist, wenn diese versucht, über den Anthropozentrismus hinauszugehen (Arne Næss: »The Shallow and the Deep, Long-Range Ecology Movement. A Summary«, in: *Inquiry* 16 [1], 1973, S. 95–100).

28 Im zweiten Band des *Kapitals* nennt Marx noch ein weiteres Beispiel aus der Viehzucht, das den ständigen Druck zeigt, die Aufzuchtzeiten zu verkürzen, und zitiert dabei aus der Schrift *Political, Agricultural and Commercial Fallacies* (1866) von William Walter Good. In der Viehzucht existierte demnach eine biologische Grenze für die Verkürzung der Produktionszeit. Sie zu missachten bedeutet, die Tiere vorzeitig zu schlachten (*Kapital II*, S. 238 f.). Bezogen auf Robert Bakewells »System der Zuchtwahl«, um die Aufzuchtzeit zu verkürzen, beklagt Marx die zunehmende Kränklichkeit der um des Profit willen gezüchteten Tiere (*MEGA* IV / 18, S. 232 f.).

29 Marx' Exzerpt lautet:

Mr. *Robertson*, an agricultural expert, [...] states: »*There is a very large area of grassland*, which is in a very impoverished condition. The land is grazed year after year; young cattle are reared, and dairy produce sold; *but nothing is returned to the soil.* It will not be long before the Irish farmer experiences that this system will *end in the total exhaustion of the land.*« (*London. 1868*, *MEGA* IV / 19, 137; Hervorh. im Orig.)

30 Marx' Exzerpt lautet:

»We learn«, say the Commissioners, »with something approaching to dismay, that one manufacturer alone employs from *1 to*

2 tons of oxalic acid in bleaching straw plaits, but are somewhat reassured upon consideration that the poisonous character of this substance is entirely destroyed by admixture with the carbonate and sulphate of lime contained in the water of the river.« Then, the river is polluted by *sheep washing*, and, as the preparation for dipping sheep contains *arsenic*, another noxious ingredient is added to the new *witches' cauldron*. But, besides these directly poisonous substances, the river receives the *sewage* of Hatfield, Hertford, Ware, Enfield, Barnet, and Tottenham. (*London. 1868*, *MEGA* IV / 19, 147; Hervorh. im Orig.)

31 Edward Said: *Orientalismus* [1978], übers. von Hans Günter Holl, Frankfurt am Main: S. Fischer, 2009, S. 180 f.

32 Shlomo Avineri (Hg.): *Karl Marx on Colonialism and Modernization*, a. a. O., S. 21.

33 Suniti Ghosh: »Marx on India«, in: *Monthly Review* 35 (8), 1984, S. 39–53; Lucia Pradella: *Globalization and the Critique of Political Economy. New Insights from Marx's Writings*, London: Routledge, 2016.

34 Pranav Jani: »Karl Marx, Eurocentrism and the 1857 Revolt in British India«, in: Crystal Bartolovich, Neil Lazarus (Hg.): *Marxism, Modernity and Postcolonial Studies*, Cambridge: Cambridge University Press, 2002, S. 81–97.

35 Thierry Drapeau weist darauf hin, dass Marx bereits 1853 eine antikoloniale und abolitionistische Position als wesentlichen Bestandteil des Antikapitalismus betrachtete; dabei sei er von Ernest Jones inspiriert gewesen, der den britischen Imperialismus angeprangert und hervorgehoben hatte, wie unumgänglich die Unterstützung von Widerstandsbewegungen gegen die britische Herrschaft im Ausland durch die Arbeiterklasse sei (»›Look at Our Colonial Struggles‹. Ernest Jones and the Anti-colonialist Challenge to Marx's Conception of History«, in: *Critical Sociology* 45 [7–8], 2017, S. 1195–1208). Beeinflusst von Jones verurteilte Marx, so Drapeau, die britische Herrschaft in Indien in seinem berühmten Artikel »Die künftigen Ergebnisse der britischen Herrschaft in Indien« als Beispiel für die »tiefe Heuchelei der bürgerlichen Zivilisation und die von ihr nicht zu trennende Barbarei« (*MEW* 9, 225). Drapeau gibt allerdings keine überzeugende Erklärung für die bereits zitierte Passage, in der Marx über den progressiven Charakter des britischen Imperialismus schreibt. Im Übrigen konstatierte Engels bereits 1847 in seiner Rede über Polen noch deutlicher: »Eine Nation kann nicht frei werden und zugleich fortfahren, andre Nationen zu unterdrücken« (*MEW* 4, 417). Sollte Marx Anfang der 1850er Jahre durch die Zusammenarbeit mit Jones wirklich stark inspiriert worden sein, so dürfte Engels bereits in den 1840er großen Einfluss auf Marx' Antikolonialismus gehabt haben.

36 Kevin B. Anderson: *Marx at the Margins*, a. a. O.

37 Dipesh Chakrabarty: *Europa als Provinz. Perspektiven postkolonialer Geschichtsschreibung*, übers. von Robin Crackett. Frankfurt am Main / New York: Campus, 2010, S. 138.

38 Ebd., S. 141. Was das »Zu-Ende-Denken« anbelangt, bin ich anderer Meinung, auch wenn es stimmt, dass Marx diese Punkte in seinen veröffentlichten Schriften nicht weiter ausgearbeitet hat. Gleichzeitig stimme ich mit Chakrabarty darin überein, dass bei Marx *Geschichte* immer aus dem besteht, was er »Geschichte 1« und »Geschichte 2« nennt. Ein solches Verständnis bildet den methodischen Kern seiner Theorie, wie wir sie hier erörtern.

39 Siehe Kapitel 2.

40 Auch Marx' Urteil über Haxthausen fiel damals recht negativ aus. In einem Brief an Engels aus dem Jahr 1858 schreibt er, sie würden bald »Beweis bekommen, was der brave Regierungsrat Haxthausen sich alles von den [russischen] ›Behörden‹ und den von den Behörden dressierten Bauern hat aufbinden lassen« (*MEW* 29, S. 360).

41 August von Haxthausen: *Studien über die innern Zustände, das Volksleben und insbesondere die ländlichen Einrichtungen Rußlands*, 3 Bde., Hannover: Hahn, 1847 (Bde. 1 u. 2) / Berlin: B. Behr, 1852 (Bd. 3). Haxthausen geht davon aus, dass sich die russischen Dorfgemeinden von den germanischen unterscheiden, betont aber in seiner Darstellung die Gemeinsamkeiten der beiden Gemeindetypen.

42 IISG Sig B 112, S. 131–152.

43 James White: *Marx and Russia*, a. a. O., S. 12.

44 Der Wortlaut folgt der Übersetzung in *MEW* 19, S. 401. Im Wortlaut der französischen Ausgabe *Le Capital* (übers. von Joseph Roy, Paris: Maurice Lachâtre, 1872–1875) finden sich die zitierten Passagen in *MEGA* II / 7, S. 632–634 (A. d. Ü.).

45 James White: *Marx and Russia*, a. a. O., S. 33.

46 Verbreitet wird angenommen, Marx habe seinen Brief an die Redaktion von *Otetschestwennyje Sapiski* im November 1877 geschrieben, also bald nach der Veröffentlichung von Michailowskis Artikel. Die Formulierung im Brief an Danielson vom 15. November 1878 – »einen anderen, ich glaube von Michailow« – deutet jedoch darauf hin, dass Marx bis dahin mit den Behauptungen Michailowskis nicht wirklich vertraut war.

47 Karl Marx: »Brief an die Redaktion der *Otetschestwennyje Sapiski*« [Entwurf], in: *MEW* 19, S. 107–112.

48 Haruki Wada: *Marx, Engels*, a. a. O., S. 110.

49 Lawrence Krader: *The Asiatic Mode of Production: Sources, Development and Critique in the Writings of Karl Marx.* Assen: Van Gorcum, 1975; Ders. (Hg.): *Karl Marx. Die ethnologischen Exzerpthefte*, übers. von Angelika Schweikhart, transkr. u. eingel. von Lawence Krader, Frankfurt am Main: Suhrkamp, 1976; Hans-Peter Harstick (Hg.): *Karl Marx über Formen vorkapitalistischer Produktion. Vergleichende Studien zur Geschichte des Grundeigentums 1879–80*, Frankfurt am Main / New York: Campus, 1977.

50 Zit. n. Harstick (Hg.): *Karl Marx*, a. a. O., S. 27; Marx' Exzerpt lautet:

»Dies erklärt die *Festigkeit der Gemeindlichen Verbände* in der Federation der alten Inkas; u. die Erhaltung in der Gesellschaft der archaischen Formen des Grundeigenthums.« (*Heft A*, *MEGA* IV / 27, S. 22; Hervorh. im Orig.)

51 Zit. n. Harstick (Hg.): *Karl Marx*, a. a. O., S. 36 f.

52 Zit. n. ebd., S. 38; Marx' Exzerpt lautet:

»Dies Ueberleben – in grossem Umfang – der ländlichen Gemeinde geschuldet einerseits der *Vorliebe der Indianer für diese Form des Grundeigenthums*, als der ihrer Culturstufe meist entsprechenden; andrerseits der *Abwesenheit in der Colonialgesetzgebung*« (*Heft A*, *MEGA* IV / 27, S. 27; Hervorh. im Orig.).

53 Zit. n. Harstick (Hg.): *Karl Marx*, a. a. O., S. 29.

54 Zit. n. ebd., S. 88; Marx' Exzerpt lautet:

»Die engl. indischen Beamten, u. darauf gestützt die Publicisten, wie *Sir H. Maine* etc stellen den Verfall des Gemeindeeigenthums in Punjaub als blosses Result – trotz der liebreichen engl. Behandlung der archaischen Form – des *ökonom. Fortschritts* dar, während sie selbst die *Hauptträger* (aktiven) desselben sind – to their own danger« (*Heft A*, *MEGA* IV / 27, S. 74; Hervorh. im Orig.).

55 Haruki Wada: *Marx, Engels*, a. a. O., S. 145.

56 Zit. n. Krader (Hg.): *Karl Marx*, a. a. O., S. 378; Marx' Exzerpt lautet: »dieser Esel Phear nennt die Constitution des village *feudal*« (*Heft 1880 bis 1881*, *MEGA* IV / 27, S. 136; Hervorh. im Orig.). Marx distanziert sich in diesem Punkt auch von Kowalewski, insofern dieser den »Feudalismus im westeurop[äischen] Sinn« auch in Indien finde. Marx weist darauf hin, dass Kowalewski die Tatsache übersehe, dass »Leibeigenschaft«, die »ein wesentliches Moment« des Feudalismus sei, in Indien nicht existiere (*Heft 1880 bis 1881*, *MEGA* IV / 27, S. 67).

57 Hans-Peter Harstick schreibt hierzu:
Im Ganzen plädiert Marx für eine differenzierte Betrachtung der asiatischen und europäischen Geschichte und zielt seine Argumentation gegen eine zu starke Generalisierung des Feudalismusbegriffs und überhaupt gegen die simple Übertragung von am Modell Westeuropas entwickelten Strukturbegriffen auf indische oder asiatische Verhältnisse. (Harstick (Hg.): *Karl Marx*, a. a. O., S. 13.)

58 Kolja Lindner: »Eurozentrismus bei Marx. Marx-Debatte und Postcolonial Studies im Dialog«, in: Werner Bonefeld, Michael Heinrich (Hg.): *Kapital & Kritik. Nach der »neuen« Marx-Lektüre*, Hamburg: VSA, 2011, S. 93–129, hier S. 116.

59 Kevin B. Anderson: *Marx at the Margins*, a. a. O., S. 237.

60 Dipesh Chakrabarty: *Europa als Provinz*, a. a. O.

61 Brief von Vera Sassulitsch an Karl Marx vom 16. Februar 1881 [Auszug], in: *MEW* 19, S. 572.

62 Was die zeitliche Einordnung der drei Entwürfe des Sassulitsch-Briefs anbelangt, schließe ich mich der Argumentation von Shizuma Hinada an, dass deren Reihenfolge lauten müsste: zweiter, erster, dritter Entwurf (»On the Meaning in Our Time of the Drafts of Marx's Letter to Vera. Zasulich. 1881. With Textual Criticism«. In: *Sulavu Kenkyu* 20 [1], 1975, S. 69–80).

63 Seine in einem Brief an Engels vom 14. März 1868 geäußerte »Ansicht, daß überall die asiatischen, resp. indischen Eigentumsformen in Europa den Anfang bilden« (*MEW* 32, S. 42), hat er hier wieder verworfen.

64 Wada betont die zwischen Marx und Engels bestehenden Unter-

schiede (*Marx, Engels*, a. a. O., S. 206). Marx war von der Möglichkeit einer russischen Revolution leidenschaftlicher überzeugt als Engels. Im Jahr 1875 hatte Engels in einem »Soziales aus Russland« betitelten Artikel geschrieben, es ist unleugbar die Möglichkeit vorhanden, diese Gesellschaftsform in eine höhere überzuführen [...], ohne daß die russischen Bauern die Zwischenstufe des bürgerlichen Parzellen-Eigentums durchzumachen hätten. Dies kann aber nur dann geschehen, wenn in Westeuropa noch vor dem gänzlichen Zerfall des Gemeinde-Eigentums eine proletarische Revolution siegreich durchgeführt wird und dem russischen Bauer die Vorbedingungen zu dieser Überführung liefert, namentlich auch die materiellen, deren er bedarf, um nur die damit notwendig verbundene Umwälzung in seinem ganzen Ackerbausystem durchzusetzen. (*MEW* 18, S. 565)

In der Vorrede der russischen Ausgabe des *Manifests* liegt die Initiative jedoch in Russland. Wada sieht hier einen Beleg für den Einfluss von Marx. Er und Engels teilten damals zweifellos die Ansicht, dass Russland einen nichtwestlichen Weg zum Sozialismus beschreiten könnte, Engels betonte indes die Notwendigkeit einer westlichen proletarischen Revolution als Voraussetzung für den Erfolg der russischen Revolution. Nach dem Tod von Marx urteilte Engels, dass die Zeit für eine russische Revolution auf der Grundlage der Landgemeinden bereits vorbei sei.

65 Marx schreibt: »Man begegnet der ›Dorfgemeinde‹ auch in Asien, bei den Afghanen etc., aber sie stellt überall den allerjüngsten Typus dar, sozusagen das letzte Wort der archaischen Formation der Gesellschaften.« (*MEW* 19, S. 403)

66 Gareth Stedman Jones: *Karl Marx. Die Biographie* [2016], übers. von Thomas Atzert u. Andreas Wirthensohn, Frankfurt am Main: S. Fischer, 2020, S. 687.

67 Ebd., S. 715. Dies trifft nicht ganz zu. Marx gehörte einer jüngeren Generation an als Maurer oder Lewis Henry Morgan, der Autor von *Ancient Society*. Starken Einfluss auf Marx hatte Maxim Kowalewski, der sich nicht auf »in gewisser Weise überholte« philologische Studien stützte. Stedman Jones vernachlässigt bewusst die Bedeutung von Marx' umfangreichen Exzerpten zu Kowalewski und erwähnt dessen Arbeit nur in einem einzigen kurzen Absatz. Das ist unredlich. Im Übrigen ist, wie Kolja

Lindner feststellt, der konzeptionelle Ansatz von Marx »noch nicht erledigt«, selbst wenn einige seiner Analysen zur russischen Dorfgemeinde auf fehlerhaften Informationen beruhen (»Eurozentrismus bei Marx«, a. a. O., S. 122). Beispielsweise gibt es verbreitet Kritik an dem Abschnitt »Formen, die der kapitalistischen Produktion vorhergehen« der *Grundrisse* (S. 383–421) wegen dort zu findender ungenauer historischer Annahmen über asiatische, römische und germanische Gesellschaften. Ein Ziel des Abschnitts ist die Ausarbeitung von Begriffen, und sobald dieses theoretische Ziel klar wird, ist es nicht notwendig, Marx' Erkenntnisse wegen einiger Ungenauigkeiten in Bezug auf die historischen Fakten aufzugeben. Ellen Meiksins Wood schreibt dazu:

Marx lag mit seinen historischen Betrachtungen tatsächlich mitunter erheblich daneben, und zwar aus Gründen, die weniger mit seinen eigenen Unzulänglichkeiten als mit dem Stand der Geschichtswissenschaft zur Zeit der Abfassung der *Grundrisse* zu tun hatten; aber das Gebäude, das er auf dem Fundament dieses fehlerhaften Wissens errichtete, offenbart die Stärke, nicht die Schwäche, des historischen Materialismus, wie er ihn verstand, und was ihn über die Grenzen der bestehenden Wissenschaft hinausdrängte. (»Historical Materialism in ›Forms Which Precede Capitalist Production‹«, in: Marcello Musto [Hg.]: *Karl Marx's Grundrisse. Foundations of the Critique of Political Economy – 150 Years Later*, London: Routledge, 2008, S. 79–92, hier S. 79).

Der späte Marx ging jedoch noch weiter. Er untersuchte diese Verhältnisse nicht nur, um die Besonderheit des Kapitalismus zu erkennen, sondern auch, um die revolutionäre Vitalität jener nichtwestlichen Kommunen zu begreifen, die ihn dazu bewegte, den revolutionären Weg auch im Westen zu überdenken.

68 Stedman Jones: *Karl Marx*, a. a. O., S. 686.

69 Edward Hallett Carr: *Karl Marx. A Study in Fanaticism*, New York: Dent, 1934, S. 279.

70 Eric Hobsbawm: »Marx on pre-Capitalist Formations« [1964], in: Ders.: *How to Change the World. Reflections on Marx and Marxism*, New Haven: Yale University Press, 2011, S. 127–175, hier S. 162 f.

71 In der 1881 angefertigten Bibliographie verzeichnete Marx 115 Bücher, die er im Zusammenhang mit seinem Thema wichtig fand. Seine Handbibliothek umfasste 67 Bücher in russischer Sprache.

72 Kevin B. Anderson: *Marx at the Margins*, a. a. O.

73 Haruki Wada: *Marx, Engels*, a. a. O.; Shanin: *Late Marx*, a. a. O.

74 Suniti Ghosh: »Marx on India«, a. a. O.

75 Nicht nur Anderson und Stedman Jones, sondern auch Lindner und Musto schenken Marx' Beschäftigung mit ökologischen Fragestellungen in ihrer Diskussion seiner Auseinandersetzung mit nichtwestlichen Gesellschaften keine Beachtung. Infolgedessen neigen sie dazu, die theoretische Bedeutung der Notizbücher von Marx darauf zu reduzieren, in ihnen Antworten auf Fragen und Kritik aus den postkolonialen Studien finden zu können.

76 In diesem Sinne ist Marx' Anerkennung der Lebensfähigkeit der russischen Dorfgemeinde als Ausgangspunkt des Widerstands gegen das Kapital, anders als von Stedman Jones angenommen, keineswegs mit einer »Idealisierung« der kommunalen Gesellschaft gleichzusetzen. Tatsächlich forderte er in seinem Brief an Sassulitsch weder eine Rückkehr zu Ackerbaugemeinden in den Ländern Westeuropas, noch verherrlichte er unkritisch das Landleben. Marx war stets besorgt über die ausschließenden, patriarchalischen und konservativen Merkmale traditioneller Gemeinden. Meines Wissens nach vertritt einzig Masami Fukutomi nachdrücklich die These, der eigentliche Inhalt des Briefes an Sassulitsch habe mit Marx' Entwurf einer postkapitalistischen Gesellschaft für Westeuropa zu tun (*Kyodotai Ronso to Syoyu no Genri* [Debatten über die Gemeinde und das Eigentumsprinzip], Tokio: Miraisha, 1970, S. 172). Er hat dies jedoch nicht im Detail ausgeführt.

77 Ludo Cuyvers: »Why Did Marx's *Capital* Remain Unfinished? On Some Old and New Arguments«, in: *Science and Society* 84 (1), 2020, S. 13–41, hier S. 33.

78 Wie bereits erwähnt, verfasste Marx Manuskripte für den zweiten Band des *Kapitals*, die jetzt in den Bänden *MEGA* II / 4.3 und II / 11 verfügbar sind. Insgesamt arbeitete Marx acht Manuskripte für den zweiten Band aus; das letzte wurde in der ersten Hälfte des Jahres 1881 angefertigt, wobei er übrigens dasselbe Papier wie für seinen Brief an Sassulitsch verwendete. Was den Inhalt anbelangt, sind im achten Manuskript die verbleibenden

Probleme von Band II weitgehend gelöst, insbesondere bezüglich des Reproduktionsschemas (*MEGA* II/11). Stedman Jones (2016) bezieht sich nicht auf dieses Manuskript – er erweckt den Eindruck, Marx habe in den 1880er Jahren seine intellektuellen Fähigkeiten bereits völlig verloren und sei in romantische Nostalgie verfallen.

79 Angemerkt sei, dass auch Justus von Liebig in seiner Kritik des Raubbaus die Verhältnisse in vorkapitalistischer Zeit erörterte (*Die Chemie in ihrer Anwendung auf Agricultur und Physiologie*, Teil 1, 7. Aufl., Braunschweig: Vieweg, 1862). Allerdings schenkte Marx 1864 dem noch keine Beachtung und fertigte auch keine Exzerpte zu den relevanten Abschnitten an. Auch das ist ein Hinweis auf die Ausweitung seines Interesses nach 1868 (Saito: *Natur gegen Kapital*, a. a. O.).

80 Georg Ludwig von Maurer: *Einleitung zur Geschichte der Mark-, Hof-, Dorf-, und Stadtverfaßung und der öffentlichen Gewalt*, München: Kaiser, 1854.

81 Marx fertigte später, in den 1870er Jahren, zwei weitere Male Exzerpte aus Maurers Schriften an. Dies zeigt, welche Bedeutung Maurer für ihn hatte. Obwohl unveröffentlicht, wäre es wichtig, diese späteren Notizbücher zu untersuchen, um eventuelle Verschiebungen der Interessen von Marx detaillierter nachzuvollziehen.

82 Georg Ludwig von Maurer: *Einleitung*, a. a. O., S. 98.

83 Georg Ludwig von Maurer: *Die Geschichte der Dorfverfassung in Deutschland*, Bd. 1, Erlangen: F. Enke, 1865, S. 313–316. Marx las Maurers *Geschichte der Dorfverfassung* noch einmal im Jahr 1876. Auch in diesem Fall wäre es wichtig, die späteren Exzerpte durchzusehen, um Marx' Interesse an Maurers Schriften konkreter zu erörtern.

84 Carl Fraas: *Die Ackerbaukrisen und ihre Heilmittel. Ein Beitrag zur Wirthschaftspolitik des Ackerbauschutzes*, Leipzig: Brockhaus, 1866, S. 209.

85 Wie Tomonaga Tairako hervorhebt, veränderte sich im Vergleich zu den *Grundrissen* auch Marx' Eigentumsbegriff nach der Lektüre von Maurers Buch über die germanischen Markgenossenschaften (»Marx no Maurer Kenkyu no Shatei« [Die Bedeutung von Marx' Untersuchung zu Maurer], in: Teinosuke Otani, Tomonaga Tairako [Hg.]: *Marx Bassuinoto kara Marx wo Yomu*, Tokio:

Shakurai Shoten, 2016, S. 217–257). Eine solche Verschiebung gilt es auch aus ökologischer Perspektive zu untersuchen.

86 Die Exzerpte werden in *MEGA* IV / 24 veröffentlicht.

87 Maurer behauptet mit Nachdruck, verschiedene Aspekte der Ackerbaugemeinde hätten bis ins 19. Jahrhundert Bestand gehabt. Marx exzerpierte die Passage:
Folgt aus dem zu Cäsars Zeiten bei allen Germanen, insbes. auch den Sueven geltenden jährlichen Wechsel des Besitzes u. den jedes Jahr neuerdings wieder vorgenommenen Anweisungen v. Grund u. Boden (Cäsar IV, I, VI, 22.), noch zu Tacitus Zeit (Germ. c. 26. arva (das Ackerland) per annos mutant\wechseln sie jährlich, et superest ager (u. Gemeindeland bleibt übrig, d. h. eine gemeine, unvertheilte Mark.)), in Deutschland hier u. da bis auf unsre Tage fortgedauert. (*MEGA* IV / 18, S. 544)

88 Übersetzung nach dem französischen Text des »Ersten Entwurfs« (A. d. Ü.).

89 Andrzej Walicki zufolge lässt sich im Brief von Marx an Sassulitsch auch der Einfluss von Tschernyschewski feststellen. Die »Argumentation von Marx hat viel Ähnlichkeit mit Nikolai Tschernyschewskis Kritik an den philosophischen Vorurteilen gegen das Gemeineigentum an Grund und Boden« (*The Controversy Over Capitalism. Studies in the Social Philosophy of the Russian Populists*, Oxford: Clarendon, 1969, S. 189). Auch Wada nennt Tschernyschewski als wichtigen Autor, der Marx inspirierte (*Marx, Engels*, a. a. O.).

90 Zit. n. Krader (Hg.): *Karl Marx*, a. a. O., S. 190; Hervorh. im Orig.; Marx' Exzerpt lautet:
The time will come, nevertheless, *when* human intelligence *will rise to the mastery over property* .... A *mere property career is not the final destiny* of mankind. The *time which has passed away since civilisation* began is but a fragment (u. *zwar sehr kleines*) of the past duration of man's existence; and *but a fragment of the ages yet to come. The dissolution of society bids fair to become the termination of a career of which property is the end and aim; because such a career contains the elements of self-destruction*.... It (a higher plan of society) *will be a revival, in a higher form, of the liberty, equality and fraternity of the ancient gentes*. (*Heft 1880 bis 1881*, *MEGA* IV / 27, S. 29; Hervorh. im Orig.)

91 Auch Haxthausen verglich in seiner Schrift *Über die innern*

Zustände Rußlands die Verhältnisse in der russischen Dorfgemeinde mit dem Kommunismus. Tschernyschewski hatte das Buch rezensiert und das revolutionäre Potential der Gemeindeform hervorgehoben, was Marx in den 1870er Jahren zur Lektüre Haxthausens veranlasste.

92 Bearb. zit. n. Krader (Hg.): *Karl Marx*, a. a. O., S. 152 f.; Hervorh. im Orig.; Marx' Exzerpt lautet:
Communism in living seems to have originated *in the necessities of the consanguine family*, to have been continued in the punaluan, and transmitted to the *syndyasmian* unter den American aborigenes, with whom it remained a practice down to the epoch of their discovery. (And the *South Slavonians*? and even *Russians* to a certain degree?) (*MEGA* IV / 27, Heft 1880 bis 1881, S. 13; Hervorh. im Orig.)

93 Bearb. zit. n. Krader (Hg.): *Karl Marx*, a. a. O., S. 153; Hervorh. im Orig; Marx' Exzerpt lautet:
Verschiedne der *Syndyasmischen families usually found in one house* [wie bei *Südslaven: der monogamischen Familien*] *forming a communal household* [wie Südslaven u. in some degree: *Russian peasants* vor u. nach Leibeignen emancipation] worin the *principle of communism in living was practised*. Dies fact beweist *that the family was too feeble an organisation* to face alone the hardships of life[.] (*MEGA* IV / 27, Heft 1880 bis 1881, S. 13; Hervorh. im Orig.)

94 Caesar, *De bello Gallico*, VI, Kap. 22 (bearb. zit. n. Krader [Hg.]: *Karl Marx*, a. a. O., S. 353). Wie Caesar im drauffolgenden Kapitel 23 darlegt, sollte Ödland anderen die Tüchtigkeit (*virtus*) eines Gemeinwesens (*civitas*) vor Augen führen:
Ihre Gemeinwesen rechnen es sich zum höchsten Lob, Gebiete von Wildnis so weit wie möglich um sich zu haben. Sie denken, es wäre das wahre Zeichen von Tüchtigkeit, wenn die Nachbarn gezwungen werden, ihre Felder preiszugeben, und niemand nahe bei ihnen zu siedeln wagt; gleicherweise achten sie dafür, daß sie mehr Sicherheit haben, indem sie Furcht vor dem Eindringen verbreiten. (Bearb. zit. n. ebd., S. 353 f.)

95 Zit. n. Krader (Hg.): *Karl Marx*, a. a. O., S. 196.

96 Pierre Clastres: *Staatsfeinde. Studien zur politischen Anthropologie* [1974], übers. von Eva Moldenhauer, Frankfurt am Main: Suhrkamp, 1976.

97 Louis Althusser: *Für Marx* [1965], hg. von Frieder Otto Wolf, übers. von Werner Nitsch, Karin Priester, Klaus Riepe, Elin Sanders, Peter Schöttler, Gabriele Sprigath u. Frieder Otto Wolf, Berlin: Suhrkamp, 2011.

98 Matthias Schmelzer: *The Hegemony of Growth. The OECD and the Making of the Economic Growth Paradigm*, Cambridge: Cambridge University Press, 2017.

99 John Stuart Mill: *Grundsätze der politischen Oekonomie, nebst einigen Anwendungen auf die Gesellschaftswissenschaft*, übers. von Adolph Soetbeer, 2 Bde., Hamburg: Perthes-Besser und Mauke, 1852, Bd. 2, S. 223. Marx stand Mill bekanntlich sehr kritisch gegenüber, und er hat nie Mills »stationären Zustand« erörtert. Der Hinweis soll lediglich zeigen, dass die Idee einer stationären Wirtschaft der klassischen politischen Ökonomie nicht völlig fremd war. Auch Tschernyschewskis Abhandlung *Umrisse der politischen Ökonomie nach Mill* befasst sich nicht mit Mills Ausführungen über den stationären Zustand, sodass es unwahrscheinlich ist, dass Marx' Beschäftigung mit Tschernyschewskis Schrift im Jahr 1870 dazu beitrug, seine Ansicht über Mills Vorhersagen hinsichtlich der Zukunft des Kapitalismus zu ändern.

100 Kristin Ross: *Luxus für alle. Die politische Gedankenwelt der Pariser Kommune* [2015], übers. von Felix Kurz, Berlin: Matthes & Seitz, 2021, S. 134 f. Ein Aspekt, den Kristin Ross in ihrer Studie hervorhebt und der im vorliegenden Buch im Hinblick auf die Vorstellungen einer postkapitalistischen Gesellschaft nicht im Detail analysiert werden kann, ist Marx' Begegnung mit der Pariser *Commune*, die sein Denken, so Ross, »ungemein produktiv« anregte (ebd., S. 99). Es ist notwendig, genauer zu untersuchen, wie diese Erfahrung den Rahmen von Marx' Wahrnehmung veränderte und ihm ein neues Feld des Möglichen eröffnete. Ross zufolge lag ein Grund für Marx' Interesse an der russischen Obschtschina darin, dass er dort Spuren des in der Pariser *Commune* beobachteten elementaren Kommunismus fand (ebd., S. 106).

101 Kristin Ross schlägt den Begriff des »anarchistischen Kommunismus« vor, der dem, was ich in diesem Buch als Degrowth-Kommunismus bezeichne, recht ähnlich ist (ebd., S. 134).

102 Wie Ross hervorhebt, nahm Marx ins Vorwort zur 1872 erschienenen Neuauflage der deutschen Ausgabe des *Manifests* den Satz auf,

dass »die Arbeiterklasse nicht die fertige Staatsmaschine einfach in Besitz nehmen und sie für ihre eigenen Zwecke in Bewegung setzen kann« (*MEW* 18, S. 96; Ross: *Luxus für alle*, a. a. O., S. 101). Die Erfahrung der *Commune* hatte ihn dazu veranlasst, die frühere Strategie staatlicher Zentralisierung zu überdenken.

103 David Schwartzman: »Solar Communism«, in: *Science and Society* 60 (3), 1996, S. 307–331.

104 Michael Löwy: »Ökosozialismus und / oder ›Degrowth‹?«, übers. von Wilfried Dubois, in: *Die Internationale* 592/593 (März / April), 2021, S. 3–5, hier S. 3 f. Eine Ausnahme bildet die offene Befürwortung von Degrowth und Marx'scher Ökonomie bei Max Koch, aber er verwendet lediglich Marx' Kritik an der endlosen Kapitalakkumulation als Inspiration für seine Degrowth-Thesen, ohne dabei zu fragen, wie Degrowth mit der Auffassung von Marx vereinbar ist (»Growth and Degrowth in Marx's Critique of Political Economy«, in: Ekaterina Chertkovskaya, Alexander Paulsson, Stefania Barca [Hg.]: *Towards a Political Economy of Degrowth*, London: Rowman & Littlefield, 2019, S. 69–82).

105 John Bellamy Foster: »Marxismus und Ökologie. Gemeinsame Quellen einer Großen Transformation«, übers. von Michael Brie, in: Michael Brie (Hg.): *Lasst uns über Alternativen reden*, Hamburg: VSA, 2015, S. 57–76, hier S. 69 f.

Kapitel 7

1 Walter Benjamin: »Über den Begriff der Geschichte« [1940], in: Ders.: *Gesammelte Schriften. Werkausgabe*, hg. von Rolf Tiedemann u. Hermann Schweppenhäuser, 12 Bde., Frankfurt am Main: Suhrkamp, 1980, Bd. 2 (GS I.2), S. 699.

2 Walter Benjamin: *Gesammelte Schriften*, a. a. O., Bd. 3 (GS I.3), S. 1232.

3 Die COVID-19-Pandemie hat gezeigt, dass es möglich ist, zum Schutz von Menschenleben die Notbremse zu ziehen und Wirtschaftstätigkeiten zu unterbrechen. Das offenkundige Problem ist, dass eine solche Notbremsung in einem ökonomischen System, das ein konstantes Wirtschaftswachstum voraussetzt, schwerwiegende Störungen verursacht.

4 Leandro Vergara-Camus: »Capitalism, Democracy and the Degrowth Horizon«, in: *Capitalism Nature Socialism* 30 (2), 2019, S. 217–233.

5 Serge Latouche: *La décroissance*, Paris: Humensis, 2019, S. 65.

6 Latouche selbst hat Degrowth für gewöhnlich als »dritten Weg« bezeichnet (*Le pari de la décroissance*, Paris: Fayard, 2006). Im Übrigen befürwortet Herman E. Daly den Marx'schen Sozialismus keineswegs (*Steady-State Economics*, 2., erw. Aufl., London: Earthscan, 1992). Weiter unten werden wir darauf zurückkommen. Tim Jackson schlägt einen anderen Ton an, obwohl auch er weit davon entfernt ist, den Sozialismus oder Kommunismus zu befürworten (*Wie wollen wir leben? Wege aus dem Wachstumswahn*, übers. von Eva Leipprand u. Linda Geßner, München: oekom, 2021).

7 Giorgos Kallis: »Socialism Without Growth«, in: *Capitalism Nature Socialism* 30 (2), 2017, S. 189–206; Michael Löwy, Bengi Akbulut, Sabrina Fernandes, Giorgos Kallis: »Ökosozialismus und Degrowth – eine gemeinsame Bewegung«, in: *emanzipation*, 6 (1), 2022, S. 59–61.

8 David Harvey: *Der neue Imperialismus*, übers. von Britta Dutke, Hamburg: VSA, 2005, S. 148.

9 Harvey erweitert das Marx'sche Verständnis der ursprünglichen Akkumulation in seiner Analyse des Neoliberalismus als »Akkumulation durch Enteignung« (*Der neue Imperialismus. Akkumulation durch Enteignung*, übers. von Britta Dutke, Hamburg: VSA, 2003). Während Harvey den Fokus auf das politische Projekt des Kapitals legt, das darauf abzielt, den Reichtum der Arbeiterklasse anzueignen, bleibt das Problem der Natur weitgehend unberücksichtigt (siehe Kapitel 4).

10 Diese Auffassung vertritt Marx konsequent seit den Ökonomisch-philosophischen Manuskripten von 1844 (siehe Kohei Saito: *Natur gegen Kapital. Marx' Ökologie in seiner unvollendeten Kritik des Kapitalismus*, Frankfurt am Main/New York: Campus, 2016).

11 Aus dem »vogelfreien« Proletariat wurden nicht von selbst fleißige Arbeiter. Es bedurfte einer langen Zeit, um sie mit Gewalt und Disziplin dem Kommando des Kapitals zu unterwerfen. In diesem Sinne ist die ursprüngliche Akkumulation kein einmaliger, sondern ein sich über einen langen Zeitraum wiederholender Prozess. Doch ist das Kapitalregime erst einmal fest etabliert, zeigt sich eine veränderte und für das Kapital günstige Lage. Während in unmittelbar persönlichen Herrschaftsverhältnissen

Sklaven und Leibeigene, da ihre objektive Existenz grundsätzlich gewährleistet war, vor allem aus Angst arbeiteten, sind die Arbeiterinnen und Arbeiter in der kapitalistischen Gesellschaft »frei«, arbeiten aber dennoch, trotz des Fehlens einer äußerlichen Bedrohung durch physische Gewalt, produktiver:

Dem Sklaven gegenüber wird diese Arbeit produktiver, weil intensiver, indem der Sklave nur unter dem Antrieb äusserer Furcht, aber nicht für seine Existenz arbeitet, die ihm nicht gehört, und doch garantiert ist; der freie Arbeiter dagegen getrieben von seinen wants. Das Bewusstsein (oder vielmehr die Vorstellung) der freien Selbstbestimmung, der Freiheit, macht den einen zu einem viel besseren Arbeiter als den anderen, und das damit verbundene feeling (Bewusstsein) of responsibility (*Resultate*, S. 57).

12 Die Entgegensetzung von Lohnarbeit und Sklaverei soll die Ähnlichkeiten zwischen beiden nicht verdecken. Marx selbst verwendet den Ausdruck »Lohnsklaverei«, um diesen Punkt hervorzuheben. An einer Stelle behauptet er gar, das System der Lohnarbeit sei nichts anderes als »verhüllte Sklaverei«:

Während sie die Kindersklaverei in England einführte, gab die Baumwollindustrie zugleich den Anstoß zur Verwandlung der früher mehr oder minder patriarchalischen Sklavenwirtschaft der Vereinigten Staaten in ein kommerzielles Exploitationssystem. Überhaupt bedurfte die verhüllte Sklaverei der Lohnarbeiter in Europa zum Piedestal die Sklaverei sans phrase in der neuen Welt. (*Kapital I*, S. 787).

13 Samir Amin: *Modern Imperialism, Monopoly Finance Capital and Marx's Law of Value*, New York: Monthly Review Press, 2018, S. 85.

14 Stefania Barca: *Forces of Reproduction. Notes for a Counter-Hegemonic Anthropocene.* Oxford: Oxford University Press, 2020, S. 42.

15 John Bellamy Foster, Brett Clark: *The Robbery of Nature. Capitalism and the Ecological Rift*, New York: Monthly Review Press, 2020, S. 152.

16 John Holloway: »*Das Kapital* lesen: Der erste Satz. Oder: *Das Kapital* beginnt mit dem Reichtum, nicht mit der Ware«, übers. von Redaktion Grundrisse, in: *Grundrisse* 50, 2014, S. 4–15, hier S. 4.

17 Karl Polanyi: *The Great Transformation. Politische und ökonomische Ursprünge von Gesellschaften und Wirtschaftssystemen* [1944], übers. von Heinrich Jelinek, Frankfurt am Main: Suhrkamp, 1978, S. 107 f.

18 Holloway: »*Das Kapital* lesen«, a. a. O., S. 14 (Anm. 3).

19 Arthur Hill Hassall: *Adulterations Detected, or Plain Instructions for the Discovery of Frauds in Food and Medicine*, 2. Aufl., London: Longman, Green, Longman and Roberts, 1861.

20 Herman E. Daly: »The Return of Lauderdale's Paradox«, in: *Ecological Economics* 25 (1), 1998: S. 21–23, hier S. 22.

21 James Maitland, Earl of Lauderdale: *Ueber National-Wohlstand*, übers. von N. N., Wien: B. P. Bauer, 1814, S. 10 (Kap. 2, § 7).

22 Ebd., S. 12 (Kap. 2, §§ 12 u. 13).

23 John Bellamy Foster, Brett Clark: »The Paradox of Wealth. Capitalism and Ecological Destruction«, in: *Monthly Review* 61 (6), 2009, S. 1–18.

24 Marx unterscheidet in der zweiten Auflage des *Kapitals* die Begriffe »Privateigentum« und »individuelles Eigentum« nicht durchgängig auf die angesprochene Art und Weise. Kapitel 25 verwendet den Begriff des individuellen Eigentums in einem anderen Sinn (*MEGA* II / 6, S. 685). In der französischen Übersetzung von 1875 korrigierte Marx den Ausdruck zu »propriété privée«, also »Privateigentum« (MEGA II / 7, S. 682). Engels hat diese Änderung in der dritten deutschen Auflage nicht übernommen (*Kapital I*, S. 794). Dies deutet darauf hin, dass Engels für den Unterschied zwischen beiden Begriffen nicht die gleiche Sensibilität besaß wie Marx.

25 Gerald A. Cohen: *Self-Ownership, Freedom, and Equality*. Cambridge: Cambridge University Press, 1995, S. 116.

26 Ebd., S. 10.

27 Ebd.

28 István Mészáros: *The Work of Sartre. Search for Freedom and the Challenge of History*, New York: Monthly Review Press, 2012, S. 304; Hervorh. im Orig.

29 Mészáros: *The Work of Sartre*, a. a. O., S. 269; Hervorh. im Orig.

30 John Bellamy Foster zufolge findet sich Marx' ökologische Kapitalismuskritik bereits in den *Grundrissen* (»Marx's *Grundrisse* and the Ecological Contradiction of Capitalism«, in: Marcello Musto (Hg.): *Karl Marx's Grundrisse. Foundations of the Critique*

of Political Economy – 150 Years Later, London: Routledge, 2008, S. 93–106, S. 96), doch meiner Meinung nach ist es nicht unbedingt ausgemacht, ob Marx bereits zu dieser Zeit umfassend ökologisch dachte. Es ist relativ einfach, produktivistische Aussagen in den *Grundrissen* zu finden.

31 Daly: *Steady-State Economics*, a. a. O., S. 196.

32 Die Charakterisierung als »linkslibertär« passt auch nicht zu Marx' intensiver Beschäftigung mit vorkapitalistischen Gemeinwesen nach 1868.

33 Es ist nützlich, daran zu erinnern, dass Ernest Mandel einmal »Überfluss« als »die Befriedigung der Nachfrage« definiert hat. Er stellt weiter fest, »daß eine große Anzahl von Gütern in den reicheren Ländern bereits in diese Kategorie fällt – nicht nur für Millionäre, sondern auch für die Masse der Bevölkerung« (*Macht und Geld. Eine marxistische Theorie der Bürokratie* [1992], übers. von Björn Krüger, Köln: ISP, 2000, S. 213). Der Überfluss ist bereits vorhanden, aber er ist im Kapitalismus nicht als solcher zu spüren.

34 Kristin Ross: *Luxus für alle. Die politische Gedankenwelt der Pariser Kommune* [2015], übers. von Felix Kurz, Berlin: Matthes & Seitz, 2021, S. 162.

35 Jason Hickel: »Degrowth. A Theory of Radical Abundance«, in: *Real-World Economic Review* 87, 2019, S. 54–68.

36 Aaron Benanav: *Automatisierung und die Zukunft der Arbeit*, übers. von Felix Kurz, Berlin: Suhrkamp, 2021, S. 134.

37 Hickel: »Degrowth«, a. a. O., S. 66.

38 Giorgos Kallis: *Grenzen. Warum Malthus falschlag und warum uns das alle angeht*, übers. von Max Henninger, Berlin: Matthes & Seitz, 2021.

39 Mészáros: *The Work of Sartre*, a. a. O., S. 257; Hervorh. im Orig.

40 Kate Soper: *Post-Growth Living. For an Alternative Hedonism*, London: Verso, 2020.

41 Carl-Erich Vollgraf: »Marx über die sukzessive Untergrabung des Stoffwechsels der Gesellschaft bei entfalteter kapitalistischer Massenproduktion«, in: *Beiträge zur Marx-Engels-Forschung Neue Folge* 2014/15, 2016, S. 106–132, hier S. 130.

42 Mit der Beseitigung der verdinglichten Macht des Kapitals allein ist die Verwirklichung einer nachhaltigen Produktion nicht garantiert, da Produktionsprozesse materielle Prozesse sind: Die

Verbrennung fossiler Brennstoffe hat Auswirkungen auf das Klima, ganz gleich, ob dies im Kapitalismus oder im Sozialismus geschieht. Der Punkt ist, dass sich für eine Gesellschaft, sobald sie von der endlosen Konkurrenz und endlosen Akkumulation des Kapitals befreit ist, die Möglichkeiten erweitern, Produktion und Konsum bewusster zu regeln.

43 Dies ist der Hauptgrund, warum diese Sektoren im Kapitalismus zwangsläufig unterentwickelt bleiben und die Arbeitsbedingungen durch niedrige Löhne und lange Arbeitszeiten gekennzeichnet sind.

44 David Graeber: *Bullshit Jobs. Vom wahren Sinn der Arbeit*, übers. von Sebastian Vogel, Stuttgart: Klett-Cotta, 2018.

45 Marx betonte, dass es in jeder Gesellschaft Mehrarbeit und die Produktion von Überschüssen gibt. Nur wird beides im Kapitalismus fast unendlich ausgedehnt.

46 Benanav: *Automatisierung und die Zukunft der Arbeit*, a. a. O.

47 Der Begriff der »Arbeit« kann nicht auf die kapitalistische Kategorie der Lohnarbeit reduziert werden und schließt notwendigerweise Reproduktionsarbeit ein.

48 James C. Klagge: »Marx's Realms of ›Freedom‹ and ›Necessity‹«, in: *Canadian Journal of Philosophy* 16 (4), 1986, S. 769–777.

49 Die hier vertretene Position unterscheidet sich auch von der Vorstellung einer Abschaffung der abstrakten Arbeit (Postone, Moishe: *Zeit, Arbeit und gesellschaftliche Herrschaft. Eine neue Interpretation der kritischen Theorie von Marx*, übers. von Christoph Seidler, Wolfgang Kukulies, Petra Haarmann, Norbert Trenkle u. Manfred Dahlmann, Freiburg: ça ira, 2003). In Anbetracht ihres materiellen Charakters ist die abstrakte Arbeit keine Besonderheit der kapitalistischen Produktionsweise, und sie kann daher nicht abgeschafft werden, auch wenn »Wert« ebenso wie »Privatarbeit« transzendiert werden kann. Sowohl konkrete Arbeit als auch abstrakte Arbeit bleiben in einer postkapitalistischen Gesellschaft bestehen, aber das Fortbestehen der abstrakten Arbeit führt nicht zur Beherrschung durch die Realabstraktion, weil Wert nicht mehr das organisierende Prinzip der gesellschaftlichen Reproduktion ist.

50 Die Verlangsamung der Ökonomie zugunsten der Autonomie jeder und jedes Einzelnen im Produktionsprozess schränkt letztlich die Möglichkeiten ein, die Arbeitszeit zu verkürzen. Umso

wichtiger ist es, den Inhalt der Arbeit attraktiver zu gestalten. Gleichzeitig schließt dies die Möglichkeit der Einführung neuer Technologien nicht aus, die es ermöglichen, freier und autonomer zu arbeiten.

51 Eine andere Art, Arbeit umzuverteilen, ist ein verändertes System der Vergütung. Im Kapitalismus ist hochqualifizierte Arbeit oft mit einem hohen Einkommen verbunden, was zu wirtschaftlichen Ungleichheiten führt. Im Degrowth-Kommunismus werden solche Tätigkeiten mit kürzeren Arbeitszeiten und nicht mit höherer Vergütung honoriert.

52 Aaron Benanav: *Automatisierung und die Zukunft der Arbeit*, a. a. O., S. 147.

53 Hinzuzufügen ist, dass diese Entwicklung in einer Degrowth-Ökonomie nicht zwangsläufig ist. Man kann sich aber vorstellen, dass frei assoziierte Produzentinnen und Produzenten innovativere und originellere Ideen entwickeln können, wenn sie vom ständigen Druck des Gewinnstrebens befreit sind. Beschäftigte in akademischen Einrichtungen werden beispielsweise nicht vom Gewinnstreben angetrieben, sondern ihre Motivation entspringt der intellektuellen Neugier und Freude, was zu einigen epochalen Entdeckungen führt.

54 Harry Braverman: *Die Arbeit im modernen Produktionsprozess* [1974], übers. von Karin de Sousa Ferreira u. Hans-G. Nutzinger, Frankfurt am Main / New York: Campus, 1980, S. 94.

55 Giorgos Kallis: »Socialism Without Growth«, a. a. O., S. 12.

Schluss

1 Joseph A. Schumpeter: »Das ›Kommunistische Manifest‹ in der Soziologie und in der Ökonomik« [1949], in: Ders.: *Beiträge zur Sozialökonomik*, hg., übers. u. eingel. von Stephan Böhm, Graz / Wien: Böhlau, 1987, S. 95–115, hier S. 112.

2 Michael Löwy, Bengi Akbulut, Sabrina Fernandes, Giorgos Kallis: »Ökosozialismus und Degrowth – eine gemeinsame Bewegung«, in: *emanzipation*, 6 (1), 2022, S. 59–61.

3 Carl Boggs: »Was Karl Marx an Ecosocialist?«, in: *Fast Capitalism* 17 (2), 2020, S. 67–94, hier S. 83.

4 Kohei Saito: *Natur gegen Kapital. Marx' Ökologie in seiner unvollendeten Kritik des Kapitalismus*, Frankfurt am Main / New York: Campus, 2016.

5 Der Eindruck, Marx' Ökologie hänge zu sehr an der überholten Naturwissenschaft des 19. Jahrhunderts, resultiert daraus, dass der Fokus einseitig auf seine Rezeption Justus von Liebigs im *Kapital* gelegt wird. Doch sollte die Bedeutung, die Liebigs Kritik am systematischen Raubbau in der Landwirtschaft für Marx hatte, nicht verabsolutiert werden. Marx hat im Übrigen in der zweiten Auflage des *Kapitals* seine Überbewertung Liebigs korrigiert (Saito: *Natur gegen Kapital*, a. a. O.).

6 Immanuel Wallerstein: *The Capitalist World Economy. Essays*, Cambridge: Cambridge University Press, 1979.

7 Das gilt auch für China, wie Branko Milanović feststellt (*Kapitalismus global. Über die Zukunft des Systems, das die Welt beherrscht*, übers. von Stephan Gebauer, Berlin: Suhrkamp, 2020). In diesem Sinne ist das, was er als »politischen Kapitalismus« bezeichnet, für den Marxismus nichts Neues.

8 Auch Hornborg plädiert für Degrowth, aber seine Vision einer postkapitalistischen Zukunft bleibt abstrakt (*Nature, Society and Justice in the Anthropocene. Unravelling the Money-Energy-Technology Complex*, Cambridge: Cambridge University Press, 2020). Malm schweigt zu diesem Punkt (*Wie man eine Pipeline in die Luft jagt. Kämpfen lernen in einer Welt in Flammen*, übers. von David Frühauf, Berlin: Matthes & Seitz, 2020).

Register

S

T

U

V

W

Y

Z